Die großen Hessen
Nach einer Sendereihe
des Hessischen Rundfunks

hr

Die großen Hessen

Herausgegeben
von Hans Sarkowicz und
Ulrich Sonnenschein

Insel

Zweite Auflage 1997

Satz: Libro, Kriftel
Druck: Wagner GmbH, Nördlingen
Printed in Germany

Inhalt

Vorwort

Mit der Proklamation No. 2 der amerikanischen Militärregierung wurde am 19. September 1945 Groß-Hessen gegründet, ein durch Kompromisse geformtes Gebilde, das weite Teile von Hessen-Nassau und Rheinhessen nicht umfaßte; diese Gebiete fielen in die französische Zone und damit in das spätere Bundesland Rheinland-Pfalz, das im Gegensatz zu Hessen keine, seinen einzelnen Regionen gemeinsame Geschichte besitzt. Der Name Hessen ist spätestens seit dem 13. Jahrhundert gebräuchlich, auch wenn damit zeitweise verschiedene Landesherrschaften bezeichnet wurden. Seit dem Tod Philipps des Großmütigen war es keinem Fürsten mehr gelungen, die auseinanderstrebenden Landesteile wieder zusammenzuführen. Erst die amerikanischen Militärs ließen Hessen als Land neu entstehen, und es grenzt an ein Wunder, daß sich in den letzten 50 Jahren so etwas wie ein Hessenbewußtsein entwickelt hat – maßgeblich gefördert von Politikern wie Georg August Zinn, aber auch von Institutionen wie dem Hessischen Rundfunk, der es seit Bestehen als eine seiner vorrangigen Aufgaben ansieht, mit seinem Programm nicht nur zu informieren, zu bilden und zu unterhalten, sondern auch Landesidentität zu stiften. Allein in den letzten Jahren sind in den Hörfunkprogrammen des hr mehrere landesgeschichtliche Sendereihen ausgestrahlt worden, die unterdessen auch als Buch vorliegen: »Die Geschichte Hessens«, »Historische Porträts hessischer Städte« und »Die großen Frankfurter«. An den Feierlichkeiten zur Gründung Hessens vor 50 Jahren beteiligte sich die Hörfunk-Kulturredaktion im Herbst 1995 mit einer – dem Anlaß entsprechend – 50teiligen Reihe, in der bedeutende hessische Persönlichkeiten vorgestellt wurden. Die für die Druckfassung teilweise überarbeiteten Beiträge versammelt der vorliegende Band, der sich auch komplementär zu den »Großen Frankfurtern« versteht, denn wo es zu personellen Überschneidungen kommt, wurden bewußt neue biographische Akzente gesetzt.

Was schon für die »Großen Frankfurter« galt, gilt auch für die »Großen Hessen«. Die Auswahl der porträtierten Persönlichkeiten muß zwangsläufig subjektiv bleiben. Nicht jeder wird damit einverstanden sein. Aber wir wollten auch heute weitgehend unbekannte oder nur einem kleinen Kreis geläufige Namen aufnehmen, wie z. B. Lotichius Secundus, Johann Conrad Dippel oder Charlotte Heidenreich von Siebold.

Denn ein solches Buch soll auch Entdeckungen enthalten, es soll anregen, sich an zu Unrecht Vergessene zu erinnern.

Auch das Problem, wer nun »Hesse« ist oder nicht, haben wir subjektiv und großzügig gelöst – natürlich nicht im Sinne eines »hessischen Chauvinismus«, der möglichst viele bekannte Namen eingemeinden will. Kriterium war, wer in Hessen geboren wurde, gestorben ist, hier seinen Lebens- oder Schaffensmittelpunkt hatte, wobei wir von einem Hessen ausgehen, dessen Grenzen das heutige Bundesland markiert.

Aber wichtiger als diese Zuordnung war für uns, in kleinen Porträts von namhaften Wissenschaftlern und Publizisten zu zeigen, wer zur hessischen (Kultur-, Wissenschafts-, Bildungs-, Wirtschafts-, Religions- und Politik-)Geschichte gehört – in welchem Umfang auch immer. Daß sich dabei z. T. überraschende biographische Bezüge ergeben, die unsere über einen längeren Zeitraum laufende Hörfunkserie so nicht deutlich machen konnte, verleiht der Buchveröffentlichung ein durchaus eigenes Gewicht. Ein besonderer Dank geht wieder an Renate Gessner-Gleiß, die einen wesentlichen Anteil an der Realisierung von Hörfunkreihe und Buch hatte.

Bonifatius

Von Georg Denzler

Winfrid-Bonifatius war kein großer Hesse, auch kein großer Deutscher. Er wurde nämlich um das Jahr 673 im angelsächsischen Königreich Wessex geboren, auf den Namen Winfrid getauft und schon als siebenjähriges Kind dem Benediktinerkloster in Exeter anvertraut. Als Mönch des Klosters Nursling empfing er die Priesterweihe und leitete die Klosterschule.

Nach kurzer erfolgloser Missionstätigkeit bei den Friesen im Jahre 716 kehrte Winfrid in die Heimat zurück. Zwei Jahre später begab er sich wieder auf die »Wanderschaft für Christus«. Sein Weg führte ihn jetzt direkt nach Rom. Papst Gregor II. bestellte den Mönch Winfrid am 15. Mai 719 zum Missionar unter »den wilden Völkern Germaniens« und gab ihm nach dem Kalenderheiligen des Vortages den Namen Bonifatius. Unerschrocken versuchte Bonifatius es noch einmal mit der Missionierung der Friesen in der Gegend von Utrecht, jetzt anscheinend mit mehr Erfolg als früher.

721 begann Bonifatius sein Missionswerk in Hessen und gründete als Stützpunkt die Mönchszelle Amöneburg bei Marburg. Im folgenden Jahr weilte er auf Einladung des Papstes wieder in Rom. Gregor II. spendete ihm die Bischofsweihe und verpflichtete ihn, über den Klerus in deutschen Landen Bericht zu erstatten. Im Bischofseid versprach Bonifatius dem Papst, »alle Treue und Reinheit dem heiligen katholischen Glauben zu beweisen und mit Gottes Hilfe bei der Einheit dieses Glaubens zu bleiben«. Gestützt auf ein Empfehlungsschreiben des Papstes und einen Schutzbrief des Frankenherrschers Karl Martell, setzte Bischof Bonifatius 723 die Verkündung des Glaubens in Nordhessen fort. Aufsehen und Schrecken verbreitete er unter der heidnischen Bevölkerung, weil er es gewagt hatte,

eine dem Heidengott Donar geweihte Eiche in der Nähe von Fritzlar zu fällen. Diese Aktion sollte die Ohnmacht der heidnischen Götter und die Allmacht des Christengottes in aller Öffentlichkeit demonstrieren. Mit klösterlichen Niederlassungen, zuerst in Fritzlar, später in Tauberbischofsheim, Ochsenfurt und Kitzingen, errichtete Bonifatius weitere Ausgangspunkte für die Mission.

Von Papst Gregor III. erhielt Bonifatius 732 das Pallium und damit das Recht zur Weihe von Bischöfen und zur Einberufung von Synoden. Derselbe Papst ernannte ihn 737 bei einem dritten Aufenthalt in Rom zu seinem Legaten für ganz Germanien. Neben der Predigt des Evangeliums sorgte der Bischof sich jetzt um den Aufbau und Ausbau der kirchlichen Organisation sowie um die Erneuerung des kirchlichen Lebens. Das geeignetste Mittel hierfür waren Synoden, die er im östlichen wie im westlichen Frankenreich veranstaltete. Schnell nacheinander entstanden die Bistümer Würzburg, Büraburg und Erfurt. 744 gründete er das Kloster Fulda und bestellte Sturmi zum Abt.

746 trat Bonifatius an die Spitze des Erzbistums Mainz; 752 weihte er Lul zu seinem Hilfsbischof. Die letzten Lebensjahre verbrachte Bonifatius im hessisch-thüringischen Bereich, wo die Abtei Fulda und das Bistum Mainz die Zentren seiner Tätigkeit bildeten.

Mit über achtzig Jahren zog es Bonifatius 753 ein drittes und letztes Mal zu einer Missionsreise nach Friesland, ohne zu wissen, daß er dort den Tod finden würde. Eine räuberische Bande bereitete seinem Leben am 5. Juni 754 bei Dokkum ein grausames Ende. Mit ihm starben ungefähr fünfzig Gefährten. Der tote Bonifatius wurde zuerst nach Utrecht gebracht, dann von Lul, seinem Nachfolger als Erzbischof von Mainz, nach Würzburg geholt und schließlich im Kloster Fulda beigesetzt.

Anfang des 8. Jahrhunderts war die einst unter Chlodwig I. machtvolle Herrschaft der Merowinger im Frankenreich so weit geschwunden und der Einfluß der karolingischen Hausmeier so stark angewachsen, daß die Regierung des Reiches faktisch in Händen Karl Martells (714-741) lag. Dessen Truppen geboten durch Siege bei Tours und Poitiers (732) den immer weiter vorwärts stürmenden Arabern islamischen Glaubens Einhalt, drängten sie über die Pyrenäen zurück und garantierten damit den Bestand des Christentums im »Abendland«.

Es war in erster Linie das Verdienst des Bonifatius, daß die Beziehungen der fränkischen Kirche, der karolingischen Hausmeier und der fränkischen Bevölkerung zu Rom und zu den Päpsten noch enger geknüpft wurden. Im Frankenreich entstand eine »romverbundene Landeskirche«, ohne daß aber die weltlichen Herrscher und Adeligen den Bereich der Kirche ganz aufgegeben hätten.

Das Papsttum unterstützte Martells Sohn Pippin ganz entscheidend bei der Gründung des karolingischen Königtums. Viel diskutiert und unterschiedlich beantwortet wird heute noch die Frage, welchen Anteil Bonifatius an der Absetzung des letzten Merowingerkönigs Childerich hatte. Nach der Abdankung seines Bruders Karlmann im Jahre 747 zum Alleinherrscher aufgestiegen, wollte Pippin von Papst Zacharias (741-752) wissen, ob es recht sei oder nicht, daß die Könige der Franken keine Gewalt mehr besäßen und ihr Herrscheramt nur noch formal ausübten. Des Papstes Entscheid lautete, es sei besser, »den als König zu bezeichnen, der die Macht hat, als den, der ohne königliche Macht blieb«. Damit war die faktische Königsherrschaft der Karolinger auch rechtlich legitimiert. Die Stellungnahme des Papstes war deshalb von größter Bedeutung, weil die Franken den Papst auch in der Königsfrage als Stellvertreter des Apostels Petrus und damit als Stellvertreter Gottes auf Erden respektierten. Daß Bonifatius selbst Pippin zum König gesalbt hat, ist höchst unwahrscheinlich. Als sicher kann gelten, daß Bonifatius den Plänen Pippins bei Papst Zacharias nicht im Wege stand. Dies wiederum heißt nicht, daß er die Königserhebung Pippins aktiv unterstützt haben muß. Es ist aber anzunehmen, daß Bonifatius die ersten Kontakte zwischen Pippin und Rom anbahnte. Fest steht jedenfalls, daß die angelsächsischen Missionare, Bonifatius an der Spitze, die Beziehungen der fränkischen Herrscher zum Papsttum in Rom zu allen Zeiten tatkräftig unterstützten.

Schon Geschichtsschreiber im Hochmittelalter bezeichneten Bonifatius als »Apostel der Deutschen«. Damit wollten sie einen Missionar ehren, der sich um die Christianisierung deutscher Stämme besondere Verdienste erworben hat. Bonifatius lebt in der Geschichte als ein überzeugender Verkünder des christlichen Glaubens fort, als ein eifriger Förderer der allgemeinen Kirchenreform und als ein geschickter Organisator der bayerischen und fränkischen Reichskirche. Durch Übernahme des römischen Kirchenwesens in Sachen des Rechts, der Liturgie und der Disziplin legte er das Fundament für die *eine* Kirche im Abendland und ermöglichte dadurch auch die Einheit der abendländischen Kultur.

Nach dem Urteil des evangelischen Kirchenhistorikers Hans von Schubert war Bonifatius »kein Genie, aber ein Charakter, ein Mann der Tat, des Gewissens und des Gehorsams«.

Einhard

Von Josef Fleckenstein

Der Mainfranke Einhard ist als Biograph Karls des Großen und als Gründer der Abtei Seligenstadt am Main in die Geschichte eingegangen. Beide Leistungen, die ihn überdauert haben, erschließen uns die Gestalt eines Mannes, der zwar nicht zu den Großen der Geschichte gehörte, gleichwohl aber als eine der bedeutendsten Schlüsselgestalten seiner Zeit gelten darf: er wirkte als Vertrauter Karls des

Großen wie auch noch seines Sohnes Ludwig des Frommen an wichtigen Ereignissen mit und erfüllte in deren Auftrag die unterschiedlichsten Aufgaben, durch die er seine Zeit bleibend bereicherte. Man darf sagen, daß er zu den unentbehrlichen Vermittlern in seiner Zeit gehörte, ja mehr noch: zu den Brückenbauern, die am Brückenschlag über die Zeiten hinweg beteiligt waren.

Seine Wirksamkeit ist durch zwei Zentren bestimmt: das eine, am meisten ins Auge springende ist der Königshof, der sich zu seiner Zeit mehr und mehr auf Aachen konzentrierte, das andere ist seine Heimat Mainfranken, von der er ausging und zu der er in der zweiten Hälfte seines Lebens wieder zurückkehrte, um sein Leben in Seligenstadt zu beschließen.

Wie die beiden Zentren Aachen und Seligenstadt sich unübersehbar voneinander unterschieden, so auch die Wirksamkeit, die Einhard in ihnen entfaltete – und doch diente die eine wie die andere dem gleichen Ziel: Einhard betonte dies zuletzt selbst mit Nachdruck. Im Wechsel und in der Erweiterung seiner Aufgaben und in der Treue zu sich selbst offenbart sich uns die Einheit seiner weitgespannten, tief in die Geschichte verwobenen Persönlichkeit.

Seine Kindheit und Jugend bleiben, wie stets in dieser Zeit, weitgehend im dunkeln. Doch ist das wenige, das davon überliefert ist, bedeutsam: so vor allem, daß er einem edlen ostfränkischen Geschlecht aus dem Maingau entstammte, dem Gau, dem er seine Prägung verdankte und der ihm noch im Alter Halt und innere Ruhe gab. Wir kennen auch seine Eltern – sein Vater hieß ebenfalls schon Einhard, seine Mutter Engilfried –, und wir wissen, daß sie ihren Sohn dem berühmten Kloster Fulda zur Erziehung anvertrauten. Dort ist er in den Jahren 788 bis 791 als Urkundenschreiber bezeugt. Mit seinen Urkunden gewinnt das Leben Einhards seine ersten chronologischen Fixpunkte: von ihnen aus ist der Beginn seiner Lebenszeit um 770 zu erschließen.

Fulda bildet die große Wende im Leben Einhards. Es ist gut bezeugt, daß er hier die *»prima purilis nutriturae rudimenta«* erhielt: die Anfangsgründe seiner Erziehung. Sie trugen bei ihm offenbar so gute Früchte, daß er seinem bildungsbeflissenen und kunstsinnigen Abt Baugulf auffiel; denn als Karl der Große in einem seiner ersten Bildungserlasse bekanntgab, daß er besonders begabte Schüler an seinem Hof zu fördern wünsche, wählte der Abt den jungen Einhard, um ihn, wohl um das Jahr 794, zur Abrundung seiner Bildung an den Königshof zu senden.

Damit begann die entscheidende Phase seines Lebens. Am Karlshof hatte Einhard das Glück, zunächst in dem Angelsachsen Alcuin, dem größten Gelehrten seiner Zeit, den Karl der Große zum Leiter seiner Hofschule bestellt hatte, einen Lehrer zu finden, der das Ganze der damaligen Bildung umfaßte und unter der christlichen auch die ihr zugrundeliegende antike Schicht kannte: In seinem Freundeskreis, in dem Karl der Große den königlichen Namen David führte, wählte er sich nach angelsächsischer Sitte das Pseudonym Flaccus in Anspielung auf den Dichter Horaz. Auch Alcuins übrige Freunde wurden durch derartige Pseudonyme ausgezeichnet, die meist aus dem Alten Testament oder aus der geistigen Welt der Antike stammten. Es sollte nicht lange dauern, bis sich auch Einhard in ihrem Kreise befand.

Er erhielt als Zeichen seiner Zugehörigkeit das Pseudonym Beseleel nach dem Meister der alttestamentlichen Stiftshütte – ein Name, der auf seine künstlerischen Neigungen verweist, auf die noch einmal zurückzukommen sein wird. Kein Zweifel jedenfalls, daß er schon früh zum Kreis um Alcuin gehörte.

Er gewann aber nicht nur dessen Freundschaft, sondern auch die Karls des Großen selbst, des Herrschers, dessen Geist den Geist des Hofes bestimmte und dem Einhard fortan sein Leben widmete. Spätestens seit 796 ist er als Mitglied des engeren Hofkreises, der zugleich ein Freundeskreis war, bezeugt. Seitdem war er kein Schüler mehr, sondern ein vertrauter Helfer *(familiaris adlutor)* Karls des Großen und Alcuins.

Es ist erstaunlich, wie groß die Sympathie war, die dem kleinen, flinken Mann mit seinem wachen Geist am Hofe von allen Seiten entgegenschlug, obwohl er kein Schmeichler war; denn es wird ausdrücklich vermerkt, daß er Spötter oder Schmeichler seiner Umgebung mit scharfer, spitzer Zunge in ihre Schranken verwies. Alcuin selbst rühmte Einhards Gelehrsamkeit. Als er sich 796 vom Hof an die ihm übertragene große Abtei St. Martin in Tours zurückzog, wünschte er sich Einhard als seinen Nachfolger und damit als Leiter der Hofschule. Sein Zeugnis hat Gewicht: es erweist, daß Einhard auf jeden Fall zur Spitzengruppe der Hofgelehrten gehörte; er war zweifellos nach Alcuins Weggang ihre beherrschende Figur.

Nicht weniger als durch seine Gelehrsamkeit zeichnete er sich aber auch durch seine Kunstfertigkeit aus. Ein Hinweis darauf ist schon sein Pseudonym Beseleel. Es entsprach diesem Namen, daß Einhard mit der Oberleitung der Bauten an der Pfalz Aachen beauftragt war. Darüber hinaus soll er aber auch selbst Kunstwerke geschaffen haben – eine Nachricht, die durch neuere Forschungen bestätigt wird –, so insbesondere für das Triumphbogen-Reliquiar Einhards, das leider nur noch in einer Nachzeichnung erhalten ist. Diese besitzt aber nicht zuletzt deshalb einen hohen Wert, weil sie deutliche Parallelen zu den Bronzegittern des Aachener Münsters zeigt. Danach darf es zumindest als wahrscheinlich gelten, daß Einhard direkt oder indirekt mit ihrer Gestaltung zu tun hatte. Es hat offenbar gute Gründe, daß er von seinen Zeitgenossen nicht nur als Kenner Vergils, sondern ebenso als Kenner Vitruvs, der großen Autorität der antiken Baukunst, gerühmt wird. Und angesichts der Übereinstimmung der direkten wie der indirekten Zeugnisse, die darüber vorliegen, kann kein Zweifel bestehen, daß Einhard an den künstlerischen Bemühungen des Karlshofes maßgeblich beteiligt war.

Sein Einfluß blieb aber nicht auf Kunst und Wissenschaft beschränkt. Karl der Große bediente sich auch darüber hinaus gern seines Rates und vertraute ihm z. B. wichtige diplomatische Missionen an. So sandte er ihn 806 nach Rom, um die Zustimmung des Papstes zur Teilung des Reiches unter seine Söhne, der *divisio regnorum*, einzuholen. Und als der Teilungsplan durch den vorzeitigen Tod seiner beiden älteren Söhne hinfällig geworden war, fungierte er 813 auch als Sprecher der Großen des Reichs, in deren Namen er dem alten Kaiser nahelegte, seinen einzigen noch überlebenden Sohn Ludwig (den Frommen) zum Mitkaiser zu erheben. Schließlich ist es sehr wahrscheinlich, daß Einhard auch an der Abfassung des Testamentes Karls des Großen, das nur von ihm überliefert ist, beteiligt war, zumal der ehemalige Kapellan Walahfried bezeugt, daß Karl ihm »wie kaum einem anderen seiner Freunde« auch seine Geheimnisse *(secreta)* anvertraut habe.

So wundert es nicht, daß Einhard nach dem Tode Karls zu den wenigen Getreuen gehörte, die im Dienste Ludwigs des Frommen verblieben, obwohl dieser von Anfang an erkennen ließ, daß er im Unterschied zu seinem Vater einen strengeren kirchlichen Reformkurs einzuschlagen gedachte. In dieser Situation schien Einhard wohl der geeignete Mann zu sein, der die Verbindung zwischen den neuen Reformern und den alten Anhängern des verstorbenen Kaisers aufrechtzuerhalten vermochte, an der beiden Seiten offenbar gelegen war. Es zeugt vom Vertrauen Ludwigs in die notorische Lauterkeit Einhards, daß er ihm die Erziehung seines ältesten Sohnes Lothar anvertraute, wie er ihn auch eine Reihe von Briefen in seinem Namen schreiben ließ. Daß der Kaiser seine Dienste hoch zu schätzen wußte, ist vor allem daran erkennbar, daß er ihm auffallend viele Klöster und Stifte als Laienabt übertrug, darunter so bedeutende wie St. Servaas in Maastricht und St. Wandrille, aber auch so unterschiedliche wie die Johannesbasilika im fernen Pavia oder St. Peter in Fritzlar. Ein besonderer

Gunsterweis lag gewiß auch darin, daß der Kaiser seinem Getreuen Einhard im Jahre 815 die königlichen Güter in Michelstadt im Odenwald und in Mühlheim in seinem heimatlichen Maingau übertrug, die Einhard sich selbst erbeten hatte.

Mit dieser von ihm selbst erbetenen Schenkung deutet sich bereits der neue und letzte Abschnitt seines Lebens an. Neu und auffallend ist schon die Tatsache, daß neben Einhard auch seine Gemahlin Imma, die bei dieser Gelegenheit zum erstenmal urkundlich in Erscheinung tritt, sich an der Petition um die wohl auch für sie heimatlichen Besitzungen beteiligte. Spätere Legendenbildung wollte in ihr eine Tochter Karls des Großen sehen: gewiß ein Zeichen dafür, wie sehr sie noch die Phantasie der Nachwelt beschäftigte. Von Einhard selbst wissen wir immerhin, daß sie an allem, was er plante und betrieb, mit Rat und Tat Anteil nahm und bis zuletzt ihr Schicksal mit ihm teilte. Als beide den Kaiser um die Gunst der Schenkung baten, weilten sie noch über ein Jahrzehnt in Aachen. Doch ist als Hintergrund ihrer Bitte bereits erkennbar, daß sie von vornherein planten, ihren Lebensabend in ihrem neuen Besitz in der alten Heimat zu verbringen. Und zwar war zunächst an das größere Michelstadt gedacht, mit dessen Ausbau Einhard schon bald begann. Noch heute stellt die eindrucksvolle Basilika von Michelstadt, selbst als Ruine, ein stolzes Zeugnis für die geplante Übersiedlung Einhards und Immas in die Zurückgezogenheit des Odenwaldes dar. Die Basilika mit Pfeilern im Mittelschiff und Schranken vor dem Chor war in zweckentsprechender Vereinfachung eine römische Form, mit der nach dem Willen Einhards Klarheit und Ordnung der Antike in Michelstadt ihren Einzug halten sollten, um seinem künftigen Wohnsitz als ein dem Bauherrn gemäßes Zentrum zu dienen.

Es kam freilich anders als geplant, und dazu trugen unterschiedliche Ursachen bei. Die wichtigste war der Wechsel der politischen Verhältnisse, hinter denen Ludwig der

Fromme selbst stand. Seit er unter dem Einfluß seiner zweiten Gemahlin Judith im Jahre 829 offen gegen die ursprünglich von ihm selbst vertretene Reichseinheitspolitik verstieß, spaltete sich das Kaiserhaus und das Reich in zwei von bitterer Feindschaft zerrissene Parteien auf. Einhard, der das Unheil schon im voraus hatte kommen sehen, warnte vergeblich davor, bereitete aber gleichzeitig auch schon seinen Rückzug vom Hofe vor. Als er noch am Hofe einem römischen Reliquienhändler begegnete, kam er mit ihm überein, daß der Händler ihm für seine Kirchengründung, bei der zunächst an Michelstadt gedacht war, aus dem unerschöpflichen Reliquienschatz Roms gesicherte und bedeutende Reliquien beschaffen sollte. Um sicher zu gehen, gab er ihm seinen Sekretär Ratleic, den späteren Kanzler Ludwigs des Deutschen, mit auf den Weg. Einhard hat die abenteuerliche Geschichte der Beschaffung der Reliquien in seiner Schrift über die ›Translatio et miracula Sanctorum Marcellini et Petri‹ genau beschrieben. Es handelt sich um zwei im Römischen Martyrologium verzeichnete Märtyrer aus Rom aus dem Jahre 304, also der Zeit der Diokletianischen Christenverfolgung, denen Papst Damasus die Grabschrift verfaßt hatte: dem Priester Petrus und dem Exorzisten Marcellinus. Beide waren mit mehreren anderen in der Basilika des Märtyrers Tiburtius in der Via Labicana beim dritten Meilenstein vor Rom beigesetzt, galten als gut bezeugt, und es besteht kein Zweifel, daß Einhard fest überzeugt war, in ihnen die besten Fürsprecher für seinen Kirchenbau gefunden zu haben.

Wir sehen davon ab, seinen Bericht über die Auffindung und Übertragung der Reliquien im einzelnen zu verfolgen, heben nur hervor, daß nach Einhards festem Glauben Wunder im Spiel waren, die zur allgemeinen Überraschung die Weiterleitung der Reliquien von Michelstadt nach Obermühlheim am Main, dem späteren Seligenstadt, verursacht haben, wo eine kleine steinerne Kirche zu ihrer Aufnahme bereitstand. Sie erwies sich freilich angesichts der schnell wachsenden Zahl der Pilger und Verehrer als viel zu klein, zumal sich sogleich das Bedürfnis einstellte, an der Ruhestätte der Heiligen auch Wächter und Diener zu unterhalten, die vor allem auch den Erfordernissen des Kultes dienten. So begann Einhard, bestärkt durch Visionen und Wunder, die er nicht versäumte, dem Kaiser mitzuteilen, den großen Neubau der Kirche, der noch heute durch alle späteren Veränderungen hindurch den an den Normen Vitruvs orientierten Einhardbau erkennen läßt, dem von vornherein der dazugehörige Klosterbau zugeordnet war.

Die Zeitgebundenheit des Berichtes ist gewiß unverkennbar. Man darf darüber aber nicht übersehen, daß er von bitterer Not diktiert war, die sich als letzte Zuflucht an den Glauben hielt, über dem Glauben aber auch nicht das eigene Handeln vergaß. Zieht man dies in Betracht, so wird man sagen müssen, daß dabei letztlich ein zeitüberdauerndes Werk von großer historischer Dignität zustande gekommen ist – und dies, während das Reich in schweren Kämpfen zerrissen war.

Diese inneren Kämpfe entzogen Einhard den Boden, auf dem er bisher gewirkt hatte. Er schrieb deshalb 830 dem Kaiser, er möge ihm erlauben, dem Hofe fernzubleiben, damit er fortan ihm und dem Reich bei seinen Heiligen dienen könne – und bat ihn gleichzeitig um Unterstützung für die Vollendung seiner Bauten, die Ludwig der Fromme ihm auch gewährte. 836 starb Imma zum großen Schmerz Einhards in Seligenstadt – ein Name, der allmählich den älteren Namen Mühlheim abzulösen begann. Im gleichen Jahr ist das Kloster der Heiligen Marcellinus und Petrus eindeutig bezeugt, dessen Leitung Einhard nunmehr als Abt übernahm und wo er am 14. März 840 sterben sollte. In Seligenstadt diente er, wie er wiederholt betonte, wie zuvor, wenn auch mit anderen Mitteln, »der Erhöhung und dem Schutz des Reiches«. Dieser Dienst fand seinen bleibenden Niederschlag in seiner Schrift über die Translation und die Wunder seiner Heiligen, die in der Not der Zeit seine letzte

Hoffnung waren, bezeichnenderweise im schlichten Alltagslatein der Zeit verfaßt – und in dem Werk, das seinen Namen für immer mit dem Namen Karls des Großen verbindet: des Kaisers, seines Herrn und Freundes, dem er in der Vita Karoli Magni ein bleibendes Denkmal für die Nachwelt gesetzt hat. Es ist ein Werk, das nach Form und Gehalt von antikem Erbe zehrt, ein Zeugnis der Bildungsbemühungen des Karlshofes, das die Geschichtsschreibung der Zeit auf eine neue, höhere Stufe hebt. Geschult am Vorbild Suetons, hat Einhard in der Vita für seine Zeit neue Bereiche der Biographik erschlossen und den Herrscher wie den Menschen Karl in einer Weise, die dem Mittelalter gleichsam erst die Augen dafür öffnete, in Denken und Handeln erkennbar gemacht.

Wir sehen noch heute Karl den Großen, den schon seine Zeitgenossen »Vater Europas« nannten, mit den Augen Einhards.

Elisabeth von Thüringen

Von Hadwiga Fertsch-Röver

Wer an einem 19. November oder den folgenden sieben Tagen das Grab der Heiligen Elisabeth in Marburg besucht, dem wäre vor über 700 Jahren ein Ablaß von einem Jahr und vierzig Tagen gewährt worden. So steht es nämlich in der Heiligsprechungsurkunde von Papst Gregor IX. aus dem Jahre 1235. Freilich ist der kostbar verzierte Grabschrein in der Elisabethkirche leer. Im Eifer der Reformation hatte der hessische Landgraf Philipp der Großmütige 1539 den Schrein öffnen und die Gebeine Elisabeths entfernen lassen. Denn die Wallfahrten und der Heiligenkult waren von Martin Luther zur »Abgotterei« erklärt worden. Und Philipp handelte als ein entschiedener Anhänger des Wittenbergers, obwohl er sich gerade in der Armenfürsorge in der Nachfolge Elisabeths sah und sie als Ahnfrau der hessischen Landgrafen durchaus verehrte.

Die 1207 in Sáros Patak geborene Landgräfin von Thüringen und ungarische Königstochter war aber nicht zeit ihres Lebens die aufopferungsvolle und gottergebene Asketin, als die sie am 17. November 1231 in einem Marburger Siechenhaus starb.

Der glücklose König Andreas II. von Ungarn war der Vater Elisabeths, ihre Mutter Gertrud stammte aus dem Geschlecht der Andechs-Meranier aus Bayern. Gertrud war beim ungarischen Volk wegen ihrer Herrsch- und Verschwendungssucht unbeliebt. Bei einer Reise wurde die Königin grausam ermordet. Zu diesem Zeitpunkt lebte ihre Tochter schon auf der Wartburg. Aus politischen Gründen sollte Elisabeth mit Heinrich, dem ältesten Sohn des thüringischen Landesfürsten, verheiratet werden. Schon im Alter von vier Jahren hatte man sie deshalb an den thüringischen Hof gebracht. Sie sollte sich früh an die neue Umgebung gewöhnen und auch an den zukünftigen Gatten. Das Kind wurde in das Bett ihres zukünftigen Gemahls gelegt, die Ehe war damit symbolisch vollzogen. Heinrich starb jedoch noch als Knabe. Elisabeth wandte sich seinem Bruder Ludwig zu, der, wie es in einer der Quellen heißt, »der lieben, heimatlosen Königstochter zugeneigt« war. Ihre ungarische Herkunft sah man Elisabeth an. Das Mädchen mit den schwarzen Locken, den braunen Augen und dem dunklen Teint hatte am Hof der Thüringer deswegen manche Schmähungen zu erleiden. Diese Erfahrung der Fremdheit mag ihren Sinn für soziale Probleme geschärft haben. Trotzdem war Elisabeth ein fröhliches Kind, sie liebte wilde Spiele und war schon früh eine gute Reiterin, die es sich nicht nehmen ließ, im Galopp über die Wiesen zu reiten. Ihre Frömmigkeit war noch spielerischer Natur; sie beugte gerne die Knie oder küßte die Türklinken verschlossener Kirchen. Der Thüringer Hof war zu jener Zeit zwar berüchtigt für die ausschweifenden Gelage und den üppigen Lebensstil des Landesfürsten, aber es steckte auch ein Teil pubertäre Opposition darin, wenn sich die heranwachsende Elisabeth gegen das höfische Leben auflehnte. Mit ihrer Frömmigkeit provozierte sie die adelige Gesellschaft.

Mit vierzehn heiratete Elisabeth den zwanzigjährigen Ludwig und wurde Landgräfin. Ludwig bewahrte sie damit vor einer unsicheren Zukunft in ihrer ungarischen Heimat. Elisabeth liebte Ludwig schon seit ihrer Kindheit, und auch Ludwig achtete seine Frau in einer für die damalige Zeit ungewöhnlichen Weise. Skandalös an einem mittelalterlichen Hof war es zum Beispiel, daß die Eheleute beim Essen nebeneinander saßen, daß Elisabeth immer in der Nähe ihres Mannes sein wollte und nicht Wind und Wetter scheute, ihn zu begleiten, daß sie ihre Dienerinnen aufforderte, sie nicht mit »Herrin« anzureden, sondern mit »Du« und »Elisabeth«, und daß sie bei Tisch regelmäßig fragte, ob die aufgetragenen Speisen und Getränke auch aus rechtmäßigen Einnahmen des Hauses stammten: wenn nicht, verbot sie sich und ihren Bediensteten zu essen und zu trinken. Und eine Herausforderung an die Ständegesellschaft war ihre Tätigkeit als Pflegerin von Kranken. Täglich stieg Elisabeth zum Fuße der Wartburg nach Eisenach hinunter, um in dem von ihr gegründeten Hospital Dienst zu tun. Eine Frau in ihrer Stellung, die Aussätzige salbte, Bettlägerige zur Latrine führte oder Rotznasen von Kindern putzte, stellte die Ordnung der Adelsgesellschaft auf den Kopf. Der Landgraf aber ließ Elisabeth gewähren und unterstützte ihr soziales Engagement, selbst wenn ihre Sorge für die Armen das fürstliche Einkommen erheblich schmälerte. Die Frömmigkeit seiner Frau, die auch nachts stundenlang zu beten pflegte, respektierte der Landgraf.

Freilich war Elisabeths Ehemann kein Heiliger, sondern ein mittelalterlicher Fürst und gewiefter Politiker, der auch vor Gewalttaten nicht zurückschreckte. Mit dem Erzbischof von Mainz lag Ludwig in Fehde und zog daher den Kirchenbann auf sich. Elisabeth lebte also mit einem von der Kirche Ausgestoßenen zusammen.

Mit fünfzehn gebar Elisabeth ihr erstes Kind, Herrmann; es folgten 1224 Sophie, die spätere Herzogin von Brabant, und 1227 Gertrud, die Meisterin im Kloster von Altenberg wurde. Die Geburt des jüngsten Kindes erlebte Ludwig nicht mehr. Auf dem Kreuzzug mit dem Stauferkaiser Friedrich II., seinem Vetter, starb Elisabeths Gatte an einer Seuche. Der Tod ihres geliebten Ehemannes brachte die erst Neunzehnjährige völlig aus dem Gleichgewicht. Ihre radikale Trennung vom Leben am Hofe und ihre Hinwendung zu Askese und Demut wurde sicherlich durch den Verlust ihres Partners und Unterstützers ausgelöst. Von den Ideen der Franziskaner hatte Elisabeth durch den Mönch Rodeger erfahren, der bei einem Besuch auf der Wartburg von Franz von Assisi und dem Armutsideal seiner Bruderschaft berichtet hatte.

Noch vor dem Tod Ludwigs war Konrad von Marburg Elisabeths Beichtvater geworden. Der Papst unterstellte die Witwe seinem Schutz. Die Beziehung zu dem Kreuzprediger und grausamen Ketzerverfolger befremdet uns heute. Konrad terrorisierte die junge Frau mit Verboten, schier unmenschlichen Strafen und auch körperlichen Züchtigungen. Elisabeth nahm das alles als Prüfungen Gottes hin. Als ihr Vermögensverwalter achtete Konrad streng darauf, daß sie ihr Erbe nicht unter den Armen verschleuderte. Allerdings fand Elisabeth meist eine List, Konrads Verbote doch zugunsten der Bedürftigen zu umgehen. Durfte sie auf seinen Befehl nur noch eine Scheibe Brot für jeden Armen ausgeben, so ließ sie riesig große Brote backen, damit die Stücke größer wurden. Hieß Konrad sie, nur noch einen Pfennig für jeden Armen zu geben, so ließ sie silberne Pfennige prägen.

Nach dem Tod ihres Mannes war das Leben auf der Wartburg für Elisabeth schwierig geworden. Ludwigs Nachfolger, sein Bruder Heinrich Raspe, hielt Elisabeth für eine Törin und verlangte von ihr, zu den Sitten und Gepflogenheiten der Adelsgesellschaft zurückzukehren. Aber Elisabeth wurde nicht, wie es die Legende erzählt, vom Stammsitz der Thüringer vertrieben. Es war wohl eher eine Flucht, die sie über Nacht antrat, eine Flucht aus den Zwängen, die man einer Landgräfin auferlegte und die ihrer Auffassung von einem christlichen Leben in Demut widersprachen. Ihr Onkel, der Bischof von Bamberg, hätte die junge Frau am liebsten mit Friedrich II. verheiratet, der gerade Witwer geworden war, und Elisabeth so zur deutschen Kaiserin gemacht. Doch zwingen konnte er seine Nichte nicht, soweit respektierte man schon in dieser Zeit den Willen einer Witwe, allein zu bleiben. Eine andere Frau an Elisabeths Stelle wäre in ein Kloster gegangen, doch Elisabeth entschied sich für einen schwierigeren Weg. Ihr Wunsch, als Bettlerin von Tür zu Tür zu gehen wie die Franziskaner, schlug ihr Beichtvater Konrad ab. Aber er konnte nicht verhindern, daß die Königstochter und ehemalige Landgräfin ein folgenschweres Gelübde ablegte. »Just an einem Karfreitag«, so schilderte es Konrad später dem Papst, »legte sie ihre Hände auf den Altar einer Kapelle ihrer Stadt, die sie den Minderbrüdern übergeben hatte, und verzichtete in Gegenwart einiger Brüder auf Eltern und Kinder und auf den eigenen Willen, auf allen Glanz der Welt und auf alles, was zu verlassen der Heiland im Evangelium rät. Als sie nun auch auf ihren Besitz verzichten wollte, riß ich sie vom Altar weg.« Die Trennung von ihren Kindern, das jüngste war damals eineinhalb Jahre alt, wird Elisabeth nicht leichtgefallen sein. Vielleicht konnte sie dieses Opfer leichter akzeptieren, weil sie selbst als kleines Kind von ihren Eltern getrennt worden war. Herrmann, Sophie und Gertrud wurden in Klöster gebracht und dort erzogen.

Elisabeth zog an die Grenze des thüringischen Fürstentums nach Marburg. Ludwig hatte ihr das Städtchen zur Hochzeit als Morgengabe geschenkt. Doch die Adeligen dort empfingen sie feindlich, und die ehemalige Landgräfin zog zunächst in das nahe Dorf Wehrda. Von ihrem Vermögensverwalter und Beichtvater erhielt sie die Erlaubnis, in Marburg ein Hospital bauen zu lassen. Dort fand sie auch eine bescheidene Unterkunft, die sie mit ihren Mägden teilte. Elisabeth hätte ihre Witwenrente auch in eine der größeren geistlichen Stiftungen einbringen können, die damals zum Beispiel von den Johannitern zur Pflege der Kranken und Armen ins Leben gerufen wurden. Doch Elisabeth baute ihr eigenes Krankenhaus, das sie selbst leitete und in dem sie tätig wurde. Sicherlich war Elisabeth von der Frauen- und Armutsbewegung der Beginen, die zu Beginn des 13. Jahrhunderts aufkam, beeinflußt. Sie nahm sich die Freiheit, arm zu sein, sie nahm sich das Recht, selbst in der Krankenpflege tätig zu werden, und scheute nicht die ekelerregendsten Aufgaben. Damit ging sie weit über die einer Frau ihres Standes gesetzten Handlungsspielräume hinaus. Das machte vielleicht die außerordentliche Wirkung aus, die sie auf ihre Zeitgenossen ausübte.

Die Grenze zwischen Ketzerin und Heiliger in der damaligen kirchenpolitischen Situation war hauchdünn. Auch die Gemeinschaften der Katharer und Waldenser suchten die religiöse Erfüllung außerhalb der Kirche und in einem radikalen Verzicht auf Besitz und Familie. Allerdings gerieten sie rasch in Widerspruch zur offiziellen Kirche und wurden gnadenlos verfolgt. Auch Elisabeths Zeitgenosse Franz von Assisi hatte solche Impulse zu einem Leben außerhalb der festen Kirchenordnung gegeben. Aber seine Bewegung wurde in der Kirche aufgefangen und entgegen den Absichten des Gründers in einem Orden organisiert. In der raschen Heiligsprechung Elisabeths nur vier Jahre nach ihrem Tode mag man auch eine Vereinnahmung durch die Kirchenoberen sehen.

Elisabeth starb im Alter von nur 24 Jahren. Drei Schwangerschaften, schwere Arbeit, harte seelische Belastungen und der Schlafentzug durch nächtliche Gebete hatten ihren Körper so geschwächt, daß er eine Infektionskrankheit nicht überstand. Drei Tage blieb Elisabeth in der Kapelle ihres Hospitals aufgebahrt. Ihre Dienerin Irmgard schilderte, wie der Körper allen preisgegeben war, die danach trachteten, dem Leichnam Reliquien abzutrennen. Der Elisabethkult, der damals rasch aufblühte, erzwang schließlich auch eine grundlegende Veränderung des Hospitalgeländes. Man begann mit dem Bau einer Steinkirche, die nur wenige Jahre später der monumentalen Elisabethkirche weichen mußte, die der Deutschorden für die Heilige errichtete.

Die Wirkung dieser unbestritten ungewöhnlichen Frau reicht bis in die heutige Zeit, obwohl von Elisabeth weder theoretische Schriften noch Predigten existieren. Aber ihr Charisma, ihr tiefer Glauben und ihre Hingabe an die Armen haben die Zeit überdauert. In Elisabeths Namen sind noch im Mittelalter viele Hospitäler gegründet worden. Eine große Zahl von Krankenhäusern steht unter ihrem Patronat, und unzählige karitative Vereinigungen arbeiten in Erinnerung an die heilige Elisabeth.

Ulrich von Hutten

Von Renate Nettner-Reinsel

Zwischen Hanau und Fulda, an der alten »Straße des Reiches« von Frankfurt nach Leizpig, noch bevor man die Höhen des Landrückens überschreitet, liegt der »Bergwinkel«. So heißt der Talkessel, der von den Ausläufern des Spessarts, des Vogelbergs und der Rhön gebildet wird und durch den die Kinzig fließt.

Dort steht auf einem Hügel in Ramholz, nahe Schlüchtern, die Ruine Steckelberg, auf der am 21. April 1488 der Ritter Ulrich von Hutten geboren wurde.

Er ist vor allem durch seine poetischen und politischen Schriften hervorgetreten. Sein Lebensweg, seine vom deutschen Humanismus geprägten Ideen und der politische

Hintergrund der Verhältnisse seiner Zeit lieferten ihm das Material für seine publizistische Tätigkeit. Er verbindet in einzigartiger Weise die Denkströmungen der Zeit um 1500. Aus reichsritterschaftlicher Familie stammend, wandte er sich früh dem humanistischen Bildungs- und Lebensideal zu, das er zeitlebens mit seinen politischen Vorstellungen in Einklang zu bringen versuchte. Durch die Erfindung der Buchdruckerkunst konnten sich seine Schriften schnell verbreiten.

Ulrich von Hutten wurde in eine Zeit hineingeboren, in der die Reichsritterschaft eine große Vergangenheit, aber keine rosige Zukunft mehr hatte. Ihre Macht und ihren Einfluß verlor sie zugunsten der Fürstenstaaten und der Reichsstädte. Rückhalt fand sie noch in der Kirche, deren Pfründe sie verteidigte. So ist auch der Eintritt Ulrich von Huttens als elfjähriger schmächtiger Knabe in die nahegelegene Klosterschule Fulda als eine Möglichkeit zu sehen, ihm später eine gesichertere Zukunft bieten zu können, als ihn in der heimischen Grundherrschaft erwartete. In seinem berühmten Brief an den Humanisten Willibald Pirckheimer schilderte Ulrich von Hutten 1518 die Enge und die Wirklichkeit des Lebens auf Burg Steckelberg so: »Die Burg ... ist nicht zur Behaglichkeit, sondern zur Sicherung erbaut, mit Graben und Wall umgeben, im Innern eng, durch Stallungen für Klein- und Großvieh im Platz begrenzt; daneben finstere Kammern, die mit Kanonen, Pech und Schwefel und dem übrigen Gerät an Waffen und Kriegsmaschinen angefüllt sind; überall der Geruch nach dem Pulver der Kanonen; dann die Hunde und der Hundedreck – auch das ist ein angenehmer Duft! Reiter kommen und gehen, unter ihnen Räuber, Diebe und Mörder; denn meistens stehen unsere Häuser allen offen ...« Die drastische Schilderung der Lebensumstände zeigt auch den langsamen sozialen Niedergang des Reichsrittergeschlechts der Hutten, das finanziell nicht gerade gesegnet war.

Lange blieb er nicht in Fulda, bereits mit 17 Jahren verließ er heimlich das Kloster, um ein bewegtes Wanderleben zu führen, das ihn mit den bedeutendsten politischen, religiösen und vor allem humanistischen Zentren und Persönlichkeiten seiner Zeit in Berührung brachte: In Erfurt lernte er den berühmten Humanistenkreis um den gleichaltrigen Eobanus Hessus kennen, mit dem ihn eine lebenslange Freundschaft verband.

Nach Frankfurt/Oder, Leipzig, Greifswald, Rostock und Wittenberg traf er in Wien auf den Kreis des legendären Conrad Celtis und setzte sich das erste Mal mit der nationalen deutschen Vergangenheit auseinander. Zweimal hielt er sich zum Studium in Italien auf, wo er wesentliche Schriften der italienischen Humanisten kennenlernte und durch das Studium des Griechischen, besonders von Lukians Werken, das Vorbild für seine kämpferischen und satirischen Dialoge fand. Hier lernte Hutten meisterhaft aktuelle Tagesfragen mit allgemeinen politischen Forderungen und Zielen zu verbinden.

Über viele Jahre hinweg beschäftigten ihn zwei große Fehden, die ihm eine beachtliche öffentliche publizistische Wirkung und einen großen Bekanntheitsgrad brachten.

Die eine ist eine »ritterliche« und politische gegen Herzog Ulrich von Württemberg. In seiner Schrift »Phalarismus«, die 1518 erschien, hatte er die Willkürherrschaft des Territorialfürsten angeprangert.

Mit der zweiten Fehde mischte er sich aktiv in den Kampf zwischen Humanismus und der alten, scholastischen Theologie ein. Sein Kampf gegen die römische Kirche gipfelte in den sogenannten »Dunkelmännerbriefen«, in denen er diejenigen Geistlichen, die dem Humanismus feindlich gegenüberstanden, als Dummköpfe verspottete.

Das verweltlichte Papsttum war bei den meisten europäischen Humanisten zur Zielscheibe der Kritik geworden. Der Humanismus verband sich hier mit dem weit verbreiteten Haß des Volkes auf die römische Geistlichkeit, der man vorwarf, Deutschland finanziell auszusaugen.

Huttens Bekanntheitsgrad in Humanistenkreisen war groß, und mit seinen Briefen an Kaiser Maximilian I., in denen er das allseitige humanistische Interesse an der nationalen Vergangenheit formulierte, machte er zusätzlich auf sich aufmerksam. Er pries die Siege der Germanen über die Römer und plädierte für ein geeintes Deutschland unter einem starken Kaiser, frei vom Einfluß des Papstes.

Kaiser Maximilian I. krönte Ulrich von Hutten am 12. Juli 1517 in Augsburg zum »poeta laureatus« mit dem Dichterlorbeer. Diese Auszeichnung brachte Hutten zwar Anerkennung und gewisse Privilegien, jedoch keinen finanziellen Gewinn. Auch damals glaubte man, daß des Dichters Lohn, die Unsterblichkeit, eine ausreichende Vergütung sei.

An einer akademischen Karriere, die ihm jetzt offenstand, lag Hutten nichts; zu gut kannte er den damaligen deutschen Wissenschaftsbetrieb. Er reiste nach Nürnberg, um sich mit Willibald Pirckheimer über seine Zukunft zu beraten.

Dieser riet ihm, das Angebot des mächtigen Mainzer Erzbischofs Albrecht von Brandenburg anzunehmen und in dessen Dienste einzutreten.

Das Wohlgefallen dieses Fürsten erworben zu haben war für Hutten ein Privileg und gleichzeitig Sicherheit, um weiter publizieren zu können. Er begleitete ihn zum Augsburger Reichstag, der sich mit den erneuten Geldforderungen des Papstes für den Krieg gegen die Türken beschäftigte. Für Albrecht von Brandenburg bereitete Hutten eine Rede vor, die sich massiv gegen den Führungsanspruch des Papstes und leidenschaftlich für die Unterstützung des Kaisers einsetzte. Seiner Meinung nach sollte der Kaiser mit Unterstützung der Reichsritter diesen Krieg führen. Seine Vorstellungen fanden allerdings kein Gehör.

Während des Reichstages unterzog sich Hutten in Augsburg einer Generalkur, einer kombinierten Schwitz-, Trink- und Hungerkur, um sich von der Syphilis zu kurieren, mit der er sich 1508 infiziert hatte. Der Patient trank den nach strengen Vorschriften zubereiteten Sud aus Guajakholzspänen. Tatsächlich hielt sich Hutten nach Beendigung dieser Behandlung für geheilt. Aus Dankbarkeit schrieb er ein Büchlein über das Guajakholz und die »Franzosenkrankheit«, wie die Syphilis damals genannt wurde, und widmete es Albrecht von Brandenburg.

Nach dem Tod Kaiser Maximilians I. 1519 und der darauf folgenden Wahl Karls V. zu seinem Nachfolger erwartete Hutten die so oft eingeforderten Reichsreformen und geißelte in seinen Schriften den Verfall von Kirche und Papsttum: »Sehet da die große Scheune des Erdkreises, in welcher zusammengeschleppt wird, was in allen Landen geraubt und genommen worden ist! ... Das sind die Plünderer unseres Vaterlandes, die vormals mit Gier, jetzt mit Frechheit und Wut die weltherrschende Nation berauben, vom Blut und Schweiße des deutschen Volkes schwelgen, aus den Eingeweiden der Armen ihren Wanst füllen und ihre Wollust nähren. Ihnen gaben wir Gold; sie halten auf unsere Kosten Pferde, Hunde, Maultiere und (o der Schande!) Lustdirnen und Lustknaben ...«

In diesem Anti-Rom-Manifest war bereits alles enthalten, was er in den kommenden drei Jahren an antiklerikaler Programmatik entwickeln sollte. Wegen seiner romfeindlichen Schriften, der »Inspicientes« und der »Trias-Romana«, wurde er von der Inquisition verfolgt und mit dem Kirchenbann belegt. Hutten hatte es gewagt, sich die Mächtigen in Rom und deren Gesandte zu Feinden zu machen.

Er nahm nun auch Verbindung mit Luther auf, um ihn in eine gemeinsame Front des nationalen Kampfes gegen die Römische Kirche einzubinden. Dieser merkte jedoch sehr bald, daß Hutten unter der germanischen Freiheit etwas anderes verstand als er unter der »Freiheit eines Christenmenschen«.

Gehör fand er schließlich bei Franz von Sickingen, einem reich begüterten Ritter aus der Pfalz und Heerführer von hohem Ansehen.

Auf der Ebernburg hatte er nun Zeit und Ruhe, um neue Schriften zu verfassen. Es war für ihn eine sehr produktive Zeit, in der er unter dem Einfluß von Luthers deutschsprachigen Arbeiten selbst begann, in deutscher Sprache zu veröffentlichen. Das Volk, und nicht nur die Latein-Kundigen, wollte er aufrütteln. Seine erste Anklageschrift beschäftigte sich mit der Freveltat der Verbrennung von Luthers Schriften, in der er eine Ermordung der göttlichen Wahrheit sah. Das volksliedhafte Gedicht drückt Zuversicht aus, daß Gott die Gerechten nicht verlassen werde, und schließt mit der ermunternden deutschen Variante seines »*Jacta-est-alea*«-Wahlspruchs: »Ich habs gewagt.«

Mit Franz von Sickingen hatte er einen Gönner gefunden, der den Kampf gegen die Kirche als einen Krieg betrachtete, in dem die christlichen Ritter Ruhm und Ehre erlangen und wieder zu altem Ansehen aufsteigen können würden. Unter seinem Schutz lebte er auf der Ebernburg und stand zu Beginn des Wormser Reichstags 1521 auf dem Höhepunkt seiner publizistischen Bedeutung.

Der Reichstag verlief nicht so, wie er es gehofft hatte. Das Ergebnis war in Huttens Augen verheerend: Der Kaiser schloß ein Bündnis mit dem Papst, und Luther flüchtete auf die Wartburg. Seine Hoffnungen auf eine religiöse Erneuerung durch Karl V. wurden nicht erfüllt.

Im Mai 1522 plante er mit Franz von Sickingen die Fehde gegen den Kurfürsten und Erzbischof von Trier. Dieser verkörperte für beide die unchristliche Verbindung von geistlicher und weltlicher Gewalt, durch die der Papst die Christen unterjochte. Die Ideen der Reformation dienten hier möglicherweise Sickingen als Vorwand, um einen Kampf des Ritterstandes gegen die Macht der Fürsten und der aufblühenden Städte zu begründen. Das gemeinsam ausgearbeitete konservative Reformkonzept, der Ritteraufstand, schlug fehl.

Hutten verließ die Ebernburg und flüchtete todkrank und mittellos in die Schweiz. In Basel suchte er Anschluß an die Humanisten und an Erasmus von Rotterdam. Alle distanzierten sich nun von ihm. Sie wollten nichts mehr mit diesem lärmenden, verfolgten und mit dem Kirchenbann belegten Ritter zu tun haben. Völlig isoliert, auf der Flucht und persönlich stark getroffen, geriet Hutten in seine letzte Fehde mit Erasmus, die öffentlich mit viel Gehässigkeit ausgetragen wurde.

Unter Zwinglis Schutz floh er auf die Insel Ufenau im Zürich-See. Dort starb er Ende August 1523, 35jährig, an den Folgen der Syphilis, bettelarm und in Schulden. Er hinterließ, wie Zwingli berichtete, »gar nichts von Wert; Bücher hatte er (...) keine, Hausrat auch nicht – außer einer Feder.«

Hutten hatte sich persönlich und meist vor Ort in aktuelle politische Tagesfragen eingemischt. Er war gegen den Papst in Rom angetreten und hatte trotz des Kirchenbanns seine Kritik nicht verschwiegen. In den folgenden Jahrhunderten hat man sich immer wieder auf ihn berufen und ihn auch in die jeweiligen Dienste der Eigeninteressen gestellt. Man wird Ulrich von Hutten aber nur vor dem Hintergrund seiner Zeit gerecht.

Er war Ritter und Ideologe des Ritteraufstandes von 1522, vom Kaiser gekrönter Dichter, einer der führenden deutschen Humanisten, Propagandist des deutschen Reiches und der deutschen Nation, heimatloser Vagant, höfischer Berater und Diplomat, Kriegsberichterstatter in Italien, Polemiker und Kämpfer gegen die Papstkirche, glänzender Satiriker, Reichsreformer und weltlicher Reformator; ein Renaissance-Mensch voller Widersprüche.

Helius Eobanus Hessus
Von Herbert Heckmann

Der einzige hessische Poet, der sich selbst in seinem Namen zu seinem Vaterland bekannte, war der aus Halgehausen bei Frankenberg stammende Eobanus Hessus Koch; und da seine Geburt am 6. Januar 1488 auf einen Sonntag fiel, setzte er vor seinen Vornamen Eobanus noch den Namen des griechischen Sonnengottes Helius. Freilich dichtete er nicht in seiner Muttersprache, sondern in Latein, das er so souverän beherrschte wie kaum ein anderer seiner Zeit. Er war wohl der fruchtbarste und vielseitigste neulateinische Dichter und brachte sogar das Kunststück fertig, die »Ilias« des Homer in lateinische Hexameter zu übersetzen. Luther nannte ihn »rex poetarum«, König der Dichter, was ein doppeltes Lob war, ein ästhetisches wie ein sprachliches. Eobanus Hessus hatte die römischen Poeten eifrigst studiert. Zur Feier von Vergils Geburtstag etwa dichtete er: »Heil bedeutet er uns.« Sein Latein war völlig frei von scholastischer Vormundschaft. Tatsächlich verdankte er dem Römer aus Andes bei Mantua, der selbst aus bäuerlichem Milieu stammte und der sich in Rom durch seine Hirtengedichte die Gönnerschaft des Maecenas erworben hatte, sehr viel. Eobanus Hessus, der, wie seine Zeitgenossen berichten, sehr ehrgeizig war, versuchte auch darin dem Römer nachzueifern. Aber Deutschland war nicht Rom. Und entsprechend schwer wurde es ihm gemacht, poetische Anerkennung zu finden.

Er studierte zunächst in Erfurt, wo er sich dem Humanisten Mutian anschloß. 1509 wurde er im ostpreußischen Riesenburg Sekretär des Bischofs Hiob von Dobeneck, der ihn 1513 zum Rechtsstudium nach Frankfurt an der Oder schickte. Lange hielt er es dort nicht aus. Die Poesie lag ihm mehr am Herzen als die Pandekten. Er wechselte nach Leipzig, wo er sich ganz den humanistischen Studien widmete, die an den Universitäten immer mehr Zuspruch fanden. 1514 kehrte er nach Erfurt zurück, wo er 1518 zum Professor der lateinischen Sprache berufen wurde. Er war bei den Studenten außerordentlich beliebt und hatte großen Zulauf in seinen Vorlesungen. Eobanus Hessus war kein trockener Gelehrter, sondern eine anakreontische Natur. Er liebte den Wein und die Geselligkeit, pokulierte tapfer und würzte die frohe Runde mit extemporierten lateinischen Versen. Kollegen neideten ihm diese ganz unakademische Lebensfreude und beklagten sich hinter seinem Rücken. Als sich die Studenten infolge der Reformation nach Wittenberg wandten, blieb er ziemlich verlassen zurück, so daß er sich 1526 gezwungen sah, als Lehrer der Rhetorik und Poesie an das von Melanchthon gegründete Egidien-Gymnasium nach Nürnberg zu gehen. 1533 kehrte er hoffnungsvoll nach Erfurt zurück, wo er jedoch nicht mehr die alten Verhältnisse vorfand, so daß er 1536 nach Marburg überwechselte, wo er am 4. Oktober 1540 verstarb.

Der Reformation hatte er sich gleich zu Beginn angeschlossen, doch wurde ihm nachgesagt, daß er dies mehr des persönlichen Vorteils wegen getan habe. Überhaupt hatte die Nachwelt viel an ihm auszusetzen. Daß er oft einen über den Durst trank, stellt ihn in eine Reihe mit so manchen deutschen Professoren seiner Zeit, die ihr Fach nicht nur beherrschen wollten, sondern es auch zu praktizieren verstanden. Der Durst hatte schon bei den römischen Dichtern seinen poetischen Reiz. Was die mangelnde Tiefe seiner Gedichte anbelangt, so verdankt sich dieses Urteil zweifellos einer mangelnden Lektüre. Sein geschmeidiges, ja urbanes Latein mag darüber hinwegtäuschen, daß er sich nicht auf bloße Variation lateinischer Metaphern beschränkte. Wenn er auch nicht wie Petrus Lotichius das eigene Erleben poetisch nützte, so bewies er doch Originalität. Hervorzuheben sind vor allem seine Städtegedichte, die Gattung poetischer Stadtbeschreibungen, die die Topoi der antiken Rompreisungen auf die aufstrebenden deutschen Städte bezogen. Er war einer der ersten Neulateiner, für den die Stadt dichterische Bedeutung gewann. In alte Formen flossen neue Inhalte. Daß er gerade Städte wie Nürnberg besang, beweist, daß jetzt nicht mehr das höfische Leben als Schauplatz der Dichtung genügte. Die Humanisten wie die humanistischen Poeten stammten zum größten Teil aus dem erstarkenden Bürgertum. Was Wunder, daß sie der Stadt Lob zollten und sie poetisch verklärten. Eobanus Hessus, der selbst in bäurischen Verhältnissen aufgewachsen war, sich jedoch die städtische Lebensweise mit großem Erfolg angeeignet hatte, erwies sich als ein wacher Zeitgenosse, der die großen Ereignisse, wie sie sich einstellten, poetisch würdigte. So bedichtete er Luthers Einzug in die Stadt Erfurt am 6. April 1521 in seiner zweiten Elegie (»In Evangelici Doctoris Martini Lutheri Laudem Defensionemque«, Erfurt 1521):

»Nicht weil du es dir wünschtest, singen wir, Luther, dies Festlied,
Auch nicht, weil unsres Lobs du uns bedürftig erschienst.
Vielmehr sollte es doch in spätere Jahre hinausgehen,
Und, wie uns schien, nicht verdient hat es ein dunkles Versteck.
Auch gefiel es den Freunden, welche dich immer bewundern,
Wenn dir auch unerwünscht, wars der Lektüre wohl wert.
Um die Zeit wars, da erstmals des neuen Frühlings Begeistrung
Das erblühende Land frisch wieder schmückte mit Grün.
Allüberall schon wurden Osterlieder gesungen,
Kein äonischer Sang war je von blühenderm Klang.
Niemals wurde die Stadt von froherer Kunde erfüllet.
Als man hörte: Es kommt näher der herrliche Mann.
Sehen konnte man da, wie die Hallen der Schule sich regten,
Alles mit Festgeleit ihn zu empfangen bereit.
Ohne Verzug bestiegen wir da die gesattelten Rosse,

Vierzig an Zahl, und zu Fuß folgte der übrige Troß.
Wer kann da zählen des Volks schaugierig drängende
Menge?
Solch ein Schauspiel fürwahr bietet nur selten sich dar.«

So der Anfang des Gedichts, das auf tradiertem Gut beruht und sich ererbter Formen und Wendungen bedient. Schon ein flüchtiger Blick zeigt, daß diese neulateinische Dichtung des Eobanus Hessus offen für neue Inhalte ist. Sie vermag es, wenn auch noch zurückhaltend, neuen Empfindungen Ausdruck zu verleihen, neue Sehweisen darzustellen. Damit erweist sie sich als bedeutsames Exempel der Verbindung von Altem und Neuem, Überkommenem und eben erst neu Gewonnenem, ja noch erst zu Gewinnendem. Doch bei allem neuen Zugriff bleibt ein Bewußtsein jenes Kontinuums, das die römische Antike, das christliche Mittelalter und die humanistische Neuzeit miteinander verbindet.

Seine Werke, die 1539 zu Schwäbisch-Hall in zwei Bänden erschienen, (»Operum farragines duae«), enthalten die Silvae – zu deutsch poetische Wälder, was eine Art Sammelwerk ist – Idyllen, Epigramme, Heroiden und Briefe der Heiligen von Maria bis zur Kaiserin Kunigunde. Wie er sein Leben und sein Dichten zu vereinigen wußte, verraten seine Briefe, die von einem streitlustigen und vitalen Temperament geprägt sind. Am frischesten sind noch seine Gelegenheitsgedichte, die die Stadien seines Lebens begleiten.

Petrus Lotichius Secundus

Von Herbert Heckmann

In seinem vierbändigen Werk »Deutschland oder Briefe eines in Deutschland reisenden Deutschen« (1826-1828) schreibt Karl Julius Weber, als er kurz Salmünster streift: »Merkwürdiger ist der hier geborene gute Dichter Lotichius Secundus, der nicht mehr gelesen wird. Warum schrieb er auch lateinisch?« Heute, kurz vor dem Ende des 20. Jahrhunderts, sind die Lateinkenntnisse noch mehr geschwunden, so daß wohl keiner mehr an Lotichius denken wird, wenn er durch das Kinzigtal kommt. Schon Karl Julius Weber war nicht gut informiert, denn Petrus Lotichius (das latinisierte Lotich) mit dem Zunamen Secundus (um ihn von seinem Oheim zu unterscheiden, der Abt des Klosters Schlüchtern war und die Reformation in der Obergrafschaft Hanau-Münzenberg einführte) wurde am 2. November 1528 nicht in Salmünster, sondern in Niederzell bei Schlüchtern geboren, unweit der Burg Steckelberg, dem Geburtsort Ulrich von Huttens, mit dem er mancherlei Ähnlichkeiten hatte: ein abenteuerliches Leben, ein gutes Latein sowie ein frühes Ende.

Über seine Kindheit und Jugend wissen wir nicht viel. Er wird die Schule in Schlüchtern besucht haben, wo man tüchtig Latein lernte, um die alten Autoren lesen zu können. Nach Unterricht in Frankfurt bei Jakob Micyllus, studierte er ab 1544 in Marburg Medizin und danach in Leipzig sowie Wittenberg die Humaniora, wie damals die philologischen Lehrfächer hießen. Seine Lehrer waren Melanchthon und Joachim Camerarius, der als der bedeutendste Philologe galt. Als Lotichius seine Studien beendet hatte, trat er in den Militärdienst, um für die Sache der Evangelischen im Schmalkaldischen zu kämpfen. Er war kein gelehrter Stubenhocker, dem Studieren über alles ging. Doch der Poesie muß er damals schon gehuldigt haben. So widmete er seinem Lehrer und Freund Joachim Camerarius eine Elegie, in der er die Belagerung der Stadt Magdeburg nach antikem Vorbild beklagt. Schon in diesem Gedicht, das bei allen klassischen Anspielungen auch das Erlebte miteinbezieht, zeigt sich die große poetische Sicherheit des Lotichius, der ebenso gut Latein konnte, wie er das Dichten verstand.

»Lockts dich, verschwiegenen Klagen dein Ohr zu leihen, und scheinen
Bei den Vögel auch dir düstere Zeichen voll Sinn,
Dann, mein Joachim, höre, was gleich beim Sinken der Sterne,
Höre, was ich gesehn, als sich der Morgen erhob.
Nacht noch wars, die Gestirne ergossen freundlichen Schlummer,
Und die flüchtige Luft wehte ihn säuselnd herab,
Als der mänalischen Bärin Bewacher den Wagen gewendet,
Tat im folgenden Traum meine Besorgnis sich kund.
War da ein Strom. Der Rhein? Die schäumende Donau? Die Elbe?
Zwar ich schwankte, doch schiens eher die Elbe zu sein,
Alt war dorten die Stadt am sandigen Saum des Strandes,
Und ein blutiges Heer hielt sie im Kreise umringt ...«

Die Übersetzung der in Distichen gehaltenen Elegien, ein Pentameter folgt einem Hexameter, stammt von Hermann Beckby. Was im Lateinischen kurz und bündig in den Rhythmus gefügt ist, klingt im Deutschen eher hölzern. Wenn man jedoch das Metrum des Originals einhalten will, ist man zu einer gestelzten Sprache nahezu gezwungen.

Nach Kriegsende, dem endgültigen Abschied von Wittenberg und einem längeren Aufenthalt in seiner Heimat ging Petrus Lotichius Secundus als Reisebegleiter adliger Jünglinge nach Frankreich und Italien, studierte u. a. in Montpellier Medizin, wurde Doktor der Medizin zu Padua und schließlich ab 1557 Professor dieses Faches in Heidelberg, wo er am 7. November 1560 an der versehentlichen Einnahme eines vergifteten Liebestranks, wahrscheinlicher aber an Malaria, starb.

Seine Elegien erschienen von 1551 an unter dem Gattungstitel »Elegarium Libri« zusammen mit seinem »Libellus carminum«, was man am besten mit Gedichtbüchlein übersetzt. Eine Gesamtausgabe stellte der jüngere Petrus

Burmannus in zwei Bänden zusammen, die 1754, gut kommentiert, in Amsterdam erschien. Ins Deutsche übersetzt hat sie E. G. Köstlin. Diese Übersetzung erschien 1826 und hat eher den Charakter einer holprigen Fleißarbeit als den einer poetisch genauen Übertragung.

Lotichius' neulateinische Dichtungen stehen an einem Wendepunkt der deutschen Literaturgeschichte. Im 16. Jahrhundert hielt man sich, angeregt durch das Studium der lateinischen wie auch der griechischen Poesie, immer mehr an die Formen und glaubte, mit ihnen alles zu haben. »Sich den alten Mustern nahe zu stellen war das Hauptaugenmerk«, schrieb Gervinus in seiner »Geschichte der poetischen National-Literatur der Deutschen« im Jahre 1842 und fuhr fort: »Und es war lange ziemlich allgemeine Meinung, daß dieses Ziel selbst mittelst der alten Sprache müsse erreicht werden. – Jetzt war die Form Hauptsache und Zweck, jetzt suchte man ihr zu Gefallen Stoffe von poetischer Natur, während man vorher Jedes und Alles gleichmäßig hingeschrieben hatte.« So kamen die alten Gattungen wie Oden, Satiren und Elegien wieder zu Ehren, in denen man die römischen Poeten mit viel Aufwand und ebensoviel Geschick plünderte und mythologische Figuren ohne großen Skrupel nach Deutschland importierte. Petrus Lotichius Secundus unterscheidet sich von seinen poetischen Kollegen, die nur belesen die römischen Vorbilder kunstvoll variierten. Er war nicht so sehr von der Lust der Nachahmung getrieben als vom eigenen Erleben. Er übernahm nicht elegische Gefühle anderer, sondern fand für seine Abscheu vor dem Krieg, für seelisches Leiden und unglückliche Liebe den klassischen Ausdruck. Er brachte es fertig, seine persönliche Erfahrungen, seine eigenen Liebeshändel durch das Gitter überlieferter Formen und überlieferter Metaphern spürbar zu machen. Daß der letzte der vier Bände der Elegien religiösen Themen gewidmet ist, beweist nur den Ernst seines poetischen Ansatzes. Es war sein aufgewühltes Herz, das ihn zum Dichten trieb.

In seinen Carmina, die sein Lehrer und Freund Camerarius erweiterte und ergänzte, finden sich vor allem Gelegenheitsgedichte, die zum Besten dieses Genres in der neulateinischen Dichtung zählen. Sie sind witzig und nicht selten von einem horazischen Lebensgefühl getragen:

»Gesänge, Freunde, Wissenschaft, ein Trinkgelag,
Dazu ein Herz voll heiterer Ruh:
Das ist dem Menschenkinde holder Trost und gibt
An Freuden ihm ein buntes Maß,
So, wenn in Baumes Schatten eine treue Schar
Gesellen ihren Tag vertut,
Wenn sie, mit Rebenranken grün die Stirn umkränzt,
Gemessen ihre Becher mischt,
Wenn Unschuld waltet, wenn sich Grazien rings ergehn
Und Musen wecken leichten Scherz.
Mag Geldgier und des Würfels lasterhaftes Spiel
Die andren Menschen peinigen,
Mich, Gelph, beglückt es, wenn ich frischentstandnes Leid
Verscheuchen kann durch Sang und Wein.«

Selbst in diesem Gedicht, das zur geselligen Heiterkeit einlädt, spürt man eine eher elegische Seelenlage, das »Dennoch!«, das sich gegen melancholische Anwandlungen stemmt. Auch das Vaterländische, im guten Sinne, führte seiner Feder. So widmete er seinem Landsmann Hutten die Verse:

»Ich beschwöre Huttens Manen, die Asche des Dichters,
Die nun mitten im See, klein, eine Insel umschließt.
Seid mir gegrüßt, ihr Manen, euch werde als Lohn aller Mühsal
Ruhe und Frieden zuteil, sei euch die Erde nicht schwer!
Mit den Veilchen empfängst du die Tränen, die wir dir weihen,
Ruhmreicher Ritter dereinst, glücklich nun schlummernd im Tod.

Glücklich nun schlummernd im Tod, des Vaterlands wilde
Erschütterung,
Deren Rächer du warst, hoffnungslos, sieh, ist sie nicht.
Und ein anderes Vaterland gab dir im Tode der Himmel:
Wachsend von Tag zu Tag leuchtet dein herrlicher Ruhm.
Schicksalsträchtige Asche, verehrungswürdig den Enkeln,
Sei mir auf ewig gegrüßt – und auch für immer Lebwohl!«
(Übersetzt von Carl Fischer).

Petrus Lotichius Secundus war tapferer Draufgänger und besinnlicher Beobachter zugleich. Diese Doppeltheit macht den einzigartigen Reiz seiner Dichtungen aus, die ihn in die Nähe von Johann Christian Günther bringen. Seine Dichtungen lesen sich wie das Tagebuch seines Lebens. Mit Recht hat man in ihm einen der Größten der neulateinischen Poesie gesehen, und es ist schade, daß er den meisten lateinisch entrückt bleibt.

Landgraf Philipp der Großmütige von Hessen

Von Peter Moraw

Ganz gewiß gehört Landgraf Philipp der Großmütige zu den fünfzig »großen Hessen«. Und selbst wenn es nur um zehn oder gar um fünf »große Hessen« ginge, dürfte er nicht fehlen. Das hat gute Gründe: Nur einmal in der mehr als tausendjährigen deutschen Geschichte ist diese Geschichte eine Generation hindurch von Hessen aus führend mitgestaltet worden, eben in der Generation Landgraf Philipps. In der Regel spielten das Land und seine Großen Nebenrollen im historischen Welttheater oder waren nur Statisten. Auch ist Hessen wohl niemals in seiner langen Geschichte so riskant aufs Spiel gesetzt worden wie von diesem Fürsten. Ein Gebilde, das sich seit Jahrhunderten entfaltet hatte, schien an das Ende der Existenz zu kommen.

Der nächste Nachbar Thüringen ist damals als politischer Körper ausgelöscht worden und hat erst in unserem Jahrhundert seine Einheit neu gefunden.

Riskant wird man nennen, was Philipp tat, jedoch nicht einfach leichtfertig. Denn was man auch dem Verantwortungsbewußtsein eines gerade zwanzig Jahre alt Gewordenen zutrauen mag, er glaubte jedenfalls nach seinem Gewissen zu handeln. Auch lebte er wie Vorfahren und Zeitgenossen in der festen, erst heute befremdenden Überzeugung, daß die deutschen Länder dafür bestimmt seien, dem Willen oder selbst den Launen ihres Herrn bedingungslos zu Diensten zu sein. Mag es hier und dort schon seit längerer Zeit ein Zusammengehörigkeitsbewußtsein größerer Gruppen im Land gegeben haben, das nicht mehr allein dynastisch war – in erster Linie waren die deutschen Länder, wie sie um 1500 bestanden, durch fürstliches Handeln geschaffen worden. Durch den Erfolg von Fürsten wurden sie vergrößert, durch deren Mißerfolg verkleinert oder ausgelöscht.

So hat es sich auch in Hessen verhalten, wenn man die Anfänge Philipps betrachtet. Sieht man aber auf den Ausgang seines Lebens, so läßt sich ein hessisches Zusammengehörigkeitsbewußtsein erkennen, das nicht dasselbe war wie der Wille des Dynasten, ja ihm sogar entgegenzuwirken vermochte – zur Bewahrung des Gewohnten, auch zur Bewahrung der Landeseinheit. In der Stille herangewachsene soziale Tatbestände hatten dies herbeigeführt.

Ein Letztes noch hebt Landgraf Philipp und seine Generation hervor. Sie sahen sich hineingeworfen in eine Periode großer Wandlungen, wie sie das Mittelalter kaum gekannt hatte. Umwälzungen vergleichbarer Intensität sollten sich erst wieder im Zeitalter der Französischen Revolution und im 20. Jahrhundert einstellen.

Im Jahr 1504, genau am 13. November, ist Philipp in eine von innen und von außen gefährdete Generation des Fürstenhauses Brabant-Hessen hineingeboren worden. Die Familie gehörte nach Macht und Ansehen den unteren Rängen des Reichsfürstenstandes an. Sie hatte mit starken Adelsparteien im eigenen Land zu kämpfen und zählte seit langem zur Gefolgschaft der östlich benachbarten Wettiner, die Sachsen und Thüringen innehatten. Erst ein Vierteljahrhundert zuvor war Hessen nach Süden hin und bis an den Rhein entscheidend vergrößert worden – durch den Anfall der Grafschaft Katzenelnbogen (1479). So ist beispielsweise Darmstadt hessisch geworden. Dadurch rückte man auch in eine wichtige königsnahe Landschaft hinein. Bis dahin hatte Hessen gleichsam in einem toten Winkel der Reichspolitik gelegen.

Vielleicht hat die wenig glückliche Kindheit Philipps zur frühen Reife beigetragen. Auch daß er schon im Jahr 1518 für mündig erklärt wurde, hing mit innerhessischen Konflikten zusammen. Nun erlosch die sächsische Vormundschaft. Es ist ungewiß, von wann an Philipp eigenständig handelte; die führenden Räte der Kinder- und Jugendzeit blieben jedenfalls dieselben. Es waren Männer bürgerlicher Herkunft mit juristischem Studium und adelige Räte mit Ritterbildung, aus dem Stand, der auch die stärkste Kraft der Opposition darstellte. Auf dem Wormser Reichstag von 1521, als Martin Luther den Widerruf seiner Lehren verweigerte, stand Philipp im Schatten Friedrichs des Weisen, des Wettiners aus Kursachsen. Zunächst suchte der Landgraf die Übereinstimmung mit den mächtigsten Nachbarn. Zusammen mit Kurpfalz und Kurtrier bekämpfte und besiegte er den Ritterführer Franz von Sickingen, der nach Meinung der Fürsten den Frieden gestört hatte. Die bisherigen und die neuen Konfliktstoffe, diejenigen der Reformation, waren untrennbar verbunden mit starken langfristigen Spannungen unter den Führungsgruppen, die sich erst nach und nach in solche schieden, die Kaiser und Reich verbunden blieben, und in solche, die in den Territorien, beispielsweise in Hessen, ihre politische Heimat fanden. Hier zeigte sich Philipp zugunsten seiner Fürstenposition früh belehrt. Diese Fürstenposition war wohl der Kern seiner menschlich-politischen Existenz. Danach bemaßen sich seine Interessen und Handlungen, Freunde und Feinde.

Noch deutlicher als gegenüber den Rittern zeigte sich dies im Bauernkrieg von 1525 angesichts der aufständischen Landleute und ihrer Gesinnungsgenossen. In der Landgrafschaft selbst kam es nicht zur Erhebung. In den benachbarten klösterlichen Fürstentümern Fulda und Hersfeld unterwarf Philipp die Bauern und nutzte den Erfolg für sein Streben nach regionaler Vorherrschaft, in Hersfeld mit dauerndem Erfolg. Selbst noch dem wettinischen Hegemonialbereich zugehörig, half Philipp mit bei der Vernichtung der Bauern Thomas Müntzers unweit des thüringischen Frankenhausen. Damit war der am wenigsten politisierte und unterste Stand konform gemacht. Auch den Städten, die in der Landgrafschaft verhältnismäßig schwach und eher potentiell gefährlich waren, war dies eine Lehre.

In diesen Jahren haben sich bekanntlich Luthers Lehren ausgeformt und ausgebreitet. Hier war Philipp zunächst vorsichtig. Eher leitete ihn eine Anzahl schwächerer Motive, die sich aus der Konstellation des mitteldeutschen Raumes ergaben, denn eindeutige Überzeugung. Vieles von dem, was geschah, war vorgezeichnet. Daß der Gegner seit Jahrhunderten, Kurmainz, nach kurzem Schwanken am alten Glauben festhielt, war eines der Momente, die bei Philipp die Neuerung begünstigten. Auch war Hessen dem rheinisch-südwestdeutschen Raum mit seiner heranwachsenden städtischen und kirchenkritischen Öffentlichkeit benachbart. Die Kirchen im eigenen Land zu disziplinieren war seit langem ebenso ein Fürstenziel wie die dienende Zuordnung von Rittern und Bürgern und der Ausbau der Hegemonie über kleinere dynastische Nachbarn. Bald boten sich dafür neue Möglichkeiten durch die Reformation.

Erste Zeugnisse, die wir heute protestantisch nennen, kann man bei Philipp dem Jahr 1524 zuweisen. Am Hof hat es schon 1521 Sympathisanten gegeben. Einzuordnen sind alte und neue Lehren in die intensivierte Frömmigkeit des ausgehenden Mittelalters und der beginnenden Neuzeit. Ohne die reformatorischen Grunderlebnisse schmälern zu wollen, betont man heute die Langfristigkeit des religiösen Wandels und der damit sehr eng zusammenhängenden Veränderungen im staatlichen Leben. Höchst aufregend war ohne Zweifel die Ereignisgeschichte der Generation Philipps und innerhalb ihrer das Tun und Lassen des Landgrafen; doch wird man auch der zweiten Hälfte des 15. Jahrhunderts und der zweiten Hälfte des 16. Jahrhunderts viel Gewicht zusprechen.

Bemerkenswert an der raschen Entwicklung, die im Jahr 1526 mit dem Beginn der hessischen Reformation einsetzte, war die Übereinstimmung des Fürsten mit den Führungsgruppen des Landes. Es ist schwer zu sagen, wer die ersten waren: die sich damals formierende Beamtenschaft, die Stadtbürger, der Landesadel oder der Hof. Studenten und Absolventen der Universität Erfurt, humanistisch und lutherisch unterrichtet, betätigten sich als Prediger im Land. Etwa dreißig von ihnen sind bis 1526 dem Namen nach bekannt. Philipp hat den Kontakt mit einflußreichen Theologen, zumal mit Melanchthon, gesucht. Am nächsten kam man mit alledem den sächsisch-thüringischen Verhältnissen. Diese Art der Reformation wird man nicht radikal oder revolutionär nennen. Vieles blieb erhalten, was seit langem bestand; nur wurde es nicht mehr vom Mainzer Erzbischof, dem Erzrivalen, oder vom Papst, sondern vom Landesfürsten geleitet und lag nicht mehr in den Händen geweihter Priester. Die neuen Seelsorger waren durch ihr Studium legitimiert. Sie erwiesen sich auch biologisch als Väter einer fürstlichen Landeskirche, die durch die Ehen mit Pfarrerstöchtern und die Vererbung des Pfarramts zum großen langlebigen Familienverband wurde, wie die Beamtenschaft.

Ein Signal war die Reformation der Marburger Elisabethkirche, die das Grab der Stammutter des Fürstenhauses barg. Der Deutsche Orden, dem die Kirche gehörte, vermochte hier keinen Widerstand zu leisten. Den tiefsten Einschnitt brachte die 1527 begonnene, sich lange hinziehende Aufhebung der Klöster mit sich, oft gegen den Widerstand der Betroffenen. Die sozialen und die Bildungsfunktionen der Klöster blieben im wesentlichen erhalten. Dafür stellte Philipp mehr als die Hälfte des eingezogenen Guts zur Verfügung, das übrige fiel ihm und seinem Staat anheim. Die Klöster Kaufungen und Wetter versorgten weiterhin unverheiratete Töchter des Adels. Wichtiger war die nahezu flächenhaft organisierte Armenpflege, deren Gipfelpunkte bald vier Landeshospitäler bildeten. In vergleichbarer Weise wurde das Schulwesen durchgestaltet. Hessische Studenten waren bisher meist an die Universität Erfurt gegangen, die nun nach einigem Schwanken katholisch blieb. Dies führte schon 1527 zur Gründung einer eigenen Hohen Schule in Marburg, der ersten des Protestantismus. In günstiger Stunde erhielt die Philippina vom katholischen Kaiser das legitimierende Privileg, das erst gültige Graduierungen möglich machte (1541). Man benötigte die Universität vor allem zur Pfarrerausbildung. Viele Kandidaten unterhielt das ebenfalls schon mittelalterliche, nun aber ausgebaute Stipendienwesen. Auch die Pfarrer, nicht mehr nur die Beamten, sahen sich mit dem Wohl und Wehe des Landes aufs engste verknüpft. Die Theologie, die sich in Marburg durchsetzte, vermittelte zwischen den verschiedenen Richtungen des neuen Glaubens.

Vieles, was da geschah, wurzelte auch in einem früh begründeten, ja längst vorherbestimmten Gegensatz des Landgrafen zum Kaiser, zu Karl V. von Habsburg (1519-1556). Angesichts dieses gewaltigen Herrschers eines Weltreichs und überzeugten Verfechters des Katholizismus wäre Philipp von Hessen bestenfalls daumengroß erschienen, wenn man sich nur ein isoliertes Gegenüber der beiden Herren vorstellen dürfte. In Wirklichkeit bestand aber ein hochkompliziertes Interessengeflecht sehr vieler Beteiligter, das Einzelaktionen praktisch unmöglich machte. Vorgegeben war zum Beispiel eine Gegnerschaft insofern, als der Kaiser traditioneller Verbündeter von Kurmainz, des Erbfeindes der Hessen, gewesen ist. Auch hatte der Landgraf bei der großen Katzenelnbogener Erbschaft die Ansprüche anderer Dynasten übergangen, die nun ihr Recht beim Herrscher suchten und Stimmung gegen Hessen machten. Oder: Wer wie die Landgrafschaft der Kurpfalz nahestand, war damit Freund eines »natürlichen« Feindes des Kaisers.

Der Entschluß Philipps von 1526, Hessen lutherisch zu machen, wuchs durch solche Konstellationen in weitaus größere Dimensionen hinein, als das Gewicht des Landes erwarten ließ. Die Landgrafschaft war überhaupt das erste Fürstentum, das diesen Schritt wagte. Damit begannen die eingangs erwähnten zwei Jahrzehnte hessischer Geschichte höchsten Ranges, aber auch des höchsten Risikos. Viele Verantwortungsbewußte hätten gezögert und haben gezögert. So wurde der jugendliche Herr eines bestenfalls mittleren Fürstentums zum Kristallisationspunkt der Neuerung und zog unter anderem den stärkeren Wettiner mit sich.

Für Kaiser Karl, den Lenker des Weltreichs, war die Welt voller Feinde, die ihn von 1522 bis 1530 und wieder fast zehn Jahre bis 1540 von Deutschland fernhielten. Nur so ist die Reformation, wie sie tatsächlich ablief, möglich geworden, aber wohl auch nur so infolge jenes riskanten Tuns Landgraf Philipps. Wie es vor Gott und dem Gewissen vertretbar sei, so solle jeder Fürst handeln, hatte der Speyerer Reichstagsabschied von 1526 gesagt. Die Lage Hessens in der Mitte Deutschlands kam nun erstmals zur Geltung, im ersten Jahrhundert, das man wirklich gesamtdeutsch nennen kann. Als der Reichstag 1529 scharf gegen die Neuerung Front machte, stand Philipp an der Spitze derjenigen, die eine »Protestation« wagten. Daher rührt der Name »Protestanten«. Zu derselben Zeit hat der Landgraf im bekannten Marburger Religionsgespräch vergeblich versucht, den Gegensatz von Lutheranern und Zwinglianern auszugleichen. Im Jahr 1531 schloß der sogenannte Schmalkaldische Bund, benannt nach einer in Thüringen gelegenen hessischen Stadt, neben dem Landgrafen und dem Kurfürsten von Sachsen drei weitere Fürsten und vierzehn Städte zusammen. Sie wollten notfalls um des Glaubens willen auch dem Kaiser widerstehen.

Unaufhaltsam rückte das kaiserliche Jahrzehnt, die vierziger Jahre, heran, nachdem sich die Schmalkaldener bis dahin hatten behaupten können. Ja, es war dem Landgrafen sogar ein spektakulärer Überraschungserfolg geglückt, als er den vom Schwäbischen Bund verjagten Herzog von Württemberg, der sein Land dafür protestantisch machte, unter den Augen der Habsburger zurückführte (1534).

Eine kaum glaubliche Kehrtwendung, die das Bild Philipps verdunkelt, führt aus der großen Welt zu seiner Persönlichkeit zurück. Zusätzlich zu seiner wettinischen Gemahlin, die ihm zehn Kinder geboren hat, vermählte er sich mit Duldung Luthers und Melanchthons ein zweites Mal (1540). Diese »Nebenehe« setzte ihn bei den Zeitgenossen zutiefst ins Unrecht. Nach kaiserlichem Gesetz stand auf Bigamie die Todesstrafe. In seiner Not verriet Philipp zwar nicht dem Buchstaben, jedoch dem Sinn nach die Ziele des Schmalkaldischen Bundes und verständigte sich heimlich um den Preis der Straflosigkeit mit dem Kaiser (1541). Es war ein schwerer politischer und moralischer Rückschlag für die Sache der Erneuerer des Glaubens. Dessen Aktivisten wollte der Kaiser im sogenannten Schmalkaldischen Krieg von 1546/47 ein für allemal zum Schweigen bringen. Nach der Niederlage bei Mühlberg (1547) wurden der Wettiner Johann und bald auch Landgraf Philipp gefangengenommen. Daß sich dann Kaiser Karl gegen eine breite politische Opposition, auch von Katholiken, im Reich nicht hat durchsetzen können, half den Unterlegenen wenig. Die (sächsisch-thüringischen) Ernestiner verloren die Kurwürde und den größeren Teil des Landes, Hessen zahlte eine große Strafsumme und wurde militärisch wehrlos gemacht.

Der Landgraf nahm auch die kaiserliche »Zwischenreligion«, das sogenannte Augsburger Interim von 1548, an. Sein Land jedoch weigerte sich trotz Philipps Befehl, ihm auf diesem Weg zu folgen. Faktisch waren Adel, größere Bürger, Beamte und Pfarrer zu Miteigentümern Hessens herangewachsen. Solche Gruppen waren nicht besiegbar und formten weiterhin das Land. Nach eigenem sozialen Gesetz wandte sich gleichsam das Geschöpf gegen den Schöpfer.

Alt geworden kehrte Philipp aus fünfjähriger Haft nach Hessen zurück. In der Reichspolitik hat er keine größere Rolle mehr gespielt. Er erlebte den Augsburger Religionsfrieden von 1555, der einen kompromißhaften Ausgleich zwischen Katholiken und Protestanten mit sich brachte und für zwei Generationen den Frieden wahrte. Philipps neue Versuche, den Protestantismus zu einen, scheiterten abermals. Mit Erfolg hingegen betrieb er den Wiederaufbau des zerfallenen hessischen Hegemonialsystems und behauptete das Katzenelnbogener Erbe. Das Fuldaer Land, die Mainzer und die Deutschordensbesitzungen ohne die Marburger Elisabethkirche blieben katholisch. Vor allem aber erhielt sich in Hessen der protestantische Landesstaat, in dem Staatlichkeit und Glaubensüberzeugung, gestaltet von führenden Gruppen, weiterhin eine unlösbare und unbesiegbare Verbindung behaupteten. So blieb es für Jahrhunderte. Der Ausflug in die große Welt war allerdings für die Zukunft zu Ende. Man gab sich mit bescheidenen Verhältnissen zufrieden.

Landgraf Philipp starb am 13. März 1567 in Kassel. Schon die Zeitgenossen nannten ihn verklärend den Großmütigen. Er ist in der Kasseler Martinskirche begraben, die im katholischen Mittelalter das Zentrum eines hessischen Landesbistums hatte bilden sollen. In der Konfessionsfrage hatte das Land über den geschlagenen Fürsten obsiegt, als er gleichsam sich selbst untreu werden wollte. Als aber der dynastische Familienfriede anstand, siegte der Fürst über das Land: Weil die Söhne einigermaßen gerecht ausgestattet werden sollten, wurde Hessen in vier Teile geteilt. Die Zweiteilung, die davon verblieb, hatte bis 1945 Bestand.

Wilhelm von Oranien
Von Klaus Eiler

Am 24. April 1533 wurde auf Schloß Dillenburg dem Grafen Wilhelm von Nassau-Dillenburg ein Sohn geboren, der zwar den gleichen Namen wie sein Vater trug, diesen aber an Ruhm bei weitem übertreffen sollte. Zu jener Zeit überstürzten sich die politischen Ereignisse. Luthers Lehre hatte die Grundfesten der Kirche und der staatlichen Ordnung erschüttert. Wer von den Fürsten sich offen zur Reformation bekannte, riskierte den Bruch mit dem Kaiser, der damals über ein Weltreich gebot und sich als Hüter des alten Glaubens verstand. Wilhelm lernte von seinem Vater, daß die kleinen Reichsfürsten auf die Gunst des Kaisers angewiesen waren. Aus diesem Grunde war es von Vorteil, sich gegenüber der Lehre Luthers vorsichtig zu verhalten und die Beziehungen zum Kaiser zu pflegen. Wichtigster Kontaktmann am Hof Karls V. war Wilhelms Onkel Graf Heinrich III. von Nassau-Breda. Er kannte den Kaiser von klein auf und wirkte als sein Erzieher, engster Vertrauter und Berater. Als Heinrichs einziger Sohn René 1544 ohne männliche Nachkommen starb, fiel sein Erbe dem 11jährigen Wilhelm von Nassau-Dillenburg zu. Für Wilhelm bedeutete dies die erste Wende in seinem Leben. Er mußte früh seine Eltern und Geschwister verlassen, um nach Breda zu ziehen und dort seinen neuen Besitz zu übernehmen, der über die heutigen Benelux-Staaten verstreut war. Zu diesem Erbe gehörte auch das Fürstentum Orange in der Provence, das ihm den Titel des Prinzen von Oranien einbrachte.

Mit seinem Wechsel nach Breda eröffnete sich für Wilhelm eine völlig neue Welt. War er in Dillenburg in der bescheidenen häuslichen Atmosphäre eines kleinen deutschen Dynastenhofes aufgewachsen, so lernte er in Breda und Brüssel den luxuriösen und glanzvollen Lebensstil des westeuropäischen Adels kennen, der ihn faszinierte und den er auch ausgiebig genoß. Schon früh fiel er seinen Standesgenossen durch sein sicheres Urteil, seine verbindliche Art und geschliffene Rede auf, Merkmale, die ihn für diplomatische Aufgaben und eine politische Karriere prädestinierten. Seine zeitweilige Verschlossenheit brachte ihm von seiten seiner Gegner den Beinamen »der Schweiger« ein. Durch seine erste Ehe mit Anna, der Tochter Graf Maximilians von Egmont, verband er sich mit dem einheimischen Adel. Zunächst schien es so, als könnte nichts sein Glück trüben: Er gehörte zu den reichsten Adligen des Landes, genoß die Gunst des Kaisers und erfreute sich großer Beliebtheit bei seinen Untertanen. Selbst nachdem sein Gönner Karl V. die Regierungsgeschäfte in den spanischen und niederländischen Reichsteilen 1555 seinem Sohn Philipp II. übertragen hatte, schien sich für Wilhelm nichts zu ändern. Mit 23 Jahren wurde er Mitglied des Staatsrates und erhielt durch die Wahl zum Ritter vom Goldenen Vlies die höchste zu vergebende Auszeichnung.

Die anhaltende Besetzung der Niederlande durch spanische Truppen und die Absicht des Königs, nur noch spanische, d. h. landfremde Adlige in den Staatsrat zu berufen, ließen ab dem Jahre 1559 erste Zweifel an der spanischen Politik in Wilhelm aufkommen. In seiner Kritik vertrat er die Interessen seines Standes. Ein großer Teil des Adels folgte ihm, doch waren auch die Neider zur Stelle, die ihm vorwarfen, von blindem Ehrgeiz getrieben zu sein.

Diesen Vorwurf hätte Wilhelm leicht ertragen können,

solange er die Gunst des Königs besaß. Doch er selbst war es, der bei dem introvertierten und bedingungslos für die katholische Religion eintretenden Philipp Mißtrauen weckte, als er 1561 mit Anna, der protestantisch erzogenen Tochter des Kurfürsten Moritz von Sachsen, seine zweite Ehe einging. Diese Eheschließung genoß die höchste Protektion protestantischer Fürsten und Gegner des Hauses Habsburg. Mit der Rückendeckung Kursachsens und Hessens wuchs Wilhelms Kritik am Hause Habsburg und dessen zunehmend zentralistischer Politik gegenüber den Niederlanden. Was Wilhelm letztlich bewog, den offenen Kampf aufzunehmen, wissen wir nicht genau, aber man darf wohl annehmen, daß König Philipp sein Standesbewußtsein kränkte, als er den einheimischen Adel aus allen wichtigen politischen und kirchlichen Führungspositionen in den spanischen Niederlanden hinausdrängte. Mit seiner Kritik setzte sich Wilhelm an die Spitze des oppositionellen niederländischen Adels. Solange sich der Oranier standespolitischer Argumente bediente, fand er bei Philipp II. noch ein gewisses Verständnis. Zum Bruch kam es, als er Philipps Blutedikte zur Bekämpfung der Ketzerei ablehnte und für die Gewissensfreiheit der Untertanen in religiösen Angelegenheiten eintrat. Für den König war dies protestantisches Gedankengut, das er für staatsgefährdend hielt. In Religionsfragen ließ sich Philipp II. auf keine Kompromisse ein. Damit löste er den niederländischen Aufstand aus, den Wilhelm verhindern wollte, und trieb die konfessionelle Spaltung voran.

Wilhelm geriet in Gewissensnöte. Sollte er der in seinem Hause traditionellen Treuepflicht zu Habsburg gehorchen oder Rechte und Einfluß seines Standes verteidigen? Es war sein erster politischer Fehler zu glauben, den Konflikt mit dem König, dessen Unnachgiebigkeit er unterschätzt hatte, diplomatisch beilegen zu können. Der zu erwartenden Verhaftung durch die spanische Staatsmacht, die mit einer Armee unter Herzog Alba den Widerstand brechen sollte, kam Wilhelm durch die Flucht in seine Heimat zuvor. 1567 kehrte er nach Dillenburg zurück und unternahm von dort aus weitere Versuche, den Konflikt in den Niederlanden auf dem Verhandlungswege zu lösen. Das unnachsichtige und brutale Vorgehen Albas gegen die Aufständischen und die Beschlagnahme ihrer Güter ließ Wilhelm schließlich keine andere Wahl, als den bewaffneten Kampf gegen die, wie er meinte, »spanische Tyrannei« aufzunehmen. Man sollte ihm keine allzu hehren Motive von Freiheit und Gerechtigkeit unterstellen. Eher ließ sich Wilhelm davon leiten, seine Standesehre, den Ruf seines Hauses und seinen Besitz wiederzuerlangen. Dies waren Argumente, die seine Familie davon überzeugten, daß Wilhelms Angelegenheit auch die ihre war.

Familiensolidarität war in den Adelshäusern jener Zeit nicht ungewöhnlich. Bewundert wird bis heute jedoch die Unbeugsamkeit und das Ausmaß der Opferbereitschaft, mit der das Haus Nassau die niederländische Sache verfolgte. Und die Opfer waren hoch: Drei Brüder Wilhelms verloren auf den niederländischen Schlachtfeldern ihr Leben. Wilhelms in Dillenburg regierender Bruder Graf Johann VI. setzte in diesem Kampf das gesamte Vermögen und den diplomatischen Apparat seines Hauses ein und vollzog eine radikale Kehrtwende seiner Politik. Aus dem Vordringen des Calvinismus in den nördlichen Niederlanden zog Wilhelm als erster der nassauischen Grafen die persönliche Konsequenz und trat 1573 zum calvinistischen Bekenntnis über. Wenige Jahre später folgte ihm darin auch sein Bruder Johann. Für den Krieg gegen die Weltmacht Spanien erschlossen sich damit neue Verbündete vor allem im hugenottischen Frankreich und unter den calvinistischen Reichsfürsten.

In den 1568 beginnenden militärischen Operationen erwies sich Wilhelms Feldherrntalent dem Herzog Albas als unterlegen. Doch Mißerfolge schreckten ihn nicht, sondern schienen ihn eher anzuspornen. Man schrieb diese Unbeugsamkeit und innere Ruhe seinem calvinistisch geprägten Glauben an die Vorsehung zu. Selbst der immer wieder ausbleibenden Hilfe der Verbündeten begegnete der Oranier nach dem Grundsatz »Hilf dir selbst, so hilft dir Gott«. Dabei machte es ihm Alba leicht. Durch sein hartes Regiment stärkte er die Bereitschaft der Bürger in den niederländischen Städten zur Solidarität mit dem aufständischen einheimischen Adel. Wilhelm nutzte dieses Gemeinschaftsgefühl und überschritt die Grenzen, die ihm sein Standesdenken auferlegte. Er überließ das Kriegführen nicht mehr allein dem Adel oder gemieteten Söldnern, sondern zog das Bürgertum zur Landesverteidigung heran und beteiligte es an der Regierungsverantwortung. Damit brach er mit dem alten Grundsatz der Vorherrschaft des Adels und legte den Grundstein für die spätere republikanische Verfassung der Niederlande und die allgemeine Wehrpflicht. Er leitete damit in den Niederlanden eine Entwicklung ein, die für die moderne europäische Staatsentwicklung richtungweisend sein sollte.

Mit der Länge des Krieges wuchs in der Bevölkerung jedoch die Kriegsmüdigkeit. Die Bürger waren immer weniger bereit, Wilhelms politischen Zielen zu folgen. Der Widerstand gegen den Oranier wurde vom blinden Aktivismus religiöser Eiferer und partikularistischen Neigungen vor allem in den Nordprovinzen der Niederlande noch verstärkt. Wilhelm konnte zunächst die Gegensätze durch sein sprichwörtliches Verhandlungsgeschick noch überbrücken. Indem seine Propaganda die Aufmerksamkeit immer wieder auf den gemeinsamen Feind lenkte, entfachte er die Kampfmoral stets aufs neue.

Der Aufstand erreichte schließlich seinen Höhepunkt, als 1576 die spanischen Truppen zu meutern begannen und sich auch im Bürgertum der südlichen Provinzen der Widerstand neu formierte. Wieder war es Wilhelms unbeugsamer Wille, die Niederlande über die konfessionellen Gegensätze hinweg zu einen, der ihm zum Erfolg verhalf.

1577 hielten er und seine Anhänger die meisten Schlüsselpositionen in den Niederlanden besetzt. Das Ende der spanischen Vormacht schien bereits besiegelt, da machte die unter den Aufständischen einsetzende Uneinigkeit, Anarchie und Bürgerkrieg, religiöse Gegensätze, Willkürmaßnahmen Wilhelms gegen Parteigänger König Philipps und eine erneute militärische Offensive Spaniens die bis dahin erzielten Erfolge zum großen Teil zunichte. Mit der Utrechter Union von 1579 setzten die Nordprovinzen zwar ein Zeichen der Einigkeit. Die einseitige Ausrichtung der Union auf das calvinische Bekenntnis verhinderte aber den Weg zu einer Vereinigung mit den katholischen Südprovinzen und lieferte Spaniens König Philipp neue Argumente zum militärischen Eingreifen.

Die spanische Propaganda sah im Oranier den Ursprung allen Übels und erklärte ihn zum Staatsfeind Nummer eins. Wilhelm trat die Flucht nach vorn an. Sein Ziel hieß nun völlige Loslösung der Niederlande von Spanien, die die Generalstaaten 1581 erklärten. Er setzte dabei auf die Hilfe Frankreichs, wurde aber bitter enttäuscht. Diese zweite politische Fehleinschätzung seines Lebens hat man ihm nicht verziehen, und auch die wenigen bis dahin noch treu gebliebenen Freunde verließen ihn. In dieser kritischen Lage fiel Wilhelm am 10. Juli 1584 in Delft einem Mordanschlag zum Opfer. Der Aufstand schien schon fast gescheitert. Daß sich die Nordprovinzen zuletzt doch noch gegen Spanien durchsetzten und die niederländische Republik begründeten, ist Wilhelms Söhnen und den Verwandten im fernen Dillenburg zu verdanken.

Erfolge und Rückschläge lagen in Wilhelms Leben stets nahe beieinander. Seine Kraft und seinen Mut zum Handeln schöpfte er in erster Linie aus seinem Standesbewußtsein. Religiöser Fanatismus und politischer Radikalismus blieben ihm zeit seines Lebens fremd. Die Fähigkeit, auch nach Niederlagen nicht aufzugeben und getreu seinem Wahlspruch »Je maintiendrai« an den gesteckten Zielen festzuhalten, hat ihm viel Bewunderung eingetragen. Seine Kritiker werfen ihm dagegen Zögerlichkeit und taktische Finessen vor. Sein großes Verdienst ist jedoch, die Kräfte von Bürgertum und Adel gegen eine Weltmacht vereint zu haben. Erst dadurch wurde aus einem Adelsaufstand ein Freiheitskampf, der eine Wende in der europäischen Geschichte einläutete. Das Ergebnis dieses Kampfes, die Spaltung der Niederlande, war gewiß nicht in Wilhelms Sinn. Dennoch hat er den Weg der Generalstaaten in die Unabhängigkeit geebnet. Seine Nachfahren haben diesem Staat in der Folgezeit als Statthalter, Heerführer und Könige gedient. Die Erinnerung an Wilhelmus von Nassaue ist heute noch in der niederländischen Nationalhymne lebendig und wird durch den Besucherstrom aus den Niederlanden auf Schloß Dillenburg, wo die Wiege dieses Fürsten stand, wach gehalten.

Matthaeus Merian d. Ä. und Maria Sibylla Merian

Von Barbara M. Henke

6½ Reichsthaler muß Matthaeus Merian dem Rat der Stadt Frankfurt zahlen, der ihn am 1. Juni 1626 als Bürger aufnimmt, nachdem er schon fast zwei Jahre hier gelebt und gearbeitet hat. Auf das Bürgerrecht seiner Vaterstadt Basel, in der er am 22. September 1593 zur Welt gekommen ist, muß er zuvor freilich verzichten. Der Tod seines Schwiegervaters Johann Theodor de Bry im August 1623 hat Merian kurz vor seinem 30. Geburtstag vor die Entscheidung zwischen Künstlertum und Geschäftstüchtigkeit gestellt. Hinter ihm liegen Lehrjahre in Basel und Zürich, die Gesellenzeit mit Wanderungen nach Straßburg, Nancy und Paris, wo er sich die Aufnahme in den Kreis der beim Hof akkreditierten Künstler erhoffte, Reisen in viele deutsche

Städte, die gut zwei Jahre währende Mitarbeit in der Offizin de Brys, die Heirat mit dessen Tochter Maria Magdalena und – vor dem Hintergrund des privaten Glücks – die sehr produktiven Meisterjahre in Basel.

Merian zögert wohl keinen Augenblick, als er die Chance erhält, den seit 1570 zunächst in Frankfurt eingeführten und 1610 nach Oppenheim verlegten Betrieb der Familie de Bry fortzuführen. Die Familie de Bry war calvinistischen Glaubens und sah sich wegen andauernder Repressalien der Stadt, die sie in der Ausübung des reformierten Gottesdienstes behinderten, zur Übersiedlung nach Oppenheim gezwungen. Der junge Chef muß zunächst noch einige Auseinandersetzungen mit Schwiegermutter und Schwager durchstehen, kann deren Anteile an der Officina Bryana dann aber aufkaufen und – nach kurzem Zwischenspiel eines anderen Schwagers als Kompagnon – in alleiniger Verantwortung ans Werk gehen. Seit der Herbstmesse 1626 trägt der Verlag seinen Namen.

Zu diesem Zeitpunkt gilt im Deutschen Reich schon acht Jahre die Devise »Der Krieg ernährt den Krieg«. Auch für Frankfurt ist die wirtschaftliche Lage prekär geworden, Einquartierungen und deutlich reduzierte Lebensmittellieferungen in die Stadt, Taxordnungen und Inflation verschlechtern die Situation der hiesigen Drucker deutlich. Für den Verleger reformierten Glaubens, der sich mit seinem Verlagsprogramm identifizieren will, könnte überdies die kaiserliche Zensur zur Bremse werden; doch der Siegeszug des schwedischen Königs Gustav Adolph, der die protestantische Sache verficht, bringt ihm in dieser Hinsicht Sicherheit, wenn auch das Messewesen in der Stadt am Main fast zum Erliegen kommt.

Alle Welt hofft auf einen Friedensschluß; der umfassend gebildete und politisch denkende Merian mischt sich mit den – teils anonym publizierten – Schriften seiner Autoren in die Diskussion ein, steht beiden Kirchen kritisch gegenüber und zieht für seine persönliche Orientierung Konsequenzen: der Kontakt zu separatistischen, schwärmerischen Zirkeln gewinnt zunehmend an Bedeutung.

Der fleißig korrespondierende Verleger mit nachweislicher Sympathie für die Prinzipien des Sektengründers Caspar von Schwenckfeld hat schon als Offizin-Mitarbeiter im Schwerpunktbereich des de Bryschen Publikationsspektrums »alchemistische Traktate«, besonders von den Rosenkreuzern nahestehenden Gelehrten wie Michael Maier und Robert Fludd, gründlich studiert, um adäquate emblematische bzw. allegorische Titelblätter oder Illustrationsfolgen zu schaffen sowie Thema und Programm der jeweiligen Schrift in eigenwilligen Szenarien zu fassen, die einen wichtigen Beitrag zum Verständnis der Texte leisten. Hauptsächlich Merians kühner Motivkombinationen von hohem ästhetischen Reiz wegen werden diese Bücher heute von Sammlern hochgeschätzt, doch zeugen sie gemeinsam mit einigen erhaltenen Briefen, etwa an den Kreis der gemäßigten Spiritualisten in Nürnberg, von seiner intensiven Auseinandersetzung mit philosophischen Fragestellungen, die im zeitgeschichtlichen Kontext einer existentiellen Verunsicherung in Fragen des Glaubens den Gedankenaustausch gerade auch in Druckereien und Verlagen prägten.

Immens ist das Arbeitspensum, das der Verleger und Kupferstecher bewältigt. Von der Konzeption der Projekte über die Zusammenarbeit mit den Autoren, von der eigenen Gestaltung der Titelkupfer und Illustrationen bzw. der Anleitung seiner Werkstattmitarbeiter zu ihrer Herstellung über den Druck und Vertrieb, vor allem ins westliche Ausland, bis hin zur präzisen Kalkulation der anfallenden Kosten und Einnahmen liegt alles in seiner Hand.

Zwar ist die Zahl von 90 bis zu seinem Tod publizierten Titeln scheinbar gering, doch hat man zu bedenken, welche Fülle an künstlerisch überzeugenden Bildwerken sich darin verbirgt. Spiegelt Merians Programm einen großen Ausschnitt des Weltbildes seiner Zeit wider, wie es uns die »Bürgerpublizistik« überliefert – mit Themengebieten theologisch-historischen, politisch-moralischen, naturkundlich-medizinischen, mystisch-okkulten, mathematisch-technischen und schöngeistig-literarischen Charakters –, so bezeugt der geschäftliche Erfolg sein sicheres Gespür für eine bestehende Marktlücke: konsequent bedient er den Bilderhunger seiner Zeitgenossen.

Mit 233 Bildern in vier Heften der »Icones Biblicae« werden z. B. die biblischen Geschichten neu erzählt; die dabei bewährte Zusammenarbeit mit dem Offenbacher Pfarrer Johann Ludwig Gottfried setzt sich in dessen »Chronik« fort; zu fast 2000 Seiten Text gehören über 600 Bilder, Porträts und Tafeln. Das welthistorische Werk wird zur Gegenwart hin mit den ebenfalls reich illustrierten Bänden »Continuatio« und »Theatrum Europaeum« fortgeführt.

Merians opus magnum, die »Topographia«, als Kulturgeschichte aller Weltgegenden konzipiert, stellt allein mit dem aufs Deutsche Reich bezogenen Foliantenkonvolut einen kaum zu überbietenden Schatz dar: das Städteinventar schlechthin, bereits zur Zeit seines Entstehens kontrafaktisch und retrospektiv, denn während des 30jährigen Krieges sind aus blühenden Landschaften und stolzen Städten Brachland und Ruinen geworden. War der junge Merian ein passionierter Landschafter und Vedutenmaler, so ist es dem Mittvierziger als Zeugen dieser Zerstörungen um die Nachwelt zu tun: sie soll in die Lage versetzt werden, »was noch stehet zu erhalten, was gefallen wieder aufzurichten und was verloren wieder zu bringen«. Akribisch vermessen und kühn in die Vogelperspektive projiziert begeistern seine nahezu menschenleeren Ortsporträts noch heute und haben nichts von ihrer den Frieden beschwörenden Kraft verloren.

Im Jahr vor dem Kriegsende, am 2. April 1647, wird Merian noch einmal Vater. Seine zweite Frau, Johanna Catharina Sybilla Heim, gebiert die Tochter Maria Sibylla. Nach Merians Tod in Schwalbach am 19. Juni 1650 fällt das Haupterbe an die Kinder aus der ersten Ehe, ein Jahr später übernimmt Jacob Marell die Stiefvaterrolle, ein Maler aus der Emigrantenkolonie Frankenthal, in der auch Merian während seiner Wanderjahre wichtige Impulse durch die von Gillis van Coninxloo geleitete Malschule erfahren hat. Marell, Schüler Georg Flegels und Davidsz de Heems, fördert gegen den Widerstand der frömmelnden Mutter die künstlerische Begabung Maria Sibyllas durch eigenen Unterricht und beauftragt bei Abwesenheit seinen Schüler Abraham Mignon damit.

Bei Marell lernt und arbeitet auch der 13 Jahre ältere Johann Andreas Graff, dem Maria Sibylla 1665 vermählt wird und dem sie fünf Jahre später mit dem zweijährigen Töchterchen Johanna Helena in seine Heimatstadt Nürnberg folgt. Die junge Frau ist fortan Haupternährerin der Familie, betreibt einen Farbenhandel, leitet eine Stick- und Malschule für höhere Töchter, die »Jungfern-Compagny«, liefert Auftragsillustrationen, publiziert im Graffschen Selbstverlag 1675 ihr »Neues Blumenbuch« mit Stichen nach Nicolas Robert und widmet sich leidenschaftlich der Erforschung des noch kaum bekannten Lebens der Insekten, das sie seit ihrem 13. Lebensjahr schon fasziniert.

Ähnlich wie ihr Vater bewältigt sie ein außergewöhnliches Arbeitspensum und beginnt nach der Geburt ihrer zweiten Tochter Dorothea Maria 1678 neben all diesen Aktivitäten auch noch ein Lateinstudium, Voraussetzung für den Zugang zu gelehrten Schriften. Zu dieser Zeit bereitet sie die Publikation ihrer von einer pantheistischen Weltanschauung getragenen Erkenntnisse vor, die sie zur Begründerin der Entomologie werden lassen.

Als Carl von Linné seine 1735 veröffentlichte Abhandlung »Systema Naturae« vorbereitete, griff er auch auf die Werke der Merian zurück und benannte eine Motte nach ihr »tinae merianella«.

In zwei Quartheften (1679 und 1683, das erste nominell noch von Graff verlegt) mit je 50 Kupferstichen erscheint ihr »Raupenbuch«, für das sie ein spezielles, der Praxis ihres Naturstudiums entsprechendes Kompositionsprinzip geschaffen hat: die Entwicklungsstadien des jeweiligen Falters sind auf einem Blatt in Verbindung mit der Wirtspflanze dargestellt.

Viel ist über das Zerbrechen der Ehe mit Graff spekuliert worden, in der die intellektuelle und künstlerische Dominanz der Frau wohl von Anfang an für Spannungen gesorgt hat; nach der Trennung (1685) jedenfalls scheint Maria Sibylla eine Phase der Beruhigung und Besinnung zu durchleben. Sie zieht mit der seit 1681 verwitweten Mutter und ihren beiden Töchtern nach Holland zu ihrem Stiefbruder Caspar Merian, der sich im westfriesischen Wieuwerd der radikal protestantischen Glaubensgemeinschaft der Labadisten angeschlossen hat. In dieser Umgebung erfährt sie den Anstoß zu jenem Projekt, das den Weltruf der Forscherin und Publizistin begründen soll: Reiseberichte aus dem von den Niederländern kolonialisierten Surinam wecken ihre Neugier.

Nach dem Tod der Mutter 1690 übersiedelt sie zunächst nach Amsterdam und bereitet ihre Erkundungsfahrt in die Flora und Fauna der Tropen von Niederländisch-Guayana, eben Surinam, vor, auf der sie von Juni 1699 an die jüngere Tochter begleitet. Malariainfiziert kehrt sie 1701 zurück und bearbeitet trotz gesundheitlicher und finanzieller Probleme die Fülle der mitgebrachten Materialien, Tierpräparate, Pflanzen, Zeichnungen und schriftlichen Notizen. Die »Metamorphosis insectorum Surinamensium« erscheint 1705 im Selbstverlag, ein Prachtband mit 60 handkolorierten Kupferstichen, ausführlichen Beschreibungen der abgebildeten 90 Individuen mit ihren Wirtspflanzen und Kommentaren der Forschungsreisenden, die ihren kritischen Standpunkt der Kolonisationspraxis gegenüber verdeutlichen. Nur drei Kupfer kann sie selbst erstellen, nach ihren Vorlagen liefern die Amsterdamer Stecher Joseph Mulder, Pieter Sluyter und Daniel Stoopendael die Druckplatten; der Botaniker Caspar Commelin ergänzt Merians Texte um akademische Anmerkungen.

Sie verurteilt als Humanistin die Sklavenhaltung, lobt als Volkswirtschaftlerin die Techniken der Einheimischen zur haushalterischen und medizinischen Nutzung der Rohstoffe aus Flora und Fauna im Gegensatz zur sinnlosen Monokultivierung des Landes durch die Europäer und legt als Sozialkritikerin Zeugnis ab von den oft tödlichen Folgen der ausbeuterischen Herrschaftsverhältnisse.

Das wiederholt neu aufgelegte Werk der am 13. Januar 1717 in Amsterdam verstorbenen Pionierin einer mit ethnokulturellen Aspekten verknüpften Naturwissenschaft hat noch heute beachtlichen Quellenwert und fesselt wegen seines hohen künstlerischen Niveaus nicht nur Bibliophile. Weit konsequenter wohl als ihre Stiefbrüder Matthaeus und Caspar hat Maria Sibylla das künstlerische und ethische Erbe ihres Vaters fortgeführt.

Hans Jacob Christoffel von Grimmelshausen

Von Herbert Heckmann

Das Erstaunliche ist, daß »Der Abentheurliche Simplicissimus Teutsch« noch heute sein Publikum findet, während all die andern Barockromane in Vergessenheit geraten sind. Warum das? Sein Verfasser war kein studierter Poet, wie es fast alle barocken Dichter waren. Er hat die Welt von unten gesehen, hatte es in seinem bewegten Leben vom Musketier bis zum Schultheiß von Renchen gebracht. Wegen seiner Haare nannten sie ihn den Roten, und er besaß das Temperament der Rothaarigen. Er muß ein sehr stolzer Mann gewesen sein, der mit jedermann umgehen konnte, mit dem Adel wie mit den Bauern. Er besaß die Kraft, sich für andere verantwortlich zu fühlen, eine Familie mit zehn Kindern durchzubringen und darüber hinaus zu schreiben. Doch fällt es einem schwer, ihn sich hinter einem Schreibtisch vorzustellen. Man merkt es seinen Sätzen an, daß sie ein tatkräftiger Mann geschrieben hat. Wenn sie auch zuweilen der gelehrten Literatur entlehnt sind, so zeugen sie doch von der vitalen Weisheit des Verfassers, der genau wußte, was er zitieren mußte. Er will nicht polyhistorisch verblüffen, vielmehr scheint es, als wollte er die Weisheit gegen die weltfremde Gelehrsamkeit ausspielen. Zweifellos war er ein sehr ironischer Kopf, der bitter erfahren hatte, daß nichts auf der Welt Bestand hat. Die Ironie war sein Seelenretter. Doch war er sich durchaus der weiten Tradition der Literatur bewußt und ging ihren Vorbildern nach. Mit großer Ehrfurcht spricht er von seiner Lektüre, für die er sich immer Zeit nahm und für die er sein letztes Geld ausgab. Er liebte Bücher mit der Leidenschaft eines Autodidakten. Als er selbst Bücher schrieb, versteckte er seinen Namen in Anagrammen. Man hat seine Geheimniskrämerei mit dem Hinweis zu erklären versucht, sein freies Wort habe ihm viele Gegner eingebracht und er wolle sich so schützen. Ein solches Hasenherz war er jedoch nicht. Es lag ihm viel an diesem Versteckspiel, das übrigens auch andere barocke Dichter pflegten; er führte seine Leser gern hinters Licht, wie es die Welt selbst auch tut. Lesen verstand er als die Kunst, die Wahrheit zu finden, die die Geschichte versteckt hält. Seine Verfasserschaft spielte dabei keine Rolle, was nicht heißen soll, daß ihn nicht Verfasserstolz angetrieben hätte. Erst in der Mitte des 19. Jahrhunderts wurde der Name, der auf dem Titelblatt des Simplicissimus aufgeführt ist, German Schleifheim von Sulsfort, als ein Anagramm des Verfassers erkannt. Von seiner Kindheit und Jugend wissen wir nicht viel. Er wurde 1621 oder 1622 in Gelnhausen geboren, wo er die Lateinschule besuchte, die von ihren Schülern schon einiges verlangte. Seinen Vater verlor er sehr früh. Aufgezogen hat ihn sein Großvater, der aus dem Thüringischen stammte und eine Bäckerei in Gelnhausen besaß. Obwohl adlig, verzichtete er auf das »von« und wurde als angesehener Bürger respektiert. Grimmelshausen hat später, nicht ohne Stolz, auf das »von« zurückgegriffen.

Als die Kaiserlichen im September 1634 Gelnhausen plünderten, floh der junge Grimmelshausen nach Hanau, das die Schweden besetzt hielten. 1635 wurde er von einem Trupp Kroaten aufgegriffen und nahm an ihren Streifzügen im Hersfeldischen teil. Dabei geriet er in die Gefangenschaft der Hessen und kam nach Kassel. Die Einnahme Magdeburgs erlebte er als Troßbub. Ob die Ereignisse, die er in seinem »Simplicissimus« schildert, allesamt auf eigenes Erleben zurückzuführen sind, ist schwer zu bestimmen. Oft stützt er sich auf literarische Quellen, die er freilich so lebendig zu nutzen weiß, daß der Verdacht entsteht, er müsse alles selbst erlebt haben. 1637 zog er im Leibdragonerregiment des kaiserlichen Feldmarschalls Graf von Götz mit durch Westfalen und folgte ihm 1638 an den Oberrhein zum Entsatz der Festung Breisach. Im Jahr darauf trat er als Musketier in das Regiment des kaiserlichen Obersten Hans Reinhard von Schauenburg, das in der Festung Offenburg lag. Hier wurde er offenbar zu schriftlichen Arbeiten herangezogen und schließlich als Schreiber in die Regimentskanzlei beordert. In dieser Zeit scheint er begonnen zu haben, sich für Literatur zu interessieren. Zum Erlebten trat die Lektüre. Wenig später wechselte er als Kanzleischreiber zum Regiment des Freiherrn von Elter, heiratete 1649 nach erfolgtem Frieden Catharina Henninger, die Tochter eines Offenburger Leutnants und späteren Ratsherrn in Zabern, und trat als Schaffner in die Dienste Hans Reinhards von Schauenburg. Seinen Wohnsitz nahm er in Gaisbach, einem Dörfchen bei Oberkirch im Renchtal, wo er Grundstücke erwarb und die Wirtschaft zum »Silbernen Stern« übernahm. Als Wirt wird er seine Gäste mit Geschichten aus seinem abenteuerlichen Leben beglückt, aber auch das Zuhören »praktiziert« haben. Nach einem nochmaligen Wechsel der Stellung trat er 1667 in bischöflich straßburgische Dienste als Schultheiß von Renchen, wo ihm die Ausübung der bürgerlichen Gerichtsbarkeit und die schriftliche Anfertigung aller Kauf-, Tausch- und Pfandverträge oblagen.

Sein Amt muß ihm viel Zeit gelassen haben, um eine reiche schriftstellerische Tätigkeit entfalten zu können. Von 1666 an erschienen in kurzer Folge seine Werke: Neben Satiren auch Helden- und Liebesromane, in denen Grimmelshausen den galanten Kunstroman seiner Zeit nachzuahmen suchte. Das einzige, was über sie gesagt werden kann, ist, daß sie nicht sehr viel schlechter als die anderen sind.

Sie haben so gut wie nichts mit seinen simplizianischen Schriften zu tun, die noch heute den Leser mitreißen können. Offensichtlich mußte Grimmelshausen sich erst von der Mode freischreiben, um zu dem zu gelangen, was tatsächlich sein Herz bewegte.

Nachdem er in seinen letzten Lebensjahren noch einmal die Drangsale des Krieges erleben mußte, die Ludwig XIV. am Oberrhein heraufbeschwor, starb er am 17. August 1676 zu Renchen, von vielen betrauert, die wußten, was sie an ihm gehabt hatten.

Sein Roman »Der Abentheurliche Simplicissimus Teutsch«, der 1668 mit der Jahreszahl 1669 erschien, zählt zu den wenigen Werken deutscher Literatur, die zum Volksbuch wurden. Ihm ließ er eine Reihe »Simplicianischer Schriften« folgen: u. a. »Trutz Simplex oder Ausführliche und wunderseltzame Lebensbeschreibung Der Ertzbetrügerin und Landstörtzerin Courasche« (1670), »Der seltzame Springinsfeld« (1670) und »Das wunderbarliche Vogel-Nest« (1672/75). Mag sein, daß die Erzählfreude, die nachgerade einen kolloquialen Elan hat, sowie sein moralisches Engagement zu dem Erfolg des »Simplicissimus« und der nachfolgenden Bücher beitrugen. Ein Roman freilich, der die innere Entwicklung des Helden mit seelischer Vertiefung und dabei höchster Anschaulichkeit schildert, ist der »Simplicissimus« nicht. Dem spanischen Schelmenroman folgend, in dem ein Abenteuer das andere ziellos ablöst und in dem der Wechsel das einzige Beständige ist, läßt Grimmelshausen seinen Helden zu keiner inneren Entwicklung kommen. Er muß immer wieder erfahren, daß auf dieser Welt alles drunter und drüber geht und daß sich nur in der Gottesfurcht der Sinn des Lebens offenbart, wie es vor allem in der »Continuatio« (1669) des Simplicissimus deutlich wird, in der Simplicissimus auf eine einsame Insel im Atlantischen Ozean verschlagen wird und Zwiesprache mit Gott hält.

Zweifellos hat Grimmelshausen dem Roman auch autobiographische Züge verliehen, aber man tut gut daran, das Ganze als ein äußerst kunstvolles Mosaik aus Lesefrüchten und Erlebtem anzusehen, als eine anschauliche Allegorie des Lebens. Grimmelshausen war ein offener Christ, der wußte, wie schwer es ist, den Himmel mit der Welt in einen Zusammenhang zu bringen. Es gelang ihm bei allem Naturalismus seiner Darstellung mit der Kraft eines gütigen Humors. Er wolle lachend die Wahrheit sagen, kündigte er auf dem Titelblatt der Erstausgabe an.

Johann Conrad Dippel

Von Otto Weber

Religiöser Schwärmer und Alchimist« steht im Großen Brockhaus von 1901 einleitend zur Biographie von Johann Conrad Dippel. Auch seine Privatvorlesungen über Astrologie an der Universität Straßburg werden darin nicht vergessen.

Schon 1841 hatte es ein Vorläufer des Brockhaus auf den Punkt gebracht: »Gelehrter Abenteurer.«

Dippel hat mit seinen Streitschriften, die unter dem Pseudonym Christianus Democritus erschienen, die Leser polarisiert. Seine Anhänger, darunter der Arzt Johann Christian Senckenberg aus Frankfurt, verehrten ihn. Seine Gegner dankten bei der Nachricht, Dippel sei verstorben, Gott dafür, daß er die »protestantische Kirche einmahl von dieser Geisel befreyet«.

Versuchen wir also das Leben dieses Mannes nachzuzeichnen und versetzen uns in den Sommer 1673. Im deutschen Südwesten tobte der pfälzische Erbfolgekrieg. Der Nieder-Beerbacher Pfarrer Johann Philipp Dippel brachte seine hochschwangere Frau hinter den Mauern der Burg Frankenstein in Sicherheit und im dortigen Forsthaus wurde am 10. August 1673 Johann Conrad Dippel geboren.

Berichte über die Jugendjahre Dippels sind spärlich und widersprüchlich. Sein Vater war 1678 als Pfarrer nach Nieder-Ramstadt versetzt worden. Nach der Grundschule und privater Unterrichtung besuchte der Junge ab 1686 das Pädagog in Darmstadt. Dort war er nach seinen eigenen Aufzeichnungen in der »praeceptorum Augen ... schon ein Wunder«. In der Matrikel des Darmstädter Pädagogs hatte Dippel unter den Abiturienten von Ostern 1691 seinem Namen den Zusatz »Frankensteinensis« angefügt. Auch bei der am 9. Mai 1691 erfolgten Immatrikulation in Gießen gab er als Herkunftsbezeichnung den Frankenstein an.

Nachdem Dippel 1693 sein Studium der Theologie und Medizin mit der Magisterprüfung abgeschlossen hatte, »welcher Name mich beynahe zweyhundert Gulden kostete«, mußte er aus Geldmangel für einige Zeit als Privatlehrer arbeiten.

In Straßburg machte er sich, nicht zu seinem Vorteil, einen Namen mit Privatvorlesungen über Chiromantie und Astrologie. Und er begann mit dem Studium der Schriften des Pietisten Philipp Jakob Spener.

Bald zog es ihn jedoch zurück in die Stille des Nieder-Ramstädter Pfarrhauses, um den Abschluß seiner Studien in Gießen vorzubereiten. In dieser Zeit erfolgte Dippels Wandlung zum Pietisten. Bei dieser Bekehrung spielte der Gießener Professor Gottfried Arnold (1666-1714) eine besondere Rolle. Er war »der Freund seiner Seele«, und in Dippels Gedankenwelt klingen immer wieder Motive von Arnold auf. Was die beiden jedoch unterscheidet, sind Dippels besondere chemische und naturphilosophische Interessen, die auch die treibende Kraft seiner Theologie waren. Außerdem war er stark im Gedankengut des Paracelsus verhaftet. Für ihn war »die evangelische Wahrheit nur bey denen zu finden, die der rasende Schwarm der Clerisey am meisten gehasset und zum Satan gewiesen«. Dippel propagierte den durch Christus »wiedergeborenen« Gläubigen. Er lehnte staatliche Autoritäten über diese »Wiedergeborenen« ab und verlangte eine Trennung von Staat und Kirche.

Er hatte sich durch seine Studien zwischenzeitlich von Orthodoxen und Pietisten gleich weit entfernt und war zum Separatisten geworden. Als seine Schrift »Papismus vapulans, oder das gestäupte Papstthum an den blinden Verfechtern der dürftigen Menschensatzung in protestirender Kirch ...«, die eigentlich seine Professur in Gießen vorbereiten sollte, endlich erschien, erregte sie so viel Ärgernis, daß sich sein Landesherr aus Darmstadt einschaltete und die Streitschrift konfiszierte. Der Verfasser wurde vor das Darmstädter Konsistorium zitiert. Dippel schrieb daraufhin seinem Landesherrn: ob durch die Konfiskation »die Wahrheit werde zurückgehalten, oder unterdruckt werden, wird die Zeit lehren. Es ist nichts ... in dem Buch enthalten, als was mir das Worth der Wahrheit und mein Gewissen zu schreiben an die Hand gegeben.« Das Konsistorium erteilte Dippel neben Hausarrest auch Schreibverbot und untersagte ihm seine Tätigkeit als Prediger.

Die Antwort Dippels auf den Ausgang des Verfahrens war die Mitteilung an den Landgrafen, »daß er trotz Gefahr und Ungemach nicht diejenigen anbeten will, die ihm die Reiche der Welt und ihre Herrlichkeit darbieten«.

Bei allem Bekennermut mußte Dippel aber auch leben, doch wollte er seiner Familie in Nieder-Ramstadt nicht zur Last fallen.

Der damalige Landgraf Ernst Ludwig war ein großer Anhänger der Alchimie. Er glaubte, wie so viele, seinen aufwendigen Lebensstil damit finanzieren zu können. Vielleicht wurde Dippel dadurch angeregt, und er besann sich auf sein Medizinstudium und seine Kenntnisse in der Alchimie. Nahe seinem Heimatort kaufte er mit geliehenem Geld ein Landgut und begann mit seinen Versuchen. Nach acht Monaten glaubte er eine Tinktur gefunden zu haben, die Silber und Quecksilber in Gold verwandelte. Er veröffentlichte seine Entdeckung und hoffte auf den großen Reichtum, denn er wollte damit der »Tyrannei der Mächtigen Trotz bieten«. Aber ein Mißgeschick zerstörte Dippels Träume. Das Glas mit dem Arcanum zerbrach. Dippel glaubte zwar diesen Verlust in zwei Monaten ersetzen zu können, aber er laborierte drei Jahre ohne jeglichen Erfolg. Da verloren seine Gläubiger die Geduld, und Dippel entzog sich ihren Forderungen durch die Flucht nach Berlin.

Trotz seiner Mißerfolge in Darmstadt wurde er mit offenen Armen aufgenommen. Auch hier suchte man nach einfachen Möglichkeiten, die höfische Verschwendungssucht zu kompensieren. Die finanzielle Unterstützung für Dippel muß in Berlin ganz beachtlich gewesen sein. Er mietete einen Palast für mehrere tausend Gulden, und es standen ihm Gehilfen für seine Experimente zur Verfügung. Aber auch hier war er mit seinen Versuchen, Silber in Gold zu verwandeln, erfolglos. Dafür fand er den Farbstoff »Berliner Blau« und ein Heilöl, das noch heute seinen Namen trägt: »oleum animale Dippelii«.

Ein Jahr war Dippel in Berlin, als ein Konkurrent auftauchte – der Alchimist und Hochstapler Caetano. Dippel erhielt den königlichen Befehl, dessen Tinktur zu untersuchen. Das Ergebnis war negativ wie bei seiner eigenen Arbeit. Caetano wurde zwei Jahre später in Küstrin an einem vergoldeten Galgen gehängt. Auch Dippel mußte ins Gefängnis, kam aber durch Protektion nach kurzer Zeit wieder frei. Einer weiteren Verhaftung entzog er sich durch Flucht – in einer schwedischen Offiziersuniform und in Begleitung eines Mohren.

Von Berlin kam Dippel für kurze Zeit nach Frankfurt und ging dann weiter nach Holland. In Leiden promovierte er zum Dr. med. und eröffnete in der Nähe von Utrecht eine Praxis. Seine Erfolge als Mediziner müssen beachtlich gewesen sein, denn selbst seine erbitterten Feinde spendeten ihm auf diesem Gebiet großes Lob. Doch auch sein neuer Aufenthalt war nur von kurzer Dauer. Die nächste Station seines Lebens war Altona, das damals zu Dänemark gehörte. Auch hier wirkte er als Arzt, mischte sich aber auch wieder mit neuen Streitschriften in die theologischen Händel seiner Umgebung ein. Es kam erneut zu einem Gerichtsverfahren, und dieses Mal traf es den Streitbaren hart. Seine neuen Schriften wurden durch den Scharfrichter verbrannt, er selbst zu lebenslanger Haft auf dem nördlichsten Zipfel der Insel Bornholm in der Festung Hammerhus verurteilt. Bald bemühten sich seine Anhänger um seine Freilassung. In Holland wurde sogar eine Kollekte veranstaltet, um Geld für seine Befreiung zu erhalten. Auch der Graf Wittgenstein von Berleburg setzte sich für seine Freilassung ein.

Im Juni 1726, nach fast siebenjähriger Haft, konnte er die Insel Bornholm verlassen. Nach verschiedenen Aufenthalten bei Anhängern und Freunden und nach einer Einladung an den schwedischen Königshof ging er nach Deutschland zurück. Seine zahlreichen Feinde hatten die endgültige Ausweisung erreicht. »Sie schreiben, daß ich ein Zauberer sei, und haben also nicht genug an den sonst gewöhnlichen Ehrentiteln: Fanaticus, Enthusiast und Schwärmer.«

Auch in Deutschland wechselten seine Aufenthaltsorte sehr schnell. Da bot ihm das Fürstenhaus Sayn-Wittgenstein in Berleburg einen Ruhesitz. Berleburg war als Zentrum pietistischer Zirkel bekannt, und im Dezember 1729 schrieb Graf Casimir von Wittgenstein in sein Tagebuch: »Sonst ist nichts Sonderliches Passirt, als daß der weltberühmte Dr. Dippelius, der unter dem Namen Christianus Demokritus den Gelehrten bekannt ist und 6½ Jahre auf der Insel Bornholm gefangen gesessen hat, hierher gekommen ist, mit welchem ich also auch bekannt geworden bin. Er ist im Umgange ein artiger, humaner, gelehrter und geschickter Mensch.« Die knapp fünf Jahre, die Dippel bis zu seinem Tod in Berleburg blieben, brachten ihm interessante Begegnungen und die notwendige Ruhe für seine Arbeit. Hier traf er mit dem Grafen Zinzendorf zusammen, der ihn für seine Herrnhuter gewinnen wollte. Nach Berleburg reiste auch der junge Frankfurter Arzt Johann Christian Senckenberg (1707-1772) und fand in Dippel einen väterlichen Freund. Offensichtlich hatte Dippel aber auch seine alchimistischen Versuche wieder aufgenommen. Kurz vor seinem Tod entstand noch ein Vertragsentwurf, der einen Tausch mit dem Darmstädter Landgrafen Ernst-Ludwig beinhaltete. Dippel wollte das Rezept einer Tinktur zur Verwandlung von Silber in Gold gegen die Burg Frankenstein eintauschen. Offensichtlich hat ihm der Tod einen Strich durch diese letzte Rechnung gemacht. Während eines Besuches auf dem Schloß der Wittgensteiner bei Bad Laasphe verstarb er in der Nacht vom 24. zum 25. April 1734.

In der Kirche von Bad Laasphe fand er dann seine letzte Ruhestätte. Ein Zeitgenosse schrieb nach seinem Tod: »Er hat aber vor vielen tausenden auf dem Theatro dieser Welt ein großes Aufsehen gemacht, und ist nun abgetreten. Die meisten seiner Feinde werden Gott dancken, daß er sie von dieser Peitsche befreyet habe.«

Was blieb nun von Dippels Wirken außer jenem Heilöl, dem blauen Farbstoff und seinen heute nur schwer verständlichen Streitschriften zu den religiösen Auseinandersetzungen seiner Zeit?

Der reformerische Schwung des frühen Pietismus war bald verflacht und zu einer schwärmerischen Religiosität verblaßt. Dippel dagegen hat als Separatist gerade die gesellschaftskritischen Ansätze des frühen Pietismus weitergetragen.

Die in den pietistischen Versammlungen geübte Gleichberechtigung, unabhängig von Geschlecht und gesellschaftlichem Stand, sowie die hier gepflegte Freiheit des Denkens hat er auf die gesellschaftlichen und politischen Verhältnisse übertragen. Vielleicht zeichnen sich in seiner radikalen Vertretung dieser Grundsätze Entwicklungslinien zu den Illuminaten des späten 18. Jahrhunderts ab, die in vergleichbarer Intensität den Ruf der Französischen Revolution nach Freiheit und Gleichheit in Deutschland vertraten. Wichtig war auch Dippels Ablehnung der zeitgenössischen mechanistischen Wissenschaftsphilosophie. »Als Naturphilosoph kultivierte er die Idee einer organischen Einheit von Geist und Materie. Als Ethiker wollte er die unbedingte Überlegenheit des Geistigen über das Materielle.« Hier ist er wohl als Vorläufer der »Romantischen Physik« des frühen 19. Jahrhunderts anzusprechen. Und in diesem frühen 19. Jahrhundert könnte vielleicht ein weiterer Hinweis auf die Nachwirkung Dippels zu finden sein, der sich ja nach seinem Geburtsort, dem Frankenstein, bei seiner Immatrikulation in Gießen als »Francostenensis« einschrieb.

Im März 1818 erschien »Frankenstein, or the Modern Prometheus« von Mary Shelley. Es wurde schon viel darüber gerätselt, ob sich eine Verbindung zwischen jenem Mediziner Victor Frankenstein in Shelleys Roman und dem Arzt und Theologen Dippel herstellen läßt. Mary Shelley hat das Buch ihrem Vater gewidmet, vielleicht ein Hinweis darauf, daß sie von ihm die entscheidenden Anregungen bekam. Ihr Vater William Godwin gehörte als englischer Dissenter einer Revolutionsgesellschaft an, in deren politischem Gedankengut viele Verbindungen zu den deutschen Illuminaten und darüber hinaus zu dem Separatisten Dippel zu finden sind.

Die »Auferstehung« als Frankenstein wird dem Frühaufklärer Dippel jedoch genausowenig gerecht wie die einseitige Betrachtung seiner theologischen Streitschriften.

Eine Untersuchung seiner gesellschaftskritischen Tätigkeit und Wirkung steht noch aus, obgleich sie dringend geboten wäre.

Karoline Henriette von Hessen-Darmstadt

Von Jürgen Rainer Wolf

Nördlich des Darmstädter Schlosses liegt, heute durch den City-Ring abgeschnitten, hinter Museum und ehemaligem Hoftheater der Herrngarten. Nur wenige Schritte von seinem Süd-Eingang entfernt befindet sich ein efeubewachsener, von Tannen umringter Grabhügel, den eine weiße Marmor-Urne mit trauernden Putten schmückt. Die lateinische Inschrift bekundet, daß dieses Monument vom Preußenkönig Friedrich dem Großen der Landgräfin Karoline Henriette von Hessen-Darmstadt gesetzt wurde. Eine knappe Devise hält mit der Begründung für dieses postume Geschenk zugleich die Wertschätzung des Monarchen für die Verstorbene fest: »Femina sexu, ingenio vir« (Eine Frau von Geschlecht, an Geist ein Mann).

Sowenig der Wortlaut der Inschrift der modernen Frauenbewegung gefallen mag: Für die Zeitgenossen der Landgräfin war eine derartige Äußerung aus dem Mund des bewunderten Eroberers und Repräsentanten des aufgeklärten Königtums einer Apotheose gleichzusetzen. Johann Wolfgang von Goethe nannte in seinen Jugend-Erinnerungen die längst Verstorbene kurz die »Große Landgräfin«. Ob er die Bezeichnung erfand oder aufnahm, wissen wir nicht.

Von ihrem Schwiegersohn, dem Hölderlin-Landgrafen Friedrich V. Ludwig von Hessen-Homburg, stammt diese deutsche Grabschrift, die das Geschenk Friedrichs voraussetzt:

»Schont, Zeiten, schont den Heiligen Stein,
Der traurig ihre Asche zieret,
Er soll ein Bild des Leides sein,
Das Kinder, Vaterland und fremde Völker rühret;
Gleich ihrem Ruhm, der stets noch frische Zweige treibt,

Soll dieses Denkmal ewig stehen:
Die letzten Enkel sollen sehen,
Daß Tugend unvergeßlich bleibt!«

Die Äußerungen der drei Zeitgenossen – des fernen Machtpolitikers, des deutschen klassischen Dichters und des Verwandten – machen unabhängig voneinander deutlich, wie groß der Eindruck Karolines auf ihre Umgebung und selbst Menschen wie Goethe war, der sie nie persönlich kennengelernt hatte. Woher kam diese Wertschätzung? Was macht hier »Größe« aus?

Karoline Henriette wurde am 9. März 1721 im Rappoltsteiner Hof, dem Stadtpalais ihrer Eltern in Straßburg, geboren. Sie war das älteste Kind des Herzogs Christian III. von Pfalz-Zweibrücken und der Gräfin Karoline von Nassau-Saarbrücken. Ihre Jugend verbrachte sie im Elsaß, und ihre Bildung war standesgemäß französisch geprägt. 1735 starb der Vater; die Regentschaft für die unmündigen Kinder einschließlich Herzog Christians IV. übernahm seine Witwe. Als Erzieherin Karolines wirkte Sarah Louise Ravanel, eine geistvolle Dame hugenottischer Abstammung.

Der Duktus der Wittums-Hofhaltung war damals zweifellos sehr schlicht. Im Sommer gab es Ausflüge von Zweibrücken nach Tschiflik zu Ex-König Stanislaus Leszczynski von Polen, der nach Abschluß des dortigen Thronfolgekriegs mit dem Herzogtum Lothringen abgefunden worden war. Daneben blieb Bergzabern ein bevorzugter Wohnort der Familie. Überraschend früh fand die junge Prinzessin Zugang zur Natur. Eine Vogesenfelsentour, durch Hütejungen geführt und in Begleitung einer Hofdame, wirkt wie ein Vorspiel zu ihrer Besteigung des Melibokus im Jahre 1772.

Die politisch bedingte Anwesenheit der jungen Prinzen von Hessen-Darmstadt, die ihr Großvater Landgraf Ernst Ludwig um der hanau-lichtenbergischen Erbschaft willen im benachbarten Buchsweiler unter französischer Oberhoheit aufwachsen ließ, hat schließlich zu einer der durchaus nicht selbstverständlichen Liebesheiraten deutscher Fürstlichkeiten beigetragen. Die Initiative dazu ging wohl von Karoline aus, die am 27. September 1737 im Gartenhaus zu Bergzabern das Datum ihres ersten Treffens mit dem späteren Soldatenlandgrafen Ludwig IX. einschrieb. *Seine* erste Liebeserklärung datierte erst einen Monat später. Im August 1738 fand in Tschiflik eine eher inoffizielle Verlobung statt. Die Heirat am 12. August 1741, auf die Pfalz-Zweibrücken gedrängt hatte, ohne daß es bis dahin zum Abschluß des Ehevertrags gekommen war, war ein Befreiungsschlag des Bräutigams aus väterlicher Vormundschaft. Und Karoline? Möglicherweise hat sie sich schon damals dem Gatten überlegen gefühlt und geglaubt, in dieser Verbindung dominieren zu können.

Für die junge Erbprinzessin war es selbstverständlich, daß mit dem Eheschluß keine Änderung in ihrem Lebensstil einhergehen sollte. Ohne Rücksicht auf eine erste Schwangerschaft nahm sie an einer Parforcejagd teil, die zur Totgeburt eines Sohnes führte. Das Verhältnis des Ehepaares zueinander war dadurch erheblichen Belastungen ausgesetzt. Bei der Hoftafel in Zweibrücken sagte Karoline in aller Öffentlichkeit dem Ehemann ins Gesicht, »Wie Ihre Schuldigkeit erfordere, daß Sie nechst Gott das Vatterland, hernach dero Frau Mutter, und nach dieser die Familie und zuletzt dann ihn zu lieben hätte«. Die enge Mutterbindung hat Karoline nie überwunden; ihre Selbständigkeit erwuchs nur in der Beziehung zu ihrem Ehemann.

Die tiefe Ehekrise, durch Vermittler formal, aber nicht dauerhaft beigelegt, hatte ein politisches Gegenstück: Ludwig IX. verehrte den preußischen Militärstaat, Karoline bezeichnete damals noch Friedrich II. als »würdigen Schüler Machiavells« und seine Gegnerin Maria Theresia als »anbetungswürdig«. Während der Erbprinz das ihm zugefallene mütterliche Erbe der Grafschaft Hanau-Lichtenberg ab 1745 zum Militärstaat auszubauen begann, übernahm man das bekannte preußische Beispiel der verdoppelten

Hofhaltung. Wie Friedrichs Gemahlin in Niederschönhausen bei Berlin, so residierte Karoline in der Regierungshauptstadt Buchsweiler. Auch wegen finanzieller Nöte trat Ludwig IX. 1748 in preußischen Militärdienst, und nach kurzer formeller Tätigkeit als Regentin Hanau-Lichtenbergs mußte Karoline mit der inzwischen geborenen Tochter in die Garnison Prenzlau in der Uckermark folgen.

Es war wohl nicht zuletzt die kulturelle Öde des dortigen Alltags, die der Erbprinzessin die intensivere Beschäftigung mit der französischen – auch »verbotenen« – Literatur der Aufklärung ermöglichte. In einem ihrer zahlreichen Briefe hat sie ihren Tagesablauf so geschildert: vormittags Lesen und Schreiben, von 12 bis ¾ 1 Feinmachen fürs Diner, dann kleinere Arbeiten, von 4 bis 6 oder 7 ihren drei Damen, die dabei arbeiten, laut Vorlesen, dann je nach Wetter Reiten oder Fahren, bis zum Souper um 9. Statt Spaziergang manchmal ein Spielchen.

Unterbrochen wurde diese Routine – abgesehen von regelmäßigen Schwangerschaften – durch Aufenthalte in Berlin und Potsdam, wo Karoline nach persönlicher Bekanntschaft den Preußenkönig als Sachwalter der Moderne gegenüber habsburgischer Reaktion zu schätzen begann.

König Friedrich II. schätzte Ludwig IX. als Militär, er zeichnete ihn ob der Exaktheit des militärischen Drills aus: Aber gegenüber seiner Schwester Amalie konnte Karoline ihren Ehemann so charakterisieren: »ein Brief, dumm, wie ihn nur mein Prinz schreiben kann«. Zahllose Briefe hielten den Kontakt der Erbprinzessin mit der gebildeten Welt aufrecht, und mit ihrer – französischsprachigen – Korrespondenz suchte Karoline auch später die Entscheidungen ihres Gemahls zu beeinflussen. Allzuviel Geradlinigkeit war hier nicht opportun.

Der Ausbruch des Siebenjährigen Krieges erzwang die Rückkehr des Erbprinzenpaares in sein linksrheinisches Herrschaftsgebiet. Aber Karolines Hofhaltung in Buchsweiler mußte nach Friedensschluß aus Kostengründen aufgehoben werden; mit ihren acht Kindern (Karoline, dann Friederike, später Königin von Preußen, Ludwig, später erster hessischer Großherzog, Amalie, später Erbprinzessin von Baden, Wilhelmine, später Gemahlin des Großfürsten-Thronfolgers Paul, und Luise, später Großherzogin von Sachsen-Weimar, schließlich den Prinzen Friedrich und Christian) zog sie im Juli 1765 zu ihrem Schwiegervater nach Darmstadt. Hier begann vor dem Hintergrund der Schuldenkrise der Landgrafschaft Hessen-Darmstadt unter dem gealterten Jägerlandgrafen Ludwig VIII. im Angesicht der drohenden Reichszwangsverwaltung die Suche nach geeigneten Eheverbindungen, deren Abschluß der Erbprinz in Pirmasens ganz der Gattin überließ.

Die prinzipielle Abwesenheit Karolines von der militärisch dominierten Hofhaltung des Gatten in Pirmasens bedeutete aber keineswegs ein ruhiges Residieren anderswo, sondern war von geradezu hektischen Reisen unterbrochen.

Immerhin konnte Karoline die relativ kurzen Ruhephasen zur Teilnahme am Darmstädter Hofleben nutzen. Dazu zählten die prunkvollen Parforcejagden ihres Schwiegervaters ebenso wie die Umgestaltung des ihr von ihm geschenkten Herrengartens zu einem Park im modernen englischen Landschaftsstil, wo sie auch ihre Lesegrotte und später ihr Grab einrichtete. Ein erster Erfolg der Verheiratungsbemühungen, die Eheschließung ihrer ältesten Tochter Karoline mit dem Landgrafen von Hessen-Homburg, war Auftakt zu Festlichkeiten, die die »Große Landgräfin« in der Rückschau nach dem plötzlichen Tod Ludwigs VIII. im Theater so definierte: »Nie ist Darmstadt so glanzvoll gewesen als während der beiden letzten Monate.« Und dies ungeachtet der Staatskrise, die heraufzog.

Als Ludwig IX. am 17. 10. 1768 endlich die Regierung übernehmen konnte, wurden seine langjährigen Planungen zur Reform Hessen-Darmstadts in Angriff genommen. Das aber bedeutete das Ende der übermäßigen Hofausgaben, der Prunkjagden, des Gastspielbetriebs im Theater. Mit Einsparungen suchte man jetzt die Gläubiger zu befriedigen, die Kaiser Joseph II. in Wien, anders als seine Eltern, nicht mehr von der Durchsetzung ihrer Ansprüche zurückhielt. Nur mit der Berufung des Staatsrechtlers und Publizisten Friedrich Karl von Moser zum Kanzler und Präsidenten aller Landeskollegien schien 1772 die Genehmigung des Schuldenvergleichs in Wien erreichbar, und an dieser Berufung hat Karoline mitgewirkt. Als Mosers Konzept gleichwohl vom Reichshofrat verworfen wurde, führte sie indirekt die Kaiserliche Ratifikation herbei: durch die spektakuläre Rußlandreise, mit der sie 1773 ihre drei noch unverheirateten Töchter der Kaiserin Katharina und dem Großfürsten Paul präsentierte. Der Anstoß dazu kam freilich von Friedrich II., der die geschätzte Freundin daran erinnerte, daß er ja auch früher einmal die Heirat Katharinas vermittelt habe. Erst die Furcht vor der Verbindung mit Rußland bewog Joseph II. zur Billigung des Schuldenvergleichs, der Hessen-Darmstadts Einkünfte den Gläubigern überschrieb. Ein 100 000-Rubel-Geschenk der Zarin, zusammen mit Zobel und Brillant, befreite sie zuletzt von ihren Geldsorgen.

Die strapaziöse Reise nach St. Petersburg, bei der Johann Heinrich Merck – Goethes »Mephisto« – als Reisezahlmeister fungierte, versetzte der angeschlagenen Gesundheit der Landgräfin den letzten Stoß. Auch Kuren mit Eselsmilch konnten den Atembeschwerden nicht mehr abhelfen. Mit ihrem Tod am 30. April 1774 ging in Darmstadt eine Epoche zu Ende, in der sie kurze Zeit das Zentrum einer Gruppe der »Empfindsamen« gebildet hatte: außer Merck und Leuchsenring die von Goethe angehimmelten Hofdamen Henriette von Roussillon und Louise von Ziegler sowie die Herder-Verlobte Karoline Flachsland. Auch Herder wurde zeitweise dazugezählt, ebenso die Koblenzerin Sophie von LaRoche. In den von der Landgräfin nach dem Scheitern ihrer Ausbaupläne für den Rohbau des Barockschlosses errichteten Assemblée-Zimmern neben dem Glockenbau empfing die Klopstock-Verehrerin Karoline die Dichter Wieland und Gleim.

Die Bürgerschaft Darmstadts hatte der aus Rußland Heimgekehrten einen Triumphbogen errichtet; ihr Leichenbegängnis dürfte für die meisten Einwohner auch eher ein Spektakel gewesen sein. Anders hat Johann Heinrich Merck in einem Brief an Nicolai die Lage empfunden: »Seit dem Tod der Landgräfin hat sich Alles hier so gewaltig verändert, daß unser kleiner, sonst nicht unangenehmer Ort einer völligen Wüsteney gleich sieht. Die Prinzessinnen gehn weg, und der ganze Hof wird aufgehoben. Alle meine Bekantschafften (die meistens aus solchen Leuten bestanden, welche die Landgräfin hinzog) sind verstorben.« Dies war zweifellos übertrieben. Der Zerfall des Kreises der Empfindsamen hatte schon früher eingesetzt. Bezeichnend für die Wertschätzung der Verstorbenen ist freilich, daß man sie als Magnet empfunden hatte.

Johann Heinrich Merck

Von Fritz Ebner

In Darmstadt – so Johann Heinrich Merck – muß man drei Dinge können: Trommeln, Geigen, Predigen. Damit sind die Grundzüge des südhessischen Feudalsystems im 18. Jahrhundert charakterisiert: Militär, höfische Kultur, Ehrfurcht der Untertanen vor Gott und der Obrigkeit.

Bauern und Handwerker sicherten die Existenz des Adels und der immer zahlreicher werdenden Staatsdiener. Georg Büchner schilderte diese Verhältnisse später in seinem »Hessischen Landboten«. Spätestens um die Mitte des 18. Jahrhunderts erkannte man, daß es so nicht bleiben könne. In Frankreich begründete der Leibarzt der Madame Pompadour, François Quesnay, eine neue volkswirtschaftliche Lehre. Der Bauer – so hieß es da – sei die wahre Quelle des Reichtums, die Landwirtschaft die Grundlage des Staates, insofern nämlich, als ein Bauer 20 Nicht-Bauern ernähren könne, und zwar durch das kostenlose Mitwirken der Natur. Nur, um diese Quelle des Wohlstandes richtig zu nutzen, hätte es einer rigorosen Änderung der Besitzverhältnisse bedurft – und das sollte noch dauern.

Einer, der diese Dinge schon frühzeitig erkannt hatte und auf Veränderungen hinarbeitete, war der am 11. April 1741 geborene Johann Heinrich Merck. Er entstammte der seit 1668 in Darmstadt ansässigen Apothekerfamilie, aus der auch der Gründer eines heute weltweit tätigen Chemieunternehmens hervorging. Merck studierte zunächst Theologie in Gießen, wandte sich aber dann in Erlangen und Dresden der Kunst zu. Auf einer Reise in die Schweiz lernte er eine französisch sprechende junge Waadtländerin kennen, Louise Françoise Charbonnier; er heiratete sie und kehrte mit ihr nach Darmstadt zurück. Hier wurde er Beamter am landgräflichen Kriegsministerium und mußte nun mit anderen – wie er sagte – stundenlang am Tisch sitzen und sich die Reden wenig kluger Köpfe anhören. Dennoch blieb ihm noch genügend Zeit für allerlei Nebentätigkeiten.

Im Dezember 1771 übernahm er die Redaktion der »Frankfurter Gelehrten Anzeigen«. Mit Gleichgesinnten wollte er »den Staub aus den Perücken der Kahlköpfe klopfen«. Angezeigt und »kritisch« besprochen wurden in dieser Zeitschrift Neuerscheinungen aus den Gebieten der Kunst und Literatur, der Ästhetik und Philosophie, der Nationalökonomie – und der Theologie. Zu den Mitarbeitern gehörte auch ein junger Mann namens Goethe, acht Jahre später geboren als Merck und Sohn eines reichen Frankfurter Bürgers. Von Merck beraten und gefördert, stieg er durch sein Schauspiel »Götz von Berlichingen« (1773) und den Briefroman »Die Leiden des jungen Werthers« (1774) rasch zum zweifachen Bestseller-Autor auf. Den »Götz« hatte Merck sogar selbst in Darmstadt drucken lassen.

Zu den Mitarbeitern in Frankfurt gehörte auch Goethes späterer Schwager Johann Georg Schlosser, dessen religionskritische Rezensionen schon bald den Unwillen der Frankfurter Geistlichkeit erregten. Zensur wurde gefordert, 100 Taler Strafe angedroht, ein Prozeß mußte geführt werden, so daß Merck im Januar 1772 die Redaktion enttäuscht niederlegte, die er mit so großen Hoffnungen übernommen hatte.

Aber damit war Mercks literarische Tätigkeit nicht beendet. Wieland, der in Weimar den »Teutschen Merkur« herausgab, bedrängte ihn über Jahre hinweg immer wieder mit der Bitte, für ihn zu schreiben. Mercks Manuskripte ließen oft lange auf sich warten. Aber dann erschien im »Teutschen Merkur« von 1778 »Die Geschichte des Herrn Oheim«. Es ist die Geschichte eines höheren Staatsbeamten, der die Tätigkeit im Ministerium satt hat und sich auf ein Landgut zurückzieht, das er nun nach fortschrittlichen Methoden zu bewirtschaften gedenkt. Autobiographische Züge sind dabei unübersehbar. »Die menschliche Gesellschaft«, heißt es da, »besteht wohl nicht nur aus Menschen, die Papier beschreiben.« Drei Jahre später – 1781 – ließ Merck in Wielands »Teutschem Merkur« dieser Geschichte eine zweite folgen. Und die ist gewissermaßen die spiegelbildliche Umkehrung der ersten. Gezeigt wird uns hier ein junger Mann, der versucht, auf dem Lande seine Ideale in die Tat umzusetzen, dabei aber erfährt, welche Widerstände die Gesellschaft und vor allem die Obrigkeit einem solchen Streben entgegensetzen.

Um der Wahrheit willen muß man sagen, daß die landgräfliche Regierung in Darmstadt versucht hatte, den bedrückenden Verhältnissen auf dem Lande entgegenzuwirken. Was not tat, war indessen nicht nur eine Reform der Landwirtschaft, auch auf gewerblichem Gebiet waren tiefgreifende Veränderungen unvermeidlich. Mit Trommeln, Geigen und Predigen war es nicht länger getan. Man konnte überall, nicht nur in Hessen, die wachsende Bevölkerung kaum länger zur stillen Hinnahme ihrer Armut bewegen und sie mit einer vagen Belohnung im Jenseits vertrösten.

Goethes Schwager Schlosser, der inzwischen Amtmann in Emmendingen geworden war, hatte dort im Einvernehmen mit seinem Landesherrn, dem Markgraf von Baden, erste Reformen eingeleitet. Bei ihm hatte Merck sich Anregungen geholt, die ihn veranlaßten, in Darmstadt eine Baumwollspinnerei zu gründen, mit der er zwar scheiterte, aber nur deshalb, weil die dazu erforderliche Kapitaldecke zu gering war und der Bruder des hessischen Landgrafen sowie dessen Finanzberater ihm Zusagen gegeben hatten, die sie nicht einhielten, als es kritisch wurde. Merck dachte schon damals an die Umwandlung der Naturalabgaben in Geldzahlungen, um dadurch Transport und Lagerung zu umgehen. In seinen wirtschaftlichen Gutachten trat die Arbeit bereits als eine rechnerische Größe auf. Langfristig, zu gegebener Zeit, meinte er, würde es dann zu tiefgreifenden Veränderungen des Eigentumsrechts kommen.

Die Zeit für diese Veränderungen kam schneller, als er dachte. Denn nach dem Ausbruch der Französischen Revolution waren die Angehörigen des französischen Adels auf die rechte Rheinseite geflüchtet. Von hier aus versuchten sie, die deutschen Fürsten dazu zu bewegen, durch eine militärische Intervention »den Spuk hinwegzufegen«.

Die Meinungen über die tatsächlichen Verhältnisse waren widersprüchlich. Man war verunsichert, man fürchtete um die linksrheinischen Besitzungen, die Hessen damals noch hatte. Also schickte man Merck nach Paris, um die wirkliche Lage zu erkunden. Schon am 20. Januar 1791 schrieb er, wenn man Straßburg hinter sich habe, merke man gleich, daß die Revolution stehe.

In Paris besuchte der Kunstfreund zuerst den Maler Jacques Louis David, der ihn mit in den Jakobinerclub nahm. Dort hielt Merck eine Rede, die lebhaften Beifall fand. Zuvor schrieb er nach Darmstadt an den Kabinettssekretär Schleiermacher, den vertrauten Berater des Landgrafen:

»Alles was wir von Anfang der Dinge wünschten, ist wahr – und das andere alles erlogen und mit den Farben gemalt, die man bestellt hat. – Hier ist der Ort, wo der Grundstein zum Wohle der Nation und vielleicht des Universums bereitet wird.«

Im Februar 1791 verließ er Paris, im März war er wieder in Darmstadt und berichtete, daß er eine Gegenrevolution für aussichtlos halte. Am 12. Juni 1791 kam Graf Charles-Philippe Artois nach Darmstadt, der Bruder Ludwigs XVI. und Hauptagitator der Emigranten, der später als Karl X. den französischen Thron besteigen sollte. Er wurde vom Landgrafen im Schloß empfangen. Gut zwei Wochen später, am 27. Juni 1791, machte Merck durch einen Pistolenschuß seinem Leben ein Ende – in vollständiger Geisteszerrüttung und in einem Anfall von Schwermut, wie es hieß.

Georg Christoph Lichtenberg
Von Wolfgang Promies

Lichtenberg war dreißig Jahre hindurch ein berühmter Lehrer auf einer berühmten Universität. Lange schon rechnete man ihn unter die Zierden jener Akademie; lange ehrte man in ihm den umfassenden Kenner seiner Hauptwissenschaft, der Physik; lange schon war er durch seine geistreichen, von den verschiedenartigsten Erscheinungen seiner Zeit veranlaßten Aufsätze in dem Göttingischen Magazin, das er einst mit Georg Forster herausgab, und in dem jährlich von ihm besorgten Göttinger Almanach, so wie durch seine Erklärung der Hogarthischen Kupfer, als einer unserer witzigsten Schriftsteller und geschmackvollsten Gelehrten, als einer der glücklichsten Kämpfer gegen jede Thorheit bekannt und geschätzt.«

Mit solchen Sätzen leitete ein Zeitgenosse 1805 den ersten großen Nachruf auf den am 24. Februar 1799 in Göttingen gestorbenen Lichtenberg ein: Friedrich Schlichtegroll. Er gibt hierin eine zutreffende Summe der Äußerungsweisen Lichtenbergs, wie und so weit sie dem zeitgenössischen Lesepublikum bis zu seinem Todesjahr bekannt und beliebt geworden waren: Äußerungsweisen des wissenschaftlichen Publizisten, des Zeitschrifteneditors, des Kalendermachers, des Kommentators der Bildergeschichten von Hogarth und schließlich des – seinerzeit gefürchteten – Satirikers. Aber Lichtenberg war, wie sich erst postum herausstellte, mehr als die Summe dieser immerhin respektablen Schreibtätigkeiten. Folgerichtig fuhr Schlichtegroll in seiner Einleitung fort: »Aber der ganze Mensch, der er war, die ganze Vielseitigkeit seines Geistes, die ganze, oft bey seinem Leben sogar bezweifelte, Milde und Liebenswürdigkeit seines Herzens (entgegen dem Bild vom Satiriker Lichtenberg), offenbarte sich erst nach seinem Tode«, nämlich als die ersten Auszüge aus den Sudelbüchern veröffentlicht wurden. Mit dieser Unterscheidung und Wertung formulierte Schlichtegroll sozusagen ein, wie es häufig schien, unumstößliches Axiom für die Lichtenberg-Philologie, nach der zu urteilen Lichtenberg erst nach seinem Tode lebendig geworden ist oder eine Art Wanderer zwischen den Zeiten gewesen war oder eigentlich im Geiste, aber nicht leibhaftig gelebt hat – so auf Du und Du mit Nietzsche und Karl Kraus, zum Beispiel, während er in Wirklichkeit mit Nicolai in der ablehnenden Einschätzung der Stürmer und Dränger übereinstimmte, Klopstock und seine Jünger bedenklich fand, Forster pries, Knigge und Rebmann las, mit Goethe über Farbenlehre lieber als über dessen »Wilhelm Meister« korrespondierte.

Natürlich kann es nicht um eine Verkehrung des Maßstabes gehen. Wo es Lichtenberg immer noch zu entdecken gilt, erübrigt sich eine Kritik an Lobsprüchen wie denen Tucholskys, der 1931 schrieb: »Die Leute zitieren immer seine Beschreibungen zu Hogarths Bildern, die recht gut sind, und seine Schilderung des Garrickschen Hamlets, die besser ist – aber das Wesentliche dieses einzigartigen Geistes liegt in seinen Aphorismen. Und in seinen Briefen.« So viel sei jedoch angemerkt: eine vergleichende Lektüre sowohl der Briefe und Sudelbücher wie auch der zu Lebzeiten Lichtenbergs veröffentlichten Arbeiten ergibt, daß die sogenannten Aphorismen in der Mehrzahl Arbeitsnotizen waren, die Lichtenberg bei guter Gelegenheit nutzte, einen Ausdruck, wie er es nannte, zu schattieren; im übrigen und dementsprechend ist das Wesentliche des Schriftstellers nicht dieses und jenes, sondern die unzerbrechliche Identität seiner Schreibperson, die sich ihres gesellschaftlichen Auftrags auch noch und erst recht bewußt blieb, wo sie angeblich privat wurde. Nicht der Einzigartige, der Unvergleichliche ist hier einmal mehr zu feiern. Der Schreibauftrag gibt vielmehr günstige Gelegenheit, von einem exemplarischen Schriftsteller zu reden, der seinesgleichen hatte und zu seinesgleichen sprach.

Der am 1. Juli 1742 im südhessischen Ober-Ramstadt geborene Georg Christoph Lichtenberg erblickte 1766 das Licht der literarischen Welt. Orte seiner Veröffentlichung waren die »Braunschweigischen Anzeigen«, deren »Gelehrte Beyträge« seinen »Versuch einer natürlichen Geschichte der schlechten Dichter, hauptsächlich der Deutschen« vorstellte, war das »Hannöverische Magazin«, eine periodische Zeitschrift, wie es sie seinerzeit zu Dutzenden gab. Informationsmittel für den bedachtsamen Hausvater in Stadt und Land, das durch aufklärende Artikel, häufig in Form von Anfrage und Ratschlag, akkurate Hinweise lieferte, auf die vernünftigste Art Haus oder Hof oder Feld oder Umwelt zu bestellen. Hin und wieder wurde die gefragte Nützlichkeit durch moralische Erörterungen oder gar schöngeistige Artikel, etwa aus dem Englischen übersetzt, unterbrochen, Pfarrers Meinung über die bekömmliche Lesenahrung von Knecht und Magd und den Landmann schlechthin. Die Lektüre einer derartigen Zeitschrift verhilft einem leicht zu einem mokanten Lächeln: so also war es um die Aufklärung bestellt, wenn man sich nur um ein paar Druckorte – Tage-Reisen – von Leipzig und Halle und Hamburg oder Göttingen entfernte. Gleichwohl demonstrieren Zeitschriften wie das »Hannöverische Magazin«, das bis weit ins neunzehnte Jahrhundert hinein bestand, zur Genüge, welch ein Bedarf an Ratgebern und Ratschlägen auf den verschiedensten Lebensbereichen bestand und wie ernst – bis zur lachhaften Humorlosigkeit ernst – dieses Bedürfnis von Geistlichen, Schulmeistern, Landwirten und – Professoren – genommen wurde. Die Existenz derartiger Zeitschriften und der Zuspruch, den sie fanden, beweist gerade nicht den Siegeszug, sondern die Notwendigkeit von Aufklärung.

Aber sah dies Lichtenberg ähnlich?

Liest man den Titel seiner Erstveröffentlichung im »Hannöverischen Magazin«, so sollte man die Frage eher verneinen: »Von dem Nutzen, den die Mathematik einem Bel Esprit bringen kann.« Mit Schöngeistern machte sich das Magazin weniger zu schaffen. Insofern wirkt der Artikel auf den ersten Blick wie ein Findling. Tatsächlich hat der Mitarbeiter Lichtenberg dieser Zeitschrift in Zukunft auch entsprechendere Beiträge geliefert, über die Entstehung des Hagels, über Wetterparoskope. Entsprechend dem nichtsentimentalen Charakter der Zeitschrift wurde der von Schülerhand verfaßte Nachruf auf Lichtenbergs Tod, den das Magazin im Mai 1799 veröffentlichte, launig genug von zwei Aufsätzen gerahmt, die nicht leicht prosaischer zu denken waren. »Vorschlag zur Benutzung eines Brennmaterials« lautet der eine Titel und der andere gar »Über den Kalkdünger auf Kleeäckern«. Dazwischen also blühen »Einige Blumen auf Lichtenbergs Grab«. Doch die Emphase des Schülers ist weit entfernt von Lichtenbergs frühester Publikation und seinem ironischen Vexierspiel. Mathematik steht dort für ernsthafte Kenntnis und Bel Esprit für jenen jungen deutschen Zeitgenossen, der sich auf so bequeme Wissenschaften gelegt hatte wie die gedankenleere

Verfertigung von Versen und Romanen, die der Wirklichkeit entbehrten. Schöngeisterei, verstanden als intellektuelle und ästhetische Anmaßung der Wirklichkeit ohne sachliche Kompetenz, das ist Welterfahrung, hat Lichtenberg in der Tat sein Leben lang als Schriftsteller verpönt. Es verwundert daher nicht, daß Lichtenbergs Vorbilder in dieser Schreibhinsicht zwei Zeitgenossen waren, die man heutzutage kaum mehr unter die Muster vollkommener Prosaisten rechnen würde. Es sind Justus Möser und Benjamin Franklin!

An Möser, der für seine Landsleute die »Osnabrückischen Unterhaltungen« und die »Patriotischen Phantasien« herausgab und schrieb, wie an Franklin rühmte Lichtenberg, daß in ihren Schriften das »Was« stets so fesselnd sei wie das »Wie«. Die Zusammenstellung dieser Schriftsteller mit Lichtenberg mag nun befremden: seinerzeit wußte man sehr wohl, was damit gemeint war. Als Nicolai 1798 Mösers sämtliche Werke herausgibt, äußert er in dem Vorwort: »Unter den Deutschen ist Möser an reifer Weltkenntnis und an Eifer sie zum Besten seiner Mitbürger anzuwenden Büsch am meisten zu vergleichen; nicht in der Einkleidung, welche bey Büsch, nach seiner Absicht, milde Belehrung sein sollte die nie in Lehrerton ausartete, so wie auch bey Knigge in seiner Schrift vom Umgange. Engel und Lichtenberg sind in Absicht auf Sinn und Einkleidung Mösern, jeder auf eine andere Art, gewissermaßen mehr kongenial. Lessing und Wieland, deren Gesellschaft Möser sonst nicht unwürdig ist, haben Gegenden der Litteratur angebauet, die von der seinigen zuweit entfernt sind.« Es ist schade, daß man Lichtenbergs Stellungnahme zu diesem Gruppenbild nicht kennt. Aber man kann immerhin vermuten, daß er sich von Nicolai in eine gute Gesellschaft berufen sah, die man höchstens noch um den einen und den anderen Namen ergänzen könnte, etwa um den Mercks oder Forsters und Sömmerrings und Hufelands – allesamt gute Bekannte, wenn nicht gar Freunde von Lichtenberg. Eben dies gilt, mit wenigen Ausnahmen, auch von den Schriftstellern, die Nicolai aufzählt, und nicht zuletzt für diesen selbst: war er es doch, der Lichtenbergs erste große Satire zum Druck befördern half und dem jungen Schriftsteller 1773 den Durchbruch ermöglichte. Möser lernte Lichtenberg in Osnabrück kennen, den vielseitigen Schriftsteller Büsch, den berühmten Direktor der von ihm gegründeten Handelsakademie in Hamburg, kannte er von seinem Besuch in dieser Stadt, Knigge kannte Lichtenberg wenigstens als Leser, desgleichen Engel, Lessing, Sturz persönlich – letzterer war, gleich ihm in Darmstadt aufgewachsen, einer der exquisitesten Prosaisten der deutschen Aufklärung und ist zu Unrecht vergessen wie die Mehrzahl der anderen hier genannten Schriftsteller. Sie haben ja nicht nur gemein, daß sie im Leben und auf dem Papier Umgang hatten und pflegten – die wahren Denker sind alle von einem Orden, äußerte Lichtenberg zu Sömmerring: eine Geschichte der deutschen Aufklärung ließe sich erst eigentlich schreiben, wenn alle Korrespondenz und jedes Tagebuch veröffentlicht wäre –; sie haben außerdem gemein, daß sie fast ohne Ausnahme keine belletristischen Autoren waren und Schreiben sozusagen nur die Erweiterung ihres beruflichen und bürgerlichen Wirkungskreises und Tätigkeitsgebietes darstellte. Die Gruppe, die sie ansprechen, auf die sie einwirken wollten, war der, wie Nicolai formulierte, »schätzbare Mittelstand«. Was er bezüglich Möser feststellte, befand Schlichtegroll über Lichtenberg als Herausgeber des »Göttinger Taschen Calenders«, indem er schrieb: »Ein Kenner und Lehrer der anziehendsten und praktischsten aller Wissenschaften gab jährlich hier Rechenschaft von den auffallendsten Entdeckungen in diesem Fache, so wie in der Länder- und Völkerkunde, und die geistvolle Art, mit der er dies tat, zog die Leser aller gebildeten Klassen an.« Aber es waren gerade nicht die Leser allein, die die Publizistik der Aufklärung zu erreichen versuchte. Es waren die in ihren Bedürfnissen je nachdem ernst oder launig, immer aber wichtig genommenen Leserinnen »aller gebildeten Klassen«, und das stellte Publizisten mit dieser Bildungsabsicht vor die Frage, wie man Wissen verbreiten könnte, ohne das Publikum abzuspannen, Einblicke in kosmische oder auch nur gesellschaftliche Zusammenhänge zu vermitteln, ohne an Anschaulichkeit, aber auch ohne an Genauigkeit einzubüßen. Texte der hier genannten Aufklärer und insbesondere die von Lichtenberg sind häufig unübertroffene Lehrstücke geblieben. Wie kam das zustande? Nicolai beantwortete diese Frage am Beispiel Mösers. Aber Möser ist nur ein anderer Name für Franklin oder Forster oder Sturz oder: Lichtenberg. Setzt man an die Stelle des Eigennamens die lakonische Berufsbezeichnung Schriftsteller jeweils dort ein, wo Nicolai personalisierte, so liest sich jener Text als eine Würdigung jener Vielzahl bürgerlicher Intellektueller, die im achtzehnten Jahrhundert das Geschäft Aufklärung betrieben: »Denn er brachte zu diesen kleinen Aufsätzen Talente, welche auch zu größeren Werken hinlänglich gewesen wären. Erfindungskraft, verbunden mit Scharfsinn, ächtem Witze und munterer Laune, vor allem aber eine Menschenkenntniß und eine Philosophie des Lebens welche nur in der wirklichen Welt erlangt wird. Daher findet man in den Schriften dieses Schriftstellers nie weder den Dünkel noch die Einseitigkeit unserer vielen theoretischen Stubengelehrten, welche nichts an sich und andern beobachten mögen, sondern ohne Erfahrung, deren Werth sie nicht kennen, alles aus ihrem Gehirne herauszuklügeln vermeinen und daher weit suchen, ohne zuweilen sogar nur das zu treffen, was vor Augen liegt. Man findet bei diesem Schriftsteller gründliche Gelehrsamkeit, selten aber in gelehrter Gestalt; nie die trockne Schulweisheit des Katheders, nie die beredtseynsollende Wortfülle der Kanzel, oder den steifen Resolutionsstyl der Kanzley, sondern allenthalben die Stimme der reifen Erfahrung, vereint mit dem schlichten gesunden Verstande, wodurch allein die menschliche Gesellschaft besteht und regiert wird. Alles lebt in diesen Aufsätzen, allenthalben sehen wir die mannichfaltige wirkliche Welt vor uns, alles können wir auf uns anwenden, alles ist uns nahe ohne gemein zu seyn; und wo auch der Gegenstand gemein wäre, wird er gehoben durch die Wichtigkeit des Einflusses den uns der Schriftsteller mit großer aber versteckter Kunst vor die Augen zu bringen weiß, und durch die mannichfaltige Art der Einkleidung, die dem Gegenstande so natürlich zusagt, daß sie nicht für Einkleidung, sondern für einen Theil des Gegenstandes selbst zu gelten scheint. Dieser Schriftsteller hatte die Gabe anmuthig zu seyn, doch nicht fade, munter zu seyn ohne Gernwitz, freymüthig zu seyn ohne zu beleidigen, viel zu sagen ohne Prätension, belehrend zu sein ohne Lehrerton, ausführlich ohne Langeweile, deutlich ohne Seichtigkeit, gründlich ohne Dunkelheit und Steifsinn. Dieser Schriftsteller mußte durch diese Talente bey uns um so mehr glänzen, je seltener sie von jeher in Deutschland bey den Schriftstellern waren, welche für die Welt zu schreiben vermeinten. Sie schrieben oft nur für sich und ihren engen Gesichtskreis.«

Ein hinreißendes Portrait des aufgeklärten Schriftstellers; wie sehr Lichtenberg diesem Wunschbild in vielen Zügen nahekommt, müßte nunmehr, wäre Raum und auch Zeit nicht bemessen, an den verschiedenartigsten Texten aus seiner Feder bewiesen werden. Oder bedarf es dessen überhaupt? Ein Fall für sich scheint auf den ersten Blick nur die »Ausführliche Erklärung der Hogarthischen Kupferstiche« zu sein. Erzeugte sie ein Bedürfnis des bürgerlichen Publikums, wie Goethe mißgelaunt behauptete, oder entsprach auch sie dem Bedürfnis nach Aufklärung?

»Was für ein Werk ließe sich nicht über Shakespeare, Hogarth und Garrick schreiben. Es ist etwas Ähnliches in ihrem Genie, anschauende Kenntnis des Menschen in allen Ständen, anderen durch Worte, den Grabstichel, und Gebärden verständlich gemacht.« Diese Eintragung im Sudelbuch F datiert vom 8. Mai 1776. Lichtenberg bringt sie sinngemäß in die »Briefe aus England« ein. Was die Notiz so wichtig macht, ist, daß sie beweist: aus gleichem Anstoß und in gleicher Überzeugung reportierte Lichtenberg dort über Garrick und kommentierte hier Hogarth. Die verbindende Formel lautet: Anschauende Kenntnis des Menschen in allen Ständen. Auf diese glückliche Formel läßt sich bringen, was der bürgerliche Autor in der zweiten Hälfte des achtzehnten Jahrhunderts mit dem Vehikel des Romans oder des Schauspiels darzustellen und zu vermitteln trachtete. Und Lichtenbergs Erkenntnis der identischen künstlerischen Potenz von Shakespeare, Garrick und Hogarth erfolgte sozusagen gleichzeitig: in London 1774 bis 1775. Zuvor ist von Hogarth in den Briefen gar nicht und in den Sudelbüchern sehr summarisch die Rede. In London jedoch muß sich Lichtenberg die Werke von Hogarth »ganz vollständig« angeschafft haben, und er empfiehlt dem ›deutschen Hogarth‹ Chodowiecki, als er Lavaters Physiognomik konterkarieren will, »nach Hogarths Art das Leben von Liederlichen sowohl als Tugendhaften beiderlei Geschlechts vorzustellen«. Diese unausgesprochene Auseinandersetzung mit Lavaters physiognomischem Umgang mit Menschen schwingt in Lichtenbergs ›Besserdeuterei‹ am Beispiel des »Gesichtsmalers« Hogarth von vornherein mit.

Was aber hat Lichtenberg – Lavater hin, Lavater her – zu dieser engen und langjährigen Beschäftigung mit Hogarth veranlaßt?

Es gibt eine Passage in der Kalender-Erklärung von »Leichtgläubigkeit, Aberglauben und Fanatismus« im »Göttinger Taschen Calender« für 1787, die darüber Auskunft zu geben scheint: »Was den Erklärer dieser Blätter hier vorzüglich aufmerksam gemacht hat, ist das weiche, gestreckte Haar des armen Sünders hinter die Ohren gestrichen. O! er hat diesen so oft gesehen, bey Köpfen die der Kühlung von innen bedurften, daß dieser Zug einer von denen war, die ihn zuerst auf Hogarths shakespeareisch-triebmäßige Beobachtung aufmerksam gemacht haben.« Es ist bezeichnend für Lichtenberg, daß er, um Hogarth positiv zu charakterisieren, ihn in seiner Beobachtungsgabe Shakespeare verwandt hieß – so wie Garrick andernorts. In der Tat verkörpern der englische Dramatiker, der Schauspieler und der Illustrator für Lichtenberg im bewußten Gegensatz zu den dutzendmäßigen deutschen Originalgenies seiner Zeit das wahre Genie, dessen Welt- und Menschenkenntnis es seinerseits zu einer Art Natur macht, die es zu studieren, auszulegen lohnt – von Kopie ist nicht die Rede. »Naturprodukte« nennt Lichtenberg denn auch Hogarths Werke.

Wenige Monate vor seinem Tode zog Lichtenberg Bilanz über die von ihm seither geleisteten Beiträge zur Kenntnis des Menschen aus nichts beschönigender Beobachtung und inspirierter Beschreibung. Er tat es, wie üblich, in sich selbst ironisierender Distanz. Aber die Fakten sprechen für sich und ihn: »Der wie vielte Calender ist das wohl, den Sie da schreiben, und dessen Monathskupfer Sie erklären? ICH. Es ist der zwey und zwanzigste netto. ER. Warten Sie einmahl, 12 mahl 21 ist 252, und die zwey Bildchen da von diesem mitgerechnet, macht 254. Sie haben also 254 Monathskupfer beschrieben und erklärt, und dazu noch die vielen hogarthischen Köpfe gerechnet, macht numero rotundo 300. ICH. Was wollen Sie damit sagen? ER. Damit sagen? Hm: Ich will damit sagen, daß Sie 580 Kupferstiche, und wenigstens 1500 Physiognomien erklärt haben, und am Ende nicht einmahl einen Affen von einer kleinen Frölen unterscheiden können.« So weit der Dialog aus der »Erklärung der Kupferstiche« im »Göttinger Taschen Calender« für 1799. Wenn Lavater einen Mörder für ein Urgenie verkannte, ist Lichtenbergs Versehen immerhin verzeihlich.

Was bleibt, ist die von ihm gewiß nicht ohne – berechtigten – Stolz genannte Summe physiognomischer Steckbriefe, die Lichtenberg nun in der Tat auch diesem Umfang nach Lavater vergleichbar machten und darüber hinaus verdeutlichen, daß die Erklärungen der Hogarthischen Bilder-Romane so gut wie der »Orbis pictus« noch immer in der Auseinandersetzung mit der physiognomischen Schöngeisterei seiner Zeit zu lesen sind; sie wollen aber auch gesehen werden als das positive Anschauungsmaterial dessen, was der Aufklärer Lichtenberg am Beispiel Shakespeares, Garricks und Hogarths verwirklicht fand.

Karoline von Günderrode

Von Klaus Günzel

Erde, du meine Mutter und du, mein Ernährer, der Lufthauch,
Heiliges Feuer, mir Freund, und du, o Bruder, der Bergstrom,
Und mein Vater, der Äther, ich sage euch allen mit Ehrfurcht
Freundlichen Dank; mit euch hab ich hienieden gelebt;
Und ich gehe zur andern Welt, euch gerne verlassend.
Lebt wohl, Bruder und Freund, Vater und Mutter, lebt wohl.«

Diese Verse eines indischen Dichters hat Karoline von Günderrode bei Herder gelesen und, leicht umgestaltet, sich zum Grabspruch erwählt. Wie sie bereits einige Zeit vor dem Ende einen Dolch bei sich trug, wollte sie auch die Inschrift auf dem Grabstein nicht den wenigen Freunden überlassen, die sie besaß. Gewissenhafte Vorsorge für den Tod, präzise Vorbereitung des Todes und, nachdem sie die letzte Klarheit erlangt hatte, die Vollstreckung des Todes mit eigener Hand: vor allem dies ist der Nachwelt in Erinnerung geblieben.

Die Versuchung, das Leben eines Menschen ausschließlich von seinem Ende her zu deuten, scheint durch das tragische Schicksal der Karoline von Günderrode besonders gerechtfertigt zu sein. Es war, so mutmaßten die Nachgeborenen, das gleiche Lebensgesetz, das auch die Bahn Heinrich von Kleists früh zu ihrem Ende kommen ließ. Alle Illusionen und Enttäuschungen, alle Bindungen und Zukunftsentwürfe, alle Aufschwünge und Niederlagen schienen mit geradezu antiker Zwangsläufigkeit auf jene Landzunge am Rhein zuzulaufen, wo die Sechsundzwanzigjährige sich selbst den Tod gegeben hat. Alternativen, die es auch in diesem Leben gegeben haben muß, blieben so außer Betracht, und vollends sank das hinterlassene literarische Werk zur bloßen Illustration einer von vornherein der Katastrophe zutreibenden Biographie herab, wenn es überhaupt als eigenständige Größe zur Kenntnis genommen wurde.

Karoline kam am 11. Februar 1780 als Tochter eines markgräflich-badischen Regierungsrates in Karlsruhe zur Welt. Der Vater starb, als das Mädchen sechs Jahre zählte, und von den fünf Geschwistern sind ebenfalls drei im Kindesalter gestorben. Bereits die frühe Lebenszeit Karolines war von Kreuz, Tod und Gruft umschattet. Schatten umlagerten ihren weiteren Weg, und eigentlich ist sie auch von der Nachwelt nur als ein Schattenbild wahrgenommen worden.

Man gab die fast Mittellose in ein Frankfurter Stift, in dem sie einer tristen Zukunft entgegensah. Sie besaß kaum Vertraute; Bücher mußten ihr die Welt ersetzen. Sie las viel: Herder und Schiller, namentlich die romantischen Poeten, unter ihnen die Hymnen des im Jünglingsalter zum Sterben bereiten Novalis, die magischen Sprachpartituren Clemens Brentanos, die philosophisch-mythologischen Schriften Schellings, die verkündeten, daß »die Dichtkunst allein alle Wissenschaften und Künste überleben« würde. Vornehmlich liebte sie die Griechen, deren Epen, Tragödien und Oden einen unerschöpflichen Vorrat an Gestalten, Geschichten und Gleichnissen enthielten. In ihnen sah das Stiftsfräulein die Sehnsüchte und Konflikte exemplarisch gespiegelt, die es bedrängten.

Konventionelle »Weiberglückseligkeit« stieß Karoline ab, während sie die romantische Grenzüberschreitung zwischen den Geschlechtern gleichzeitig faszinierte und irritierte: »Nur das Wilde, Große, Glänzende gefällt mir. Es ist ein unseliges, aber unverbesserliches Mißverhältnis in meiner Seele; und es wird und muß so bleiben, denn ich bin ein Weib und habe Begierden wie ein Mann, ohne Männerkraft. Darum bin ich so wechselnd und so uneins mit mir.« Sie mochte dabei an jene Androgynen denken, als die sich die Griechen ihre Ahnen vor der Trennung in Mann und Frau vorgestellt hatten. Eine dunkle Sehnsucht nach Wiedervereinigung der voneinander geschiedenen Geschlechter geisterte durch die alten Mythologien, für die Karoline einen empfänglichen Sinn besaß.

Das »Mißverhältnis« von weiblicher Existenz und männlichen »Begierden« blieb den meisten Freunden verborgen, denn die junge Dame war »schüchtern-freundlich und viel zu willenlos, als daß sie in der Gesellschaft sich bemerkbar gemacht hätte«. So schilderte sie die Frankfurter Kaufmannstocher Bettine Brentano, die der Gefährtin fast vierzig Jahre später in dem Briefroman »Die Günderrode« ein Denkmal setzte. Mit den strengen Maßstäben der Philologie darf das Buch nicht gemessen werden, denn Bettine ist darin mit den überlieferten Dokumenten sehr frei umgegangen. Trotzdem ist ihr das einzige im höheren Sinn authentische und aus genauer Kenntnis geschriebene Lebensbild gelungen, das wir von Karoline haben.

Aus literarischen und philosophischen Lektüreerlebnissen ging ein Band mit »Gedichten und Phantasien« hervor, den die junge Poetin 1804 unter dem männlichen Pseudonym »Tian« veröffentlichte. Clemens Brentano, Bettines Bruder, der das Mädchen noch kurz zuvor stürmisch umworben hatte, war von der Talentprobe hingerissen und appellierte an die Dichterin, »von der grauen Reflexion zur bunten, lebendigen Darstellung überzugehen« und nicht länger »zwischen dem Männlichen und Weiblichen zu schweben«. Es war eine vergebliche Mahnung, denn um die gleiche Zeit wurde Karoline von einer tiefen Neigung zu dem jungen Frankfurter Rechtsgelehrten Friedrich Carl von Savigny ergriffen. Er hat sie nicht erwidert, ja kaum richtig bemerken wollen und kurz darauf Gunda Brentano, eine Schwester der Bettine und des Clemens, geheiratet. Jahrzehnte danach ist er in Berlin als Begründer der Historischen Rechtsschule, als Professor und Minister zu höchsten Ehren gelangt.

Aus solchen Zurückweisungen und Entsagungen, aus Kommunikations-Hemmnissen und Selbstblockaden erwuchs ein schmales Werk, das oft genug im Skizzen- und Schattenhaften, im Dickicht unauflöslicher innerer Widersprüche verbleibt. Die Nachtgesichte des Stiftsfräuleins kreisen um Mädchen, die sich mit ihren Geliebten in die Tiefe stürzen, um Jungfrauen, die im Harnisch einherziehen, auch um inzestuöse Vorgänge und Anfechtungen. Sie greifen weit aus in die mythologischen Vorstellungen alter und ferner Völker, keineswegs nur zu den Griechen, sondern ebenso zu den Germanen, Ägyptern und Indern. Einige ganz eigenständige und sprachmächtige Gedichte sind darunter, die auf Hölderlin verweisen und wagnerische Liebestod-Visionen vorwegnehmen. Lyrische Szenen und Monologe lassen bereits die melodisch-melancholische Klangfülle des jungen Hofmannsthal und das priesterliche Prophetentum Stefan Georges erahnen. Nicht zufällig geschah die Wiederentdeckung der Günderrode um 1900; damals errichtete ihr George in seinem Gedichtzyklus »Der siebente Ring« ein feierliches Epitaph.

Kurz nachdem sich Karoline eingestehen mußte, daß ihre Liebe zu Savigny nicht vollziehbar war, lernte sie auf dem Altan des Heidelberger Schlosses den Mythenforscher Friedrich Creuzer kennen. Er stammte aus Marburg und hatte, aus reiner Dankbarkeit, die um dreizehn Jahre ältere Witwe seines Lehrers geheiratet, wodurch die Ehe der Creuzers von Anfang an eine gewisse Labilität besessen haben muß. Er absolvierte eine steile akademische Karriere, ging als Professor nach Heidelberg und vertrat dort die Ansicht, daß die griechische Mythologie aus viel älteren asiatischen Religionen hervorgegangen war. Dergleichen Spekulationen mögen die Günderrode und Creuzer zusammengebracht haben; wichtiger waren wohl noch menschliche Defizite auf beiden Seiten.

Es wurde eine Begegnung, die Karolines Lebenskurve zur Erfüllung zu führen schien, dann aber jäh abbrechen ließ. Creuzer war dabei zunächst der Werbende: »Ich soll doch nicht weniger sagen, als mein Herz empfindet?« Allmählich erlag sie dem Drängen des Mannes, der ihr als Weltweiser und Auserwählter des Schicksals erschien. Die beiden schrieben einander hymnische Briefe, die dem Mädchen ein gemeinsames Dasein in Aussicht stellten, zumal Creuzer die Scheidung von seiner Frau erwog und Karoline den Lebensbund versprach. Als aber der Professor schwer erkrankte und von seiner Frau aufopferungsvoll gepflegt wurde, verließ ihn die Kraft zu dem euphorisch angekündigten Schritt. »Ich habe teuer gebüßt eine Sünde gegen die Natur, die in ihren Folgen ein eisernes Schicksal geworden«, rief er, nicht ohne Selbstmitleid, aus.

So begann er vor den Konsequenzen der von ihm selbst entfesselten Romanze zurückzuschrecken und die Geliebte hinzuhalten, um sie schließlich, nach einer letzten dramatischen Unterredung, endgültig abzuweisen. In Winkel am Rhein, unweit von dem Ort, an dem wenig später die Brentanos ihren Sommersitz aufschlugen, hat sich Karoline von Günderrode am 26. Juli 1806 selbst erstochen. Ein Bauer fand die Tote, deren Oberkörper in den Strom gesunken war. Die Veröffentlichung ihres Gedichtbandes »Melete«, der sich bereits im Druck befand, wurde von Creuzer verhindert, obwohl ihm die Freundin diese Sammlung gewidmet hatte.

Erst ein Jahrhundert nach der Tragödie erreichte der Schwanengesang eine kleine Gemeinde. Sie war von der

Biographie der so schnell an ihr Ende gelangten Dichterin weit mehr beeindruckt als von den Kostbarkeiten mythologisch oder exotisch drapierter Verse, die sie hier zum ersten Male las, zu deren spontanem Verständnis aber bereits der Bildungsfundus fehlte. Nicht das Werk reizte die kommenden Generationen zur Auseinandersetzung, sondern ein von Geheimnissen verdunkelter Lebenslauf. Das blieb so bis hin zu Christa Wolfs Erzählung »Kein Ort. Nirgends«, in der die beiden Selbstmörder Karoline von Günderrode und Heinrich von Kleist beziehungsreich miteinander verbunden sind.

Friedrich Creuzer hat Karoline um mehr als ein halbes Jahrhundert überlebt. Die Zeitgenossen und mehr noch die Nachgeborenen haben in ihm einen Schwächling gesehen, der einer großen Passion und menschlichen Herausforderung nicht gewachsen war. Dieses Bild verstellte den Blick auf Creuzers wissenschaftlich-literarischen Rang, besonders auf sein Hauptwerk »Symbolik und Mythologie der Völker«, das für die romantischen Naturphilosophen und auch für Hegel mannigfache Anregungen enthielt. Man wetterte, wie etwa der Homer-Übersetzer Johann Heinrich Voß, gegen das »Ungeziefer der Creuzerischen Symbolik« und ignorierte dabei, daß die inspiriertesten Partien dieses Werkes noch von dem Brio zehrten, das seinem Verfasser nur einmal, in der Zeit seiner Liebe zur Günderrode, beschieden gewesen ist.

In Creuzers Erinnerungsbuch »Aus dem Leben eines alten Professors« sucht man jedoch Karoline vergebens, die einzige Frau, die seinem Dasein Aufschwung, Glanz und einen flüchtigen Rausch verschafft hat. Während sie so noch einmal zum Opfer, zum Opfer einer Verdrängung, wurde, besuchte der Dichter Achim von Arnim, der Lebensgefährte Bettines, den Platz am Rhein, an dem die Günderrode von eigener Hand gestorben war. Nachdenklich merkte er an: »Arme Sängerin, können die Deutschen unserer Zeit nichts, als das Schöne verschweigen, das Ausgezeichnete vergessen und den Ernst entheiligen?«

Meyer Amschel Rothschild und seine Söhne

Von Hadwiga Fertsch-Röver

Wäre es nicht das größte Glück der Welt, wenn man alle Könige wegjagte und die Familie Rothschild auf deren Throne setzte?« spottete seinerzeit Ludwig Börne über die Bankiers der Könige und Fürsten. So wie Börne war auch der Stammvater der legendären Bankerdynastie in der Frankfurter Judengasse aufgewachsen. Dort begann Meyer Amschel Rothschild seine Karriere als einfacher Händler und Münzwechsler. Bis zu seinem Tode im Jahre 1812 hatte er sich zu einem Kaufmann mit internationalen Verbindungen und einem beachtlichen Vermögen emporgearbeitet. Seine Söhne ließen sich in den Finanzmetropolen London, Paris, Wien und Neapel nieder und errichteten binnen weniger Jahrzehnte das größte Bankensyndikat, das es bis dahin gegeben hatte. Der rasche Aufstieg der Rothschilds aus dem Frankfurter Ghetto in die europäische Adelsgesellschaft, ihr für Angehörige der diskriminierten jüdischen Minderheit unerhörter politischer und finanzieller Einfluß auf die Geschicke Europas im 19. Jahrhundert waren im Wortsinne sagenhaft und lieferten den Stoff für Romane und Bücher. Gleichwohl ist die Geschichte des Bankhauses exemplarisch für die rasante Entwicklung der modernen Industriegesellschaft.

Der Gründervater Meyer Amschel führte seine Geschäfte noch wie ein typischer jüdischer Kaufmann des 18. Jahrhunderts. Die bescheidene Einrichtung seines Kontors in der Frankfurter Judengasse, wo er bis zu seinem Tode lebte, hat das Jüdische Museum in Frankfurt rekonstruieren lassen: Gerade neun mal neun Meter maß das Geschäftszimmer des Gründers des einstmal mächtigsten Bankhauses der Welt. Ein schlichtes Stehpult reichte Meyer Amschel zum Zeichnen der Wechsel und Verträge. Die umfangreiche Korrespondenz mit seinen Söhnen und Kunden wurde in einem einfachen Fächerregal abgelegt. Die einzige Sitzgelegenheit war ein Drehhocker. Eine schwere Eichentruhe barg die dem Hoffaktor Meyer Amschel Rothschild anvertrauten Schätze, in einem mannshohen massiven Schrank lagerten mit Geldstücken gefüllte Leinensäckchen wie andernorts die Kornvorräte.

Meyer Amschel wurde 1743 oder 1744 im Haus Hinterpfann in der Frankfurter Judengasse geboren, wo er noch mit seiner Familie und der seines Bruders wohnte, bis er sich ein eigenes Haus leisten konnte und in das Haus zum Grünen Schild zog. Der Name Rothschild stammte noch von Vorfahren, die im 16. Jahrhundert in der Judengasse das Haus zum Roten Schild errichtet hatten. Der Vater Meyer Amschels war ein kleiner Kaufmann, schon früh beschäftigte er den Sohn im Geldwechslergeschäft, so daß Meyer Amschel bereits als Neunjähriger mit dem Tausch von Gold- und Silbermünzen vertraut wurde. Auf der Rabbinerschule in Fürth lernte der junge Rothschild Hochdeutsch und Hebräisch. Der frühe Tod seiner Eltern verhinderte eine Ausbildung zum Geistlichen. Der Waise konnte die Schulgebühren nicht mehr bezahlen. Dem täglichen Studium des Talmud blieb auch der spätere Bankier treu, mit dem Hochdeutschen stand er allerdings zeit seines Lebens auf Kriegsfuß. Schon mit 12 Jahren mußte Meyer Amschel lernen, für sich selbst zu sorgen. Beim Bankhaus Oppenheimer in Hannover lernte er das Handelsgeschäft. Knapp zwanzig Jahre alt, machte er sich 1764 als Münz- und Wechselhändler in Frankfurt selbständig. Der Verkauf wertvoller Münzen an den Erbprinzen Wilhelm, der ein leidenschaftlicher Sammler war, brachte Meyer Amschel die erste Geschäftsbeziehung zum Haus Hessen-Kassel. Beharrlich suchte der junge Händler die Kontakte zu dem fürstlichen Haus zu erweitern. Schließlich verlieh ihm der Erbprinz und Graf von Hanau den begehrten Titel eines Hoffaktors. Meyer Amschels Haus in der Judengasse zierte nun das Schild »Fürstlich-Hessen-Hanauischer Hoffaktor«. Als Hoffaktor genoß Meyer Amschel Privilegien, die Juden sonst verwehrt waren. An christlichen Feiertagen zum Beispiel durften die Juden das Ghetto nicht verlassen. Für die zahllosen Reisen, die der umtriebige Rothschild für seine Geschäfte unternahm, war die Hoffaktorenurkunde ein wichtiges Dokument, mit dem er die den Juden auferlegten Beschränkungen und Sonder-Zölle umgehen konnte.

Mit seinem Aufstieg zum Hofjuden wurde Meyer Amschel eine gute Partie. 1770 heiratete er die siebzehnjährige Gutle Schnapper, Tochter eines wohlhabenden Kaufmannes aus der Judengasse, die eine stattliche Mitgift in die Ehe brachte. Es war eine fruchtbare Ehe, Gutle gebar 19 Kinder, von denen zehn das Erwachsenenalter erreichten. Die Familie wohnte damals in unbeschreiblich beengten Verhältnissen. Die zahlreichen Kinder mußten sich eine winzige Schlafkammer teilen, ein schmaler Durchgang diente als Küche, in der die Mutter auf einem Herd, auf dem nur ein Topf Platz fand, für die zwölfköpfige Familie kochen mußte.

In den ersten zwanzig Jahren als Hoffaktor konnte Meyer Amschel sein Vermögen beständig vergrößern. Neben dem Münzhandel waren es zunächst Kriegsgeschäfte, die ihm Gewinne brachten. Während der Französischen Revolution und der Napoleonischen Kriege entwickelte sich Frankfurt zu einem bedeutenden Handelsplatz. Bereits zu Beginn der Kriege zwischen Österreich und seinen Verbündeten gegen Frankreich gelang es Meyer Amschel, einen Vertrag mit der habsburgischen Armee abzuschließen. Er lieferte Geld für die Soldzahlungen sowie Getreide und Ausrüstung für die Truppen des Kaisers. Die Heereslieferungen und der lukrative Handel mit englischen Tuchen und Kolonialwaren erweiterten die Kreditwürdigkeit von Rothschild und brachten ihm zusätzliche Kunden, die ihm ihr Geld anvertrauten. Meyer Amschel nahm nun auch seine ältesten Söhne, Amschel, Salomon und Nathan, in sein sich beständig vergrößerndes Geschäft auf. Er konnte für sich und den ältesten Sohn Amschel weitere Titel erwerben, wie den des Hoffaktors des Kaisers, des Johanniterordens und der Fürsten von Thurn und Taxis.

In seiner Geschäftsauffassung gehörte Bankengründer Meyer Amschel Rothschild noch zum traditionellen Hofjudentum des Absolutismus. Seine Aktivitäten waren an den Hof gebunden, der wirtschaftliche Erfolg hing in großem Maße von den persönlichen Beziehungen zu den einzelnen Fürstenhäusern ab. Die Söhne Rothschilds hingegen waren schon in eine neue Epoche hineingeboren. In Zeiten eines immer abstrakter werdenden internationalen Bankenwesens wurden die Hoffaktoren überflüssig. Der Frankfurter Kapitalmarkt erlebte seit den achtziger Jahren des 18. Jahrhunderts einen raschen Aufschwung. Die Ausbildung einer modernen Staatlichkeit ging mit der Entwicklung öffentlicher Finanzen und einer Kommerzialisierung der öffentlichen Schuld einher. Das schuf neue Möglichkeiten der Geldanlage. Die bedeutenden Frankfurter Bankhäuser, allen voran das Bankhaus der Gebrüder Bethmann, drängten verstärkt ins Staatsfinanzierungsgeschäft und konkurrierten lebhaft um die günstigsten Anlagen. Auch Meyer Amschel konnte bald in den sich rasant entwickelnden Handel mit Staatsanleihen einsteigen. Der Aufstieg zum Bankier für Könige und Fürstenhäuser gelang ihm aber erst Anfang des 19. Jahrhunderts. Als Prinz Wilhelm von Hessen regierender Landgraf in Kassel wurde, bemühte sich Rothschild um intensivere Geschäftsbeziehungen mit dem einstigen Kunden seines Münzhandels. Der Landgraf galt durch den Verkauf seiner Untertanen als Soldaten an England für den Krieg in Amerika als einer der reichsten Fürsten seiner Zeit. Mit Hilfe des Kasseler Schatzmeisters Carl Buderus gelang es Meyer Amschel, in den Kreis der Bankiers zu kommen, die mit den landgräflichen Wechseln betraut waren. Buderus setzte sich beharrlich für Rothschild ein und scheute sich nicht, gegen dessen Konkurrenten beim Landgrafen zu intrigieren. Das trug ihm später eine stille Teilhaberschaft bei den Rothschilds ein. Nach und nach konnte Meyer Amschel Konkurrenten wie die Gebrüder Bethmann und das Bankhaus Rüppel und Hanier ausstechen. Aufgrund seiner günstigen Angebote, aber auch durch das Ansehen, das er bei Wilhelm genoß, wurde er schließlich für die Abwicklung der kurfürstlichen Finanzen unentbehrlich.

1806 zerfiel das Heilige Römische Reich Deutscher Nation. Napoleons Truppen vertrieben den Kurfürsten Wilhelm, Kassel wurde zur Hauptstadt des neugebildeten Königreiches Westfalen, das Napoleons Bruder Jérôme regierte. Vor seiner Flucht nach Prag hatte der Kurfürst einen großen Teil seines Vermögens in Sicherheit bringen können. Was er nicht mitnehmen konnte, wurde in 119 Truhen und Kisten verpackt und im Park von Wilhelmshöhe, in der Sababurg und im Kasseler Schloß versteckt. Rothschilds Kontaktmann Buderus gelang es, mit Bestechungsgeldern einen Teil vor dem Zugriff der Besatzer zu sichern und zu verbergen. Auch ins Rothschildsche Kontor nach Frankfurt kamen vier Truhen des geflohenen Kurfürsten, allerdings nicht, wie es die Familienlegende erzählt, mit Gold und wichtigen Schatzbriefen gefüllt, sondern mit Akten.

Die Vermögensverwaltung für den exilierten Fürsten bot den Rothschilds Möglichkeiten der Expansion. Meyer Amschel ließ die Fluchtgelder des Kurfürsten gewinnbringend in England anlegen. Dort hatte sein Sohn Nathan inzwischen eine Filiale des Familienunternehmens gegründet. Die jährlichen Zinsen für das größtenteils in englische Staatsanleihen angelegte Vermögen konnten die Rothschilds dem Kurfürsten allerdings nicht direkt zukommen lassen, da Kriegswirren und die Kontinentalsperre den Transfer unmöglich machten. Nathan war beauftragt, diese beträchtlichen Summen neu zu investieren. Nicht die Aufbewahrung einiger kurfürstlicher Kisten also, sondern die erfolgreichen Transaktionen mit dem Vermögen des Kurfürsten haben viel zum Reichtum Meyer Amschels und seiner Familie beigetragen.

Die Übersiedlung von Nathan, des drittältesten und wohl begabtesten Sohnes Meyer Amschels, nach England bedeutete für das Familienunternehmen einen entscheidenden Schritt hin zu einem europäischen Bankhaus.

Zum Erfolgsrezept der Rothschilds gehörte die systematische Pflege von Verbindungen und Beziehungen zu politisch wie wirtschaftlich einflußreichen Häusern. Und schon Vater Meyer Amschel wußte: Informationen schaffen Reichtum. Er und seine Söhne verdienten sehr viel Geld, weil sie entscheidende Nachrichten über Markttendenzen, Warenpreise, Börsenkurse und wichtige politische Ereignisse vor ihren Konkurrenten erfuhren. Die Rothschilds unterhielten eigene Kurierdienste, auf die sie ausweichen konnten, wenn die reguläre Post zu langsam war oder die Gefahr bestand, daß die Briefe abgefangen werden konnten. Und für kurze, eilige Nachrichten ließen die Rothschilds Brieftauben fliegen. Ein spektakulärer Coup gelang, als Nathan 1815 nach Napoleons Niederlage bei Waterloo die auf einen Tiefstand gesunkenen englischen Staatspapiere en gros aufkaufte – die Nachricht vom englischen Sieg hatte sich an der Börse noch nicht herumgesprochen, Nathan hingegen war durch einen seiner Boten schon informiert.

Neben einem fein gesponnenen Netz von Informanten und Kurieren in ganz Europa gehörten die täglich gewechselten Briefe unter den Familienmitgliedern zu den wichtigsten Nachrichtenquellen. Wenn es Nathan einmal versäumte, dem Vater seinen Tagesbericht aus London zu senden, mußte er mit geharnischten Ermahnungen aus Frankfurt rechnen.

Meyer Amschel, nunmehr einer der reichsten Bürger Frankfurts, bemühte sich zeit seines Lebens um die Gleichstellung der Juden in seiner Heimatstadt. »Jeder Jude hat doch als Mensch gleiche Rechte mit den übrigen«, schrieb er schon 1787, zusammen mit anderen jüdischen Hoffaktoren, an den Rat der Stadt Frankfurt. Im Gegensatz zu vielen anderen Hofjuden seiner Zeit hatte sich Meyer Amschel nie taufen lassen. Trotz vieler Schwierigkeiten, trotz oft erheblicher Behinderungen für die Abwicklung seiner Geschäfte: Meyer Amschel Rothschild hielt an seinem Glauben fest, und so taten es alle nachfolgenden Generationen der Dynastie. Als 1806 Frankfurt in den Napoleonischen Machtbereich fiel, hoffte Meyer Amschel, daß die Juden nach französischem Vorbild endlich die Bürgerrechte erhalten würden. Vater Rothschild gehörte zu den fünf Vertretern der Jüdischen Gemeinde, die mit Carl Theodor von Dalberg, der als Fürstenprimas des Rheinbundes die ehemals Freie Reichsstadt regierte, über die Gleichstellung verhandelte. Rothschild war der Hofbankier von Dalberg, für seinen persönlichen Bedarf hatte sich der Fürstenprimas immer wieder Geld bei Rothschild geliehen, was nicht unbeträchtlich zum Verhandlungserfolg beigetragen haben mag. 1811 schließlich gewährte der Großherzog von Frankfurt den Juden die Gleichstellung. Allerdings gegen eine Ablösesumme von stattlichen 440 000 Gulden, die Rothschild der Jüdischen Gemeinde zum großen Teil vorstreckte.

Meyer Amschel, der am 19. September 1812 in Frankfurt starb, sollte nicht mehr erleben, wie nach der Niederlage Napoleons und der Absetzung des Großherzogs die Dalbergschen Reformen für die Juden wieder zurückgenommen wurden. In seinem Testament hatte er die Grundsätze des Familienunternehmens festgelegt. Sein Vermächtnis verbindet die Auffassung eines jüdischen Patriarchen mit dem Geschäftssinn eines weitblickenden Handelsmannes. Wichtigstes Gebot war der Ausschluß der Frauen und ihrer Ehemänner aus dem Familienunternehmen. Dieses Prinzip gilt bis heute. So blieb das Familienkapital zusammen und die Zahl der Entscheidungsträger überschaubar.

Den jüngsten Sohn Jakob, der sich später James nannte, hatte Meyer Amschel nach Paris geschickt, um dort eine Niederlassung des Familienunternehmens aufzubauen. Salomon Rothschild gründete 1819 in Wien eine Niederlassung des Bankhauses. Bereits im Jahre 1816 hatte der österreichische Kaiser die Rothschilds in den Adelsstand erhoben, fünf Jahre später wurde ihnen die Freiherrnwürde gewährt, eine seltene Auszeichnung für eine jüdische Familie in dieser Zeit.

Die Sicherung der Interessen der Mächte der Heiligen Allianz in Italien führte 1820 zur Gründung einer Filiale des Frankfurter Bankhauses in Neapel. Carl, der zweitjüngste Rothschild, zog in die Stadt am Vesuv. 1863, mit der Einigung Italiens, wurde die Niederlassung in Neapel wieder aufgegeben.

»Reichtum verpflichtet« – dieser Maxime fühlte sich schon Meyer Amschel verpflichtet. Jeden Tag widmete er sich persönlich der Bittbriefe und Hilfegesuche, die körbeweise bei der Familie eintrafen. In der Tradition der Zedaka, der jüdischen Wohltätigkeit, entstanden zahlreiche Stiftungen der Familie zugunsten Armer und Kranker. Viele der wohltätigen Stiftungen der Rothschilds in Deutschland und Österreich haben die Nazis ausgelöscht. Vertreibung und Arisierung ihres Vermögens war das Schicksal der Frankfurter und Wiener Rothschilds. Die meisten Mitglieder der Familie konnten sich vor der Verfolgung nach England oder Amerika retten, einige Angehörige wurden jedoch deportiert und in Konzentrationslagern ermordet.

Das Wiener Bankhaus der Rothschilds ist auch nach dem Krieg nicht wiederbelebt worden. Das Frankfurter Stammhaus existierte schon seit 1901 nicht mehr. Wilhelm Carl von Rothschild, das letzte Oberhaupt der Frankfurter Linie, hinterließ keine männlichen Erben. Von der Familie der Rothschilds zeugen in der Geburtsstadt ihrer Vorfahren heute nur noch wenige Orte; ein paar Straßen mit ihren Namen, Parks und Stiftungen. Meyer Amschels Grabstein auf dem alten Jüdischen Friedhof, der den Zerstörungen durch die Nazis entging, wurde erst in den sechziger Jahren wiedergefunden und erhielt einen exponierten Platz in der Nähe des Eingangs.

Schon Anfang des 20. Jahrhunderts begann das europäische Imperium der Familie zu bröckeln. Die große Zeit der Privatbanken war vorbei. Mit der zunehmenden Macht der Nationalstaaten verloren die Rothschilds an Einfluß. Der traditionelle, über alle Ländergrenzen hinwegreichende Zusammenhalt der Familie zerbrach am aufkommenden Nationalismus. Die europäische Haltung der fünf Brüder Rothschild wich dem Patriotismus ihrer Enkel. Wenige Jahre vor dem Ersten Weltkrieg beschlossen die einzelnen Rothschildhäuser, künftig selbständig zu operieren und nicht länger die Gewinne untereinander zu teilen, wie es über ein Jahrhundert unter ihnen Brauch gewesen war.

Als Bankiers sind die Rothschilds heute immer noch tätig, wenn auch nicht mehr in dem gewaltigen Ausmaß wie ihre Vorfahren. Das Londoner Haus N. M. Rothschild & Sons existiert nach wie vor. Das Pariser Haus wurde zwar in den achtziger Jahren unter Mitterand verstaatlicht, doch bald darauf neu gegründet. Niederlassungen und Repräsentanzen der Rothschildgruppe sind in ganz Europa zu finden – seit 1989 auch wieder im Geburtsort des Gründervaters Meyer Amschel in Frankfurt, wo der beispiellose Aufstieg der Familie vor über 200 Jahren begonnen hatte.

Johann Heinrich Wilhelm Tischbein und Johann Heinrich Tischbein der Ältere

Von Eva Ludwig

Endlich konnte er sich seinen langgehegten Traum erfüllen. Ein vorher nie gekanntes Gefühl von Freiheit und Unabhängigkeit überkam Johann Heinrich Wilhelm Tischbein, als er sich 1779 in Rom niederließ. In der Via del Corso, mitten in der damaligen Kunstmetropole Rom, gründete er gemeinsam mit anderen deutschen Malern und Dichtern eine Art Künstlerwohngemeinschaft. Alle lebten und arbeiteten unter einem Dach und tauschten sich über Malerei und Kunst aus, so auch Tischbein und Goethe. Tischbein, der Rom schon länger kannte, führte den Dichter an die Kunstwerke der Antike heran. Goethe revanchierte sich, indem er den weniger kultivierten Maler an seiner reichen klassischen Bildung teilhaben ließ. Durch Goethe entdeckte Wilhelm Tischbein das Menschliche in der griechischen Antike. Sein bekanntestes Gemälde, der Goethe in der Campagna, ist ein Werk des reifen Klassizismus und die Frucht der Begegnungen zwischen Tischbein und Goethe. In Rom ging Tischbein auch zum ersten Mal seiner großen künstlerischen Leidenschaft nach, der Historienmalerei. Zwar lebte er auch hier von einem Stipendium der Kasseler Akademie, aber wie unendlich viel freier ließ es sich doch zu Werke gehen ohne die lästigen fürstlichen Mäzene im Nacken, die für ihre endlosen Ahnengalerien ein geschöntes Rokokoporträt nach dem anderen forderten. Wilhelm Tischbein verstand es, sich genau dort aufzuhalten, wo es in der großen weiten Welt künstlerische Impulse gab. Begierig sog er alle Anregungen und Einflüsse in sich auf.

Johann Heinrich Wilhelm Tischbein wurde am 15. Februar 1751 im nordhessischen Haina geboren. Im Haus der Großeltern erteilte die Großmutter den Enkeln Zeichenunterricht. Jedes Kind bekam ein Stück Papier, eine Feder und einen Platz am großen Tisch, um allerhand Blumen, Tiere und andere Motive nach Vorlage zu zeichnen. »Mich nannten sie den Maler«, schreibt Johann Heinrich Wilhelm Tischbein in seinen Jugenderinnerungen, »weil ich einmal an die Wand mit Kohle eine Zeichnung gemacht hatte: Hirsche und wilde Eber, wie sie vor dem Jäger zu Pferde und den Hunden laufen.« An den Vorbildern der Natur, die ihn umgab, schulte Johann Heinrich Wilhelm Tischbein früh sein Auge und übte seine Hand. Er malte viel und gern, aber den Sprung in den Malerberuf verdankte er den weitreichenden Beziehungen seiner Familie, denn er gehörte schon zur zweiten Generation malender Tischbeins.

Mit dem Namen Tischbein verbindet man allerdings neben dem Porträtisten Goethes meist nur noch dessen Onkel Johann Heinrich den Älteren. Doch nicht nur diese beiden, sondern insgesamt etwa 30 Maler sind im 18. und 19. Jahrhundert aus der Bäckerfamilie im nordhessischen Haina hervorgegangen.

Um 1685 war Konrad Curth Tischbein mit Frau und Kindern von Weidenhausen bei Marburg nach Haina gezogen und hatte dort die Stelle des Hospitalbäckers angetreten. Seither waren die Tischbeins Bedienstete des Hospitals. Die Familiengeschichte der Tischbeins war immer eng mit der Geschichte des einstigen Klosters verbunden, das zwar sehr abgeschieden liegt, aber durch die überregionale Hospitalverwaltung immer gute Beziehungen zur »großen Welt« unterhielt. Ohne diese Verbindungen wäre die Malerdynastie Tischbein nicht bekannt geworden. Regelmäßig fanden Besucher von weit her den Weg nach Haina. Einmal im Jahr kamen hohe landgräfliche Beamte ins Hospital, um die Rechnungen vom Vorjahr »abzuhören«. Im Mai 1729 beobachtete so ein Darmstädter Rat, wie ein malbegeisterter Junge in der Klosterkirche den Evangelisten Lukas abmalte. Der Rat fragte den Jungen, ob er Maler werden wolle, und nahm ihn mit nach Frankfurt und Darmstadt. Der Junge, dessen künstlerische Begabung der Darmstädter Rat sah und förderte, war Johann Valentin Tischbein. Nach einer Ausbildung zum Tapetenmaler und Porträtisten ernannte ihn Graf Christian August zu Solms-Laubach 1741 zum Hofmaler. Das war der Beginn der Malerdynastie. Nachdem nun der erste Tischbein in Amt und Würden war, bildeten die Tischbeins ein zuverlässiges Familiennetzwerk aus. Einer förderte und unterstützte den anderen. Johann Valentin zog gleich zwei seiner begabten Brüder nach, wies sie in die Grundbegriffe der Malerei ein und ebnete ihnen mit Hilfe seiner Bekanntschaften und Beziehungen den Weg in den Malerberuf. Einer von ihnen war Johann Heinrich der Ältere, der sogenannte Kasseler Tischbein. Bei dem wiederum ging Johann Heinrich Wilhelm, der Goethe-Tischbein, in die Lehre. Mit vierzehn Jahren hatte er Haina verlassen und war zu seinem damals bereits berühmten Onkel, dem Hofmaler Wilhelms VIII., gekommen. Später wechselte er zu dem Onkel Johann Jacob Tischbein nach Hamburg. Auf verschiedenen Reisen nach Holland sowie durch Aufträge in Bremen, Kassel, Hannover und Berlin lernte er weiter und wurde 1777 als Porträtist am Berliner Hof hochgeschätzt. Tischbeins frühe Werke sind noch stark dem Rokoko verhaftet, da dieser Stil dem Zeitgeschmack entsprach. Wie viele Künstler lebte er vom Porträtieren und war darauf angewiesen, daß seine Bilder gefielen. Im Grunde seines Herzens jedoch waren Tischbein die gepuderten Haare und die geschminkten Wangen ein Graus. »Bis jetzo ist die Mahlerei so auf eine niedrige Art getrieben worden, daß es eine Schande ist«, schrieb Tischbein 1785. Er mochte sie nicht, diese »kleinen, angenehmen Bildchen, die nur fürs Auge gemacht« wurden und »weiter nichts« bedeuteten. Die Malerei, so Tischbein, sei »fürs Bedeuten« bestimmt, »und das Gefallen ist ihre geringere Natur«. Früh bewunderte er Dürer, da dieser ohne antike Vorbilder auskam und seine Kunst unmittelbar aus der Natur schöpfte. Unter dem Einfluß von Goethe und Lavater, den er auf der Rückreise von Italien in Zürich kennenlernte, verstärkte sich Tischbeins Suche nach Wahrheit und Naturtreue in der Malerei. Lavater verstand es, den jungen Tischbein für seine physiognomischen Studien zu begeistern. Ein eindrucksvolles Zeugnis davon geben Tischbeins karge, aufs Wesentliche reduzierte Porträts von Bodmer und Lavater, die ohne das Beiwerk der Rokokoporträts auskommen. Das Individuelle gewann bei Tischbein immer mehr Raum und Form. 1789 wurde er Direktor der Kunstakademie in Neapel. Dort vollendete er den in Rom begonnenen Goethe in der Campagna. Die französischen Revolutionstruppen vertrieben Johann Heinrich Wilhelm Tischbein aus Neapel. Er kehrte nach Deutschland zurück, und 1808 ernannte ihn

Herzog Peter von Oldenburg zu seinem Hofmaler. Tischbein bezog ein Atelier im Schloß von Eutin. Im Auftrag des Herzogs entstand Tischbeins letztes großes Werk, der Bilderzyklus der Idyllen. Er malte Nebelnymphen, Satyrn, die schwebende Psyche und Faune. Die Oldenburger Idyllen-Bilder gehen auf einen gemeinsamen Entwurf mit Goethe zurück und gelten als Vorboten der deutschen Romantik. Er starb am 26. Juni 1829 in Eutin.

Anders als der Goethe-Tischbein, der sich von der frühen barocken Porträtkunst über den Klassizismus bis an die Schwelle zur romantischen Malerei entwickeln durfte, blieb sein Onkel und erster Lehrer, der sogenannte Kasseler Tischbein, der Kunst des Rokoko-Porträts und der Historienmalerei verhaftet. Dieser war nicht weniger begabt, aber er gehörte zu einer früheren Generation mit anderen Möglichkeiten und Grenzen. Johann Heinrich Tischbein der Ältere war einer der bekanntesten deutschen Maler in der zweiten Hälfte des 18. Jahrhunderts. Am 14. Oktober 1722 in Haina geboren, lernte er mit vierzehn Jahren in Kassel das Handwerk des Tapetenmalens. Neben solchem praktischen Umgang mit Farbe und Pinsel nahm er bei dem Hofmaler van Freese Unterricht, einem Niederländer und Schüler von Philipp van Dyck. Mit zwanzig Jahren hatte Johann Heinrich Tischbein das Glück, daß der Graf Stadion sein Talent entdeckte und ihm wichtige Lehrjahre in Paris, Rom und Venedig finanzierte. 1743 trat Tischbein die Reise nach Paris an. Dort lernte er bei Carle Vanloo, der ihn mit der akademischen französischen Historienmalerei und mit der Porträttradition Rigauds und Largillières vertraut machte. Wichtig war nicht das Psychologische, sondern der Rang der Persönlichkeit. Handelte es sich um Fürsten oder Regierende, so wurden Vorhänge, Säulen, Vasen und Statuen ins Bild gerückt. 1752 traf er mit seinem Landesherrn, dem Landgrafen Wilhelm VIII. von Hessen-Kassel, zusammen, als dieser sich gerade ein Porträt der Gräfin Stadion zeigen ließ. Ein Biograph hat die Begegnung überliefert.

»Hat Er das gemalet?« fragte der Landgraf. Tischbein bejahte, worauf Wilhelm VIII. versetzte: »Das glaub ich nicht, so was kann ein Deutscher nicht machen.« Jetzt wollte der Landgraf es genau wissen und gab ein Porträt von sich bei Tischbein in Auftrag. »Es wird eine Gnade für mich seyn, wenn nur Ihro Durchlaucht mir drei Stunden in allem sitzen wollen«, entgegnete Tischbein und nahm das Bild des Landgrafen in Angriff. Es gefiel, und Tischbein erhielt die Ernennung zum Hofmaler in Kassel. Wilhelm VIII. beauftragte ihn mit Porträts für die Schönheitengalerie von Schloß Wilhelmsthal. Unter Wilhelms Nachfolger, dem Landgrafen Friedrich II., wandte sich Tischbein stärker der Historienmalerei zu. Außerdem übernahm er Kirchenausstattungen. Bis heute gilt das Porträt, vor allem in den Bildnissen der fünfziger Jahre des 18. Jahrhunderts, als der Höhepunkt von Tischbeins künstlerischer Laufbahn. Tischbein hat sich sein Leben lang an das Arrangement des französischen Porträtstils gehalten. Er liebte die Eleganz der Erscheinung, die prunkvollen Hermelinmäntel, den Reichtum der Inszenierung und das subtile Beiwerk. Im Alter tritt auch bei seinen Porträts das Psychologische stärker hervor. Die Schwelle zum psychologisierenden bürgerlichen Porträt aber hat Tischbein nicht mehr überschritten. Er starb am 22. August 1789 in Kassel.

Johann Wolfgang von Goethe

Von Karl Robert Mandelkow

Die Gestalt Goethes ist im Gedächtnis der Nachwelt bis heute mit dem Kultort der Deutschen, Weimar, verbunden. Wir sprechen von dem Weimarer Dichter, der Weimarer Klassik. Weimar, die heimliche Hauptstadt der Deutschen, der Ort der Ideale der Bildung, der Humanität und einer vorrangig im Wort der Dichtung fundierten Kultur. Goethe selbst hat in den »Zahmen Xenien« bekannt: »Ich bin Weltbewohner, / Bin Weimaraner.« Er habe dem »edlen Kreis« der Weimaraner »durch Bildung mich empfohlen«, heißt es in der nächsten Zeile. Die Wahlheimat: ein Erworbenes, nicht dem Zufall der Geburt Verdanktes. Für den Geburtsort bedurfte es nicht der Empfehlung durch andere, er steht unter dem Zeichen der Natur, nicht der Geschichte. Frankfurt und Weimar: eine denkwürdige Konstellation nicht nur im Leben Goethes, sondern für die deutsche Geschichte im 19. und 20. Jahrhundert insgesamt. Die Paulskirche als Ort der Frankfurter Nationalversammlung 1848/49, Weimar der Ort einer anderen Nationalversammlung, in der im Februar 1919 der Geist der Weimarer Klassik das Fundament der ersten deutschen Republik bilden sollte, die 1933 dem Ungeist von Potsdam weichen mußte. 1945 war das Geburtshaus eine Brandruine, das Haus am Frauenplan schwer bombengeschädigt. Die Konstellation Weimar–Frankfurt tritt jetzt in eine neue Phase. Dem spätestens seit 1949 politisch geteilten Deutschland entsprachen jetzt auch zwei Orte, an denen das Erbe Goethes ein weltanschaulich getrenntes Zentrum des Erinnerns und der Pflege fand: das restaurierte Geburtshaus des Dichters und das als nationale Gedenkstätte im Sinne der DDR politisch in Anspruch genommene und umfunktionierte Weimar. Diese west-östliche Trennung und Rivalität ist seit dem November 1989 Geschichte geworden, die politisch erzwungene Grenzziehung zwischen Hessen und Thüringen ist wieder aufgehoben und die für Goethe selbstverständliche Einheit beider Landesteile wiederhergestellt.

Goethes Bekenntnis »Ich bin Weltbewohner« wurde durch das Weltecho seiner Wirkungen bestätigt. Über Goethe zu sprechen heißt eintreten in ein vielstimmiges Gespräch, das in vielen Sprachen geführt wird und aus den Voraussetzungen unterschiedlichster Kulturen gespeist ist. Bereits für den späten Goethe war der fremde Blick seiner ausländischen Kritiker wichtiger als das heimische Urteil.

Dennoch sind die Deutschen der primäre Adressat der dichterischen und wissenschaftlichen Bemühungen Goethes gewesen. Ihre höchst unterschiedlichen Reaktionen auf diese Herausforderung bleiben bis heute ein Prüfstein ihres Anspruchs, Goethe als ihren Nationalautor par excellence zu feiern und zu verehren.

»Im Hause meines Vaters gibt es viele Wohnungen«: diese Bibelstelle aus dem Johannes-Evangelium war ein Lieblingszitat Goethes und ist in vielen sprachlichen Varianten vor allem in seinen Briefen belegt. Man darf es als ein Schlüsselzitat für jede Annäherung an das Werk und die Person Goethes bezeichnen, und zwar in mehrfacher Hinsicht. Zunächst bezogen auf sein Werk, das uns in einer Vielzahl von »Wohnungen«, um im biblischen Bild zu bleiben, entgegentritt. Kein Autor der deutschen Literatur hat sich, wie Goethe, in allen Formen der Dichtung erprobt und in allen Gattungen Muster für seine Gegenwart und die Nachwelt entwickelt. Die spielerische Lust am Formexperiment, die auf das Ungewohnte und Neue gerichtet ist, und zugleich der produktive Rückgriff auf die Tradition überlieferter Formen und Inhalte seit der Antike kennzeichnen ein Gesamtwerk, in dem es keine Wiederholungen von Bewährtem und Erfolgreichem gibt. Sein Publikum hat diese Wiederholungen immer wieder, wie schon im Fall des »Werther«, von ihm verlangt, und Goethe hat sich dem verweigert. So sind »Wilhelm Meisters Wanderjahre« in Form und Inhalt ein anderes, neues Werk im Vergleich mit den »Lehrjahren«, und auch der zweite Teil des »Faust« entspricht nur höchst bedingt der Erwartungshaltung, die der erste Teil geschaffen hatte. »Viele Wohnungen« läßt sich auch auf die Tätigkeitsbereiche Goethes beziehen. Auch hier gilt, wie im dichterischen Werk, die Erprobung und Erfüllung unterschiedlicher Möglichkeiten, die das Dichten zur schönen Nebensache zurückstufen können und die dennoch sein breites Erfahrungspotential bilden. Goethes oft als Last empfundenes staatsmännisches Wirken in Weimar, seine lebenslange und mit professionellem Engagement betriebene Naturforschung, seine Tätigkeit als Theaterdirektor und als Curator der Jenaer Universität sind gelebte Widerlegung jenes allgemeinen Zwangs zur Arbeitsteilung, die im 18. Jahrhundert als zentrales Problem der Philosophie, der Ökonomie und der Kunst entdeckt und diskutiert wurde. Goethe hat es zum Vorwurf seines Romans »Wilhelm Meisters Lehrjahre« gemacht, und für Schiller wurde es zum Ausgangspunkt seiner »Briefe über die ästhetische Erziehung des Menschen«. Die Antwort Schillers, die Flucht in den »ästhetischen Zustand«, war Goethes Sache nicht, hat er für sich als Mensch doch stets Kunst und Literatur mit der Bewährung im tätig-praktischen Leben zu vermitteln gesucht. Ein dritter und letzter Bezug zu dem genannten Bibelzitat umgreift Werk und Person Goethes gleichermaßen und führt ins Zentrum seiner Lebens- und Weltanschauung. So beruft er sich in seinen Briefen immer dann auf die »vielen Wohnungen im Hause meines Vaters«, wenn er sich mit dem Anspruch dogmatisch vorgetragener Meinungen und unverrückbar eindeutiger »Wahrheiten« konfrontiert sieht. An Friedrich Heinrich Jacobi, der ihn von dem Absolutheitsanspruch seiner Offenbarungsphilosophie überzeugen wollte, schrieb er am 6. Januar 1813: »Ich für mich kann, bei den mannigfaltigen Richtungen meines Wesens, nicht an einer Denkweise genug haben; als Dichter und Künstler bin ich Polytheist, Pantheist hingegen als Naturforscher, und eins so entschieden als das andre. Bedarf ich eines Gottes für meine Persönlichkeit, als sittlicher Mensch, so ist dafür auch schon gesorgt. Die himmlischen und irdischen Dinge sind ein so weites Reich, daß die Organe aller Wesen zusammen es nur erfassen mögen.« Diese Absage an jede einseitige »Denkweise« wurde bereits von den Zeitgenossen mit Verwunderung und Befremden registriert und blieb in der Rezeptionsgeschichte dieses Autors bis heute ein zentrales Motiv. Diese Nichtfestlegbarkeit Goethes auf einen Standpunkt hat schon früh zur

Bezeichnung des Dichters als Proteus geführt. Proteus, der antike Meeresgott der Verwandlung, der sich jedem fixierenden Zugriff entzieht und der es liebt, in vielerlei Masken und Verhüllungen zu erscheinen, symbolisiert das Rätsel, das Goethe einem an Klarheit und Bestimmtheit im Sinne der Aufklärung orientierten Publikum aufgab. So haben die Werke des Dichters von Beginn an die Interpreten vor die Schwierigkeit eindeutiger Sinnzuweisungen gestellt. Diese von Goethe bewußt intendierte Mehrdeutigkeit, die bereits beim »Werther« zur unversöhnlichen Parteiung der Rezensenten geführt hatte und für den »Faust« eine bis heute andauernde Deutungsvielfalt provozierte, hat den Blick des nach klaren und eindeutigen Antworten suchenden Publikums immer wieder auf die Person Goethes zurückgelenkt. Hier glaubte man eine gelebte »Botschaft« zu erhalten, ohne den schwierigen Weg einer Entschlüsselung der oft höchste Ansprüche stellenden Werke gehen zu müssen. Die Beschäftigung mit dem Leben Goethes wurde für einen großen Teil des Bildungsbürgertums zum wohlfeilen Ersatz für die Mühen, sich im Labyrinth seines vielgestaltigen Werkes zurechtzufinden. Der Dichter hat diesem Interesse, das zu einer wahren Flut von Goethebiographien führte, durch seine eigenen biographischen Schriften vorgearbeitet, die, ergänzt durch das umfangreiche Briefcorpus und die Gespräche und Tagebücher, eine fast lückenlose und in der deutschen Literatur einzigartige Dokumentation seines Lebens von »Tag zu Tag« bilden. Das Bedürfnis der Goetheleser nach eindeutigen und zitierfähigen Aussagen des Dichters hat Johann Peter Eckermann mit seinen »Gesprächen mit Goethe« mit großem erzählerischen Geschick befriedigt. Sie sind zum eigentlichen Haus- und Erbauungsbuch der Deutschen geworden und boten vermeintliche Nähe und Intimität im Umgang mit dem Dichter, allerdings um den Preis der Tilgung der erst in den Werken selbst entfalteten und nur in der ästhetischen Gestaltung realisierten Tiefenschicht der »offenbaren Geheimnisse«, die Goethe seinen Lesern hatte mitteilen wollen.

Lange war es in literaturwissenschaftlichen Werken üblich, die Epoche zwischen 1770 und 1832 als »Goethezeit« zu bezeichnen. Goethe, die alles und alle überragende Figur während eines Zeitraums, der sowohl realgeschichtlich als auch geistesgeschichtlich durch umstürzende Veränderungen und die Aufeinanderfolge neuer Kunst- und Literaturformen gekennzeichnet ist. Diese Vorstellung von Goethe als dem Übervater der neuzeitlichen deutschen Literatur, nur flankiert von seinem Bundesgenossen Schiller, ist heute weitgehend überholt. Autoren wie Karl Philipp Moritz, Hölderlin, Kleist, Jean Paul und die Dichter der Romantik sind immer stärker ins Blickfeld des Interesses gerückt. Sie boten neue und andere Bezugs- und Identifikationsmöglichkeiten, die den kanonischen Rang der Klassik als Orientierungsmodell relativierten oder in Frage stellten. Es waren vor allem die im Leben Gescheiterten, die Gestalter von Extremsituationen, die Dichter des Leidens an einer undurchschaubar gewordenen Wirklichkeit oder die Verkünder einer neuen Mythologie und Religiosität, die jetzt als Zeitgenossen eigener Erfahrungen die Beschäftigung mit der Klassik in den Hintergrund drängten. Bereits Heinrich Heine hatte 1828 das Ende der »Goetheschen Kunstperiode« verkündet und damit das Stichwort einer Klassikkritik gegeben, die seitdem wie ein negatives Echo die affirmative Goetheverehrung bis ins 20. Jahrhundert hinein begleitet. So konstatierte der Philosoph und Soziologe Georg Simmel 1918 bedauernd eine allgemeine »Abwendung von der Klassik als dem absoluten Menschheits- und Erziehungsideal«, und der Theaterkritiker Herbert Jhering warf 1929 mit Bezug auf die zeitgenössische Bühnenpraxis das Schlagwort vom »Klassikertod« in die Debatte. Die politische Goethe- und Klassikschelte der siebziger Jahre im Zeichen der Studentenbewegung ist das jüngste Beispiel für die Kontinuität des Aufbegehrens und des Protestes gegen den Dichter. Derartige Verabschiedungen waren immer auch Indiz einer notwendig gewordenen Revision überlieferter und zum Klischee erstarrter Bilder des Dichters. So hat gerade die Konfrontation der Moderne mit der Klassik zur Entrümpelung eines Goethebildes beigetragen, das lange an überlebten klassizistischen Vorstellungen orientiert war. Dies gilt vor allem für die Neuentdeckung des Spätwerks von Goethe. Die Erfahrungen im Umgang mit der modernen Literatur im Bereich des Romans, der Lyrik und des Dramas schufen veränderte Rezeptionshorizonte und bildeten die Möglichkeit, die alten Texte im Lichte der Gegenwart neu zu lesen und zu interpretieren.

Eine herausragende Rolle für ein neues Goethebild in der zweiten Hälfte unseres Jahrhunderts spielt die Neubewertung der naturwissenschaftlichen Schriften Goethes. So war sein wissenschaftliches Hauptwerk, die »Farbenlehre«, im 19. Jahrhundert als Irrweg eines physikalischen Dilettanten kritisiert worden. Erst die revolutionären Wandlungen in der modernen Naturwissenschaft seit Einstein, Planck und Heisenberg boten die Möglichkeit, die Intentionen der Bemühungen Goethes auf diesem Feld ernst zu nehmen und gerechter zu beurteilen. Dieser Aspekt spielt in der gegenwärtigen Auseinandersetzung mit dem Dichter eine besonders wichtige Rolle. Goethes Kampf gegen eine nur mathematisch-experimentelle Erforschung der Natur, die primär auf ihre Beherrschung gerichtet ist, ohne die »Rechte der Natur« zu beachten, wie es bei ihm wörtlich heißt, ist heute Teil der ökologischen Grundsatzdiskussion geworden. In seiner scharfen Polemik gegen Newton ging es Goethe nicht nur um einen Streit über Fragen der Optik, sondern hier stand die Verteidigung und Rechtfertigung der Basis seines Gesamtwerks, seiner Anschauung von Natur, auf dem Spiel, die er durch Newton bedroht sah. So steht das Bild des Regenbogens am Schluß des berühmten Monologs des neuerstandenen Faust am Anfang des zweiten Teils des Werkes als sichtbares Symbol des Lebens, das uns nur »am farbigen Abglanz« offenbart wird. Um den Erhalt und die Bewahrung dieses Abglanz' und nicht um die Zerlegung des Lichts im lebentötenden Experiment ging es Goethe. Und hier war er bis zur Ungerechtigkeit intolerant! Es wäre allerdings verfehlt, aus mißgeleitetem ökologischen Pathos der modernen Naturwissenschaft im Namen Goethes vorschnell den Prozeß zu machen. Bei Goethe ist Wissenschaft immer mit Kunst verbunden und auf sie bezogen, und »so müssen wir uns die Wissenschaft notwendig als Kunst denken«, heißt es in seiner »Geschichte der Farbenlehre«. Hinter diesem Postulat steht Goethes grundsätzliche Überzeugung, daß die »Totalität« der Natur nur in der Doppelperspektive von Wissenschaft *und* Kunst herzustellen sei. Diese »ästhetische« Sicht auf Natur ist der strengen Wissenschaft fremd, da für sie Natur keine im Göttlichen fundierte Ganzheit darstellt wie bei Goethe. Daß er jedoch Natur immer auch als Naturwissenschaftler denkt und darstellt, unterscheidet ihn grundsätzlich von jeder Form eines unverbindlichen Ästhetizismus und qualifiziert sein Gesamtwerk als wichtigen und wirkungsmächtigen Protest gegen eine nur der rationalen Effizienz folgenden Entzauberung der Welt.

Kein Wortfeld ist für die Charakteristik von Goethes Lebens- und Kunstanschauung bezeichnender als die zahlreichen Komposita mit dem Begriff »Welt«. Weltbund, Weltbürger, Weltfrömmigkeit, Weltliteratur und Weltpoesie, Weltseele und Weltsprache sind nur einige Beispiele aus diesem breiten Spektrum. Der Begriff Welt wird in der Regel in Abgrenzung oder Opposition zu Haus und Häuslichkeit gebraucht, die für das Eigene, das eingeschränkt Lokale stehen. So heißt es schon beim jungen Goethe: »Geh vom Häuslichen aus und verbreite dich, so du kannst, über alle Welt.« Frankfurt und der hessische Raum, Wetzlar, Darmstadt, Wiesbaden und der Rheingau bilden das »Haus« seiner Herkunft, sind das Eigene, das sich erst später zur Welt hin öffnet. In »Dichtung und Wahrheit« hat Goethe diesem Fundament seines Lebens ein unvergleichliches, aus Erinnerung und Reflexion des Alters gespeistes Denkmal errichtet. Er hat bei der Abfassung seiner Autobiographie dankbar Gebrauch machen können von den Aufzeichnungen, die Bettina von Arnim von den Erzählungen seiner Mutter über ihn gemacht hatte. Frau Aja wurde nach Goethes Weggang aus Frankfurt mit ihren lebensprühenden Briefen an ihren Sohn und dessen Familie bis zu ihrem Tod 1808 die Botschafterin, die dem Dichter den Geist, die Sprache, die Schicksale und die Begebenheiten seiner Heimatstadt auch in Weimar Gegenwart werden ließ. Wenn Goethe im Alter bekennt, daß er »Vom Mütterchen die Frohnatur / Und Lust zu fabulieren« geerbt habe, so bestätigen diese Verse nur die Selbsteinschätzung, die Frau Aja 1807 in einem Brief an den Sohn gegeben hatte: »Meine Gabe, die mir Gott gegeben hat, ist eine lebendige Darstellung aller Dinge, die in mein Wissen einschlagen, Großes und Kleines, Wahrheit und Märchen; so wie ich in einen Zirkel komme, wird alles heiter und froh, weil ich erzähle.« Und sie erzählte in den Zirkeln ihrer Freunde und Bekannten oft und viel von dem inzwischen berühmt gewordenen Sohn, wurde zu seinem Repräsentanten in Frankfurt, denn da nun, wie es in dem gleichen Brief stolz heißt, »ein großer Teil Deines Ruhmes und Rufens auf mich zurückfällt, und die Menschen sich einbilden, ich hätte was zu dem großen Talent beigetragen, so kommen sie denn, um mich zu beschauen – da stelle ich denn mein Licht nicht unter den Scheffel, sondern auf den Leuchter«.

Dietmar Grieser veröffentlichte im Goethejahr 1982 ein Buch über »Goethe in Hessen«, das den Spuren einer lokalen Goethetradition in der Spiegelung von Vergangenheit und Gegenwart höchst anschaulich nachgeht und auch dem heutigen Goethe-Kitsch liebevolle Aufmerksamkeit widmet.

Das Eigene ist jedoch nicht nur Raum und Landschaft des Herkommens, sondern steht auch für das spezifisch Nationale von Goethes literarischen Anfängen. »Von deutscher Baukunst«, der Hymnus auf die gotische Baukunst des Straßburger Münsters, erscheint in der Programmschrift »Von deutscher Art und Kunst«, die Herder 1773 veröffentlicht. Von »deutscher Art« ist auch der »Götz von Berlichingen« und die von Herder inspirierte Volksliedbegeisterung. Mit dem Übergang nach Weimar 1775 gewinnt das Fremde als Ort und als schöpferische Neuorientierung für Goethes Leben und Werk an Bedeutung. Der Wechsel von der Bürgerlichkeit der Reichsstadt Frankfurt zur höfischen Existenz in Weimar geht einher mit einer wachsenden Distanz zu »deutscher Art« und einer Hinwendung zur Antike als Form und neuem Gehalt. Die Urfassung der »Iphigenie« wird zum Vorlauf der italienischen Reise, die für Goethe recht eigentlich zur Entdeckung des Fremden in der Gestalt von Sprache, Landschaft, Lebensform, Kunst und literarischer Überlieferung wird. Homer, für Werther nur in der einsamen Lektüre die Quelle der Idealisierung seiner prosaischen und wenig antiken Umwelt, wird jetzt in Rom angeschaute und erlebte Wirklichkeit. Das Verhältnis von Kunst und Natur erfährt nun eine Neubestimmung, die Theorie und Praxis des Sturm und Drangs modifizierende Fassung im Sinne einer klassischen Ästhetik, die das nachitalienische Jahrzehnt bestimmen wird. Die Begegnung mit Schiller konfrontiert Goethe mit der Transzendentalphilosophie Kants, auch dies für ihn ein zunächst Fremdes, das ab jetzt zum bleibenden Bezugspunkt und Ferment seiner Naturforschung wird.

Die mit der Herausbildung einer klassischen Kunstauffassung gleichzeitige Wiederaufnahme der Arbeit am Fauststoff ist Anknüpfung an Goethes vorklassische Anfänge, ist Rückkehr zum Eigenen einer spezifisch »deutschen Art und Kunst«. Das Faust-Fragment von 1790 und der 1808 erschienene erste Teil können nur sehr bedingt als »klassische« Werke bezeichnet werden. Beide Teile dieses poetischen Hauptwerks des Dichters sprengen alle klassifizierenden Etikettierungen. Goethes Entwicklung als Dichter ist spannungsvolle Einheit von Kontinuität und

Diskontinuität, von Eigenem und Fremdem in polarem Wechselbezug. »Dauer im Wechsel«: so lautet der Titel eines der zentralen Weltanschauungsgedichte des Dichters, entstanden 1803, auf dem Höhepunkt des klassischen Jahrzehnts. Der Titel entspricht der Metamorphosenlehre Goethes, deren Kern die Polarität von Beharren und stetigem Wechsel ist. Erneuter Wandel ist die Signatur der nachklassischen Lebens- und Schaffensperiode, die in den großen Alterswerken des Dichters gipfelt. Wiederum wird die produktive Begegnung mit dem Fremden zum Anlaß eines Neuanfangs, so im »West-östlichen Divan« und den ihn begleitenden »Noten und Abhandlungen zu seinem besseren Verständnis«. Die imaginäre Reise Goethes in den Osten in Nachfolge des persischen Dichters Hafis ist in ähnlicher Weise für Goethe eine Neugeburt wie seine reale Reise nach Italien. Nicht mehr die Antike, sondern der Islam und die ihn verherrlichende Poesie sind nun die neuen Erfahrungen, die sich zum west-östlichen Dialog steigern, bei dem der Deutsche der Lernende wird. Die Konfrontation und Abgrenzung zwischen Christentum und Islam, zwischen Eigenem und Fremdem, ist in den Zeilen aus dem »Buch der Sprüche« überwunden: »Wenn Islam Gott ergeben heißt, / In Islam leben und sterben wir alle.« Im Vorausgriff auf den späteren Begriff von Weltliteratur heißt es gleichfalls im »Buch der Sprüche«: »Herrlich ist der Orient / Übers Mittelmeer gedrungen; / Nur wer Hafis liebt und kennt, / Weiß, was Calderon gesungen.« Auch für Goethes Öffnung in den Raum der persischen-islamischen Poesie gilt die Formel von der Dauer im Wechsel, weist sie doch auf seine frühen Anfänge zurück. Durch Herder wurde dem jungen Goethe die morgenländische Poesie nahegebracht, und sein Mentor veranlaßte ihn bereits im Winter 1770/71, den Koran zu lesen.

»Wer nicht von dreitausend Jahren / Sich weiß Rechenschaft zu geben, / Bleib' im Dunkeln unerfahren, / Mag von Tag zu Tage leben.« Diese Verse aus dem »Buch des Unmuts« des »West-östlichen Divan« könnten als Motto über dem zweiten Teil des »Faust« stehen, den der Dichter erst nach seinem Tode zur Veröffentlichung bestimmt hat. Der zeitliche Rahmen der Handlung spannt sich hier von der Antike über das Mittelalter bis zur in der Figur des Euphorion symbolisierten Gegenwart. Den wechselnden Zeiten und Räumen in diesem alle herkömmlichen Gesetze des Dramas sprengenden Werk entsprechen die unterschiedlichsten Darstellungs- und Versformen, die die Vielfalt von Ausdrucksmitteln der abendländischen Dichtungsgeschichte zu einem polyphonen Gesamtkunstwerk versammeln. Dieser kühnen Grenzüberschreitung der dramatischen Gattung entsprechen auf dem Gebiet des Romans die »Wanderjahre«, die zu Recht einen bedeutenden Platz in der Vorgeschichte des modernen Romans im 20. Jahrhundert einnehmen. Im Unterschied zu »Faust II« bleiben die »Wanderjahre« der realistischen Darstellung gegenwärtiger Wirklichkeit verbunden, so in der minutiösen Schilderung der Arbeitswelt von Handwerkern und Webern. Am Ende der Wanderschaft Wilhelms steht seine Bewährung als Wundarzt, ein im Gegensatz zu den hochfliegenden Plänen und Idealen der »Lehrjahre« bescheidenes und scheinbar resignatives Ende seiner Lehrzeit. Goethe hat im Untertitel des Romans Wilhelm und die mitagierenden Gestalten des Werks als »die Entsagenden« bezeichnet. Das Privileg der »vielen Wohnungen«, das der Dichter für sich und sein Werk in Anspruch genommen und praktiziert hat, verweigert er seinen Gestalten und verweist sie auf die »Einseitigkeit«, die das Schicksal der Epoche des heranrükkenden Maschinenzeitalters sei. Doch dies ist nur die halbe Botschaft des Romans. In ihm findet sich an zentraler Stelle der Begriff der »Weltfrömmigkeit«, der ganz im Sinne der Polarität von Haus und Welt der »Hausfrömmigkeit« gegenübergestellt wird. Wörtlich heißt es hier: »Wir wollen der Hausfrömmigkeit das gebührende Lob nicht entziehen; auf ihr gründet sich die Sicherheit des Einzelnen, worauf zuletzt denn auch die Festigkeit und Würde des Ganzen beruhen mag; aber sie reicht nicht mehr hin, wir müssen den Begriff einer Weltfrömmigkeit fassen, unsere redlich menschlichen Gesinnungen in einen praktischen Bezug ins Weite setzen, und nicht nur unsere Nächsten fördern, sondern zugleich die ganze Menschheit mitnehmen.« Der Begriff »Weltfrömmigkeit«, der in Goethes Werk nur an dieser Stelle belegt ist, hat nur sehr bedingt etwas mit Religion zu tun. Er meint vielmehr »Weltoffenheit«, zielt auf die Notwendigkeit der Verknüpfung des Eigenen mit dem Fremden und steht in Vorläuferschaft zu dem Modewort der Gegenwart: Globalisierung. Weltfrömmigkeit schließt die Hausfrömmigkeit nicht aus, die die Sicherheit des einzelnen garantiert und die Basis der »Festigkeit und Würde des Ganzen« ist. Diese Wechseldurchdringung von Haus und Welt gilt auch für Goethes vielzitierten Begriff der »Weltliteratur«. Auf seine Verbreitung setzt der alte Goethe seine Hoffnung, betont jedoch zugleich ausdrücklich, »daß nicht die Rede sein könne, die Nationen sollen überein«, das heißt gleich, denken. Eine nur auf die »Welt« gerichtete Perspektive käme einem abstrakten Universalismus gleich, der auch das in seiner Eingeschränktheit und Einseitigkeit, an seinen spezifischen Ort und seine bestimmte Landschaft, an seine Herkunft und seine Nation gebundene einzelne Individuum als Gegenstand der Poesie verschwinden lassen würde.

Für die Deutschen waren Goethe und die deutsche Klassik lange Zeit die ideelle Basis ihrer nationalen Identität. Man berief sich auf Goethe als den humanistischen Verkünder der Losung »Edel sei der Mensch, hilfreich und gut«, der Dichter wurde jedoch auch, wie vielfach nach 1945, als Alibi benutzt, um sich und die Welt über die Nachbarschaft von Weimar und Buchenwald hinwegzulügen. Während die Feier und die Verehrung Goethes bei den vom Dichter selbst nicht immer geschätzten und geliebten Deutschen kaum Grenzen kannte, haben scharfsichtige Beobachter immer wieder das Illusionäre dieser vermeintlichen

Nobilitierung der Deutschen im Namen Goethes kritisiert. So schrieb Friedrich Nietzsche 1880: »Goethe ist in der Geschichte der Deutschen ein Zwischenfall ohne Folgen: wer wäre imstande, in der deutschen Politik der letzten siebenzig Jahre zum Beispiel ein Stück Goethe aufzuzeigen!« Nietzsche konnte noch nicht wissen, daß dieser Satz auch am Ende des 20. Jahrhunderts eine unverminderte, ja gesteigerte Aktualität haben würde. Die Konfrontation Goethes mit der deutschen Geschichte und die Frage nach einem Goetheschen Element in ihr zwingt uns zur Bescheidenheit im Umgang mit ihm. Blinde Goetheverehrung und nationaler Goethekult gehören endgültig der Vergangenheit an. An ihre Stelle ist eine versachlichte Annäherung an ihn getreten, die auch das Eingeständnis von »Goethes dauernder Fremdheit« einschließt, über die Joachim Fest 1987 anläßlich der Verleihung der Goethe-Plakette der Stadt Frankfurt gesprochen hat.

»Was Du ererbt von Deinen Vätern hast, / Erwirb es, um es zu besitzen.« Dieses bekannte und vielzitierte Faustwort könnte als erbaulicher Abschluß dieser Betrachtungen über Goethe dienen. Ich möchte es hier allerdings mit dem Vorbehalt anführen, daß das Erbe Goethes nicht wieder Besitz werden möge, auf den man sich umstandslos berufen kann und über den man glaubt verfügen zu können. Das Erwerben dieses Erbes ist heute an schwierige Bedingungen geknüpft, nämlich die Bereitschaft, sich dem Fremden und für viele Fremdgewordenen seiner Welt als einer immer erneuten Herausforderung der eigenen Gegenwart zu stellen. Daß man »das Gegenwärtige nicht ohne das Vergangene erkennen kann«, war eine Grundüberzeugung Goethes. Für ihn war jedoch die Vergangenheit und die Beschäftigung mit ihr kein Selbstzweck, denn »nur in Gegenwart läßt sich das Beständige wie das Vergängliche fühlen und beurteilen«, wie er im Brief an Marianne von Willemer im Mai 1824 schrieb. Um einen Goethe für die Gegenwart bitten hieße zugleich, ihn für seine und unsere Zukunft zu beerben.

Ludwig Börne
Von Alfred Estermann

Tausend Male habe ich es erfahren, und doch bleibt es mir ewig neu. Die einen werfen mir vor, daß ich ein Jude sei; die anderen verzeihen mir es; der dritte lobt mich gar dafür; aber alle denken daran. Nein, daß ich ein Jude geboren, das hat mich nie erbittert gegen die Deutschen, das hat mich nie verblendet. Ich wäre ja nicht wert, das Licht der Sonne zu genießen, wenn ich die große Gnade, die mir Gott erzeigt, mich zugleich ein Deutscher und ein Jude werden zu lassen, mit schnödem Murren bezahlte – wegen eines Spottes, den ich immer verachtet, wegen Leiden, die ich längst verschmerzt. Ja, weil ich als Knecht geboren, darum liebe ich die Freiheit mehr als ihr. Ja, weil ich die Sklaverei gelernt, darum verstehe ich die Freiheit besser als ihr.« Der Verfasser dieser Zeilen, die den Zusammenhang zwischen seiner Herkunft und dem Zentralbegriff seines Denkens komprimieren, gehört zu den bemerkenswerten und merkwürdigen Gestalten der Literaturgeschichte, die in der Autorenkonkurrenz und Interessenveränderung untergegangen, aber eben deshalb nicht verschollen sind, weil sie immer wieder Entdeckungen ermöglichen könnten. Seine Wahrheiten und seine Irrtümer, sein Werk eben, einst Meilenstein und Menetekel, bilden heute kaum mehr als eine Position in der Registratur der Ereignisse. Dabei klänge manches, was er leidenschaftlich überlegt formulierte, noch immer unverbraucht aktuell. Er war »zugleich ein Deutscher und ein Jude«, aber beides durchbrach er: er war Europäer. Ein jüdischer Europäer aus Deutschland oder, noch schwieriger, ein jüdischer Deutscher als Europäer. Und auch dies überhöhte er: Letztendes war er Kosmopolit, ein »Bürger der Erde«, wie Heinrich Heine ihn nannte. »Ich hasse jede Gesellschaft, die kleiner ist als die menschliche.«

Der Sohn eines Bankiers und Kaufmanns wird als Juda

Löw (»Louis«) Baruch am 6. Mai 1786 in Frankfurt am Main geboren, im Ghetto, in der finsteren Judengasse. Der strenge Vater, mit dem es früh Auseinandersetzungen gibt, schickt ihn 1802 nach Berlin, zum Studium der Medizin, einem der wenigen für Juden zugänglichen Fächer. Dort überwältigt ihn eine heftige Jugendliebe zu seiner attraktiven Gastgeberin, der 20 Jahre älteren Henriette Herz. Er geht zunächst nach Halle, hört neben Medizin auch Philosophie, und dann 1807 nach Heidelberg, wo er zu den Kameralwissenschaften und zur Nationalökonomie überwechselt. 1808 promoviert er in Gießen zum Doktor der Philosophie.

Seit 1805 schreibt er. Von Anfang an ist sein Stichwort da: »Erziehung ist Erziehung zur Freiheit.« Erste Aufsätze erscheinen, mit ungewöhnlichen, zukunftsträchtigen Themen. Daneben thematisiert er vor allem seinen »Judenschmerz« (1807 signalisiert ihn ein Paß als »Juif de Francfort«); er verarbeitet die verletzenden Erfahrungen mit den entwürdigenden Frankfurter Verhältnissen: Der Kampf um die Emanzipation des Judentums gerät ihm zum Ringen um die allgemeine Befreiung des Menschen, die Idee der Freiheit durch Selbstbestimmung wird der Leitgedanke seines Schreibens. »Ich liebe nicht den Juden, nicht den Christen, weil ich Jude oder Christ! Ich liebe sie nur, weil sie Menschen sind und zur Freiheit geboren!« Ein Intermezzo: 1811 erhält er, durch Vermittlung des Vaters, eine öffentliche Anstellung. Als man die freie Reichsstadt Frankfurt unter dem Fürstprimas Dalberg in ein anachronistisches Großherzogtum verwandelt und die Judenpolitik lockert, tritt er als »Polizeiaktuarius« an. Nach dem Ende der napoleonischen Liberalisierung, 1815, wird er sofort entlassen.

Nun liegt sein Weg vor ihm: das Schreiben und Veröffentlichen, der Beruf des in jeder Hinsicht freien Schriftstellers, des Predigers in der Wüste der deutschen Provinz; schon 1811 hatte er sich »Literat« genannt. Zur Konditionierung dieser Karriere ändert er 1818 seinen Namen in Carl Ludwig Börne und läßt sich formell evangelisch taufen, um einer ungerechten Gesellschaft gerecht zu werden. Bis 1830 lebt er zumeist in Frankfurt, aber auch in Paris, München, Stuttgart und Berlin. Begeistert von der Julirevolution, übersiedelt er 1830 endgültig nach Paris in ein freiwilliges Exil und gerät dort rasch in den Mittelpunkt der deutschen Emigration. Er genießt es, daß man ihn 1832 während des »Hambacher Festes« feiert. Seine letzten Lebensjahre sind von körperlichem Verfall gezeichnet, von Lungenkrankheit und Schwerhörigkeit. Er wird einsamer.

»Ich strebte nie nach dem Ruhme eines guten Schriftstellers, ich wollte nie für einen Schreibkünstler gelten. Meine Natur hat mir ein heiliges Amt aufgetragen, das ich verrichte, so gut ich kann. Gedanken, Worte sind meine Werkzeuge, die ich nur schätze, solange ich sie brauche, und wegwerfe, sobald ich sie gebraucht.« Er war dennoch ein exzellenter Schriftsteller und ein Schreibkünstler der besonderen Art. In den zwanziger Jahren betätigt er sich vor allem journalistisch, er schreibt für Zeitungen und Zeitschriften, für eigene und für die anderer, nicht im gewöhnlichen Verständnis allerdings, sondern als sein eigener Unternehmer, unabhängig von der alltäglichen Nachrichten- und Meinungsmaschine, meist ohne Produktionsdruck und Terminschikanen. Er ist nicht Tages-Chronist, sondern Gegenwarts-Historiker. »Zeitschriftsteller« nennt er das. »Die wahre Kunst ist eine Tochter der Zeit.« Dazu bedient er sich eines Mediums, das eben eminent zu florieren beginnt; in der tiefgreifenden Veränderung der Presselandschaft jener Jahre, im Aufstieg der literarischen Kulturzeitschriften liegt auch seine Chance. (Wie wenige andere konsumiert, kommentiert und kritisiert gerade er die umliegenden Zeitungen und Zeitschriften.) Gleich mit dem ersten größeren Versuch hat er Erfolg. 1818 erscheint »Die Wage«, mit dem dezidierten Programm, »Bürgerleben«, »Wissenschaft« und »Kunst« ineinander aufgehen zu lassen. Er zeichnet als Herausgeber und Redakteur, die Texte schreibt er überwiegend selbst. Das Blatt wird sein erstes Meisterwerk, es verkauft sich auch gut und macht auf ihn in intellektuellen Kreisen aufmerksam. Bei seiner bedachten, detaillierten Schreibweise ist das allerdings nicht lange durchzuhalten. »Die Wage« verscheidet bereits im vierten Lebensjahr. »Man muß niemand fürchten als sich selbst.« Zwei andere, gleichzeitige Experimente des Publizisten enden noch schneller. 1819 redigiert er die »Zeitung der freien Stadt Frankfurt«, die er in kurzer Zeit zu hohem Ansehen bei anderen progressiven Tageszeitungen führt, danach die Offenbacher »Zeitschwingen«, ein harmloses Blatt, dem er Glanz und Schärfe gibt, bis die Polizei es verbietet, die ihn auch sonst mit Anklagen und Untersuchungen beschäftigt. Von nun an veröffentlicht er nur noch als freier Mitarbeiter, liefert Texte für das »Morgenblatt für gebildete Stände« und für die »Allgemeinen politischen Annalen«, für das Leipziger »Literarische Wochenblatt« oder für die »Nekkarzeitung«.

Die glänzenden, funkelnden Kritiken und Rezensionen, Studien und Essays, die zwischen 1818 und 1828 erscheinen, überragen durch Witz, Analyseschärfe und Überredungskunst, durch Prägnanz und sympathische Kürze die breite zeilenschinderische Geröllmenge zeitgenössischen Tintenverschleuderns turmhoch, sie bringen ihrem Verfasser Applaus und Berühmtheit. Die Utopie steckt im Detail: Überall sucht er nach Stoff für seine Predigten. Er schreibt über Shakespeare, Molière, Lessing und Schiller, über Mozart und Rossini, über Kleist, E.T.A. Hoffmann und viele andere. »Geistreiche Menschen geraten öfter in Verlegenheit als dumme; denn man muß Geist besitzen, um die Geistesgegenwart verlieren zu können.« Er wird zu einem Begründer des deutschen Feuilletons. Im dauernden Kampf gegen die politische Zensur, für jene Pressefreiheit, die ihm Symbol der generellen Freiheit ist, für eine Verständlichkeit, der die Zensur nichts anhaben können sollte, entsteht die besondere publikationsstrategische Durchlässigkeit seines Stils, der verhüllend bloßlegt und aufzeigend verschweigt, der oft anderes meint als er ausspricht. Börne nimmt die Niederschrift seiner präzis-knappen, exakt-treffgenauen Sätze sehr ernst, oft formuliert er um, feilt, spitzt zu und wird darüber immer klarer. Seine ureigenste Form ist der Aphorismus, die aufspießende, komprimierende, auf den entscheidenden Punkt gebrachte Sentenz. Er schreibt viele. In seiner Prosa und in seinen Briefen sind andere auf Schritt und Tritt zu entdecken. »Der Spott ist das Scheidewasser für die Wahrheit, welches, über sie gegossen, uns erfahren läßt, ob ihre Farbe echt sei oder nicht.« Seine Ironie und sein Sarkasmus, die scheinbare Gelassenheit seiner Heiterkeit veranlassen die Zeitgenossen, ihn bis 1830 auch als »Humoristen« zu sehen, ein Begriff, der heute nur nachzuvollziehen ist, wenn man bedenkt, daß Heinrich Heine, Ludwig Tieck, Jean Paul oder der spätere Wilhelm Busch ebenfalls als »Humoristen« galten. »Die Lacher will ich auf meine Seite ziehen; die Lacher, die gutes Herz und gute Fäuste haben, und nicht die feinen Lächler.«

Was er beim Filetieren und Tranchieren seiner Gegenwart für Recht erkennt, verkündet er als ein verständnisvoller, aber unbestechlicher, unerbittlicher Richter. »Ich setzte die wohlweisliche Perücke auf und sprach Recht in den wichtigsten und hitzigsten Streithändeln der deutschen Bürger – in Komödiensachen.« Das Theater, als Fokus der öffentlichen Meinungsbildung wie als Thermometer der politischen Verhältnisse, findet das besondere Interesse des aufklärenden »Zeitschriftstellers«. In seiner »Wage« läßt er eine Reihe von eminenten Besprechungen drucken, zur Verbesserung der Bühne und zur Verbesserung der Gegenwart, in Paris noch referiert und analysiert er Vorstellungen zu diesem Zweck. »Ich bin kein Zuckerbäcker, ich bin ein Apotheker.« In seinen literaturkritischen Schriften begegnet uns immer wieder die Ambivalenz von aggressiver Ablehnung oder streitbarem Widerspruch und versöhnender Einsicht. »Wie glücklich wäre ich, wenn ich die Wahrheit oder das, was ich dafür halte, verbreiten könnte, ohne einem Menschen dadurch wehe zu tun. Aber wie vermöchte ich das?« Er schreibt über Bücher, soweit sie ihm für seine »Erziehung zur Freiheit« instrumentierbar erscheinen, wenn sie sich in seinem Sinne engagieren. In großen Statements manifestiert er seine Position: für Jean Paul, den »Tröster der Menschheit«, den »Dichter der Niedergeborenen«, den »Sänger der Armen«, gegen Goethe, den konservativ-aristokratischen »Dichterfürsten« und »gereimten Knecht«, von dem ihn nicht nur der gemeinsame Geburtsort trennt: »Dieser Mann eines Jahrhunderts hat eine ungeheuer hindernde Kraft; er ist ein grauer Star im deutschen Auge. Seit ich fühle, habe ich Goethe gehaßt, seit ich denke, weiß ich warum.«

Gegen Ende des Jahrzehnts wird das verstreut Gedruckte zusammengezogen, wie um eine Bilanz zu ziehen. Der zerbrechliche, schmächtige, häufig kränkelnde Autor hat eine vielfältige und voluminöse schriftstellerische Leistung vorzuweisen. »Ich habe keine Werke geschrieben, ich habe nur meine Feder versucht, auf diesem, auf jenem Papier.« Und doch werden die »Gesammelten Schriften« acht Bände füllen.

Nach 1830 erscheint, für das Publikum, ein »neuer« Börne, der den bisherigen Analytiker seiner Zeit und seiner Gesellschaft plastischer artikuliert und klarer präzisiert, der streitbare Fortschrittskämpfer, der noch deutlicher und fordernder die Maximen der Französischen Revolution – Freiheit, Gleichheit, Brüderlichkeit – für seine Gegenwart fortschreibt und zugleich zentrale Forderungen von 1848 vorwegnimmt. »Leidenschaften der Regierungen zeugen von Schwäche, Leidenschaften des Volkes aber zeugen von Stärke.« In Paris radikalisiert, jakobinisiert er sich definitiv: Nach dem »Bürgerleben« der »Wage«, nach den Texten in Literatur-Zeitschriften »für gebildete Stände« kommen nun immer deutlicher die Schichten unterhalb des Bürgertums in seinen Blick. »Es ist wahr, der Krieg der Armen gegen die Reichen hat begonnen.« Seine 115 »Briefe aus Paris« erscheinen zwischen 1831 und 1834 in sechs Bänden. In Lieferungen veröffentlicht, wären sie eine Zeitschrift gewesen, eine Zeit-Schrift sind sie ohnehin, vehementer und leidenschaftlicher denn je. Sie entstehen, als Gemeinschaftswerk, aus einem intensiven Briefwechsel mit Jeanette Wohl. Börne hat diese kluge und energische Frau 1816 in Frankfurt kennengelernt, sie übernimmt die Rolle, die bis dahin Henriette Herz in seinem Leben gespielt hat, wird dem Junggesellen »Mutter, Schwester, Tochter, Freundin, Frau und Braut«, Helferin auch und Mitarbeiterin – eine der erstaunlichsten Beziehungen in der deutschen Literatur, weder hinreichend publiziert noch genügend ausgeleuchtet. Sie schreiben sich Hunderte von Briefen, die die Stationen dieser schwierigen Beziehung spiegeln. Immer wieder unterzeichnet er mit »Dr. Börne, geb. Wohl«.

»Es könnte nichts Interessanteres geben«, regt sie 1830 an, »als wenn Sie Briefe aus Paris schrieben. Sie können Ihre Grundsätze darin wie durch Zeitungen verbreiten«, und er befolgt ihren Rat. Über mehrere Jahre beantwortet er ihre Briefe mit ausführlichen, immer spontan niedergeschriebenen Texten, die alles aufnehmen, was ihn begeistert, aufregt und abstößt. Sie fassen, Kaleidoskop und Mikroskop in einem, die aufgeregte Zeit zusammen. Die drei Hauptanliegen des Kosmopoliten Börne liegen ihnen zugrunde, die Freiheit, die Wahrheit, die Gerechtigkeit, vor allem die Freiheit, als globales Projekt, nicht im Sinne jener, die unter künftiger Freiheit lediglich einen Regierungswechsel, möglichst unter eigener Beteiligung, verstehen. Mutig und vehement werden demokratische Forderungen den überkommenen Machtstrukturen gegenübergestellt, werden utopische Ideen eines zukünftigen Europas artikuliert: Gedanken eines revolutionären Republikaners und Weltpatrioten.

Eine einzigartige publizistische Leistung gelingt. Die »Brandbriefe« analysieren, indem sie beschreiben, sie spotten, indem sie zitieren, und sie klären auf, indem sie verschweigen. In einer wie zu diesem Zweck neugeschaffenen kritischen Sprache sind mit virtuoser Sensibilität für politische Aktualität und alltäglichen Aberwitz die komplizierten französischen Verhältnisse des Juste Milieu ebenso porträtiert wie die revolutionären Erdbeben und Eruptionen in Deutschland, Polen, Belgien und Italien. Selbstverständlich kommt das Herkunftsland dabei immer wieder in das Zentrum. »Ist nicht Deutschland der Ghetto Europas?« Und häufig auch Frankfurt das »Hauptquartier der Dummheit«, die Stadt der Judengasse, der Sitz des heftig verachteten »Deutschen Bundes«.

Natürlich werden solche subversiven Kampfschriften sofort verboten. Versuche jedoch, sie zu unterdrücken, müssen mißlingen. Bekanntlich tragen gerade staatsanwaltliche Aktivitäten zur Verbreitung bei. Sie geraten daher zu einem der spektakulärsten Presseereignisse des Vormärz, werden der Anlaß, Hunderte von Spalten mit Rezensionen, Exzerpten und Hinweisen zu füllen. Der Briefeschreiber gehört zu den am meisten besprochenen und verrissenen Autoren seiner Zeit – auch ein Beweis dafür, wie verletzend genau er den Nerv dieser Zeit und die Nerven seiner Zeitgenossen getroffen hat. Die Skala der Polarisierung in den gedruckten Meinungen reicht von Liebeserklärungen bis zu Mordwünschen. »Ich weiß in Europa jetzt keinen Menschen, der die Welt so brünstig liebte wie Ludwig Börne. Ich liebe Börne«, so Heinrich Laube in der »Zeitung für die elegante Welt«; dagegen die »Münchener Politische Zeitung«: »Wahrlich, wo irgend auf deutschem Boden ein Galgen steht, wird man kein würdigeres Subjekt daran aufzuhängen finden als diesen Herrn Baruch modo Börne.« Jede Opposition ist Machthabern in nichtdemokratischen Strukturen ein Feind und löst polizeiliches Einschreiten aus. Nach den grausamen Erfahrungen, die das 20. Jahrhundert damit gemacht hat und macht, bleibt in diesem Falle einzuschränken: Verbote, Verfolgungen, Verurteilungen mochten bitter sein, tödlich waren sie nicht. Börne, der Meister in der Erregung öffentlichen Ärgernisses, der die Regierenden mehr als den Umständen nach unvermeidbar zu behindern und zu belästigen versteht, ist zugleich ein eifriger und eifernder Agent der Mitmenschlichkeit, Leidender und Mitleidender, ein Menschenrechtsfundamentalist mit der Trauer, der Wut und dem Zorn des Idealisten. Wohl lassen seine Schriften, heute gelesen, die trügerische Scheinsicherheit der Begriffe erkennen: Freiheit? Gerechtigkeit? Gleichheit? Eine der großen Konfessionen der Literaturgeschichte bleiben sie dennoch.

»Man kann verhindern, daß Völker lernen, aber verlernen machen kann man sie nichts.« Der Lehrer des Volks. Parallel und ergänzend zu den »Briefen aus Paris« befaßt er sich mit frühsozialistischen Ideen, mit Saint-Simon und Lamennais. Er versucht, in einer »Balance« den Erfolg der »Wage« zu wiederholen. Intensiv bearbeitet er seine (Torso gebliebenen) »Studien über Geschichte und Menschen der Französischen Revolution«: Er verläßt seine Gegenwart und kehrt zurück in die Vergangenheit, um die Wurzeln seiner Zeit in der spiegelartigen Darstellung einer Analyse der Herrschaftsmechanismen zusammenzufassen. Bis zum Schluß sein Stichwort: »Freiheit geht nur aus Anarchie hervor.«

Auch seine beiden letzten, leidenschaftlichen Auseinandersetzungen entwickeln sich aus dieser Radikalisierung seines Denkens. Zum einen der Konflikt mit dem Kollegen, Kombattanten und Kontrahenten Heinrich Heine. Problematisch war die Beziehung schon vorher gewesen, es gibt bezeichnenderweise keinen Briefwechsel zwischen ihnen. Seine heftigen Angriffe wegen ihrer schwerwiegenden Meinungsdifferenzen über das Verhältnis von Literatur und Gesellschaft, über die Möglichkeiten einer deutschen Revolution und Republik, über die unbedingte Notwendigkeit des politischen Engagements bleiben unbeantwortet. Erst 1840, drei Jahre nach Börnes Tod, wird Heine reagieren, in jenem subtil collagierten Dreifachportrait, das gleichzeitig Börne, ihn und ihre Zeit darstellt. Zum andern die scharfe, überlegene Zurechtweisung Wolfgang Menzels, des in seiner Bedeutung und in seinem Einfluß gelegentlich überschätzten »Großkritikers«, der Börnes Veröffentlichungen zunächst mit positiven Rezensionen begleitete, nun aber, nach 1830, ebenfalls den Weg der Radikalisierung geht, allerdings in die entgegengesetzte, nationalromantische, deutschtümelnde und antifranzösische Richtung. Als 1835 durch seine Mitwirkung die Autorengruppe »Das Junge Deutschland« verboten wird, nimmt Börne, ohnehin eine ihrer Leitfiguren, sogleich für sie Stellung. Später diagnostiziert er souverän »Gallophobie«, seine letzte Abrechnung. »Menzel, der Franzosenfresser« gerät zum literarischen und politischen Testament.

Ludwig Börne stirbt am 12. Februar 1837 in Paris. Er liegt auf dem Friedhof Père Lachaise begraben. Als wäre er zu früh gegangen: Er bleibt auch weiterhin in der fortschrittlichen Presse präsent, wiederabgedruckte Texte und Nachlaßfragmente können bis 1848 den Eindruck vermitteln, er lebe noch. Die letzten Worte, die er drucken ließ, lauten: »Wer in dieser schnöden, pestbeherrschten Welt sich vor Ansteckung sichern und gesund bleiben will, muß sich in Essig baden, um alle bleisüßen Herzen und verbuhlten Lavendelseelen von sich entfernt zu halten.«

Georg Büchner

Von Jan-Christoph Hauschild

1.

Georg Büchner ist *das Genie der deutschen Literatur, das nicht altert.* Sein dramatisch kurzes wie hochproduktives Leben ist Stoff geworden für Dutzende Gedichte, für Erzählungen und Romane, Hör- und Schauspiele, für Opern,

Fernseh- und Filmproduktionen, für Tausende von Essays, Aufsätze und Abhandlungen. Georg Büchner, gestorben im Alter von 23 Jahren, vier Monaten und zwei Tagen als politischer Flüchtling in der Schweiz, verbindet Unversöhnlichkeit und radikale Negation mit einem gerüttelt Maß an Tragik. Da ist nichts, was verjähren könnte. Und weil über so viele Umstände seines Lebens der Schleier des Nichtwissens (und sogar des Nie-mehr-Wissens) gebreitet ist, stellt er eine ideale Projektionsfläche für Obsessionen und Ideologien dar – nicht selten im Dienst eines subtilen Heldenkults. Gottfried Keller, der ganz gewiß nichts gegen Büchner hatte, dessen Persönlichkeit ihm vielmehr auf einfühlsame Weise durch seinen alten Freund Schulz aus Darmstadt nahegebracht worden war (der seinerzeit zu Büchners engsten Freunden im Straßburger und Zürcher Exil zählte), nannte ihn bereits 1880 ironisch einen »germanischen Idealjüngling«. Keller reagierte damit auf die verklärende Büchner-Darstellung durch Karl Emil Franzos, der Büchner nicht nur zu einer Gesamtausgabe verholfen, sondern ihn obendrein zu einem strikten Atheisten und Nationalliberalen gemacht hatte, wie Franzos es selber war; vor allem aber zu einem edlen »Ritter des Geistes«: Ein Aufsatz des Jahres 1875 gipfelte in dem Diktum: »Auf Grund genauester Kenntnis von Büchners Leben kann ich mich getrost dafür verbürgen, daß nicht allzuhäufig auf Erden ein gleich edles, reines und keusches Mannesherz geschlagen.«

Die Moden wechselten, die Hyperbel der Phrase blieb. Kaum je wie Franzos »auf Grund genauester Kenntnis von Büchners Leben«, dafür aber immer mit großer Bestimmtheit (und manchmal auch mit einer noch größeren Verstiegenheit), erklärte man Büchner seitdem zum »Agrarsozialisten«, »Nihilisten«, »Spätjakobiner« und »Frühkommunisten«, »Arsenesser« und »Terroristen«. Solchermaßen wurde Büchner auf einen einzigen, dürftigen Nenner reduziert. Gewiß, das brachte Bewegung in die Debatte, aber das Verständnis des Autors ist durch die Vergabe immer neuer Etiketten nicht befördert worden.

Nicht bloß, wer Büchner war, auch wie er heute denken und handeln würde, wurde in manchmal schiefen Bildern phantasiert. »Ein Johannes der Täufer, auf den der Messias Lassalle folgte«, schrieb ein Publizist am Ausgang des 19. Jahrhunderts über Büchner. »Er ging den Weg Lenins«, erklärte dreißig Jahre später Adam Kuckhoff, den die Nazis in Plötzensee ermordeten. »Büchner, das war ein Autonomer«, meinte 1987 ein Darmstädter Gymnasiast. »Büchner würde heute CSU wählen«, behauptete im selben Jahr Martin Walser. Ein »Weltgenie«, das niemals log, dröhnte 1993 Wolf Biermann. Büchner, so muß aus all dem wohl geschlossen werden, *das sind wir selber*.

2.

»Das Leben wird ein Epigramm«, heißt es in »Danton's Tod«; »wer hat auch Atem und Geist genug für ein Epos in fünfzig oder sechzig Gesängen?« Als hätte er die Vorahnung eines frühen Todes gehabt, drängte Georg Büchner in seine drei letzten Lebensjahre nicht weniger als den Entwurf einer politischen Flugschrift, die sein Mitstreiter Weidig – und das war noch der gelindeste von dessen Eingriffen und Zusätzen im Manuskript – »Der hessische Landbote« betitelte, das Revolutionsdrama »Danton's Tod«, die Übersetzung zweier melodramatischer Schauspiele des französischen Starautors Victor Hugo und eine morphologische Abhandlung über die Nerven der Flußbarbe; im handschriftlichen Nachlaß fanden sich darüber hinaus noch das Lustspiel »Leonce und Lena«, das Fragment der Novelle »Lenz«, Bruchstücke eines bürgerlichen Trauerspiels, das wir unter dem vom Erst-Herausgeber Karl Emil Franzos hinzugefügten Titel »Woyzeck« kennen, sowie rund 600 Seiten philosophische Studien und Exzerpte insbesondere zu Descartes und Spinoza. Für manch anderen Schriftsteller ein ganzes Lebenswerk, wie es in Jahrzehnten entsteht.

Büchner aber war kaum 23 Jahre alt, als er an einer Typhus-Infektion starb.

Kein anderer deutschsprachiger Kulturschaffender ist mit einem vergleichbar bedeutenden Œuvre (und unausgesprochenen Versprechungen für Weiteres, noch Bedeutenderes) so jung gestorben: nicht Franz Schubert, nicht August Macke, nicht Trakl, nicht Heym. Und zugleich war dieser Georg Büchner, der mit der unerbittlichen Force des Anatomen die Bewegungsgesetze der Gesellschaft untersucht und die Schädelnerven der Fische erforscht hatte, ein Demokrat »in jedem Pulsschlag seines Herzens, in jedem Gedanken seines Hirns«, wie sein Freund und Weggefährte Wilhelm Schulz 1851 schrieb.

3.

Um sich Büchners Bedeutung für die deutsche Literatur klar zu machen, bedarf es sowohl einer Gewinn- als auch einer Verlustrechnung. Den Gewinn hat Hans Mayer vor Jahren einmal liebevoll ironisch als »Büchner-Bazillus« bezeichnet, mit dem gewiß jeder zweite deutsche Dichter geimpft ist. Kaum ein bedeutender Autor seit Gerhart Hauptmann und Frank Wedekind, der sich davon ausschließen könnte oder wollte. In neuerer Zeit spätestens bei der Vorbereitung ihrer Dankesrede zur Entgegennahme des Büchner-Preises nehmen sie das Gesamtwerk des Autors, das so bequem zwischen zwei Buchdeckel paßt, zur Hand, und dann lesen sie und sind hingerissen ... Georg Heym, Arthur Schnitzler, Robert Walser, Hugo von Hofmannsthal, Kurt Tucholsky, Erich Mühsam, Georg Trakl, Rainer Maria Rilke, Bertolt Brecht, Anna Seghers, Alfred Döblin, Friedrich Wolf, Max Frisch, Heinrich Böll, Elias Canetti, Peter Weiss, Paul Celan, Erich Fried, Karl Krolow, Friedrich Dürrenmatt, Christa Wolf, Volker Braun, Heiner Müller, Hans Magnus Enzensberger, Peter Rühmkorf: Sie alle sind legitime oder illegitime Erben und produktive Nachfahren dieses *prärealistischen Stürmers und Drängers aus dem deutschen Vormärz.*

Und der Verlust? Gewiß, es ist eine müßige Frage: Aber wäre es denn überhaupt vorstellbar, das soziale Drama ohne den bahnbrechenden »Woyzeck«, den Therese Giese als bedeutendste Tragödie in deutscher Sprache bezeichnete? Führte der Weg von Lessing, Schiller und Lenz auch ohne Büchner zu Wedekind, Hauptmann, Toller und Brecht? Und welches Revolutionsstück stünde denn statt »Danton's Tod« auf den Spielplänen des Welttheaters? Nicht zu reden von »Lenz«, dieser »Prosa aus dem 21. Jahrhundert«, wie Heiner Müller einmal formulierte. Auf den »Hessischen Landboten« haben sich Befreiungsbewegungen in aller Welt immer wieder als Vorbild berufen, und selbst in deutschen Landen, man erinnert sich, ist die Devise des »Hessischen Landboten«, »Friede den Hütten, Krieg den Palästen« gelegentlich zu hören, ob in der Hausbesetzerszene, in Wackersdorf oder beim Bau der Startbahn West; überall dort eben, wo politische, soziale oder ökologische Protestbewegungen entstehen.

Dabei war Georg Büchner von Berufs wegen weder Dichter noch politischer Publizist. Auch kein Arzt, was das erfolgreich absolvierte Studium der Medizin und Naturwissenschaften nahelegen könnte. Drei Monate vor seinem Tod, drei Wochen nach seinem 23. Geburtstag, habilitierte er sich in Zürich als Privatdozent an der Philosophischen Fakultät; im Wintersemester las er über vergleichende Anatomie. Der Akademiker als Autor und Partisan der Menschenrechte; Georg Büchner, ein Vorzeigebürger aus der deutschen Geistesrepublik. Wir haben nicht viele seines Kalibers im Land der Dichter und Denker.

4.

Vergessen, wenn nicht unterschlagen, wird gern, daß Büchner in allem, was als Höhepunkte seiner an Konflikten nicht gerade armen Biographie beschrieben wird, unterlag. Ein Scheitern in der Auseinandersetzung war es allerdings, und er resignierte deswegen nicht, im Gegenteil: Er plante für die Zukunft. Aber er vermochte sich zu Lebzeiten nicht durchzusetzen. Nicht als Radikaldemokrat, nicht als Dichter, nicht als Wissenschaftler:

Büchners Entwurf einer politischen Flugschrift wurde von seinem Mitstreiter Weidig bis zur Unkenntlichkeit verändert, so daß Büchner ihn nicht mehr als seinen Text anerkennen wollte und Weidig regelrecht »grollte«.

Sein dramatischer Erstling »Danton's Tod« wurde vom Verlagsredakteur vorzensiert und an rund 400 Stellen abgeschwächt und anderweitig verändert. Die anderen Dichtungen konnten, aus unterschiedlichen Gründen, erst nach seinem Tod erscheinen, »Woyzeck« erst vier Jahrzehnte später. Bis zur Jahrhundertwende waren Büchners Werke ausgesprochene Ladenhüter.

Die beiden von Büchner in Darmstadt und Gießen gegründeten Geheimorganisationen bestanden nur wenige Wochen, dann liefen entweder – wie in Gießen – die Mitglieder zu Konkurrenzorganisationen über, oder die Gruppe mußte – wie in Darmstadt – aufgrund verstärkter Polizeiüberwachung ihre Arbeit einstellen. Büchners politisches Modell, das er den hessischen Republikanern im Sommer 1834 auf einer Generalversammlung vorstellte, wurde mehrheitlich abgelehnt.

Selbst die berufliche Perspektive war alles andere als verheißungsvoll. Trotz einer herausragenden Doktordissertation hatte Büchner als Lehrbeauftragter in Zürich, der auf die Kollegiengelder seiner Hörer angewiesen war, ganze drei akademische Interessenten gefunden. Wovon er lebte und ferner leben wollte, wissen auch seine kenntnisreichsten Biographen nicht. Was sie wissen, ist, daß die Notwendigkeit, Selbständigkeit und Unabhängigkeit zu erlangen, Büchner zu einer beispiellosen und letztlich tödlichen Produktivität gezwungen hat.

Misere also auf der ganzen Linie. *Büchners Erfolg ist Nachruhm.* Man tut gut daran, das zur Kenntnis zu nehmen. Es geht keineswegs darum, Büchners Genie zu verkleinern. Aber wir brauchen auch keine Heiligenlegende. Die Legende ist der Feind der Wahrheit. Und: Welches menschliche Leben wäre denn nicht mit Irrtümern, Rückschlägen und Niederlagen behaftet? Mißt man das subjektiv Gewollte allein am objektiv Erreichten, erscheint die Frühgeschichte der sozialen Bewegung, in der auch Büchner seinen Platz hat, kaum anders als eine Kette von Mißerfolgen.

5.

Georg Büchner, der vom Großvater her noch den zweiten Vornamen Karl trug, kam am 17. Oktober 1813 im großherzoglich-hessischen Goddelau zur Welt. Der Vater war Chirurg im nahegelegenen Philipps-Hospital, die Mutter brachte noch weitere sieben Kinder zur Welt, von denen zwei früh starben. Unter Büchners Geschwistern ragen der materialistische Philosoph Ludwig Büchner und die Frauenschriftstellerin Luise Büchner hervor. Beide waren zu Lebzeiten weit berühmter als ihr großer Bruder Georg, der erst gegen Ende des Jahrhunderts in größerem Umfang wiederentdeckt wurde.

1816 siedelte die Familie in die Residenz Darmstadt über, wohin der Vater als Kreisarzt versetzt worden war und wo Georg Büchner das altsprachliche Gymnasium besuchte. Nach rund zehnjähriger Schulzeit schrieb er sich im Herbst 1831 an der Medizinischen Fakultät der Straßburger Académie ein. Er wohnte bei einem entfernten Verwandten, dem protestantischen Pfarrer Jaeglé, mit dessen Tochter Wilhelmine er sich im Frühjahr 1832 heimlich verlobte.

Fast zwei Jahre studierte Büchner in Straßburg. Vor seinen Augen vollzog sich ein sozialer Wandel, wie er ihn aus seiner hessischen Heimat noch nicht kennen konnte. In der elsässischen Metropole erlebte er modellhaft die wachsende Macht der neuen Geld-Aristokratie. Er war überzeugt, damit einen Blick in Deutschlands Zukunft getan zu haben, sollte es den demokratischen Kräften dort nicht gelingen, die Interessen der »kleinen Leute« gegen den Egoismus der liberalen Wirtschafts- und Finanzbourgeoisie durchzusetzen.

Im Herbst 1833 wechselte Büchner an die hessische Landes-Universität in Gießen. Doch die politischen und sozialen Verhältnisse, vor denen er die Augen nicht verschließen mochte, waren bedrückend. Einem Freund schrieb er: »Das arme Volk schleppt geduldig den Karren, worauf die Fürsten und die Liberalen ihre Affenkomödie spielen. Ich bete jeden Abend zum Hanf und zu den Laternen.«

In der Historie suchte Büchner Rat. Er vertiefte sich in die Lektüre der französischen Revolutionsgeschichte. Sie ließ ihn im Geschichtsprozeß einen »gräßlichen Fatalismus« walten sehen, einen ewigen Kampf zwischen Privilegierten und Unterdrückten. Jede durchgreifende Umwälzung mußte daher seiner Ansicht nach in erster Linie sozial orientiert sein; ihre Ergebnisse mußten jenen zugute kommen, die sie mit Waffen und Fäusten gemacht hatten.

Im Frühjahr 1834 zog Büchner aus seinen historischen Studien und einem ganz unsentimentalen Mitleiden, das ihn gegenüber den herrschenden Zuständen »rasend« werden ließ, praktische Konsequenzen und entschied sich für die politische Einmischung. Es war eine Entscheidung gegen die akademische Normalkarriere. Büchner wollte nicht als künftiger Arzt oder Hochschullehrer in Hessen wie ein »Knecht mit Knechten« im Dienst eines »vermoderten Fürstengeschlechts« stehen, wie er seiner Familie schrieb. Unter den damaligen Verhältnissen konnte die Zusammenarbeit mit der radikalliberalen außerparlamentarischen Opposition nur heimlich praktiziert werden.

Büchners Konzept war pragmatisch und ohne Selbsttäuschung. Er wußte, wie schwierig es war, die deutschen Bauern und Handwerker »aus ihrer Erniedrigung hervor⟨zu⟩ziehen«, und daß in Deutschland nicht der Massenaufstand die Regel war, sondern das Ertragen der »dumpfen Leiden«. Ansatzpunkt für die revolutionäre »Bearbeitung des Volks« waren nach seiner Ansicht Flugschriften, die auf eindringliche Weise die Ausbeutungsverhältnisse schilderten. Einem Freund vertraute er an: »Soll jemals die Revolution auf eine durchgreifende Art ausgeführt werden, so kann und darf das bloß durch die große Masse des Volks geschehen, durch deren Überzahl und Gewicht die Soldaten gleichsam erdrückt werden müssen. Es handelt sich also darum, die große Masse zu gewinnen, was vor der Hand nur durch Flugschriften geschehen kann.«

Zu diesem Zweck gründete Büchner in Gießen und Darmstadt zwei Sektionen einer revolutionären Geheimgesellschaft mit strikt republikanischer und egalitärer Zielrichtung und entwarf eine Flugschrift, die in Absprache mit einem der führenden hessischen Oppositionellen entstand, dem Schulrektor Friedrich Ludwig Weidig. Weidig war es, der dem Text den Titel »Der hessische Landbote« gab und ihn überdies aus taktischen Gründen vielfach abschwächte und auch tendenziell veränderte. Auf eine gemeinsame politische Strategie konnten sich Büchner und Weidig nicht einigen. Auch andere führende Oppositionelle meldeten Vorbehalte gegenüber Büchners radikalem Konzept an. Ja, im Kreis der Butzbacher Weidig-Schüler machte sogar das Wort von Büchners »Maratismus« und seinen »der Pöbelherrschaft allzu günstigen Ansichten und Grundsätzen« die Runde, womit der 20jährige Medizinstudent diskreditierend in die Nähe des französischen Revolutionsheros' Jean Paul Marat, des Anwalts der sozial Unterdrückten und Erniedrigten, gerückt wurde. Das war alles andere als ein schmeichelhafter Vergleich, denn Marat war insbesondere durch seine Aufforderung berüchtigt, solle die Revolution in Frankreich Erfolg haben, müßten als erstes 200 000 Anhänger des Ancien Régime guillotiniert werden.

Zwar hielt Büchner revolutionäre Gewalt für unverzichtbar. »Wenn in unserer Zeit etwas helfen soll, so ist es Gewalt«, schrieb er im Frühjahr 1833. Er sagte aber auch: »Ich bin kein Guillotinenmesser«, und für »Guillotinenromantik« hatte er offenbar ebenfalls nichts übrig. Er machte auch keinen Hehl daraus, daß er »die abgelebte moderne Gesellschaft zum Teufel gehen lassen« wollte. Seine politischen Hoffnungen gründeten allein auf dem vierten Stand, auf Bauern und Handwerkern. Sie sollten Träger und Garanten der sozialen Revolution sein. Ob seine Vorstellungen vom Volkscharakter deshalb von vornherein illusionär waren, weil sie, wie die Butzbacher Republikaner kritisierten, »nicht selten gegen die Wirklichkeit und Erfahrung anstießen«, oder ob sie vielleicht nur der Wirklichkeit voraus waren, weil keiner seiner Weggefährten so weit in die Zukunft denken konnte, sei dahingestellt.

Entscheidend für das Scheitern sowohl der Flugschriftenagitation als auch der Arbeit in den Verschwörerzirkeln war der Verrat durch einen verdeckten Ermittler der großherzoglichen Regierung. Nach den ersten Verhaftungen meldete sich später auch ein Kronzeuge zu Wort. Insbesondere Büchner war durch eine Denunziation schwer belastet. Doch weil der Untersuchungsrichter aus ermittlungstaktischen Gründen eine Verhaftung ablehnte, konnte Büchner im Spätsommer 1834 zunächst unbehelligt ins Elternhaus zurückkehren. Nachdem er sich innerhalb der hessischen Oppositionellen mit seinem ebenso radikalen wie pragmatisch-illusionslosen Konzept nicht durchsetzen konnte, war für ihn die Möglichkeit einer Revolution von unten in weite Ferne gerückt, ohne daß er seine Hoffnung auf eine Selbstbefreiung der Ausgebeuteten je aufgegeben hätte.

Unter dem Eindruck dieser Erfahrungen schrieb Büchner in den folgenden Monaten »Danton's Tod«, ein Drama von Shakespeareschen Dimensionen über die Machtkämpfe unter den Jakobinern in der Zeit der Großen Französischen Revolution. Die Konflikte der zerstrittenen Parteien sah Büchner mit als Ursache für das Scheitern der Revolutionäre. Und er sah darin auch die eigene Situation widergespiegelt. Darüber hinaus gilt für Büchners Erstlingsdrama, daß es, wie keine andere seiner Dichtungen, vom aufgehäuften Kapital seiner frühen Eindrücke, Leidenschaften und Interessen zehrt. Immer wieder brechen Spuren intensiver Jugendlektüre und des humanistischen Bildungsguts durch.

Unterdessen zog sich das Netz der polizeilichen Ermittlungen immer dichter zusammen. Anfang März floh Büchner nach Straßburg. Während in Deutschland sein Drama gedruckt wurde, warf er sich im französischen Exil auf philosophische und naturwissenschaftliche Studien, um sich in absehbarer Zeit eine Existenzgrundlage zu schaffen. Nebenbei übersetzte er zwei Theaterstücke Victor Hugos ins Deutsche.

Ab dem Sommer 1835 entstand eine Novelle über den Sturm-und-Drang-Dichter Jakob Michael Reinhold Lenz, in der Büchner eine extrem hohe Durchlässigkeit für eine fremde, ihm aber wahlverwandte Identität offenbart. Persönliche und literarische Auskünfte und nicht zuletzt der genius loci der elsässischen Metropole als dem früheren Sammelpunkt des Sturm und Drang brachten Büchner die Figur des unglücklichen Dichters nahe. In halbwahnsinnigem Zustand hatte sich Lenz, der einstige Goethe-Freund, fünf Jahrzehnte zuvor bei dem philanthropischen Pfarrer Oberlin im elsässischen Steintal aufgehalten. Mit der »Lenz«-Novelle betrat Büchner literarisches Neuland: Neu war die mitempfindende Darstellung einer schizophrenen Psychose, neu waren auch die am Rande mitformulierten Grundsätze einer anti-idealistischen Ästhetik. Doch die Novelle, Fallstudie eines künstlerischen, psychischen und damit auch sozialen Gratwanderers, wie sie eindringlicher nie geschrieben wurde, blieb unvollendet.

Im Sommer 1836 reichte Büchner bei der Hochschule in Zürich eine Abhandlung über das Nervensystem der Flußbarbe ein, wofür er wenige Wochen später den Doktortitel der Philosophischen Fakultät erhielt. Im Laufe dieses Jahres entstanden parallel zwei Dramen. In der satirischen Komödie »Leonce und Lena« ging Büchner, der ein Jahr zuvor seine Muse als verkleideten Scharfrichter bezeichnet hatte, bis an die äußersten Grenzen des Zumutbaren: Ohne Pathos und mit überlegenem Spott demonstrierte er die fragwürdige Legitimität des Systems, das er schon in seiner Flugschrift attackiert hatte. »Leonce und Lena« war ursprünglich als Wettbewerbsbeitrag zu einem literarischen Preisausschreiben des renommierten Cotta-Verlags vorgesehen. Doch Büchner verpaßte den Einsendeschluß um 48 Stunden und erhielt sein Manuskript ungelesen zurück.

Dramatisches Gegenstück zum »höfischen« Lustspiel ist die soziale Tragödie »Woyzeck«, mit der Büchner, erstmals in der Geschichte der europäischen Literatur, einen sozialen Außenseiter zur dramatischen Hauptfigur machte. Insbesondere sozialdemokratische Kritiker vermißten in der Gestalt des Woyzeck den von Büchner im »Landboten« bekundeten revolutionären Geist. Aber Büchner beging nicht den Fehler, aus seinen »Helden« Heroen zu machen. Er blieb auch hier Realist. Denn es ist bekanntlich eine Illusion, anzunehmen, daß die Armen in gewissem Sinn die besseren Menschen sind, nur weil sie Opfer sind. In Wahrheit sind diese Opfer in ihrem Leid zu ihresgleichen noch grausamer, und insbesondere zu denen unterhalb ihresgleichen: In der Pyramide der Qual lastet auf den untersten Steinen der stärkste Druck.

Auch »Woyzeck« blieb unvollendet.

Im Oktober 1837 siedelte Büchner als politischer Asylant der »Sonder-Klasse« nach Zürich über. Im November begann er als Privatdozent mit seinen Vorlesungen über vergleichende Anatomie. Doch mitten in einer Phase schöpferischer Anstrengung fiel er, dreiundzwanzigjährig, am 19. Februar 1837 einer Typhusinfektion zum Opfer, die er sich vielleicht bei der wissenschaftlichen Arbeit mit dem Skalpell zugezogen hatte. Es war das Ende eines schnellen, kurzen, dicht gefügten, außerordentlich schöpferischen Lebens, das offenbar keine Langeweile kannte, sondern nur Atempausen zwischen zwei Gewaltanstrengungen.

Friedrich Ludwig Weidig
Von Franz Josef Görtz

Man schreibt das Jahr 1834. Ein Abend im August. Am Selzertor in Gießen wird der Jurastudent Karl Minnigerode verhaftet, ein Sohn des Hessischen Hofgerichtspräsidenten. Er führe staatsgefährdende Schriften mit sich, war in der Nacht zuvor gemeldet worden. Man braucht nicht lange zu suchen: Teils in den Rock eingenäht, teils in den Stiefeln versteckt, finden sich 139 Exemplare einer Flugschrift, die sich »Der Hessische Landbote« nennt und in der man gelegentlich »den Beginn des deutschen Sozialismus« zu erkennen glaubte.

Zur gleichen Zeit sitzt in seinem Zimmerchen im Haus des Amtsmanns Bott zu Gießen, Seltersweg 46, einer der Komplizen des Verhafteten über seinen Lehrbüchern der vergleichenden Anatomie und der gerichtlichen Medizin. Als er erfährt, daß Minnigerode festgenommen worden ist, schnürt er sein Bündel und macht sich, »unter hellem Sternenhimmel, an dessen fernstem Horizonte ein beständiges Blitzen leuchtete«, wie er sich später erinnert, unverzüglich auf den Weg nach Offenbach. Dort war das Flugblatt gedruckt worden. Wenn die Verschwörer der Polizei zuvorkommen wollen, ist Eile geboten. Denn schon am darauffolgenden Tag liegt in Gießen ein Schreiben des Darmstädter Ministeriums des Innern und der Justiz vor, das den Medizinstudenten Georg Büchner als den mutmaßlichen Verfasser namhaft macht und den Untersuchungsrichter Georgi, einen der rabiatesten Vertreter der Staatsmacht in Hessen, anweist, ihn staatsgefährdender Umtriebe wegen auf der Stelle in Gewahrsam zu nehmen. Als der junge Mann nach vier Tagen zurückkehrt, sind sein Zimmer durchsucht, sein Schrank versiegelt, sein Schreibtisch in größter Unordnung.

»Was nennt ihr den gesetzlichen Zustand? Ein Gesetz,

das die große Masse der Staatsbürger zum fronenden Vieh macht, um die unnatürlichen Bedürfnisse einer unbedeutenden und verdorbenen Minderzahl zu befriedigen? Und dies Gesetz, unterstützt durch eine rohe Militärgewalt und durch die dumme Pfiffigkeit seiner Agenten, dies Gesetz ist eine ewige, rohe Gestalt, angetan dem Recht und der gesunden Vernunft, und ich werde mit Mund und Hand dagegen kämpfen, wo ich kann.« So hat er geantwortet, als seine Eltern ihm Anfang April 1833 vom fehlgeschlagenen Sturm einer Handvoll Revolutionäre auf die Militärwachen in Frankfurt Mitteilung machten. Wer Büchner also einen Revolutionär, einen Anarchisten, einen »libertären Frühkommunisten« nennen will, mag sich auf Verlautbarungen wie diese, mag sich auf den »Hessischen Landboten« und auf die in 36 Bänden dokumentierten Akten der Ermittlungen gegen die Rebellen um Büchner, Friedrich Ludwig Weidig und Leopold Eichelberg, berufen. Oder auf die Protokolle der Straßburger Studentenverbindung ›Eugenia‹, in der Büchner eine Zeitlang zu Gast war. Da tritt er uns, gerade achtzehn Jahre alt, so entgegen, wie sein Freund Alexis Muston ihn gezeichnet hat: mit wirr auffliegenden Haaren, kantigem Kinn, den Kragen hochgestellt – ein Mann der Tat, ohne Zweifel, und phantasievoll genug, sich gern zum Aufrührer, zum Umstürzler stilisieren zu lassen.

Davon ist Friedrich Ludwig Weidig weit entfernt. Gutmütig schaut er aus, friedfertig und verständnisvoll – wie ein Lehrer, der sich für alle verantwortlich fühlt, oder wie ein Pfarrer, der allen die Absolution erteilt. »Höflichkeit und herzliches Entgegenkommen, aufrichtiger Familiensinn, Schlichtheit und Einfachheit in der äußeren Erscheinung – das waren ungefähr die hauptsächlichsten äußeren und inneren Züge, womit sich der Mann mir damals darstellte.« Notiert einer seiner Zeitgenossen. Das Museum in der Butzbacher Michaeliskirche besitzt ein Porträt, das diese Sätze aufs anschaulichste zu illustrieren scheint.

Weidig ist zweiundzwanzig Jahre älter als Büchner, das

erste von vier Kindern eines Butzbacher Oberförsters. Seine Mutter übrigens, das soll nicht unerwähnt bleiben, war eine geborene Liebknecht. Sein Leben ist rasch nacherzählt: geboren am 15. Februar 1791 in Obergleen, Besuch der Butzbacher Lateinschule und des Gießener Pädagogiums, Studium der Theologie in Gießen, erst Konrektor, dann Rektor in Butzbach, Promotion zum Doktor der Philosophie, Heirat, Beurlaubung, Strafversetzung, Verhaftung, Freitod am 23. Februar 1837 im Darmstädter Gefängnis.

Dem noch am selben Tag zu Papier gebrachten Bericht des Medizinaldirektors Graff entnehmen wir: »Der Hals Weidigs zeigte, da er mit einer Binde nicht umwunden, und nachdem der um sein Kinn gezogene lange Bart zum Theil abgeschnitten worden war, eine über dem Kehlkopf befindliche, ziemlich tiefe, offene Wunde. Das Bett des Arrestaten war weit ausgebreitet mit Blut beschmutzt. Vor demselben auf dem Boden befand sich eine Quantität geronnenen Blutes und durch die Länge des Zimmers sah man dicht nebeneinander gedrängte Blutspuren, offenbar von den Füßen des Arrestaten, während derselbe im Zimmer hin und her ging, abgedrückt. Nach der Menge dieser Fußtapfen mußte man schließen, daß der Arrestat nach geschehener Verwundung noch häufig im Zimmer hin und her gegangen war.

Auf dem Bette des Inkulpaten, neben dem Körper desselben lag eine zu den Akten genommene große Glasscherbe, dem Anscheine nach von der zerbrochenen Wasserbouteille des Arrestaten genommen. Auch auf dem gerade oberhalb des Bettes befindlichen Bänkchen lag der Boden eines Arzneiglases. Beide Glasscherben waren mit Blut befleckt. An der rechts von der Thüre befindlichen Wand des Arresthauszimmers war eine mit Blut gefertigte, schwer zu lesende Schrift, deren Entzifferung vorbehalten bleibt.«

Ein entsetzlicher Tod, den die engsten Freunde Weidigs eine Hinrichtung nannten, das Ende einer Marter, die ein ungleicher Zweikampf war: zwischen einem menschenverachtenden, eifernden und geifernden Spürhund namens Georgi, der politische Häftlinge wie Weidig gern durchprügeln und in Ketten legen ließ – und einem aufrechten, einem radikalen Christen, in dem das Gießener Hofgericht, zweifellos Weidigs religiöser Prägung und seines pastoralen Naturells wegen, die »Seele der staatsgefährdenden Unternehmungen« im Großherzogtum Hessen-Darmstadt zu erkennen glaubte.

Völlig unangemessen scheint diese Charakterisierung nicht, wie uns der Publizist Wilhelm Schulz, einer seiner Weggefährten, glaubhaft versichert: »Seine männliche Unerschrockenheit, seine unerschütterliche Furchtlosigkeit wurzelte in dem lauteren Bewußtsein, daß er nichts für sich, daß er Alles nur für Andere wolle; daß sein ganzes Thun und Streben dem Heile des Vaterlandes, dem Glücke des Volkes geweiht sei. Ohne die geringste Hinneigung zur Frömmelei, ein Hasser und Verächter jedes heuchlerischen Scheins, war er ein wahrer Frommer, ein ächter Christ, in dem der Kern der Christuslehre, die hingebende und zu jedem Opfer bereite Liebe, That und Leben geworden war.« Soweit Wilhelm Schulz, der die amtlichen (und darum so nachdrücklich schockierenden) Befunde, Gutachten und Protokolle zum Tod Weidigs 1843 an die Öffentlichkeit gebracht hat.

Dieser Pfarrer, und darüber geriet sein Peiniger immer wieder außer sich vor Zorn, ist ein Überzeugungstäter, ein bekennender Revolutionär, der aus Menschenliebe Widerstand gepredigt, dem Umsturz das Wort geredet und von der Kanzel herunter zum Gebet für die politischen Gefangenen aufgerufen hat. Kein Schwärmer, auch wenn er sich als Dichter versuchte, mit einem emphatischen »Teutschen Waldlied« und einer feierlichen »Vaterlandsliebe«, auch mit »Thusneldas Klage« und »Siegfrieds Schwert« zu Buche schlug und Prosa verfaßte, der man nicht zu nahe tritt, wenn man sie als anrührend bezeichnet. In Bertelsmanns Literaturlexikon sind Friedrich Ludwig Weidig zwei respektvolle Spalten gewidmet: dem Redakteur des »Hessischen Landboten« und dem Justizopfer, dessen Tod das Aufsehen erregte, das man seinem Leben gewünscht hätte.

Früh hatte er sich in der Gießener Bruderschaft engagiert, als Lehrer in Butzbach 1814 die »Deutsche Gesellschaft« gegründet und den ersten Turnplatz im Großherzogtum Hessen eröffnet. Eine revolutionäre Tat, nicht minder strafbar wie die öffentliche Forderung nach politischer Freiheit und nationaler Einheit. Nicht ohne Grund, so der Weidig-Forscher Hans-Joachim Müller, setzte das von Preußen ausgehende Verbot den Turnsport mit demagogischen Umtrieben gleich.

»Jüngling' aus teutschem Blut,
Männer mit freiem Muth,
Stimmt an im Chor:
Hessen, ein grüner Zweig
Sei'st du der teutschen Eich'!
Schirm' Freiheit, Recht und Reich
Jetzt, wie zuvor!«

So lautete die letzte Strophe von Weidigs »Hessengruß«, 1831 in seinem »Teutschen Gesangbuch« veröffentlicht, das er den »am 1ten October 1830 unglücklich gewordenen Familien in Wölfersheim und Södel« gewidmet hat. Gemeint ist das Blutbad, das ein gegen »fremde Insurgenten« ausgeschicktes Dragonerregiment unter den Einwohnern des Dörfchens Södel anrichtete, weil man sie für Aufständische hielt. Weidig soll Augenzeuge dieses Gemetzels gewesen sein. Er war viel im Land unterwegs, machte Front gegen die Regierung, wurde bespitzelt, vorübergehend verhaftet, doch erst nach 49 Tagen wieder freigelassen – nicht nur die Seele des politischen Widerstands in Hessen, sondern einer seiner revolutionären Köpfe.

Was er dachte, gab er in mehreren Flugschriften zu Protokoll, zunächst im »Leuchter und Beleuchter für Hessen oder der Hessen Nothwehr«, später auch im »Hessischen Landboten«, den Büchner entworfen hatte und den Weidig Ende März, Anfang April 1834 in einigen Teilen umschrieb, redigierte, mit einem Titel versah und zum Druck befördern ließ.

Ein Jahr brauchte es, bis das Großherzogliche Hessische Ministerium des Innern und der Justiz dem mittlerweile von Butzbach nach Obergleen versetzten Pfarrer auf die Spur kam. Am 24. April 1835 wurde Weidig morgens zwischen vier und fünf Uhr in seiner Wohnung verhaftet und sofort dem Untersuchungsrichter in Friedberg vorgeführt. Aus dem Gefängnis in Friedberg wurde er im Juni nach Darmstadt gebracht. Die mit der Untersuchung beauftragte Kommission des Gießener Hofgerichts, Georgi an der Spitze, folgte ihm auf dem Fuße. Nach schwersten körperlichen Züchtigungen starb Weidig in seiner Zelle. Mit seinem Blut hatte er an die Wand geschrieben: »Da mir der Feind jede Vertheidigung versagt, so wähle ich einen schimpfl. Tod von freien Stücken.«

Ernst Elias Niebergall
Von Herbert Heckmann

Von Bogumil Goltz, der sich um die Physiognomik und Charakteristik des deutschen Volkes bemühte, stammt die Bemerkung über die kleinstädtischen Ideale, daß ihnen nicht »das Poetisch-Phantastische, sondern das schmierig und mierig Dämonische« eigen sei. Niebergalls Datterich hat diese Eigenschaft, wenn er auch weniger schmierig und mierig als listig machiavellistisch ist: Er unternimmt in bester Schmarotzermanier die abenteuerlichsten Kabalen, um seinen Daseinskampf zu bestehen. Von den paar deutschen Komödien, die ein Publikum begeistern und bewegen können, verdient der »Datterich« besondere Aufmerksamkeit.

Erschienen ist die Lokalposse, wie Niebergall seine Mundartkomödie nennt, wenig beachtet im Jahre 1841, die erste Aufführung fand wohl 1862 in Darmstadt statt und hatte großen Zuspruch. Dabei ist es geblieben. Mehr noch. Mit jeder Datterichaufführung steigen der Ruhm Niebergalls und die Kenntnis des Darmstädtischen Lebensgefühls, das ja so singulär gar nicht ist. Nachgerade einzigartig freilich ist die Begabung der Darmstädter, über sich selbst lachen zu können. Man muß den »Datterich« mehrmals gesehen haben, um die Besonderheit dieses Mundartstücks zu begreifen. Es reizt nicht nur zum Lachen, was in Deutschland schon etwas bedeutet, sondern verbindet die Komik mit dem Schicksal eines Charakters. Datterich ist ein armseliger Schnorrer, der seine ganze Phantasie aufbieten muß, um die existentiellen Notwendigkeiten wie Durst und Hunger befriedigen zu können.

Er ist ein Bürger auf der Schattenseite der Gesellschaft, ein Particulier, ohne ersichtlichen Beruf, ein genialer Lump und immerdurstiger Wirtshausgänger, der die Kunst, Schulden zu machen und davon zu leben, bis zur Vollkommenheit gebracht hat. Seine Lebensauffassung, die er dem verdutzten Steifschächter zum besten gibt, lautet kurz und bündig: »Bezahle, wann mer Geld hat, des is kah Kunst: awer bezahle, wann mer kahns hat, des is e Kunst, liewer Mann, un die muß ich erscht noch lerne.«

Über den »Datterich« hat man seinen Verfasser fast vergessen, der in seinem kurzen Leben wenig von sich hermachte. Weiter als zum geplagten Privatschullehrer hat er es nicht gebracht. Eine opportunistische Kämpfernatur war er nicht, wie sie zur Einführung in die bürgerliche Gesellschaft gehörte. Ernst Elias Niebergall wurde am 13. Januar 1815 als Sohn eines thüringischen Musikers, der in der Hofkapelle Klarinette spielte, und einer Darmstädterin geboren. Seine Eltern verlor er schon sehr früh, konnte jedoch die Schule mit Erfolg beenden, um siebzehnjährig ein Studium der Theologie zu beginnen. Ob er sich dazu berufen fühlte oder ob er lediglich eine Pfarrstelle im Hessisch-Darmstädtischen anzuvisieren suchte, die einen geruhsamen Lebensgang garantierte, wissen wir nicht. Bei knappster Kasse ist es ihm in Gießen gleichwohl gelungen, die Annehmlichkeiten des Studiums zu genießen. Er war wegen seines trocknen Humors sehr beliebt und wußte auch beim Trinken mitzuhalten, ein Säufer, wie es ihm brave Seelen nachsagten, war er nicht, in Gießen nicht und auch nicht später in Darmstadt. Wenn auch das Metternichsche System schwer auf der akademischen Jugend lastete, so galt doch der Politik an der Gießener Universität das größte Interesse, und ein jeder Student, der etwas auf sich hielt, hatte seine jakobinischen Träume. Niebergall war mit Georg Büchner befreundet, ohne jedoch, soweit wir wissen, sich dessen radikalen Ansichten anzuschließen. Aber auch er wurde ein Opfer der hysterischen Verfolgung. Man strengte ein Verfahren gegen ihn an und ließ ihn nicht zum Examen zu. So mußte Niebergall Gießen verlassen und fand in Dieburg eine Hauslehrerstelle, die ihm wenigstens ein bescheidenes Auskommen sicherte.

Schulden, die er als Student in Gießen gemacht hatte, versuchte er durch einige Novellen zu tilgen, die er bei der Frankfurter »Didaskalia« loswurde. Das Honorar wird dem künstlerischen Wert der Werkchen entsprochen haben. Besonders originell sind sie nicht. Sie entsprachen dem romantisch phantastischen Lesegeschmack der damaligen Zeit. Niebergall wußte das und machte sich selbstkritisch über seine Musenkinder lustig. Es muß diese übermütige Selbstironie gewesen sein, die ihn schließlich zum Lustspiel drängte. Natürlich hatte er mundartliche Vorbilder wie hauptsächlich den Frankfurter Carl Malss (1792-1848), den Verfasser des »Bürgercapitaine« und der Hampelmannpossen, den er in seinen Dialogen ausschlachtete.

1837 erschien zu Darmstadt sein erstes Lustspiel in vier Aufzügen: »Des Burschen Heimkehr oder Der tolle Hund«. Schon in Gießen hatte er damit begonnen und Szenen daraus seinen Kommilitonen vorgetragen. Knippelius steht im Mittelpunkt der Handlung, ein Studiosus, der keinen Gefallen an seinem Studium findet und sich wegen seines Mädchens für das Metzgerhandwerk entscheidet, das einen goldenen Boden hat, auf alle Fälle einen gesicherteren als es die akademische Laufbahn damals garantieren konnte. Niebergall selbst blieb dieser bürgerliche Ausweg aus der akademischen Misere verschlossen. Er war, wie Adolf Müller einmal bemerkte, »von feinerer, unglücklicherer Art«. Wenn auch die schwebende Untersuchung gegen ihn niedergeschlagen wurde und er schließlich doch noch sein Examen mit gutem Erfolg bestand, so gelang es ihm nicht, daraus Kapital zu schlagen. Er entschloß sich für den Lehrerberuf. Im Januar 1840 kehrte er in seine Heimatstadt Darmstadt zurück, um eine Lehrerstelle an der angesehenen Schmitzschen Privatschule zu übernehmen. Er lebte sehr zurückgezogen und kränkelte. Das Unterrichten muß ihm keinen großen Spaß gemacht haben. Seine Freizeit nutzte er für die Niederschrift des »Datterich«. Sonst hatte er kaum Umgang. Am 19. April 1843 starb er, ohne seinen »Datterich« auf der Bühne gesehen zu haben. Mag sein, daß manche Darmstädter sich in der Lokalposse porträtiert glaubten – so soll Datterichs Urbild, Friedrich Hauser, gedroht haben, dem Verfasser Arme und Beine entzweizuschlagen –, eins steht fest: Die Darmstädter mußten sich erst an den »Datterich« gewöhnen, bis sie Gefallen an dem Wiedererkennen ihres dramatischen Spiegelbildes fanden. Heute ist der Umgang mit ihrem Datterich für sie eine Selbstverständlichkeit geworden.

Niebergall verfolgte keine moralischen Absichten, wie es das alte deutsche Lustspiel tat. Er war nichts als ein unbestechlicher Beobachter, der das Komische menschlicher Beziehungen sicher erfaßte.

In idiomatisch sicherer Mundart allein aus dem Wesen der handelnden Gestalten herausgespielt, in genialer Laune, zutreffend in jeder Handbewegung und Mimik, enthält diese Lokalposse nichts als Tatsachen. Datterich, der mit seinen Intrigen keinen Erfolg hat, wird am Schluß zur tragischen Figur, keineswegs jedoch moralisch abserviert. Man kann ihn nicht einfach vergessen.

Die Geschwister Brentano

Von Henning Boetius

1.

Ein genauerer Blick auf das geschwisterliche Trio Clemens, Christian, Bettine Brentano offenbart, wie wenig eine Blutsverwandtschaft auch eine Verwandtschaft der Seelen und des Geistes sein muß, obwohl dies wenigstens für Clemens und Bettine, die beiden Genies der acht Kinder der Jugendliebe Goethes, Maximiliane Brentano, gewöhnlich behauptet wird.

Beginnen wir mit dem Ältesten, mit Clemens Wenzeslaus Maria, dem Dichter, dem Romantiker, dem Frommen, dem Spötter, dem virtuosen Wortspieler. Er gleicht einem ständig die Farbe wechselnden Chamäleon, das auch viel von einem Kamel an sich hat, einem mit unendlich vielen Hökkern allerdings. Unter jedem steckt ein Witz und der schöne Klang einer Gedichtzeile, auf der sich nicht reiten läßt. Geboren am 9. September 1778, in eine der wohlhabenden Frankfurter Kaufmannsfamilien hinein, erlebt er seine Mutter früh als 24jährige Schönheit, die zum Besitz eines 21 Jahre älteren Kaufmanns gehört. Der Vater hat schon eine Ehe hinter sich, er wird nach dem Tod von Maximiliane noch eine dritte beginnen. Das extreme Kontrastpaar dieser Eltern vermittelt dem kleinen Sohn jene geschwinde Rotation, die ihn bis zu seinem Tode am 28. Juli 1842 nicht zur Ruhe kommen lassen wird. Clemens identifiziert sich früh mit der Mutter, die in neunzehn Jahren Ehe 12 Schwangerschaften durchsteht, eine wahre Gebärmaschine. Der Vater ist ihm der Gegner, die Verkörperung des phallischen Rechenstiftes, des kalten Zeugers von Kindern und Geld. Clemens entkommt dem Dilemma einer unvereinbaren Elternwelt durch Flucht in Phantasiewelten wie sein Ländchen Vaduz auf dem Speicher des Elternhauses. Er wird als renitentes Kind und damit klassisches Produkt einer schizophrenen Elternkonstellation schon als Sechsjähriger zu einer Tante nach Koblenz abgeschoben. Der plötzliche Tod der geliebten Mutter – ihr erst siebenunddreißigjähriges Herz bleibt einfach stehen – ist für den pubertierenden 15jährigen ein Schock, von dem er sich nie mehr erholen soll. Clemens wird ein Scherbenprinz, wie er selbst von sich sagt.

Es ist Ironie des Schicksals, romantische Ironie natürlich, daß das Geld des Vaters, das jener im »Goldenen Kopf« im Sandweg, dem düsteren dreistöckigen Bürgerhaus ganz in der Nähe des Goethehauses, mit seinen Geschäften, seinen Gewürzen und Spezereien ansammelt – es sind ca. 1 Million Gulden(!) –, dem Sohn Clemens zeitlebens die Qual des Berufslebens erspart. Was der als tot verachtet, erhält ihn zugleich am Leben. Auch dies ein Grund zur Rotation: Geld ist die Geißel, die den Kreisel trifft und ihn immer weiter tanzen läßt. Der Kreisel gibt früh einen Brummton von sich. Lyrik vom Feinsten. Der Kreisel fällt nicht um, solange er sich um sich selbst dreht. Die Phantasiewelt auf dem Speicher, das Ländchen Vaduz mit seinen eigenen Gesetzen der Sprache, der Klänge, der Wortspiele verläßt er in Wirklichkeit nie mehr, auch wenn er bald in deutschen Landen herumzieht. Er wird ein großer Wortspieler, der Clemens, den manche bald Clemens-Demens nennen, Clemens, den Verrückten, den Harlekin, den Spinner, den Lebensuntüchtigen, der dennoch so unterhaltsam sein kann.

Ihn einen vernünftigen Beruf lernen zu lassen, gar zu hoffen, daß er ihn ausübt, das gleicht ungefähr dem Versuch, mit klarem Wasser zu töpfern. Zunächst hat nach dem Tod der Mutter der Vater das Wort: Der Fünfzehnjährige muß hinter den Ladentisch, Frachtbriefe kopieren. Das kann nicht gutgehen. Außerdem heiratet der Vater wieder, ein Mädchen, nicht viel älter als Clemens. Auch das kann nicht gutgehen. Erotische Widersprüche fördern die Fähigkeit des jungen Mannes, sich aus den Verhältnissen wegzustehlen in Sprachwelten hinein, in eingebildete Liebesgeschichten. Clemens, ein oraler Mensch, verflüssigt bis ins Innerste, ein Quecksilbertropfen, der sich bei jeder Berührung mit der Realität zerteilt. Der Vater schickt ihn zur Lehre nach Thüringen, auch das geht nicht gut. Dann stirbt der Erzeuger. Sein Sohn aus erster Ehe, Franz, eine solide Kopie des Alten, wird Clemens' Vormund und schickt das mißratene Irrlicht nach Halle als Studiosus ausgerechnet der Nationalökonomie. Natürlich eine Katastrophe, ebenso wie der zweite Versuch, Vernunft in diesen Windbeutel zu blasen: ihn in Jena Medizin studieren zu lassen. Clemens fühlt sich inzwischen frei, er ist elternlos, biologisch jedenfalls, ein Einzelkind von eigenen Gnaden, besser, eine Einzelwaise, trotz der vielen Geschwister, und er ist innerlich offen für eine Neugeburt: Als Dichter will er jetzt auf eine gedichtete Welt. Das Milieu in Jena ist höchst günstig für diese Reinkarnation des Herrschers von Vaduz. Es gibt grandiose Statthalter des Denkens und der Poesie hier. Die Schlegels, Tieck, Novalis. Aber sie nehmen den Neuling nicht besonders wahr. Clemens, der weiche, der unsichere, der weibliche, gewöhnt sich daraufhin eine narzißtische Verteidigungsstrategie an, die er bis zu seinem Tode beibehalten wird: boshafter Witz, das treffsichere Florett einer spitzen Zunge. So hält er sich die Leute vom Leibe. Sie sollen nicht in ihn hineinsehen, in seine Inzestphantasien, in sein Vaduz.

Die Kunst- und Lebenstheorie der Romantik ist ganz nach seinem Geschmack. Statt Wahrheitssuche endlose Spiegeleien der Ironie, die Verwirklichung der Einheit von Leben und Dichten an Stelle einer Vernunftehe von Gelderwerb und Freizeitgestaltung, freie Liebe statt Ehe, schillernder Witz statt langweiliger Tiefe. Antiphilister zu sein, dabei fühlt er sich wohl, da entfaltet er plötzlich seine von Versen geschmückten Schmetterlingsflügel. Er schreibt den »Godwi«, einen Roman als Manifest flüssigen Empfindens und Redens, das die Gattung sprengt. Und er spielt wie nie zuvor mit den Insignien der Liebe. »Mein Herz ist ein Boudoir, das durch die Wendeltreppe meiner Launen mit meinem Kopf zusammenhängt«, schreibt er, die büchnersche Sprache vorwegnehmend. In dieses Boudoir läßt er ausgerechnet die acht Jahre ältere, verheiratete Professorengattin und Erfolgsautorin Sophie Mereau hinein. Aus dem Geplänkel wird Ernst. Clemens ist bei dieser selbstbewußten Frau an die Grenzen seiner Gestaltungsmöglichkeiten geraten, was das Menschenspiel anbelangt. Sophie gibt ihm nämlich, des Geplänkels müde, einen Korb, den Clemens augenblicklich mit fanatischer Sehnsucht füllt.

Er gerät völlig aus der Balance, fleht, beschwört die Geliebte brieflich, bis er 1803 in den Hafen der Ehe darf. Clemens sitzt in der Falle. Er liebt seine Frau. Ist sie nicht seine Mutter? Oder ist sie nur die erste, die nicht der Schatten der Mutter verdunkelt? Aber Clemens als treusorgender Ehemann? Das Schicksal übernimmt die Regie und sorgt wieder für eine neue tragische Einheit von Leben und Dichtung. Sophie bekommt drei Kinder. Alle sterben kurz nach der Geburt. Das dritte nimmt die Mutter mit ins Grab. Oktober 1806. Dies Datum ist die eigentliche Zäsur in Clemens' Leben, nicht die spätere Rückkehr in den Schoß der Kirche, wie oft behauptet wird. Da wechselt er nur das Kostüm, streift sich die Mönchskutte über das Harlekinskleid, ohne dies abzulegen.

Nach Sophies Tod ist Clemens im Leben wie im Dichten uferlos, er treibt, er dümpelt. Und er verfaßt seine schönsten Verse aus dem Brunnen eines abgrundtiefen Schmerzes. »Ich bin durch die Wüste gezogen / Des Sandes glühende Wogen / Verbrannten mir den Fuß ...«

Als einer der ganz wenigen schafft er es, der deutschen Sprache den Hang zum Begrifflichen auszutreiben. Ihm gelingt zuweilen das fast Unmögliche: den Begriff zu poetisieren, so in Klang, in Gesang zu verwandeln, daß er sich selber entschlüpft. Natürlich sind derartige Highlights auch bei ihm sehr selten. Oft läßt er nur fleißig die Versmühle klappern, verliert er sich in Reimexperimenten, suhlt sich in Gattungen, die ihm nicht liegen, wie dem Drama. Was die Frauen anbelangt, so entwickelt er eine erstaunliche Virtuosität, sein Herz an die extrem Ungeeigneten zu hängen. Fast wirkt es wie die Regie eines Verstandesherzens. Er will eben nicht mehr. Auf gar keinen Fall richtige Liebe. Da er genügend Geld hat, bleibt ihm das Schicksal eines Lenz, eines Hölderlin erspart. Er muß nicht in den Irrsinn flüchten, ihm reicht die Exaltation, die fast pervers zelebrierte Frömmigkeit. Sie kanalisiert sein flüssiges Dasein eine Weile. Aber darunter brodelt es, ist das Chaos der Gefühle, der Strudel Sehnsucht nach dem Ländchen Vaduz der alte geblieben.

Clemens lebt ein Vagabundenleben. Das gilt für die armseligen Buden, in denen er körperlich haust, genauso wie für die Schlösser seiner großen Amouren, in denen er seelisch residiert. Er inszeniert eine romantische Entführung und Heirat mit der Bankierstochter Auguste Bußmann. Er flüchtet nach Berlin, arbeitet kurz mit Kleist zusammen an dessen ›Abendblättern‹, er brilliert mit seinen Philistersatiren in der Christlich-Deutschen Tischgesellschaft, ein echter Stadtliterat, der keine Tabus kennt. Dann flüchtet er nach Böhmen auf das herabgewirtschaftete Landgut der Familie in Bukowa. Er produziert sich als Landmann, schreibt gewaltige, ungenießbare Bühnenepen wie die »Gründung Prags«, flüchtet nach Wien, um dort mit nationalen Stücken als Theaterdichter zu reüssieren, was natürlich prompt danebengeht. Nach einer selbstinszenierten Inspirationskrise geht er zurück nach Berlin, kommt in katholisch-konservative Kreise, wird von der bayerischen Erweckungsbewegung erfaßt, verliebt sich wieder einmal glücklos in ein Fräulein Hensel aus diesen Kreisen, legt 1816 die Generalbeichte ab und stürzt sich in das Abenteuer eines Erbauungsschriftstellertums, wobei er jahrelang am Krankenbett der stigmatisierten Nonne Katharina Emmerick sitzt, um ihr seine biblischen Visionen von Jesus zu suggerieren. Er ist ein Voyeur in der falschen Richtung, denn er sieht mehr aus sich hinaus, als er vom Draußen mitbekommt.

Fortan gilt Clemens als ein Mitglied der katholischen Propaganda. 1833 erscheint das Ergebnis seiner Emmerickphase: »Das bittere Leiden unsers Herrn Jesus Christus.« Clemens geht nach München und taucht im deutsch-national-katholischen Umfeld des Görreskreises auf. Natürlich garniert er sich mit einer neuen einseitigen Liebe zur frommen Malerin Emilie Linder.

Aber nicht nur Frommes erscheint im Druck. Brentano, der sich ein Leben lang schwer tut mit der unromantischen Praxis des gedruckten Buches, läßt 1837 das »Große Gokkelmärchen« erscheinen. 1841 publiziert er eines seiner größten Gedichte, den »Frühlingsschrei eines Knechtes aus der Tiefe«. Er schrieb es bereits 1816 während seiner Liebesleiderfahrung mit Luise Hensel. Es ist typisch für ihn, daß seine in deutscher Sprache konkurrenzlosen lyrischen Meisterwerke von Anfang an ihre eigene Zeitlosigkeit entwickelten. Er publiziert sie am liebsten, indem er sie im Freundeskreis vorsingt oder reinschriftlich in Briefen versendet. Clemens, der Sänger, das ist er bis zum Schluß. Wahrlich, ein echter Minnesänger, lebens- und liebesuntüchtig, aber von rauschhafter Sprachsexualität.

1841, als es ihm körperlich immer schlechter geht, entsinnt sich der inzwischen vom Wein- zum Biertrinker Konvertierte alter Familienbande. Er flüchtet nach Aschaffenburg und stirbt dort im Hause seines jüngeren Bruders Christian.

Wie sieht es mit der Wirkungsgeschichte aus? Nicht gut und somit ganz im Sinne des guten Clemens, der weltlichen Dichterruhm auf den Teufel nicht mochte. Zu seinen Lebzeiten war die Volksliedsammlung »Des Knaben Wunderhorn« seine bekannteste Arbeit. Es war mehr als eine Sammlung, viele Texte hat er überarbeitet oder einfach simuliert, dieser geniale Fälscher und Wortakrobat. Bekannt wurden auch seine artistischen Märchen. Seine bedeutendste Hinterlassenschaft, die Gedichte, sind hingegen bis heute viel zu wenig beachtet. Teilweise liegen sie noch in Stahlschränken verborgen, teilweise wurden sie von den Erben zensiert. Bruder Christian spielte hier eine unschöne Rolle. Man sollte jedoch hoffen, daß Meisterwerke wie das Gedicht »Was reif in diesen Zeilen / Was lächelnd winkt und sinnend fleht / Das soll kein Kind betrüben . . .« eine Renaissance erleben werden, die diesen neben Hölderlin bedeutendsten Lyriker der deutschen Literaturgeschichte endlich aus dem Ghetto der Kennerschaft befreit.

2.

Bruder Christian, geboren am 24. Januar 1784, ist fünf Jahre jünger als Clemens. Während dieser in allem halb ist, ist es Christian sogar nur viertel. Er ist begabt, aber es langt zu nichts richtig. Er dilettiert als Zeichner, als Dichter. Auch er scheitert wie Clemens am Studium, wird 1808 von der Familie nach Böhmen geschickt, um dort das Gut Bukowan zu verwalten. Eine Pleite im Sinne des Wortes. Laut Clemens benimmt sich Christian dort wie eine Art Oblomow. »Er liegt stumm von innerem Verdruß auf dem Sopha halbe Tage lang.«

Nach dem Verkauf des Gutes kehrt Christian nach Frankfurt zurück. Er hat harmlose Komödien geschrieben, und nun sucht er mit seiner offenbaren, inneren Leere bei der Erweckungsbewegung um den Arzt Ringseis Zuflucht. Er zieht Clemens nach unter die schwarzen Rockschöße der Katholizität, bringt ihn auch auf den Emmerick-Trip. Anders als Clemens aber erweist sich Christian von einer gewissen physischen Mobilität. Er geht tatsächlich nach Rom und studiert jahrelang Theologie. Aber den Schritt zum Priester wagt er nicht. 1827 kehrt er an den Rhein zurück und lernt dort seine Frau Emilie Genger kennen, die eine Mädchen-Klosterschule leitet. Auch hier offenbart sich der Unterschied zum älteren Bruder. Christian ist, wenn auch nicht gerade liebes-, so doch höchst ehetauglich. Seine Söhne, Franz und Lujo, gedeihen prächtig, werden große Männer der Geistesgeschichte. Der Vater ist anscheinend sogar geschäftstauglich und übernimmt die Regie auf der Klosterschule. Doch die schöne, romantische Gegend am Rhein ist damals preußisch. Das macht Christian mit seinen bayerisch-katholischen Verbindungen der Regierung verdächtig. Er weicht unter großen finanziellen Verlusten nach Aschaffenburg aus. Hier kultivieren die beiden Elternteile ihr Familienleben. Christians einzige Leidenschaft: die Spekulationen mit Immobilien. Auch darin dilettiert er erfolglos. Sein frühzeitiger Tod am 27. Oktober 1851 soll im Zusammenhang mit großen Fehlspekulationen stehen.

Bedeutung für die Nachwelt hat Christian nur als Herausgeber der Gesammelten Schriften seines Bruders. Er ist der Erbe. Die editorische Arbeit leisteten seine Frau Emilie und deren Freund, der Gymnasiallehrer Joseph Merkel. Beide versuchen mit nicht geringem Fleiß, aus der chaotischen Hinterlassenschaft des labilen Clemens ein respektables Werk zusammenzustellen, die neunbändige Ausgabe der Gesammelten Schriften. Ein bißchen gerät es zum gedruckten Mausoleum. Clemens ist eben nicht klassikerfähig, trotz Goldschnitt und Lederrücken.

3.

Kommen wir zur Jüngsten der drei Geschwister. Bettine wird am 4. April 1785 im Haus »Zum Goldenen Kopf« in der großen Sandgasse geboren. Sie ist weder halb noch viertel, sie ist ganz. Und sie ist ein wahrer Profi des Daseins. Ihre Lebenstüchtigkeit erweist sich nicht zuletzt daran, daß sie Moden und Epochen überlebt, daß sie trotz sieben Kindern und seelischer Katastrophen wie dem Tod ihres Mannes

Achim von Arnim fast fünfundsiebzig Jahre alt ist, als sie am 20. Januar 1859 stirbt.

Bettine von Arnims großes Lebenstalent zeigt sich auch darin, daß sie als Schriftstellerin einen größeren Erfolg hat als ihr älterer Bruder, ohne über dessen sprachliche wiewohl destruktive Genialität zu verfügen. Bettine ist kein dichtendes Originalgenie, sie ist überhaupt keine Dichterin, sie ist eine Schriftstellerin. Hier wird der Unterschied wirklich einmal greifbar. Anfangs ist das Mädchen vom Mignontyp ganz im romantischen Sprachhimmel der kühnen Metaphern und der rauschenden Klangflüsse ihres Bruders gefangen. Der »entdeckt« die kleine Schwester, als er in der Jenaer Krise steckt, verliebt in Sophie Mereau, narzißtisch gekränkt, da seine Dichterei in Jena kaum wahrgenommen wird. Und er macht Bettine sogleich zu seiner Busenfreundin. Sie schreiben sich Briefe, inzestuöse kleine Melodramen. Clemens befleißigt sich dabei der ihm völlig unangemessenen Rolle des vernünftelnden Lebensratgebers. Bettine gelingt es schnell, den von Naturmystik und Wortspiel geprägten romantischen Sprachton meisterlich zu beherrschen. Das zeigt auch noch der von ihr 1844, zwei Jahre nach dem Tode des Bruders, veröffentlichte und ihm ins Grab nachgeworfene »Frühlingskranz aus Jugendbriefen von ihm geflochten«. Geflochten hat den Kranz jedoch sie. Sie bearbeitete die Briefe nämlich so, daß ein richtiger Briefroman entsteht, ein deutscher Höhepunkt dieser damals so beliebten Gattung. Inhalt ist nicht nur die brillante Sprache, sondern auch die kontinuierliche Selbstbefreiung eines Mädchens von der Dominanz des Bruders, ein Selbstfindungsprozeß, der im weitesten Sinne in den Kontext der Geschichte weiblicher Emanzipation gehört.

Bettine schreibt noch zwei andere ähnlich bedeutende »Briefromane«. Den Günderrode-Roman (1840), in dem sie ihre Briefe mit der weniger durch ihr Werk als durch ihren Selbstmord berühmten Poetin vermarktet. Und das dreibändige Werk »Goethes Briefwechsel mit einem Kinde« (1835), ein herbstlicher Kranz, in dem sie hauptsächlich ihre Briefe an den Olympier bearbeitet, erweitert, romanhaft gestaltet, nebst einem fingierten Tagebuch, das den dritten Band bildet. Entstanden ist dabei ein Meisterwerk edelster Kolportage. Nicht das allein ist schon bemerkenswert. Bettine schafft es auch, jenen Kokon aus Poesie, Selbstmitleid, Weltflucht und Religiosität abzustreifen, in den sich ihr Bruder Clemens verpuppt hatte. Sie schlüpft als ein von aller Welt bewunderter Schmetterling, nicht flatterhaft allerdings, sondern von erstaunlicher Flugruhe. Sie nimmt Partei, sie riskiert politische Positionen. Zunächst jedoch versucht sie dem oft abwesenden, zur Schwermut neigenden Achim von Arnim eine gute Ehefrau zu sein, gut nicht nur im Gebären gesunder Kinder – sie verfügt offenbar über eine prächtige Konstitution –, sondern auch im Sinne einer fleißigen Wirtschafterin, die sich vital dessen heruntergekommenem Besitz, des Hofgutes Wiepersdorf, annimmt. Bettine bleibt zugleich Paradiesvogel genug, um in der Geisteswelt bemerkt zu werden, ja eine zunehmend wichtige Rolle zu spielen. Natürlich neigt sie dazu, sich mit fremden Pfauenfedern zu schmücken, mit denen Goethes und Beethovens zum Beispiel, natürlich neigt sie dazu – verständlich aus ihrer kaufmannsväterlichen Herkunft –, sich geistige Überväter zu suchen. Aber nach Arnims Tod 1831 wird sie mehr und mehr zur autarken Institution, die sich z. B. mit den Zensurhanswursten anlegt, die unter anderem ihren Frühlingskranz rupfen wollen. Sie wird zu einer wichtigen Figur des Vormärz, zeigt mehr und mehr politisches Profil, sucht über den preußischen König Einfluß zu nehmen zugunsten inhaftierter Oppositioneller. Wir würden Bettine heute »kämpferisch linksliberal« nennen. Eine deutsche George Sand. Nebenher produziert sie Märchen, vertritt weiter aktiv Positionen der vom Zeitgeist überholten Romantik. Sie ist eine der ersten weiblichen Intellektuellen, konkurrenzlos in Deutschland. Bewundert, geschmäht, gefürchtet, belächelt, bleibt sie sich selber treu. In einer Zeit wachsender sozialer Spannungen – manifest geworden u. a. im Weberaufstand – nimmt sie als engagierte Sachbuchautorin Stellung und versucht z. B. mit einem Werk, das den geschickten Titel »Dies Buch gehört dem König« trägt, direkten Einfluß auf Friedrich Wilhelm IV. zu nehmen. Das Problem der Armut beschäftigt sie praktisch und theoretisch. Vorklänge marxistischer Thesen mischen sich mit dunkel-apokryphen Visionen. So nimmt sie eine Zwischenstellung zwischen den Epochen ein. Vielleicht geht dies auf Kosten der literarischen Qualität ihrer Arbeit, aber wie keine Frau und kaum ein Mann sonst wird sie zur Personifikation der literarischen Existenz zwischen politischer Realität und dem Pathos sprachlicher Selbstverwirklichung, und als solche wird sie auch nicht vergessen werden.

Charlotte Heidenreich, genannt von Siebold

Von Birgit Spielmann

Charlotte Siebold, geborene Heiland, war aufgeregt, aber nicht ängstlich. Sie hatte diesen Tag, den sie sich erkämpfen mußte, herbeigesehnt. Heute, am 26. März 1817, würde sie ihre Doktorthesen verteidigen. Die Universität Gießen hatte ihr ursprünglich den Doktortitel allein aufgrund der schriftlichen Arbeit zukommen lassen wollen, ohne öffentliche Disputation. Doch das hatte Charlotte Siebold abgelehnt. Sie wollte eine ordnungsgemäße Prüfung.

Die Geburtshilfe war der am 12. September 1788 in Heiligenstadt Geborenen bereits seit Kindesbeinen vertraut. Denn ihr Stiefvater Damian von Siebold, den die Mutter Josepha 1795 geheiratet hatte, praktizierte als Arzt und Geburtshelfer. Ihre Mutter erlernte nach der Eheschließung ihrerseits auch die Hebammenkunst in Würzburg, und

1807 – da war Charlotte bereits neunzehn Jahre alt – legte Josepha die Prüfung vor dem Collegium Medicum in Darmstadt ab. Sechs Jahre später durfte sie aufgrund eines Zeugnisses der Darmstädter Regierung ihren Ehegatten auch in der Hebammenausbildung unterstützen und die Pockenschutzimpfung durchführen. Und knapp zwei Jahre darauf, am 6. September 1815, wurde Josepha von Siebold zur Ehrendoktorin in arte obstetricia ernannt.

Tochter Charlotte hingegen wollte, neben der Unterweisung durch ihren Vater und ihre Mutter, studieren. In Göttingen besuchte sie Privatvorlesungen. Bei Johann Friedrich Blumenbach hörte sie Zoologie, vergleichende Anatomie und Anthropologie, bei Konrad Johann Martin Langenbeck bildete sie sich in Anatomie und Chirurgie und bei Friedrich Benjamin Osiander in Geburtshilfe. Osiander war, trotz – oder vielleicht auch wegen – seiner Arroganz, in seinem Fach eine Berühmtheit. Er war der bedingungslose Verfechter des Einsatzes der Geburtszange. Eine Ansicht, mit der Charlotte Heidenreich nicht übereinstimmte. In ihrer Doktorarbeit »Ueber Schwangerschaft außerhalb der Gebärmutter und über eine Bauchhöhlenschwangerschaft insbesondere« sprach sie sich deshalb auch gegen den zu häufigen Gebrauch der Zange aus.

Als ihr Vater wegen der Promotion in Gießen angefragt hatte, war die Aufregung groß gewesen. Zunächst hatte der Dekan versucht, die Sache zu umgehen, da Charlotte ja schon in Darmstadt auf ihre Eignung als Geburtshelferin geprüft worden sei; ein anderer Punkt war, ob die Doktorwürde mit oder ohne irgendwelche Beschränkung zu erteilen sei. Diesbezüglich hatte die Kandidatin selbst angegeben, daß es ihr nur um die Geburtshilfe ginge. Außerdem waren tatsächlich Überlegungen laut geworden, ob die öffentliche Disputation nicht gegen den Anstand verstoße. Professor Carl Wilhelm Christian Müller etwa vertrat den Standpunkt, daß dies wegen der Materie für ein Frauenzimmer contra decorum sei.

Charlotte freute sich, daß sich die Universität Gießen, trotz aller Widerstände, zur öffentlichen Prüfung durchrang. Als sie den Prüfern schließlich ruhig und kenntnisreich Antwort stand, hatte sie den Eindruck, ihre Sache gut gemacht zu haben. Wie gut, das konnte sie kurz darauf in einem Bericht, den ein Fakultätsmitglied verfaßt hatte und den gleich mehrere Zeitungen abdruckten, nachlesen. Dort hieß es: »Fräulein Charlotte Heiland, genannt von Siebold, eine Schülerin Osianders und der Gelehrten-Familie, deren Namen sie trägt, nachdem sie als Geburtshelferin auf eine ehrenvolle Weise in der Residenz Darmstadt privilegiert worden war, unterwarf sich dem Fakultätexamen und betrat darauf den Katheder, um ihre Thesen öffentlich zu verteidigen. Sie zeigte dabei einen solchen Umfang von gründlich wissenschaftlichen Kenntnissen, solche Ruhe und Besonnenheit, daß sie sich den allgmeinen Beifall der Sachverständigen und eines Auditoriums von Tausenden erwarb.«

Zu Dr. Charlotte Heiland kamen nun noch mehr Schwangere, die ihre Dienste in Anspruch nehmen wollten. Ihr Ruf reichte bald weit über Darmstadt hinaus. So leitete sie 1818 die Geburt des späteren Herzogs Ernst von Sachsen-Coburg-Gotha. Und ein Jahr später begleitete sie die hochschwangere Herzogin von Kent nach England. Ein gewagtes Unterfangen, denn in sechs Wochen stand die Niederkunft bevor. Aber das Kind sollte, da es wahrscheinlich Thronanwärter werden würde, unbedingt auf englischem Boden zur Welt kommen. Deshalb mußte der mühsame Weg von Amorbach nach London angetreten werden. Zwar war die Reise wegen der schlechten Straßen- und Wetterverhältnisse abenteuerlich, aber am 24. Mai 1819 erblickte Victoria gesund das Licht der Welt. Das kleine Mädchen sollte achtzehn Jahre später als Queen Victoria den englischen Thron besteigen.

Obwohl Charlotte, nachdem sie aus London zurückgekehrt war, wieder nach Coburg gerufen wurde, um auch bei der Geburt des zweiten Kindes der Herzogin von Sachsen-Coburg dabei zu sein, hatte sie nicht vor, sich auf die reiche Klientel zu beschränken. Die Unterstützung der Frauen aus armen Bevölkerungskreisen war ihr wichtiger. Da der Zustand der öffentlichen Hospitäler häufig beklagenswert war, veranstaltete Charlotte 1823 eine Sammlung bei Freunden und Bekannten. Mit dem Geld konnte das Darmstädter Bürgerhospital durch einen Erweiterungsbau, der 1829 eingeweiht wurde, von 36 auf 126 Betten aufgestockt werden.

In das Jahr 1823 fiel auch die öffentlich geführte Auseinandersetzung mit einem Kollegen, Georg Christian Freiherr von Wedekind, der ihr vorwarf, den Tod eines Kindes verschuldet zu haben. Wedekind war der Ansicht, daß eine rechtzeitige Wendung und eine durch künstliche Hilfe beschleunigte Entbindung das Leben des Kindes hätte retten können. Charlotte ging offensiv mit der Beschuldigung Wedekinds um und ließ eine sechzehn Seiten starke Darstellung ihrer Sicht des Falles drucken. Ihrem Ruf als hervorragende Ärztin tat dieser Vorfall keinen Abbruch. Sie wurde weiterhin in Fürstenhäuser gerufen und entband auch die wohlhabenden Bürgerinnen im nahen Frankfurt.

1829 heiratete Charlotte Heiland, genannt von Siebold, den Militärarzt August Heidenreich. Sie war zu diesem Zeitpunkt einundvierzig und er siebenundzwanzig Jahre alt. Zunächst lebten sie in einer Wohnung der Siebolds in der Louisenstraße 30, später im eigenen Haus in der Waldstraße 19. Auf die Arbeit Charlottes hatte die Heirat keinen Einfluß.

Am 21. Januar 1845 reichte Charlotte beim Großherzog ein Gutachten ein, um die Gründung eines geburtshilflichen Instituts zu erreichen. Sie führte darin aus, daß »auf dem Lande die Armen nur zu häufig eines Bettes (entbehren) und auf der Erde (liegen), so daß es meinem Manne in der Nähe der Residenz geschah, daß er einen Kartoffelhaufen, der in der Stube war, zum Lager verwenden mußte, um die Zange anwenden zu können. Wie es dem Geburthelfer, der die Gefahr kennt und gerne helfen möchte, dabei zu Mute ist, kann sich jeder Gefühl habende, an Reinlichkeit gewöhnte Mensch leicht denken.« Charlotte Heidenreich wollte nicht nur kurz-, sondern auch längerfristig helfen. Sie sann darauf, den Armen, die in dem zu gründenden Institut betreut werden sollten, auch möglichst eine Arbeit in Aussicht stellen zu können.

Charlottes Mutter Josepha gab, je älter sie wurde, immer mehr Arbeit an ihre Tochter ab; und als sie am 28. Februar 1849 starb, hatte Charlotte ihre Praxis bereits in weiten Teilen übernommen. Charlotte Heidenreich, genannt von Siebold, geborene Heiland, überlebte ihre Mutter um zehn Jahre. Sie starb am 8. Juli 1859 mit einundsiebzig Jahren und wurde im Familiengrab der Siebolds auf dem Alten Friedhof in Darmstadt beerdigt. Das »Darmstädter Tagblatt« würdigt sie in seinem Nachruf als eine Frau, »der die Krone der edelsten Aufopferung gebührt. (...) Als Tochter, als Gattin, als Freundin und Beschützerin alles Guten steht sie als Leitstern im Leben da – kein Herz ging ungetröstet, keine Bittende ungehört von ihr, denn was zu leisten war, erschöpfte sie bis zum Grunde – Fürstin und Bäuerin wurden mit gleichem Pflichtgefühl von ihr behandelt; ihr war der Stand eine untergeordnete, der Menschheit zu dienen die Hauptsache.«

Darmstadts Frauen wollten es bei dieser Würdigung nicht belassen, sondern gründeten zur Unterstützung armer Wöchnerinnen die »Heidenreich-von Sieboldsche Stiftung«. 1860 zählte die Stiftung bereits 368 Mitglieder, darunter die Großherzogin, die Kaiserin von Rußland und Königin Victoria von England. In unserem Jahrhundert ließ die öffentliche Beachtung der Leistungen Charlotte Heidenreichs auf dem Gebiet der Geburtshilfe spürbar nach. Sie selbst geriet fast in Vergessenheit. Nach der Währungsreform des Jahres 1948 war das Vermögen der »Heidenreich-von Sieboldschen Stiftung« so gering, daß diese mit anderen Stiftungen zu der »Darmstädter Stiftung für Wohltätigkeitszwecke« zusammengelegt wurde.

Louis Spohr
Von Herfried Homburg

Einen Wahl-Hessen zählte Robert Schumann »in der Kunst, im Leben, in seinem ganzen Streben« zu »unseren größten Deutschen« und pries ihn als »leuchtendes Vorbild«. Richard Wagner, Johannes Brahms und andere würdigten ihn auf ähnliche Weise: Louis Spohr, Komponist, Violinvirtuose, Dirigent und Pädagoge war in der frühen Romantik über Europa hinaus eine der bedeutendsten, richtungweisenden Musikerpersönlichkeiten, ein unbeugsamer Streiter für die Hebung des sozialen Ansehens des Musikerberufs, ein überzeugter Demokrat.

Der am 5. April 1784 in Braunschweig Geborene nahm seit frühesten Kindertagen im Elternhause Musik in sich auf: Sein Vater blies Querflöte, die Mutter, Schülerin des Bach-Kenners Johann Gottfried Schwanberger, spielte Klavier, sang die neuesten Singspiel- und Opernarien. Beide Eltern befolgten bei der Erziehung – als Freunde Joachim Heinrich Campes – die reformpädagogischen Grundsätze der Philanthropinisten. Der Sohn wünschte sich als Fünfjähriger eine Geige; der Vater erwarb sie auf dem Seesener Jahrmarkt. Mit diesem Kauf war der Berufsweg Louis Spohrs vorgezeichnet: Der vielfach Begabte wollte keinesfalls, gleich dem Vater, Mediziner, oder, wie die beiden Großväter, Pfarrer, sondern Musiker werden. Diesem Ziel strebte er beharrlich zu, dafür zerstreute er mit verblüffenden frühreifen Leistungen alle Bedenken des Vaters und überwand vor allem das größte Hindernis, den Widerstand seines Großvaters Spohr gegen die Berufswahl »Bierfiedler«. Damit gewann Louis Spohr im Alleingang auch seinen wichtigsten Förderer: Herzog Carl Wilhelm Ferdinand von Braunschweig stellte ihn 1799 als Hofkapellisten an, ermöglichte dadurch professionelleren Unterricht bei Charles Maucourt sowie das eingehende Studium von Opern- und Konzertliteratur und bezahlte drei Jahre später die abschließende geigerische Ausbildung bei Franz Eck. Diese fand während einer Reise durch Norddeutschland, das Baltikum und in St. Petersburg statt.

Als Louis Spohr 1803 heimkehrte, konnte er bereits mit dem bewunderten Franzosen Pierre Rode konkurrieren. Außer eigenen Kompositionen trug der Zwanzigjährige Werke von Mozart, Haydn und – gegen allerlei Widerstände – Beethovens damals kaum gespielte Streichquartette op. 18 vor und leistete so einen entscheidenden Beitrag zu deren Bekanntwerden.

1804 erregte er im Leipziger Gewandhaus Aufsehen. Friedrich Rochlitz, Redakteur der »Allgemeinen Musikalischen Zeitung«, urteilte: »Seine Konzerte gehören zu den schönsten, die nur vorhanden sind ... sowohl in Hinsicht auf Erfindung, Seele und Reiz als auch in Hinsicht auf Strenge und Gründlichkeit. Seine Individualität neigt ihn am meisten zum Großen und in sanfter Wehmut Schwärmenden ... So ist nun auch sein herrliches Spiel ... Spohr kann alles ... Aber die Seele, die er seinem Spiele einhaucht, der Flug der Phantasie, das Feuer, die Zartheit, die Innigkeit des Gefühls, der feine Geschmack und seine Einsicht in den Geist der verschiedensten Kompositionen und seine Kunst, jede in diesem ihrem Geiste darzustellen, das macht ihn zum wahren Künstler. Diese ... Vorzüge haben wir noch an keinem Violinisten in dem Maße zu bewundern gehabt, ... und zwar vornehmlich bei seinem Quartettspiel.«

1805 wurde Louis Spohr Hof-Konzertmeister und Leiter der Hofkapelle des Herzogs August von Sachsen-Gotha. In der geistig regen Residenz traf er namhafte Gelehrte, Schriftsteller, achtbare Künstlerinnen und Künstler. Ihn fesselte indes die Harfenistin und Pianistin Dorette Scheidler. Sie »eroberte« sein – nach dem Tagebuch – »für weibliche Schönheit seit frühester Jugend so empfängliches Herz«: Am 2. Februar 1806 vermählten sich beide.

Die damals in Gotha entstandenen Solostücke für Harfe, Sonaten für Harfe und Violine, zwei Concertanten für Harfe, Violine und Orchester erweisen nicht nur die virtuosen Fähigkeiten Dorettes, sie gehören wie die Violinkonzerte Nr. 3, 5, 6 und 10, die I. Concertante für 2 Violinen und Orchester, die Klarinettenkonzerte Nr. 1 und 2, ein Heft »Deutsche Lieder« und Duos für zwei Geigen zum Besten, was der Komponist Spohr hinterlassen hat. Sie trugen überdies eigene, unverwechselbare Merkmale, die jahrzehntelang vorbildhaft wirkten.

Die Vertonung von drei Opernlibretti und einem Oratorientext blieben hingegen unsicher tastende Versuche.

In den von Spohr geleiteten Orchesterkonzerten und Kammermusiken waren gegen geringes Eintrittsgeld alle Interessierten willkommen.

Der junge Künstler wurde Mitglied der Freimaurerloge *Ernst zum Kompaß* und schenkte ihr eines seiner Selbstbildnisse; denn in der Freizeit zeichnete und malte er.

Als musik- und kulturhistorisch herausragende Leistungen gilt es zwei andere Schaffensaspekte zu vermerken:

1810 veranstaltete der Kantor Georg Friedrich Bischoff im idyllischen Städtchen Frankenhausen am Kyffhäuser erstmals in Deutschland ein großes Musikfest. Er bat Spohr, dabei als Solist und Dirigent mitzuwirken. Durch »präcise Direction« von über 200 Instrumentalisten und Chorsängern mit einer Papprolle begründete der 26jährige seinen Ruf als Dirigent. Bei den 1811 und 1812 folgenden Musikfesten in Frankenhausen und Erfurt galt er bereits als unentbehrlich.

Angeregt durch Erfolge des reformpädagogischen Internats Christian Gotthilf Salzmanns, begann Spohr, das ihm seit Kindertagen vertraute Ideengut der Philanthropinisten fachspezifisch weiterzuentwickeln: Er unterwies den stetig wachsenden Kreis seiner Schüler nicht allein im Violinspiel, in Musiktheorie oder Komposition, sondern auch im Turnen, »Ball schlagen« und Schwimmen. Er hielt sie an zum Erlernen von Fremdsprachen, zum Lesen und zum Besuch von Maler- und Bildhauer-Ateliers. Er wanderte mit ihnen, führte sie in Fabriken und Bergwerke, damit sie neben der schweren Arbeit des Bauern- und Handwerkerstandes die noch weitaus kräftezehrendere des Bergmanns achten lernten. Zielgerichtet wuchsen so bei den jungen Musikern Weltgewandtheit und Sicherheit für die erstrebte Aufwertung des Ansehens ihres Berufs.

Dazu trug das Künstlertum des Ehepaars Spohr auch während ausgedehnter Konzertreisen durch Europa bei. Stets setzte Spohr es durch, daß während des Vortrags der Musikstücke die übliche Konversation oder – wie beim König von Württemberg – das Kartenspiel unterblieben; sonst verzichtete er darauf, gehört zu werden. Goethe, Wieland und Jean Paul ließen sich von den Darbietungen ebenso fesseln wie Napoleon, Königin Victoria, viele Fürsten und das gebildete Publikum. Erfolge bei diesen Reisen trugen Spohr Engagements ein: 1812 wurde er Kapellmeister am Theater an der Wien, 1817 am Stadttheater Frankfurt, 1822 schließlich Hofkapellmeister des Kurfürsten von Hessen in Kassel.

Dem Frankfurter Publikum bot der Dirigent Spohr in den Museumskonzerten u. a. als erster einen Zyklus aller vor 1819 geschriebenen Symphonien Beethovens. Kassel verdankt ihm, daß er die Stadt während seines 37jährigen Wirkens zu einem der Musikzentren Mitteleuropas machte. Engagiert setzte er sich für die »Wiederentdeckung« vergessener Werke Johann Sebastian Bachs ein, förderte den jungen Wagner und andere Begabte. Über 200 in seiner Kasseler Schule Ausgebildete trugen in Europa und Amerika wesentlich zur Hebung der allgemeinen Musikkultur bei: so schrieb Fredrik Pacius die finnische Nationalhymne,

Ureli Corelli Hill gründete die *New York Philharmonic Society*, Moritz Hauptmann wurde Thomaskantor und Mitgründer des Leipziger Konservatoriums, andere Spohr-Schüler verbreiteten seine Gesinnung als Violinvirtuosen, Dirigenten, Konzertmeister oder Lehrer in fast allen Weltteilen.

Seit 1812 gab Spohr auch der deutschen romantischen Oper nachhaltig wirkende Impulse. In Wien vertonte er eine vorgoethesche Faust-Fabel, in Frankfurt fand 1819 die Uraufführung von *Zemire und Azor* statt, einer Märchenoper, deren Handlung in den Orient versetzt, und in Kassel 1823 die seines bekanntesten Bühnenwerks, der im fernen Indien spielenden *Jessonda.* Erstmals konsequent angewandte Leitmotivtechnik, durchkomponierte Form, psychologisch feinsinnige Charakterisierung der Handelnden, kühne, weit in die Zukunft weisende Harmonik und sublime Instrumentierung des Orchestersatzes zeichnen ihn als einen der wichtigsten Wegbereiter romantischer Musikentwicklung aus. Weber, Meyerbeer, Mendelssohn, Schumann, Berlioz, Wagner, Brahms, Dvořak, Tschaikowski und andere Jüngere profitierten von seinen Stilmitteln.

Aber nach Spohrs Tode, am 22. Oktober 1859 in Kassel, verdrängten die Neuerungen der »Hochromantiker« und ein Wandel des Geschmacks seine Werke von der Opernbühne und aus dem Konzertsaal.

Erst durch die Schallplatte ist es wieder möglich geworden, das substantiell Wertvollste von Spohrs Symphonien, Violin- und Klarinettenkonzerten, seinen Concertanten, Opern, Oratorien, Kantaten, aus der reichhaltigen Kammermusik und aus den über 100 Liedern neu hörbar zu machen.

Nach Öffnung der innerdeutschen Grenze begannen der Dirigent Christian Fröhlich und das *Rundfunk Sinfonieorchester Berlin* mit acht Ouvertüren zu Bühnenwerken eine Spohr-Dokumentation auf CD. Viele Künstler aus den neuen Bundesländern und Osteuropa sind an diesem von der *Internationalen Louis Spohr Gesellschaft* mit Sitz in Kassel initiierten und betreuten Vorhaben beteiligt. Darin werden nach jahrzehntelanger Ignorierung auch die von Spohr in seiner *Violinschule* und in Briefen verlangten Interpretationsspezifika wieder berücksichtigt.

Die Brüder Grimm
Von Dieter Hildebrandt

Mind your Grimm-Fathers!
Think of your Ma!
James Joyce, Finnegans Wake

Wie oft, in ihren Märchen, ziehen da Brüder aus: Mal zwei, mal zwölf, meist aber drei, um »in die Welt hinaus« zu gehen, ihr Glück zu machen, ein Handwerk zu erlernen, oder um einer den andern zu suchen, zu befreien, zu rächen; um ein Tischleindeckdich heimzubringen oder einen Goldesel, zu guter Letzt; oder eine Fertigkeit, die an Zauberei grenzt oder an einen tollen Trick 17.

Aber das schönste Märchen der Brüderlichkeit haben die Grimms nicht geschrieben, sondern gelebt, als ihre Biographie erfahren und als ihr Lebenswerk hinterlassen. Die Brüder Grimm – das meint traditionellerweise nur zwei (von insgesamt fünf), nämlich Jacob und Wilhelm, meint jene lebenslange Arbeits-Paarung, die fast etwas Firmenähnliches hatte, so daß es zwar falsch ist und dennoch ein wenig plausibel, wenn man sie auch die »Gebrüder Grimm« nennt, als wären sie die Inhaber eines Handelskontors gewesen. Erzählen wir also das Märchen der Brüder Jacob und Wilhelm Grimm, wie es der berühmteste aller Autoren, das Leben selbst, geschrieben hat.

Wo lassen wir es beginnen? Natürlich in Hanau, das selbst erst wenige Jahre zuvor eine hessische Residenzstadt geworden ist. Jacob schreibt später: »Ich weiß mir das Haus, wo die Eltern in der langen Gasse zu Hanau lebten, noch ziemlich vorzustellen. Es war hellroth angestrichen... In unserm Haus wohnten wir zur Miete ganz allein unten war ein Besuchszimmer, gewöhnlich leer, mit Jägern auf der Tapete.« Und wie die Jäger die Kindheitswände durchmusterten, werden sie auch die Märchenwelt bereichern, meist als Retter und Verhüter böser Mordanschläge, als Konfigurationen des Guten. Ein Kindheitseindruck bleibt, wie ein früher Blick in die weite Welt, erhalten; Jacob berichtet davon in der rätselvollen Lakonik Franz Kafkas: »Einmal stand ich ... früh des Morgens neben dem Vater am Fenster und sah hinaus, die Sonne schien voll in die Straße, Mägde mit Zubern auf dem Kopf worin das Wasser schwappte gingen vorbei und andere Leute. Der Vater sprach mit mir, ich weiß aber nicht was. Die andern waren noch nicht aufgestanden, es war früh im Sommer, etwa 5-6 Uhr.«

Von der Mutter bleibt den Kindern aus dieser Hanauer Zeit vor allem das Bild, »wie sie saß und nähte oder strickte«. Aber die Hauptbeschäftigung der guten Dorothea Grimm, geborene Zimmer, ist das Kinderkriegen: in fast jedem der Hanauer Jahre kommt ein Sohn zur Welt: Jacob am 4. Januar 1785, Wilhelm am 24. Februar 1786, dann Karl wiederum ein Jahr später, Ferdinand ebenfalls nach Jahresfrist und Ludwig Emil, der Benjamin, am 14. März 1790. Es ist also schon eine stattliche Familie, mit der der Vater, Philipp Wilhelm Grimm, Amtmann in hessen-kasselschen Diensten, wenig später nach Steinau umsiedelt, wo er selbst geboren ist und sein Vater Pfarrer war. (Denn in Wahrheit stammen auch die Brüder Grimm nicht aus Hanau, nicht aus Hessen, sondern aus der großen Vorratskammer der deutschen Genies, aus dem Fundus des protestantischen Pfarrhauses.)

Und nun, in Steinau, bewohnten sie fast ein kleines Schloß, eine märchenhafte Burg, einen Spätrenaissancebau aus dem 16. Jahrhundert; ein ummauerter Hof mit Brunnen, Gärten und Nebengebäuden; ein Ort für Wünsche und Verwunschenheiten:

»Im Hausgarten waren viele Balsaminen, Reseda und Levcojen, auch Goldlack war da und ein gewisser alter Gärtner Fink, der taub war und immer den Kopf schüttelte ... Im Mauergärtchen waren bloß Obstbäume und Gras, oben eine alte Mauer. Von Emmerich wäre viel zu sagen, vom Stachelthor und der Brücke am Eingang bis hinten zum sumpfigen Quetschengarten, wo Kröten im Graben waren.« Der Froschkönig läßt schön grüßen, und auch eine Vorform des Tischleindeckdich erscheint unter den Kindheitsrealien:

»Im Haus des Fronschreibers gab es einen Tisch, den man von der Wand abhing, woran der Vater und seine verstorbenen Brüder schon oft gespielt haben sollen.«

Aber das Paradies endet jäh: Der Vater stirbt nach fünf Jahren seiner Verwaltungstätigkeit in Steinau. Es ist denkwürdig: In fast allen ihren Märchen bleibt der Vater eine rätselhafte Figur: ein strenger, oft jähzorniger Mann, ein vertreibender Patriarch oder ein hilflos Armer; aber auch ein Virtuose aller möglichen Finten, der seine heimkehrenden Söhne auf die Probe zu stellen liebt. Die Rolle der Frau in ihren Märchen ist vielfach untersucht, aber welch seltsamen Part spielen die Väter? Es ist allerdings nicht der Tod ihres Vaters, sondern ihre eigene Lebenserwartung, die die beiden Ältesten wenige Jahre später in die Welt hinaus treibt. In eine Welt, die immer noch Hessen heißt. Ab nach Kassel! Aber welche von ihren Märchenfiguren wäre ausgestattet mit einem solchen Freibrief:

»Die beyden Studiosi Herrn Grims werden von hier nach Cassel reißen, alle Herrn Truppen und Vorposten-Commandanten werden ersucht und gebeten, dieselben frey und ohngehindert paßiren zu laßen. Gegeben zu Hanau den 22. September 1798.«

Wohlgemerkt: Die Herren Grimms sind da gerade dreizehn und zwölf Jahre alt. In ihren Märchen merkt es ja meist ein König, wenn ein tüchtiger Bursche in die Stadt kommt oder deren zwei. In ihrem Leben war es noch etwas fürsorglicher eingerichtet: Eine Schwester der Mutter, Henriette Zimmer, war Hofdame bei der Landgräfin Wilhelmine Karoline von Hessen-Kassel, die schon gleich nach dem Tode des Vaters als Mäzenatin eingesprungen war. Jetzt werden die beiden Zöglinge des Lyceum Fridericianum; nicht eine böse Hexe trennt, zum erstenmal, die Brüder, sondern die Prüfungsordnung: Jacob kommt in eine höhere Klasse. Mit Siebenmeilenstiefeln durcheilen die beiden Brüder das Gymnasium; als es im Januar 1803 im Zeugnis für Wilhelm heißt, er werde sich »einst unter den Gelehrten mit Ruhm einen Platz behaupten«, reißt er sich, noch als Obersekundaner, von der Schule los und folgt seinem Bruder zum Jura-Studium nach Marburg.

Indem die beiden wieder gemeinsam an der Universität sind, haben sie abermals eine Hürde genommen: Denn der vom Kurfürsten Wilhelm I. verfügte numerus clausus ließ nur Söhne von höheren Beamten, als es der Grimmsche Vater gewesen war, zum Studium zu; abermals walteten die guten Feen, die Tante Hofdame und die zur Kurfürstin gewordene Landgräfin, ihres segensreichen Amtes und erwirken für Jacob und Wilhelm eine Ausnahmegenehmigung. In Marburg vertiefen sie sich nicht nur in ihre Studienfächer, sondern sie kommen auch in Verbindung mit dem Kreis der sogenannten Marburger Romantiker. Zum großen Bildungserlebnis wird vor allem der Umgang mit dem Rechtslehrer Friedrich Carl von Savigny, der selbst erst ein Mittzwanziger ist; ihm folgt Jacob 1805, ohne Abschluß seines Studiums, sogar in sein erstes großes alleiniges Abenteuer: nach Paris. Der Tante, deren Zustimmung er einholen muß, schreibt er aufgeregt:

»Vielleicht ist dies einer der wichtigsten Augenblicke meines Lebens ... Meine Kollegia, die ich hier angefangen habe, kann und wird Wilhelm aushören u. wenn er sich eilt, gegen den Herbst sich examinieren lassen.« Der eine für den andern; das geht auch aus einem Brief hervor, den Wilhelm seinem Bruder nach Paris schreibt: »... lieber Jacob, was Du schreibst von Zusammenbleiben ist alles recht schön und hat mich gerührt. Das ist immer mein Wunsch gewesen, denn ich fühle, daß mich niemand so lieb hat als Du und ich liebe Dich gewiß ebenso herzlich.«

Am Jahresende 1805 sind die Brüder wieder vereint. Aber die Weltgeschichte folgt ihnen aus Paris nach: Im Zuge der Eroberungen Napoleons gibt es in Kassel einen Umsturz, und Jérôme, der Bruder Bonapartes, wird König von Westfalen – auch das ein Akt einer freilich viel tolleren Brüderlichkeit. Jacob wird Privatbibliothekar Jérômes, ja sogar noch Staatsauditor: Er zumindest ist also bei einem König angelangt. Nur daß es ein Interimsherrscher, ein Parvenuemonarch ist. Wie auch immer: Jacob ist zu der Zeit, nach dem Tod der Mutter, der Ernährer der Familie, während Wilhelm, der sein juristisches Examen gemacht hat, krankheitshalber eine längere Auszeit nehmen muß: Er leidet, anfallsweise, an Herzjagen, das mit Todesängsten verbunden ist.

Beide Brüder aber wissen um diese Zeit, als sie Mitte zwanzig sind, bei allem Fleiß und aller Intelligenz, schon, was sie nicht wollen: Karriere machen im engstirnigen, geldscheffelnden, geltungssüchtigen Sinn des Wortes. Jacob schreibt einmal: »So wünsche ich nichts mehr als einen Dienst zu haben, der mir nicht den ganzen Tag wegnimmt, sondern Zeit läßt, meine Lieblingsstudien fortzusetzen, denn ich gestehe es, ohne dieses würde ich ziemlich unglücklich sein.«

Jacob und Wilhelm Grimm werden zu Abenteurern des Geistes. Zu Zeitreisenden in die Geschichte. Zu Sammlern ganz entlegener, unerahnter Schätze. Sie stöbern Geschichten auf, Legenden, Orakel und anderes Geraune. Sie fangen, von den Romantikern beflügelt, an, Märchen aufzuzeichnen. Sie halten den O-Ton des Volksmunds fest. Im

Jahre 1812 erscheint ihr erstes Märchenbuch, und es begründet, abseits aller Ämter, Würden und Wissenschaft, den Ruhm der beiden, eine fast bibelparallele Popularität in aller Welt. Sie werden zu Patriarchen der Phantasie.

Und tragen sie nicht mit ihren Märchen auch den Ruhm Hessens rund um den Globus? Sind sie nicht, unter allen großen, renommierten, von der Nachwelt gefeierten Hessen die, die am meisten zur Geltung des kleinen Landes getan haben, dem sie entstammen? Als Jacob 1830 seine berühmte Göttinger Antrittsvorlesung über die Heimatliebe hält, schreibt er: »Unter dem desiderio patria meinte ich heimlich auch Hessen mit, führte es aber hauptsächlich auf Deutschland und die deutsche Sprache aus.« Und so konnte es ja nicht ausbleiben, bis irgendein Bewunderer die Märchen »eine stockhessische Sammlung« nannte.

Immerhin haben die beiden jungen Herren – sie sind noch nicht dreißig, als der erste Band herauskommt – mit der Herkunft ihrer Märchen ein kräftiges Verwirrspiel, wenn nicht eine tüchtige Camouflage veranstaltet. Es ist ja wahr (oder die Forschung hat es an den Tag gebracht), daß von den 86 Stücken der ersten Ausgabe 74 hessischen Ursprungs sind, von den 70 des zweiten immerhin noch 34. Aber Ursprung ist eben nicht Ursprung, sondern heißt nur, daß diese Texte von Leuten erzählt wurden, die in Hessen lebten. Da gab es zum Beispiel die alte Märchenerzählerin, von der der Sohn Wilhelms, Hermann Grimm, später geschwärmt hat: »Über der Wildschen Kinderstube in der Sonnenapotheke mit ihren vielen Gängen, Treppen, Stockwerken und Hinterbaulichkeiten waltete die alte Marie.« Aber ach, die alte Marie ist selbst ein Lügenmärchen, sie war eine junge Hassenpflug und hatte eine französisch-hugenottische Mutter. Nicht viel anders steht es mit der berühmten Viehmännin, der »Märchenfrau von Niederzwehrn«, von der es im Vorwort zum 2. Band der Märchenausgabe heißt: »Einer jener guten Zufälle aber war die Bekanntschaft mit einer Bäuerin aus Zwehrn, durch welche wir einen ansehnlichen Teil der hier mitgeteilten, darum echt hessischen Märchen erhalten haben. Sie bewahrt diese alten Sagen fest in dem Gedächtnis ... Dabei erzählt sie bedächtig, sicher und ungemein lebendig.«

Aber auch hier ist das Urhessische durchaus multikulturell: Die Viehmännin war gar keine Hessin, sondern Hugenottin, hieß mit Mädchennamen Pierson, war zweisprachig aufgewachsen und mit den berühmten französischen Märchen Perraults von Kind an vertraut. Fast also könnte man »stockhessisch« mit »echt französisch« übersetzen.

Nein, hessisch sind die Märchen erst durch das Genie der Brüder, besonders Wilhelms, geworden, die Gabe, sie neu zu erzählen, mit einer sanften Lakonik, ohne Furcht vor Gruseleffekten und sozialer Härte, unerschrocken aber auch an Wunder glaubend und sie glauben machend, vor allem aber voller Vertrauen an die Zeiten, »als das Wünschen noch geholfen hat«. Und dazu die sichernden Leitplanken des »Es war einmal«, des »Und wenn sie nicht gestorben sind ...« und des Kecken: »Wer's nicht glaubt, zahlt einen Taler.« Ein kleiner Geniestreich blieb der zweiten Ausgabe von 1819 vorbehalten, als das Anti-Märchen schlechthin in die Sammlung neu aufgenommen wurde, eine fast schwankhafte sogenannte Kettenerzählung, die kurz zuvor in August Wernickes Zeitschrift »Die Wünschelruthe« zu lesen gewesen war: »Hans im Glück«, die Geschichte von einem, der all seinen Besitz eintauscht und darüber immer heiterer, befreiter und glücklicher wird, so daß ihn Ludwig Marcuse den »ersten Philosophen des Glücks« nennen konnte. Steckt nicht auch viel von der Lebenszufriedenheit der beiden Grimms in dieser Figur? Übrigens: In der englischen Ausgabe von 1823 rückt das Märchen unter dem Titel »Hans in Luck« ganz an die Spitze, nur daß aus dem Klumpen Gold ein etwas geschäftsmäßigeres »piece of silver« geworden ist.

Der historische Hans im Glück, Napoleon, saß damals längst auf St. Helena im Exil, sein Bruder Jérôme als König von Westfalen und Arbeitgeber Jacob Grimms war ebenfalls in der Falltür der Geschichte verschwunden, aber Jacob hatte den Regime- und Paradigmenwechsel in Kassel gut überstanden, mußte sogar mit den siegreichen antinapoleonischen Truppen nach Frankreich hineinmarschieren und sah auf diese Weise zum zweitenmal Paris.

Von 1816 an sind beide in brüderlicher Gemeinsamkeit Bibliothekare in Kassel, vierzehn Jahre später machen sie, ebenfalls gemeinsam, den Sprung nach Göttingen: als Bibliothekare und Professoren. Beider Neigungen unter einem Dach, und einem Fach. Minnesang und deutsche Mythologie, Sprachgeschichte, Grammatik und Lexikographie. Die beiden vergraben sich wie in einen Zauberberg: Deutschland, das es nicht mehr gibt oder noch nicht, wird mit seiner Vergangenheit bekannt gemacht, mit seinem Geist und seiner Gestalt aus frühen Jahrhunderten. Der Begriff der Nation füllt sich mit Gründen – aber auch mit Abgründen. Die Sprache selbst fängt an zu erzählen. Gelehrtentum geht über in Forschungsexpedition. Aber die Verhältnisse, die für die Arbeit so gut sein könnten, sie sind gar nicht so: Als die Universität Göttingen 1837 ihr Hundertjahrfest begehen will, ist Jacob schon düsteren Mutes: »Das einfache, natürliche Verhältnis zwischen Professoren und Studenten ist hier, wie fast überall, durch die engherzige, kleinlichste Verfolgung alles dessen, woran die jungen Leute hängen, aus der Fuge geraten und in Spannung ... Alle Verhandlungen durchdringt ein unheimlicher Polizeigeist, der, was von Oben ausgeht, furchtsam aufnimmt, was ihm untergeben ist schonungslos mitnimmt.«

Es ist wie in manchen ihrer Märchen: ein neuer König wirft alles über Bord. Als Wilhelm IV. von Hannover 1837 den Thron übernimmt, weigert er sich, den Eid auf die erst vier Jahre vorher eingesetzte Verfassung zu leisten. Als sieben Göttinger Professoren – darunter die beiden Grimms – dagegen protestieren, entläßt sie der Monarch, weist vier von ihnen außer Landes. Aber die Willkür des Monarchen erweist sich für Jacob und Wilhelm Grimm letztlich als Wink des Schicksals: Hätten die beiden sich sonst wohl ins ferne Berlin aufgemacht, nach Preußen, ins ungemütliche Spreeathen? Aber Berlin wird nun Wohnsitz, Heimstatt für den Rest ihres Lebens; zwei Jahrzehnte lang für Wilhelm, der am 16. Dezember 1859 stirbt, und ein Vierteljahrhundert für Jacob, bis zu seinem Tod am 20. September 1863. Man denke doch: So lange wie in Berlin haben sie an keinem andern Ort gelebt, nicht einmal in Kassel. Sollte man sie am Ende nicht gelernte Preußen nennen?

Es ist wohl die Verheißung solcher Kontinuität und der damit verbundenen aussichtsreichen Arbeitsbedingungen, die sie nunmehr auf die gigantischste Spurensuche gehen läßt: auf eine Art Kolumbusfahrt in die Tiefen und Weiten des deutschen Wortschatzes. Sie machen sich an eine Sisyphusarbeit im Dienst der Sprache. »Das deutsche Wörterbuch« ist das bisher größte Projekt ihrer Brüderlichkeit: »Ein unabsehbares, von keinem noch angelegtes Werk ... Eingedenk des uralten Spruches, daß ein Bruder dem andern wie die Hand der Hand helfe, übernehmen wir williges und beherztes (sic!) Entschlußes, ohne langes Fackeln, das dargereichte Geschäfte.«

Es sollte ein Jahrhundertgeschäft werden, aber in ganz anderem Sinn, als so ein Ausdruck es heute meint: eine Arbeit, die sich auftürmte wie ein spiritueller Kölner Dom, eine Arbeit, an der viele Generationen würden weiterbauen müssen. Der erste Band, von A bis zum grotesken Stichwort Biermolke, erschien im Jahr 1854, der letzte des Wörterbuchs, Zobel bis Zypressenzweig, genau hundert Jahre später; und das Quellenverzeichnis, der 33. Band der Sammlung, gar erst 1971: Da war Wilhelm schon 112 und Jacob 108 Jahre tot. Aber ihr Fundament hat gehalten, hat die Katastrophen unseres Jahrhunderts wie ein zivilisatorischer Grundriß überdauert; wie der Sockel zum Denkmal eines besseren, geistigen, inspirierten Deutschland.

Nein, auf so hohem Ton kann unser Märchen von den

Brüdern Grimm nicht enden. Jacob hat es viel angemessener rekapituliert, als er seinem Bruder Wilhelm vor der Berliner Akademie die Gedächtnisrede hielt; es klingt, als hätten wir ein Stück mitten aus der Märchensammlung selbst vor uns:

»So nahm uns denn in den langsam schleichenden Schuljahren ein Bett auf und ein Stübchen, da saßen wir an einem und demselben Tisch arbeitend; hernach in der Studentenzeit standen zwei Betten und zwei Tische in derselben Stube, im späteren Leben noch immer zwei Arbeitstische in dem nämlichen Zimmer; endlich bis zuletzt in zwei Zimmern nebeneinander, immer unter einem Dach in gänzlicher, unangefochtener und ungestört beibehaltener Gemeinschaft unserer Habe und Bücher, mit Ausnahme weniger, die jedem gleich zur Hand liegen mußten und darum doppelt gekauft wurden. Auch unsere letzten Betten, hat es allen Anschein, werden wieder dicht nebeneinander gemacht sein.«

Wie war das mit dem Goldesel und dem Tischleindeckdich? Was hätte es den beiden ältesten Brüdern mit ihren zauberhaften Gaben schließlich genützt, da sie sie doch nicht bis nach Hause bringen konnten? Mußte da nicht erst der Jüngste mit dem Knüppel aus dem Sack zu Hilfe eilen und die Wunderdinge aus der Fuchtel eines bösen Wirtes befreien? Der Knüppel zwar, den der Benjamin der Grimms, Ludwig Emil, geschwungen hat, war künstlerischer Art: war der Pinsel, der Zeichenstift, waren Kreide und Radiernadel. Und er ist es, der mit dem schönen Doppelporträt seiner beiden großen Brüder, mit dem Profilparallelismus der hohen Stirnen und der strengen Nasen, die beiden uns allen erst wirklich teuer gemacht hat.

Und wer's nicht glaubt, zahlt keinen Taler; sondern der schaue auf den Tausendmarkschein.

Arthur Schopenhauer
Von Ruthard Stäblein

Die »Schöne Aussicht« Nr. 17 am Frankfurter Mainkai dient dem Philosophen 16 Jahre lang als sicherer Hort in einer Welt, für die er nur Verachtung übrig hat. 16 Hundekupferstiche zieren sein Zimmer, in dem er jeden Morgen zwei Stunden lang seine trübe Aussicht auf den Gang der Dinge formuliert. Der »Schleier der Maja« verhängt den Blick auf das Weltganze, auf das »Ding an sich«, wie sein Vorbild Kant das Unerkennbar-Objektive nannte, das immer nur mit der menschlichen Brille, von Raum und Zeit verzerrt, wahrgenommen werden kann. Neben dem Sekretär ruht der Pudel Atma auf einem schwarzen Bärenfell. Wenn er etwas Übles anstellt, schimpft ihn Schopenhauer: »Du Mensch«. Links über der Tür hängt der Gipsabdruck des Vorgängers von Atma, ein weißer Pudelkopf mit langen, herabhängenden Ohren. Das Leben ist Leiden. Nur in seltenen Augenblicken hebt sich der »Schleier der Maja«, und die Welt zeigt sich, wie sie ist. Des Pudels Kern erkennt Schopenhauer beim Blick nach Innen.

Dort entdeckt er den Willen, das Unbewußte, das absichtslose, widersprüchliche, chaotische Streben der Menschen und auch der Tiere. Wenn der Wille zum Leben verneint wird, finden wir zur Ruhe, fernöstlich inspiriert, zum Nirwana. Der Wille oder das Ding an sich offenbart sich im Traum, beim »Geistersehn«, und geläutert, in der reinen Musik. »Das unaussprechlich Innige aller Musik, vermöge dessen sie als ein so ganz vertrautes und doch ewig fernes Paradies an uns vorüberzieht, so ganz verständlich und doch so unerklärlich ist, beruht darauf, daß sie alle Regungen unsers innersten Wesens wiedergiebt, aber ganz ohne Wirklichkeit und fern von ihrer Quaal.«

Doch die Musik bietet dem vereinsamten Solipsisten nicht nur Trost für das verpaßte Leben, sie dient auch dem

Philosophen Schopenhauer als Quelle der reinen Erkenntnis.

Schopenhauer hat Platons Ideenlehre aus dem Höhlengleichnis mit Kants Erkenntnistheorie, nach der das »Ding an sich« nicht faßbar ist, miteinander verbunden. Die reine Musik offenbart das Innere der Welt, den reinen Willen, wie Schopenhauer es nennt:

»Da unsere Welt nichts Anderes ist als die Erscheinung der Ideen in der Vielheit [Platon, RS], mittelst Eingang in das principium individuationis (die Form der dem Individuo als solchem mögliche Erkenntnis) [Kants Erkenntniskritik, die Nietzsches spätere Perspektivenlehre vorwegnimmt, RS]: so ist die Musik, da sie die Ideen übergeht, auch von der erscheinenden Welt ganz unabhängig, ignoriert sie schlechthin, könnte gewissermaaßen, auch wenn die Welt gar nicht wäre, doch bestehen, was sich von den anderen Künsten nicht sagen läßt [... Schopenhauer kannte noch nicht die sogenannte abstrakte Kunst: RS]: deshalb eben ist die Wirkung der Musik so sehr viel mächtiger und eindringlicher, als die der andern Künste: denn diese reden nur vom Schatten, sie aber vom Wesen.«

Sich von der Welt unabhängig zu machen, ganz ohne sie auszukommen oder sie zumindest zu ignorieren, das versuchte der solipsistische Denker Schopenhauer, dessen Werk, wie das Adornos, in einer Philosophie der Musik kulminieren sollte. Auch die Höhepunkte seines Lebens waren musikalisch inspiriert.

Schopenhauer wird gerne als Pessimist charakterisiert und mit der Musik von Richard Wagner in Verbindung gebracht. Den Bayreuther Zauberer und auch die Schriftsteller der »décadence« von Joris-Karl Huysmans bis zum jungen Thomas Mann hat Schopenhauer tatsächlich entscheidend geprägt. Aber nicht bei Richard Wagner, der ihn für seine lebensverneinende Weltanschauung bewunderte, fühlte sich Schopenhauer aufgehoben. Wagner hatte ihm, als das Idol im Alter von 65 Jahren mit einem Schlag, durch eine englische Besprechung seiner bis dahin unverkäuflichen Werke, berühmt wurde, einen bewundernden Brief geschrieben. Schopenhauer indessen wich einer Begegnung aus.

Bereits mit 31 Jahren, 1819, hatte Schopenhauer die erste Fassung seines Hauptwerks veröffentlicht: »Die Welt als Wille und Vorstellung«. Aber kaum einer las es. Die Anerkennung von Wagner wollte Schopenhauer nicht, weil der nur die Welt abbilde und umbilde, also dem Schein verhaftet bleibe und nur Programmusik liefere. Schopenhauer liebte die reine absichtslose Musik von Mozart, Beethoven und Rossini. Er rechnete schon nicht mehr damit, daß ihn die Zeitgenossen verstehen könnten, und igelte sich geradezu in sein Unverstandensein ein.

Schopenhauer richtete sich seinen Alltag wie ein Mönch und wie sein Vorbild Kant nach genau festgelegten Riten ein. Nach zwei Stunden Arbeit am frühen Morgen legte er pünktlich den Stift beiseite und griff zur Flöte. Einmal im Jahr spielte er das Werk von Rossini durch. Wie eine Uhr lief sein Tagwerk ab. Mittags ging er in den »Englischen Hof« zum Essen, las danach die »Times« und führte dann den Pudel »Atma« spazieren.

»Der Wille zum Leben, wie er den innersten Kern alles Lebenden ausmacht, stellt sich am unverschleiertsten dar, und läßt von daher sich, seinem Wesen nach, am deutlichsten beobachten und betrachten an den obersten, also klügsten Thieren (...) im Menschen [aber] ist mit der Vernunft die Besonnenheit und mit dieser die Fähigkeit zur Verstellung eingetreten, die alsbald einen Schleier über ihn wirft. (...) Auf dem zuerst Gesagten aber beruht unsere Freude an Hunden, Affen, Katzen u.s.w.: die vollkommene Naivetät aller ihrer Aeußerungen ist es, die uns so sehr ergötzt.«

Schopenhauer, der Eremit, traute den Menschen nicht mehr, er widmete sich dem Pudel.

Er ging mit seiner »Atma« am Mainkai entlang, genoß

die »Schöne Aussicht« und suchte über Sachsenhausen den Weg ins Weite. Die Frankfurter nahmen ihn erst wahr, als er durch die englische Rezension berühmt wurde. Dann wurde er gleich zum öffentlichen Schauspiel: die Frankfurter Damen verlegten sich modisch auf den gelockten Hund.

Auf die Frankfurt-Idee kam Schopenhauer nach einem Traumgesicht. Er hatte sich nach Abschluß seines Hauptwerkes in Berlin erfolglos um eine Professur bemüht, konnte nicht gegen den gehaßten Staatsphilosophen Hegel, der am Ende die Wirklichkeit als Wahrheit rechtfertigte, und dessen Epigonen aufkommen. Dann brach auch noch im Jahre 1831 die Cholera in Berlin aus. Frankfurt galt als cholerasichere Stadt. Und da träumte Schopenhauer, er müsse sterben. Er sah im Traum einen Freund aus der Kindheit wieder, Gottfried, von dessen Tod er in Le Havre erfahren hatte. Johanna Schopenhauer teilte damals ihrem Sohn mit: »Er ist schon acht Tage glücklicher als wir alle.«

Diese Briefstelle wird als Ausdruck des Pessimismus gewertet, als ob die Mutter dem Sohn das Nirwanalied von der Lebensverneinung schon an der Wiege gesungen hätte. Mir scheint die Bedeutung wichtiger, die Schopenhauer in diesem Kontext der Traumwelt beimißt. Ein halbes Jahrhundert vor Sigmund Freud hat Schopenhauer die Traumerscheinungen ernst genommen und wissenschaftlich experimentell untersucht.

»Unsere Darstellungskraft im Traum übertrifft die unserer Einbildungskraft so himmelweit: jeder anschauliche Gegenstand hat im Traum eine Wahrheit, Vollendung, konsequente Allseitigkeit bis zu den zufälligsten Eigenschaften herab. (...) Der Traum steht da als ein völlig Fremdes, sich, wie die Außenwelt, ohne unser Zuthun, ja wider unsern Willen Aufdringendes. Das gänzlich Unerwartete seiner Vorgänge, selbst der unbedeutendesten, drückt ihnen den Stämpel der Objektivität und Wirklichkeit auf.«

Das schrieb Schopenhauer bereits 1846 in einem Essay, dessen Titel esoterisch anmutet: »Versuch über das Geistersehn und was damit zusammenhängt«. Er nahm ihn 1851 in seine »Parerga und Paralipomena«, seine »kleinen philosophischen Schriften«, auf, die nicht in den systematischen Zusammenhang seines Hauptwerks von der »Welt als Wille und Vorstellung« paßten. Gerade diese »Randbemerkungen« sind Fundstellen für heutige Leser.

Schopenhauer träumte also vom Tod seines Schulfreundes, während in Berlin die Cholera herrschte. Da er sein »Geistersehn« ernst nahm, entschloß er sich, Berlin zu verlassen und 1831 nach Frankfurt zu ziehen, wo er – außer einer kurzen Unterbrechung in Mannheim – bis zu seinem Tode am 21. September 1860 blieb. Geboren worden war er am 22. Februar 1788 in Danzig. Sein Vater, ein Danziger Patrizier, den es nach Hamburg verschlug, hatte Arthur mit 10 Jahren zu einem Geschäftsfreund in die französische Hafenstadt Le Havre geschickt. Er sollte im Buch der Welt das Leben lernen. Nach zwei Jahren kehrte Arthur allein mit dem Schiff nach Hamburg zurück. Er sprach inzwischen besser französisch als deutsch. Der Vater wollte aus ihm einen weltgewandten Geschäftsmann machen. Als Arthur 15 war, stellte sein Vater ihn vor die Entscheidung, ob er aufs Gymnasium gehen oder mit den Eltern zwei Jahre durch Europa reisen und danach ins Kontor wolle. Der junge Schopenhauer entschied sich für das Abenteuer der Reise. Nach der Rückkehr starb der Vater Heinrich Schopenhauer. Er wurde eines frühen Morgens im Jahre 1805 in einem Hamburger Fleet gefunden; er soll den Freitod gewählt haben, weil er es nicht mehr mit seiner Frau Johanna aushielt. Für den Sohn war es Glück und Unglück zugleich. Er schätzte den Vater über alles, seine Autorität, sein anschauliches Wissen, seine Entschlossenheit. Heinrich Schopenhauer hatte Voltaire und Rousseau im Original gelesen und den protestantischen Dichter Matthias Claudius verehrt. Er war aus Danzig weggegangen, weil er nicht unter dem Diktat der Preußen leben wollte, die die freie Reichsstadt eingenommen hatten. Andererseits konnte der Sohn nach dem Tod des Vaters das Kontor endlich verlassen und nun aufs Gymnasium gehen. Die Mutter erlaubte es ihm. Aber das Band mit ihr war endgültig zerrissen.

Der Schüler Schopenhauer holte auf dem Gymnasium schnell alles auf, er lernte begierig die alten Sprachen und irrte von einer Stadt zur nächsten: Gotha, Weimar, wo die Mutter wohnte, die in ihrem Salon Goethe und den Geistesadel empfing, weiter nach Göttingen zum Studium, nach Berlin, das der ängstliche Student bei der Ankündigung der französischen Truppen verließ. In Rudolfstadt verfaßte er in fünf Monaten seine Dissertation, ging wieder nach Weimar, verteidigte mit Goethe die Farbenlehre, lebte für vier Jahre in Dresden, wo er sein Hauptwerk, »Die Welt als Wille und Vorstellung«, schrieb. Freunde hatte er keine und suchte er keine, er sonderte sich ab. Er war »systematisch ungesellig« und »unzeitgemäß«. Nach einer glücklichen Italienreise versuchte er sich in Berlin vergeblich zu habilitieren. Dozenten wurden von den Studenten bezahlt. Schopenhauer fand keine Hörer für seine pessimistische Weltanschauung. Denn zu dieser Zeit war der Fortschritt das Thema. Und dann brach die Cholera aus.

Da reifte in ihm der Entschluß, sich bis an sein Lebensende in Frankfurt niederzulassen. Warum gerade die Messestadt am Main? Denn eigentlich haßte er die Frankfurter: »Es ist eine kleine, steife, innerlich rohe, municipal-aufgeblasene, bauernstolze Abderiten-Nation, der ich mich nicht gerne nähere.« Aber nach einem kurzen Aufenthalt in Mannheim fand er, in Frankfurt gebe es »die besseren Kaffeehäuser«, »mehr Engländer«, keine Überschwemmungen, und – man staune – ein »gesundes Klima«. »Du bist uneingeschränkter und weniger mit Gesellschaft behelligt, die der Zufall, nicht deine Wahl dir gibt, und hast die Freiheit, dir mißliebigen Umgang abzuschneiden und zu meiden.« In der Messestadt wimmelt es von Ausländern, der Weltbürger Schopenhauer kann hier in vier Sprachen parlieren, im Englischen Hof liegt die »Times« aus, und in der Senckenbergischen Gesellschaft kann er naturwissenschaftliche Bücher ausleihen und mit richtigen Wissenschaftlern diskutieren. Frankfurt hat noch keine Universität, er braucht sich also nicht mit den akademisch verbildeten Schulphilosophen abzugeben. Hier in Frankfurt findet er sein Glück im Winkel, sein Bücherheil, in dem er die Biedermeierethik eines Rentiers vervollkommnen kann. Meide den Schmerz und meide die Lust, meide vor allem alle Exzesse, die der Gesundheit schaden können, vertraue niemandem, denn er könnte es nur auf dein Geld abgesehen haben. Schopenhauer versteckt seine Couponscheine vor der Haushälterin in den Büchern. Er lebt vom väterlichen Erbe und verdient mit 66 Jahren zum ersten Mal eigenes Geld, ein Buchhonorar. Der Sonderling wettert gegen die Errungenschaften der Zivilisation, die Geselligkeit, die kultivierte Lässigkeit im Umgang mit anderen, die Öffnung zur Welt. Das sich selbst mystifizierende, ewig sich verkannt wähnende Genie verspinnt sich im trauten Heim mit seinem Pudel und ergötzt sich an seiner buddhistisch inspirierten Stubenphilosophie und Privatreligion ohne Gott, aber mit Nirwana. Er schreibt in seinen »Aphorismen zur Lebensweisheit«: »Das Schicksal ist grausam und die Menschen sind erbärmlich. In einer solchen Welt gleicht der, welcher viel an sich selber hat, der hellen warmen, lustigen Weihnachtsstube, mitten im Schnee und Eise der Dezembernacht.«

Aber dieses kleine Werk zur »Lebensweisheit«, das in der »Schönen Aussicht Nr. 17« entsteht, beim Blick über den Main, in dem er sich gerne badet, enthält auch brillante Seiten. Es will die Kunst lehren, das Leben möglichst angenehm und glücklich zu gestalten. Sein wichtigster Ratschlag besteht darin, sich im Leben möglichst viel zu bewegen. Am Tag zwei Stunden spazieren zu gehen, seine Persönlichkeit durch die sinnliche, konkrete Anschauung der Welt auszubilden, die Welt also zu erlaufen, zu »erfahren«.

28 Jahre lebte Schopenhauer in Frankfurt. Mit den Ein-

wohnern der Messestadt konnte er nie etwas anfangen. Frankfurt wurde nicht seine Heimat: wie sein Vater in Hamburg, nahm er nicht die Stadtbürgerschaft an und verzichtete damit auf das Wahlrecht, und auch auf die Steuerpflicht. Er war eigentlich kein großer Hesse, aber in seiner Zelle zur »Schönen Aussicht« mit den Hundebildern und der Buddhastatue, an den Uferwegen des Mains mit dem Pudel war er auf seine Weise glücklich.

»Frankfurt is a comfortable place: – Menschen sind mir nichts. Nirgends.«

Marianne von Willemer
Von Eva Demski

Vor vielen Jahren habe ich auf einem Spaziergang über den Frankfurter Hauptfriedhof ihr Grab gefunden, unter den vielen dieser bleichen Marmorkreuze, mit denen die guten Frankfurter Bürger an sich zu erinnern pflegten, war auch ihres, und es fiel mir auf. Mit dem inzwischen geadelten Namen war überhaupt kein Bild verbunden, kein Gesicht und keine Geschichte, nur der Namen Goethe und ein Lieblingsgedicht meines längst toten Freundes Erich List, der es mir so oft aufgesagt hatte, daß es mir an dem vergessenen Grab wieder in den Kopf kam, fetzchenweise und mühsam: »Vor die Augen meiner Lieben / Zu den Fingern, die's geschrieben – / Einst, mit heißestem Verlangen / So erwartet, wie empfangen – / Zu der Brust, der sie entquollen, / Diese Blätter wandern sollen / Immer liebevoll bereit, / Zeugen allerschönster Zeit.« Aber da war längst alles vorbei, der Olympier als feiger Mann erkannt, die Erkenntnis im Inneren verborgen und unter einer undurchdringlichen Schicht Liebe versteckt, einer Decke aus Liebe und Schweigen. Sorgfältig hat Marianne die Spuren dieser Liebe verwischt, und nicht nur sie, sondern, als dürfe sie selbst als

Frau und als Dichterin darunter nicht hervorkommen, löschte sie fast alles um sich herum, was sie und ihre Geschichte hätte klären können. An der lag ihr offenbar nichts. Vielleicht war das geheime Wissen um die Liebe zu einem Gott in den achtundzwanzig Jahren, die sie den Gott überleben sollte, der einzige Seinsgrund, die raison d'être, mit der sie es sowieso nicht leicht gehabt hatte.

Was ist schwerer zu bewahren: Das Geheimnis der Liebe oder das der Kunst? Was mag sie gefühlt haben, wenn der Großdichter gleichsam nachlässig ihre Verse, ihre Kunst der seinen einverleibte, als stünden sie ihm zu, als habe er sie gezeugt und damit ein Recht auf sie? Oder litt sie an beidem und gestand es sich nicht ein? Verurteilt zur Dankbarkeit von Anfang an? Clemens Brentano hat beschrieben, wie sie wirkte, fast ein Kind noch, auf der Bühne in Frankfurt, wohin Frau Aja ihn mitgenommen hatte – sie war »etwas ganz Allerliebstes«, ein kleiner Harlekin, der die zierlichsten Sprünge machte und, wie die Frau Rat bemerkte, »seinen Effekt tat«. Wegen dieses Effektes verliebten sich allerlei Menschen in das kleine, zierliche Fräulein, das so hübsch singen konnte und sich so anmutig bewegte. Aber dann kam, wir wissen es, der Bankier Willemer und bewahrte sie vor dem traurigen Harlekinschicksal. Da hatte Marianne dankbar zu sein, und das wußte sie wohl auch, die Anmut und die Zierlichkeit sind eine brauchbare Mitgift gewesen. Aber wer war sie? Aus anderen romantischen Bühnengeschichten weiß man, daß die Schauspieler- und Tänzerlaufbahn im neunzehnten Jahrhundert hart und oft trostlos gewesen ist, bei denen, die früh auf die Bühne mußten, oft traumatisierend. Eleonora Duse, die wegen ihrer Zierlichkeit und Anmut schon mit vier Jahren auf der Bühne zu stehen gezwungen wurde, hat in späteren Jahren einmal erzählt, sie habe, als man ihr an irgendeinem Gastspielort eine Puppe schenkte, diese mit Absicht zurückgelassen, »um ihr ein Schicksal wie das meine zu ersparen«. Es gab also Gründe, dankbar zu sein, für das Fräulein Marianne Jung aus Österreich, die jetzt im Haus des verwitweten Willemer mit dessen fünf Kindern als sechstes Kind leben durfte. Es blieb nicht dabei, und schon Brentano spricht es aus, daß der Bankier Willemer Marianne »zu seiner Mätresse« gemacht habe. Die Pflicht zur Dankbarkeit geht immer weiter, als die Empfänger von Wohltaten ahnen; das bekam auch Marianne zu spüren, denn geliebt hat sie Willemer nicht. Das lag gewiß nicht am Altersunterschied von vierundzwanzig Jahren – wobei nicht einmal der gesichert ist, denn bisher ist ihr genaues Geburtsjahr – angenommen wird das Jahr 1784 – nicht bekannt –, der Mann, den sie ihr Leben lang lieben sollte, war noch wesentlich älter. Willemer muß ein schwieriger, unzufriedener Mensch gewesen sein, seinen Bankiersberuf, in den er als halbes Kind hineingedrängt worden war, mochte er nicht, seine politischen Ambitionen scheiterten an der Engstirnigkeit der kommunalen Amtsträger, seine künstlerischen an seinem eigenen Unvermögen. Andererseits soll er ein begeisterungsfähiger und interessierter Gesprächspartner gewesen sein, und der Gott seines – seines! – Herzens hieß Goethe. Schon verfalle ich in denselben Fehler, der jedem der wenigen Biographen Mariannes unterläuft: Weit genauer und ausführlicher als sie selber werden die Männer beschrieben, die in ihrem Leben eine Rolle gespielt haben. Im Tableau ihrer Zeit, wenn wir sie uns vorstellen können wie ein Tafelbild, ist sie ein kleines verschwommenes Figürchen, von dem es heißt, daß es keinen Menschen gegeben hat, der sie nicht mochte, von dem aber keiner so recht zu sagen weiß, warum das so war. »Wie sehr, liebe, liebe Sängerin, haben Sie mein Herz erfreut, aber nicht nur Ihr Gesang, sondern das reine, edle Gefühl Ihrer Seele, das in Ihr Äußeres übergegangen, als Sie so dasaßen und sangen, hat in mir die Empfindung rege gemacht, Sie herzlich zu lieben.« So schrieb Frau Pestalozzi in Mariannes Stammbuch, das sie auf eine Italienreise mit zukünftigem Mann und Stiefkindern mitgenommen hatte. Das war 1810, und

Marianne hatte sich in ihrem Leben eingerichtet. Es war ja auch ein wunderbarer Ort, den Willemer da für seine Familie erworben hatte, die Gerbermühle. Am Main zwischen Frankfurt und Offenbach gelegen, war sie ein weitläufiges, romantisches Anwesen, wie geschaffen für Zusammenkünfte mit Freunden und schöne Sommerabende mit Musik und Gedichten. Es ist zu diesem Zeitpunkt noch immer das Fräulein Jung, das da als sechstes Kind auf der Mühle lebt, ein Kind von Mitte zwanzig mit älteren Stiefgeschwistern, aber die Frankfurter Gesellschaft wußte schon, woran sie war. Schriftliche Häme ist nicht zu finden, mündliche wird es um so mehr gegeben haben. Oder Mariannes Charme und Unschuld ließen die Mäuler leiser werden – das ist denkbar. Und so hätte alles weitergehen können, wäre da nicht das Schicksalsjahr 1814 gewesen, wobei uns trotz der Jahreszahl nicht die Weltpolitik interessiert, sondern jene unsichtbaren Fäden, an denen Menschen zueinandergezogen werden. Lang war Goethe nicht mehr in seiner Geburtsstadt gewesen, auch die Haushaltsauflösung seiner Mutter im Jahr 1808 hatte er Freunden überlassen, vor allem Willemer und seine junge Freundin waren hilfreich gewesen.

Sechs Jahre danach also beschließt er, auf gemächlichen und oft unterbrochenen Wegen Frankfurt aufzusuchen. Er ist in einer schönen Schaffensperiode, seine Faszination, die persische Poesie betreffend, mündet ein in die Pläne des Diwan, mit dem er im Juni beginnt. Er ist fünfundsechzig Jahre alt, hochberühmt, von großer Offenheit für Neues. Wie er Bilder betrachtet! Wie er Sprachen lernt, Musik hört, Landschaften und Menschen aufnimmt! Marianne bewundert den Olympier schon lang von fern, »Das Römische Karneval« soll ihr Lieblingsbuch gewesen sein.

Am 4. August 1814 lernt sie ihn kennen. In seinem Tagebuch steht: »Geh. Rat Willemer. Dlle. Jung.« Ein paar Tage später nennt er sie im Tagebuch »Willemers kleine Gefährtin.« Am 18. September taucht er plötzlich in der Gerbermühle auf und trifft nur Marianne und ihre Stieftochter, nein, noch Stiefschwester Rosette Städel. Diese platzt sichtlich vor Stolz, über Mariannes Gefühle wissen wir nichts. Es ist aber anzunehmen, daß zu diesem Zeitpunkt ihr größtes, schönstes und schmerzhaftestes Geheimnis entstanden ist.

Wir sind, wie immer, wenn wir ein vergangenes Bild betrachten und wenn wir die Abfolge dieser Bilder nachzuvollziehen suchen, auf schriftliche Fixierungen angewiesen, wissend, daß das Wesentliche hinter ihnen verborgen bleibt. Es gibt Briefe an Goethes Frau Christiane aus dieser Zeit, da schreibt Goethe ganz beiläufig – ein bißchen zu beiläufig – über seine Frankfurter Erlebnisse. Zeitgenossen männlichen und weiblichen Geschlechts natürlich registrieren auch noch den kürzesten Blick des Großdichters dankbar und wortreich, aber: Goethe und die Kleine? Der alte Magier und die Tanzmaus? Nichts davon, jedenfalls nicht schriftlich, und auch wohl mündlich nicht, sonst wäre das Geheimnis nicht so lange Jahre eins geblieben. Und doch heiratet Willemer »die Kleine« in diesem Schicksalsjahr, eilig, in einer Hals-über-Kopf-Hochzeit, damit man sie ihm nicht wegnimmt. Er zumindest hat wohl gespürt, daß sich etwas zwischen dem Objekt seiner Anbetung und seiner Gefährtin ereignet. Mariannes erstes Gedicht, Goethe nach der Sitte der Zeit in sein Stammbuch geschrieben, beginnt rührend und ein bißchen kindlich, zu kindlich für eine Frau von bald dreißig: »Zu den Kleinen zähl ich mich; / Liebe Kleine nennst Du mich . . .«. Niedlich, und noch weit, scheint es, von der Suleika entfernt. Indessen wächst das Werk des west-östlichen Diwan. Und wie klug sein einstweilen einziger Schöpfer ist, zeigt sich in einem Brief an Zelter vom April 1815: »Das Orientalisieren finde ich sehr gefährlich, denn eh man sichs versieht, geht das derbste Gedicht wie ein Luftballon, für lauter rationellem und spirituellem Gas, womit es sich anfüllt, uns aus den Händen und in alle Lüfte.« Brentano schreibt: »Goethe beschloß, die Geständnisse seines Herzens (und seiner neuen Liebe) die er aufschreiben mußte und gleichzeitig verbergen wollte und die im »Diwan« vor uns liegen, Goethe beschloß, seine neuen Geständnisse »in geschweiften Pantoffeln auftreten zu lassen, einen Turban auf dem Kopf und um die Hüften einen breiten, sehr farbigen Schal.« Das ist nun ein bißchen bösartig, aber nicht ganz falsch – und doch: Goethe selbst, wir haben es gehört, weiß um die Fallstricke der Rollenpoesie und entgeht ihnen, auch, weil aus dem anmutigen literarischen Spiel, aus der entschlossenen Abwehr politischen Denkens, plötzlich ein Liebesernst, eine Lebens-Notwendigkeit wird. Noch eins: Goethe begreift schnell, daß er eine Künstlerin liebt, eine, die seine Hatemgedichte in Augenhöhe zu beantworten versteht. Das Spiel des Diwans wird ernst. Man hatte Goethes sechsundsechzigsten Geburtstag groß und heiter in der Gerbermühle gefeiert, und es beginnt sich die Liebe der beiden wie unter einem Brennglas, wie im Zeitraffer zu entfalten:

Hatem

Nicht Gelegenheit macht Diebe,
Sie ist selbst der größte Dieb;
Denn sie stahl den Rest der Liebe,
Die mir noch im Herzen blieb.

Dir hat sie ihn übergeben
Meines Lebens Vollgewinn,
Daß ich nun, verarmt, mein Leben
Nur von dir gewärtig bin,

Doch ich fühle schon Erbarmen
Im Karfunkel deines Blicks
Und erfreu in deinen Armen
Mich erneuerten Geschicks.

Suleika

Hochbeglückt in deiner Liebe
Schelt ich nicht Gelegenheit;
Ward sie auch an dir zum Diebe,
Wie mich solch ein Raub erfreut!

Und wozu denn auch berauben?
Gib dich mir aus freier Wahl;
Gar zu gerne möcht ich glauben –
Ja, ich bin's, die dich bestahl.

Was so willig du gegeben,
Bringt dir herrlichen Gewinn;
Meine Ruh, mein reiches Leben
Geb ich freudig, nimm es hin!

Scherze nicht! Nichts von Verarmen!
Macht uns nicht die Liebe reich?
Halt ich dich in meinen Armen,
Jedem Glück ist meines gleich.

Beide sind in einem schöpferischen Furor, Gedicht folgt auf Gedicht, Frage findet poetische Antwort, Lockungen, Hingabe. Das vierte Buch des Diwans zeigt die künstlerische Vollendung, zu der Marianne gekommen ist. Am 25. September 1815, auf der Heimfahrt von Heidelberg, wo sie Goethe überraschend besucht hatte, weil sie die Trennung von ihm nicht mehr aushielt, entsteht ihr berühmtes, wunderbares Gedicht »Ach, um Deine feuchten Schwingen, / West, wie sehr ich Dich beneide, / Denn Du kannst ihm Kunde bringen / Was ich durch die Trennung leide ...« – hätte sie gewußt, daß sie ihn niemals wiedersehen wird – ob sie das überlebt hätte?

Aber man weiß ja nicht, und der Kummer muß Löffel für Löffel geschluckt werden in all seiner traurigen Bitternis. Es folgt ein Kampf, der sich über Jahre hinzieht. Viele Briefe aus dieser Zeit sind verloren, aber die übriggebliebenen zeigen herzzerreißend, wie Marianne versucht, alles wiederzugewinnen, den Mann und die Kunst. Und wie sie nie gewalttätig oder wütend wird über die Flucht des großen Fluchtkünstlers, der seine Meisterschaft in dieser Disziplin nun ein weiteres Mal unter Beweis stellt. Marianne wird krank wie ein verlassenes Tier, sie singt nicht mehr, sie spricht wenig, sie ist fast zu Tode getroffen. Immer von neuem wird sie mit Hoffnung genarrt, und immer von neuem enttäuscht. Ihr eigener Ehemann kann die Quälerei nicht mehr mit ansehen und fleht Goethe 1818 in einem demütigen Brief an, seiner Frau zu helfen: sie zu besuchen.

Es heißt, Marianne habe dieses Gefühl nur einmal im Leben kennengelernt, das ist wieder so eine interpretatorische Aufgeblasenheit, denn erstens überlebt man »diese Art Gefühl« nicht so leicht, und zweitens sind Männer von Goethes Art selten zu finden: Der Verlust der Liebe, oder auch nur des Anblicks des Geliebten, führt zum Verlust der Kunst: Da Marianne durchaus wußte, was sie konnte, war ihr vollkommen klar, was sie nach so kurzer Blüte verloren hatte.

Fünfundvierzig Jahre liegen noch vor ihr, vor der Liebenswürdigen, der »kleinen Frau«. Sie pflegt ihren grämlicher werdenden Mann, bis er stirbt. Sie hat Freundinnen und Freunde und das, was man so Interessen nennt. Es wird kein Tag vergangen sein, an dem sie nicht an ihn gedacht hat. Sie ordnet wieder und wieder seine Briefe. Einen Monat vor seinem Tod schickt er ihr die Gedichte, ihre Gedichte, ihren Anteil am Diwan, zurück. Beigelegt, aber sie öffnet das Päckchen erst nach seinem Tod, ist jenes schöne, feige: »Vor die Augen meiner Lieben, zu den Fingern die's geschrieben ...« Zu spät. Oder nicht? Oder war sie wieder dankbar? Es blieben ihr nun achtundzwanzig Jahre, in denen sie sachte das »Mütterchen Marianne« wird und sorgsam Spuren verwischt, Briefe vernichtet, die Liebe zum flüchtigen Dichter wird von ihren wenigen Biographen – die sie auch immer wieder beim Schreiben aus den Augen verloren haben – als das einzig Bemerkenswerte in ihrem langen Leben betrachtet. *Sie*, die unter dem blassen, ein bißchen vergammelten Kreuz auf dem Hauptfriedhof liegt, ist das Bemerkenswerte und Einzigartige gewesen, das ist gewiß, auch wenn sie uns Nachfahren nicht in ihr Leben schauen läßt. Am 6. Dezember 1860 starb sie. Vor ihrem Tod hat sie Herman Grimm ihre Suleika zugegeben, und, aber immer genötigt, von Goethe gesprochen. Wenigstens diesen Blick hat sie doch noch erlaubt. Und man liest das berühmte Gedicht, das er ihr im Sommer der Liebe schickte, noch einmal und für immer anders:

Dieses Baums Blatt, der, von Osten,
Meinem Garten anvertraut,
Gibt geheimen Sinn zu kosten,
Wie's den Wissenden erbaut.

Ist es ein lebendig Wesen?
Das sich in sich selbst getrennt;
Sind es zwei? Die sich erlesen,
Daß man sie als eines kennt.

Solche Frage zu erwidern
Fand ich wohl den rechten Sinn;
Fühlst du nicht an meinen Liedern,
Daß ich eins und doppelt bin?

Friedrich Carl von Savigny

Von Uwe Wesel

Bis heute gilt er als der bedeutendste Rechtsgelehrte des 19. Jahrhunderts. Schon damals war man dieser Meinung, und er selbst hat es auch so gesehen. Allein der Umstand, daß er diesen Beruf gewählt hatte, war zu jener Zeit eine Sensation, denn er kam aus dem Hochadel, war ein »Mann von Geburt«, wie man das nannte, und in seinen Kreisen ist es einfach nicht standesgemäß gewesen und völlig undenkbar, als Professor an einer Universität zu arbeiten. Aber man muß es auch umgekehrt sehen. Dadurch, daß ein solcher Mann diesen Beruf nicht nur gewählt hatte, sondern seine Wissenschaft auch noch entscheidend beeinflußte und veränderte, dadurch sind die bis dahin gesellschaftlich nicht übermäßig geschätzten Professoren sozial außerordentlich aufgewertet worden, und sie danken es ihm bis heute mit der größten Hochachtung, die man einem Kollegen entgegenbringen kann, oder, um es deutlicher zu sagen, in ihm feiern sie sich selbst. Erst seit Friedrich Carl von Savigny hat dieser Beruf in der Öffentlichkeit einen hohen Rang. Das war sein erster Beitrag zur Wissenschaft, die ihm dann auch gleich alle Wege öffnete, zumal er – daran besteht überhaupt kein Zweifel – ein außerordentlich begabter Jurist gewesen ist.

Geboren wurde er am 21. Februar 1779 in Frankfurt am Main. Seine Eltern starben früh. Seine Mutter verlor er mit zwölf Jahren, seinen Vater mit dreizehn. Er lebte weiter in Frankfurt, im Haus eines Verwandten. Mit sechzehn Jahren begann er das Jurastudium in Marburg, 1795. Sechzehn Jahre, das war damals das normale Alter. Aber es war keine normale Entscheidung für irgendein Studium, sondern der politische Entschluß eines jungen Mannes, der genau wußte, was er wollte, nämlich die Rettung der alten ständischen Ordnung, zu der seine Familie gehörte und die gefährdet war durch die französische Revolution und ein neues Recht. So blieb er sein Leben lang. Stockkonservativ, um es vorsichtig auszudrücken. Er trug viel dazu bei, daß manches so blieb, wie es war. Konnte aber letztlich die Entwicklung zur bürgerlichen Gesellschaft nicht aufhalten. Im Gegenteil. Ungewollt ist er nicht unwesentlich beteiligt gewesen an der Entwicklung eines bürgerlichen Rechts, das seinen persönlichen Interessen entgegengesetzt war und die alte Ordnung beseitigt hat.

Also, er studiert Jura in Marburg von 1795 bis 1799, wird dort zwei Jahre später Professor für römisches Recht, schreibt 1803 sein erstes wichtiges Buch – »Das Recht des Besitzes«. Geht 1808 an die Universität Landshut in Niederbayern, die Vorläuferin der Münchner Universität, bleibt dort bis 1810 und wird dann von Wilhelm von Humboldt an die neu gegründete Universität in Berlin geholt, einunddreißig Jahre alt und schon berühmt, strahlender Mittelpunkt der juristischen Fakultät, ein gefeierter Lehrer, der jetzt hier seine wichtigsten Bücher schreiben und seinen Ruhm begründen wird als Schöpfer einer neuen Richtung des Rechts, nämlich der »historischen Schule« mit einem neuen Programm, das eigentlich die alte Ordnung bewahren sollte, aber, wie gesagt, tatsächlich das Recht auf den Weg in eine bürgerliche Zukunft gebracht hat.

Das neue Programm entwickelt er 1814 in Berlin mit einer Schrift, die sich gegen eine Forderung eines Heidelberger Kollegen richtet, ein gemeinsames Gesetzbuch für Deutschland zu entwerfen, das in allen deutschen Einzelstaaten parallel erlassen werden soll, damit es – auf dem Höhepunkt der nationalen Begeisterung im Kampf gegen die Franzosen – wenigstens eine Rechtseinheit gibt, solange die staatliche Einheit noch nicht wiederhergestellt ist. Der Heidelberger Kollege heißt Justus Thibaut, und seine Forderung erschien einige Monate vorher im selben Jahr 1814 als schwungvolle Flugschrift unter dem Titel »Über die Notwendigkeit eines allgemeinen bürgerlichen Rechts für

Deutschland«, begeistert begrüßt von den deutschen Liberalen.

Friedrich Carl von Savigny will keine Gesetze. Gesetze sind immer neue Gesetze und richten sich gegen die alte Ordnung. Deshalb auch seine Antipathie gegen das Preußische Allgemeine Landrecht von 1794, das schon ein wenig den Geist der neuen bürgerlichen Gesellschaft spüren läßt mit ihrer allgemeinen Gleichheit und Freiheit. Also ist er auch gegen eine neue Gesetzgebung für Deutschland, und das ist der Inhalt seiner Antwort auf Thibaut unter dem schönen Titel »Vom Beruf unserer Zeit für Gesetzgebung und Rechtswissenschaft«. Es ist das Programm der historischen Schule. Recht, schreibt er, ist Teil des individuellen Lebens eines jeden Volkes. Es verkörpert dieses Leben wie eine Haut. Setzt man an seine Stelle ein rational konstruiertes Gesetzbuch, würde das bedeuten, einem Körper die Haut abzuziehen und sie durch ein künstliches Produkt zu ersetzen. Ein Jahr später schreibt er dazu, im Vorwort der von ihm neu gegründeten »Zeitschrift für geschichtliche Rechtswissenschaft«: »Die geschichtliche Schule nimmt an, der Stoff des Rechts sei durch die gesamte Vergangenheit der Nation gegeben, doch nicht durch Willkür, so daß er zufällig dieser oder ein anderer sein könnte, sondern aus dem innersten Wesen der Nation selbst und ihrer Geschichte hervorgegangen. Die besonnene Tätigkeit aber jedes Zeitalters müsse darauf gerichtet werden, diesen mit innerer Notwendigkeit gegebenen Stoff zu durchschauen, zu verjüngen und frisch zu erhalten.«

Letztlich bedeutete dies, daß die Juristen allein die Aufgabe haben, das Recht zu sammeln, also das historisch gewachsene, und es in eine vernünftige Ordnung zu bringen. Eine Kunst, die er meisterhaft beherrschte. Also Juristen sollten es sein, die diese Aufgabe haben, und nicht Politiker, die in Parlamenten Gesetze machen. Wobei er mit dem historisch gewachsenen Recht in erster Linie das antike römische meinte, das sich seit dem hohen Mittelalter über ganz Europa ausgebreitet hatte, und es störte ihn nicht, daß der deutsche Volksgeist, den er für die Erzeugung von Recht so gern in Anspruch nahm, im Laufe der Jahrhunderte komischerweise in erster Linie römisches Recht produziert hat und nicht deutsches. Aber er war mit seinem Programm erfolgreich. Es gab kein allgemeines deutsches Gesetzbuch, und überall an den deutschen Universitäten wurde von seinen vielen Schülern und Bewunderern wieder das römische Recht in den Vordergrund gestellt und wurden Lehrbücher dazu geschrieben. Diese Bücher hatten alle den Titel »Pandektenrecht«, womit das römische gemeint war. Allerdings mit einer merkwürdigen Folge. Denn über dieses Pandektenrecht ist dann letztlich erreicht worden, was Justus Thibaut gefordert hatte, nämlich ein einheitliches Zivilrecht für ganz Deutschland, nur eben nicht über ein Gesetz, sondern über diese Lehrbücher und die Lehre an den Universitäten. Außerdem war das nichts anderes als die gedankliche Vorarbeit für die Abfassung des Bürgerlichen Gesetzbuches am Ende des Jahrhunderts, das 1896 vom Reichstag des 1871 gegründeten neuen Reiches beschlossen werden und am 1. Januar 1900 in Kraft treten sollte. Savigny hat es nicht gewollt. Aber es ist letztlich auch sein Werk.

Er war ein außerordentlich produktiver Mann, obwohl er in späteren Jahren durch ein Kopfleiden behindert wurde. Savigny schrieb eine »Geschichte des Römischen Rechts im Mittelalter« (1815-31) in sechs Bänden, die noch heute ein Standardwerk ist, und vieles mehr. Entscheidend für seine außerordentliche Wirkung damals wie heute war seine persönliche Haltung, die große Ruhe ausstrahlte, Vornehmheit, Souveränität, Autorität. Ein mittelgroßer schlanker Mann mit einem schönen schmalen Gesicht, der sich gern mit Goethe vergleichen ließ, mit dem er in seiner Haltung tatsächlich eine gewisse Ähnlichkeit hatte. Und wie bei dem Großen in Weimar gab es auch für ihn einen liberalen Gegenspieler, den man durchaus mit Schiller vergleichen könnte, nämlich den Strafrechtler Anselm von

Feuerbach, Vater des Philosophen, Großvater des Malers, ein genialer Mann, der sich in rastloser Arbeit ähnlich kaputtmachte wie Schiller, ebenso ziemlich früh starb und ebenso immer voller Neid auf den anderen sah, der es viel leichter hatte, ruhiger war und damals als der Größere angesehen wurde. Wenn man die beiden Juristen vergleicht, Savigny und Feuerbach, dann ist gar nicht so sicher, wer die größeren Verdienste hat. Feuerbach, ebenfalls Professor in Landshut und später im Justizministerium in München, brachte die Rechtsstaatlichkeit in das deutsche Strafrecht, formulierte ihren fundamentalen Grundsatz – nulla poena sine lege, keine Strafe ohne Gesetz –, der sogar in unser Grundgesetz aufgenommen ist, und lieferte mit dem bayerischen Strafgesetzbuch von 1813 das Muster für das Reichsstrafgesetzbuch von 1871, das noch heute unser Strafrecht bestimmt, trotz wichtiger Reformen einhundert Jahre später. Wie auch immer. Sie sind die beiden großen Juristen des 19. Jahrhunderts, der eine im Strafrecht, der andere im Zivilrecht – Friedrich Carl von Savigny ist 82 Jahre alt geworden, er starb am 25. Oktober 1861. Bei der Trauerfeier in seinem Berliner Haus erschienen nicht nur alle Professoren der Universität in ihren Talaren, sondern auch der König, Wilhelm I., mit sämtlichen Prinzen.

Georg Gottfried Gervinus

Von Matthias Kamann

Man habe den Muth, das Feld eine Weile brach liegen zu lassen und den Grund unserer öffentlichen Verhältnisse, auf dem Alles wurzelt, was ein Volk hervorbringen soll, neu zu bestellen, und, wenn es sein muß, umzuroden, und eine neue Dichtung wird dann möglich werden, die auch einem reifen Geiste Genuß bieten wird.« Mit dieser Brache-These ist Georg Gottfried Gervinus berühmt geworden. Er verglich die Geschichte der deutschen Literatur mit dem Jahreszeitenwechsel auf einem Acker. In seinem Hauptwerk, seiner »Geschichte der poetischen National-Literatur der Deutschen«, die zwischen 1835 und 42 in fünf dicken Bänden erschien, beschrieb er zwei Zeiten der Blüte: die mittelhochdeutsche Klassik mit Walter von der Vogelweide und Wolfram von Eschenbach und die Weimarer Klassik, Goethe und Schiller. In beiden Epochen sah er unübersteigbare Gipfelpunkte des deutschen Geistes, und beide Epochen glaubte er gefolgt von Zeiten morbider Nachahmung mit saftlos prangenden Herbstblättern und faulig-romantischen Sumpfgewächsen. Weggesenst wünschte er sich diese. Statt Epigonentums sollte Schweigen herrschen, eine Brache der Literatur. Nicht unentwegt zu dichten, sondern politisch zu handeln hätten nach solchen Blütezeiten die deutschen Geister, damit endlich, gegen die Resignation während der Restaurationsepoche in der ersten Hälfte des 19. Jahrhunderts, all das in die Tat umgesetzt werde, was Herder und Lessing und Schiller und Goethe sich an großen Idealen erdacht, aber eben nur erdacht hatten. Daß diese Brache-These bei denjenigen Zeitgenossen von Gervinus, die noch nicht mit der Schriftstellerei aufgehört hatten, auf entschiedene Ablehnung stieß, liegt auf der Hand. Desgleichen, daß jener Gedanke ein sehr deutscher ist: mit seiner platten Gegenüberstellung von Geist und Tat und mit seiner Annahme, politisches Handeln sei die praktische Umsetzung literarisch produzierter Maximen. Ein Prototyp des deutschen Geistes im 19. Jahrhundert – das ist Georg Gottfried Gervinus, auch deshalb, weil er die nationale Identität des neu zu gründenden Deutschen Reiches statt aus der Gegenwart aus der Geschichte zu ermitteln suchte und weil er eine zentrale Figur deutscher Intellektualität im 19. Jahrhundert verkörpert, den obrigkeitskritischen Professor. 1837 protestierte er als einer der »Göttinger Sieben« gegen den Verfassungsbruch des Königs Ernst August und wurde daraufhin des Landes verwiesen, 1848 ließ er sich in die

Frankfurter Paulskirche wählen. In der Folge, voller Verachtung für die kitschig-autoritäre Staatsgründung unter preußischem Banner, war er aber nicht bereit zu praktischer Opposition, vielmehr vergrub er sich verbittert in seine Bücher – wofür er dreißig Jahre zuvor andere noch scharf kritisiert hatte.

In Darmstadt begann dieses deutsche Leben. Am 20. Mai 1805 wurde Georg Gottfried Gervinus als Sohn eines Gastwirts und Lederhändlers in bescheidenen Verhältnissen geboren. Als hochbegabt, aber eigenwillig und zerrissen wird der Knabe, wird der Jugendliche geschildert. Einerseits floh er die Schule und suchte die handwerkliche Praxis. In Bonn begann er eine Buchhändlerausbildung, ging aber nach kurzer Zeit zurück nach Darmstadt, wo er in ein Textilwarengeschäft eintrat. Andererseits gab er sich mit einigen Gleichgesinnten Träumen von einem Dichterhimmel hin, in dem kein Gott neben Jean Paul war. Mag sein, daß der ungerechte Haß, mit dem Gervinus später über Jean Paul schrieb, in dieser dann überwundenen frühen pubertären Schwärmerei seinen Grund hatte, und weiterhin ist es denkbar, daß Gervinus' Forderung, die klassische Literatur in praktische Politik umzusetzen, ein Versuch war, eine Verbindung zu finden für die jugendlichen Extreme der Poetelei und des forcierten Tätigseins.

Zunächst indes gelang ihm diese Verbindung dadurch, daß er neben seiner Arbeit im Textilgeschäft unentwegt las und sich großes historisches Wissen aneignete, so daß er mit zwanzig Jahren in Gießen das Abitur ablegen konnte. Dort begann er dann auch das Studium der Philologie, das er nach kurzer Zeit in Heidelberg fortsetzte, wo ihn die Begegnung mit dem großen Historiker Friedrich Christian Schlosser für sein ganzes Leben prägte. Von Schlosser übernahm er den interessierten Blick auf die Geschichte, den Versuch, durch globale Deutungen große Verlaufsformen herzustellen und das Wirken der Ideen in der Praxis zu ergründen. Gervinus hatte den Leitfaden für seine wissenschaftliche Arbeit gefunden, der er nach dem Abschluß des Studiums zunächst als Privatlehrer nachging, seit 1830 als Privatdozent für Philosophie in Heidelberg, wo er, zumal nach der Heirat mit Victorie Schelver im Jahre 1836, in wirtschaftlich gesicherten Verhältnissen lebte. Erste geschichtswissenschaftliche Schriften aus jenen Jahren, über die Angelsachsen, über Macchiavelli oder über die Könige von Aragon, sind zwar im wesentlichen noch detailversessenes philologisches Handwerk, zeigen aber in Teilen bereits den Willen, der Geschichte mit Interpretation und großem Überblick auf den Leib zu rücken.

Dieser Wille schuf sich dann monumentalen Raum in der »Geschichte der poetischen National-Literatur der Deutschen«, die Gervinus von 1835 an vorlegte. Dieses Werk war bis dahin in der deutschen Literaturgeschichtsschreibung einmalig, und in seinen guten Seiten ist es das auch lange geblieben. Eine Germanistik, die sich am liebsten mit der Methodik des Methodenstreits in der Methodologie beschäftigt und sich in die Anmerkungen zu den Anmerkungen zu drittklassigen Autoren vertieft, hat leider nur wenig gelernt von der Leidenschaft, mit der Gervinus aus persönlichem Interesse heraus die Dichtungen befragt, und sie hat sich nicht inspirieren lassen von Gervinus' entschlossenem Stil, der zwar mitunter sperrig und holzfällerhaft wirkt, aber stets charakteristisch ist, individuell statt jargonhaft neutral. In ihren schlechten und schlicht abzulehnenden Aspekten indes hat die Literaturgeschichte von Gervinus ganze Generationen geprägt. Bis heute wirkt sein Blütezeitdenken fort, sein Vorurteil gegenüber der nachahmenden, der nicht original männlich schaffenden Literatur. Bis heute krankt die Germanistik daran, daß Gervinus in seinem Versuch, mit Hilfe der Literaturgeschichte den deutschen Nationalstaat zu begründen, alle Werke aussonderte, die ihm nicht deutsch schienen, also die lateinischsprachigen Meisterwerke des Mittelalters und der frühen Neuzeit. Und bis heute hat man sich hierzulande nicht freimachen können von dem törichten Gedanken, in Literatur sei als Gehalt oder Maxime etwas formuliert, was praktische Politik werden könne.

Gervinus ging 1836 als ordentlicher Professor nach Göttingen, aber nur, um ein Jahr später als aufmüpfiger Demokrat verjagt zu werden. Unstet wurde sein Leben, erst 1844 konnte er sich abermals in Heidelberg als Honorarprofessor niederlassen. An der gärenden Stimmung des Vormärz nahm er regen Anteil. 1847 gründete er die »Deutsche Zeitung«, in deren Leitartikeln er sich als entschiedener Demokrat bekannte. Daß dieser mutige, wortgewaltige und rigorose Mann 1848 in der Paulskirche sich völlig zurückhielt und niemals länger redete, überrascht zunächst. Es hat aber darin seinen Grund, daß Gervinus schnell resignierte angesichts des stockenden Einigungs- und Demokratisierungsprozesses. Gervinus hatte sich auch selbst in die Zwickmühle gebracht: einerseits befürwortete er entschieden eine kleindeutsche Lösung bei der Nationalstaatsgründung, andererseits mußte er rasch erkennen, daß dieses schmale Gebilde auf Gedeih und Verderb dem autoritären Preußen ausgeliefert war. Und als Preußen dann ernst machte, in den Kriegen gegen Dänemark und Österreich, sah sich Gervinus in seinen Befürchtungen bestätigt: eine demokratische Öffentlichkeit aus tatkräftig entschlossenen Männern konnte sich unter diesen Umständen nicht bilden. Gervinus setzte seine nun wieder sehr abstrakt werdenden Hoffnungen auf eine Gesellschaftsentwicklung nach amerikanischem Muster und vertiefte sich in die Geschichte, dies indes abermals in praktischer Absicht. Seine Einleitung zur »Geschichte des 19. Jahrhunderts seit den Wiener Verträgen« prangerte die restaurativen Verhältnisse in Europa so entschieden an, daß Gervinus des Hochverrats angeklagt wurde. Erst in zweiter Instanz wurde das Verfahren eingestellt, aber trotzdem ließ es sich die badische Regierung nicht nehmen, Gervinus die Lehrerlaubnis zu entziehen. Ökonomisch traf ihn dies indes nicht mehr. Finanziell unabhängig lebte er in einer offenbar sehr glücklichen Ehe seinen Neigungen, der Musik und der Literatur; zu seinen letzten Schriften gehört ein Buch über Händel und Shakespeare. So fand gegen Ende seines Lebens das Deutsche in ihm eine der glücklichsten Formen seines Ausdrucks: die Liebe zum Schönen. 65jährig ist er am 18. März 1871 in Heidelberg gestorben.

Justus von Liebig
Von Christian Schütze

Seit der englische Pfarrer und Nationalökonom Thomas Robert Malthus 1798 sein pessimistisches Bevölkerungsgesetz veröffentlicht hatte, diskutierten die Wissenschaftler in ganz Europa leidenschaftlich die Frage, ob Hungersnot ein immerwährendes Schicksal der Menschheit sein müsse. Malthus meinte ein Gesetz erkannt zu haben, wonach die Nahrungsproduktion sich nur in arithmetischer Reihe steigern lasse, während die Bevölkerung sich in geometrischer Reihe vermehre. In graphischer Darstellung sieht das so aus: Die Nahrungsproduktion steigt als gerade Linie, die Menschenvermehrung als Kurve, die auf der Zeitachse steiler nach oben strebt. Also warten immer mehr hungrige Mäuler auf eine Schüssel, in der von einer Mahlzeit zur anderen nur wenig mehr Essen ist.

Die Ökonomenschule der Malthusianer empfahl als Ausweg die Geburtenkontrolle und die Einschränkung der Sozialfürsorge für die Armen; die würden dann aus Verantwortungsgefühl weniger Kinder haben, hoffte man. Einen anderen Weg suchten optimistische Wissenschaftler, zumal die Chemiker. Die hatten in der ersten Hälfte des 19. Jahrhunderts so unendlich viele neue zuverlässige Kenntnisse über die Grundlagen der Stoffumwandlung gesammelt, daß sie die Lösung von Weltproblemen durch die erfolgreiche Naturwissenschaft erwarteten.

Einer von ihnen war der am 12. Mai 1803 in Darmstadt geborene Justus Liebig. Er absolvierte zunächst eine Apothekerlehre, studierte dann aber als noch nicht Zwanzigjähriger Chemie in Erlangen, Bonn und Paris. Mit 21 Jahren wurde er Professor in Gießen.

Wilhelm von Humboldt, der große Bildungsreformer, Förderer der Wissenschaften und der Talente, mag durch seine Fürsprache zu dieser schnellen Berufung beigetragen haben. Doch sie erwies sich als vollkommen gerechtfertigt. In wenigen Jahren baute Liebig ein Laboratorium auf, das durch seine zweckmäßige Organisation weithin berühmt wurde. Das zog begabte junge Leute aus vielen Ländern an, und Liebig wurde der Begründer einer Schule, aus der viele später berühmte Chemiker hervorgingen. Zum Beispiel der ebenfalls in Darmstadt geborene August Kekulé von Stradonitz, der die Vierwertigkeit des Kohlenstoffs entdeckte und die Erforschung der theoretischen Grundlagen der organischen Chemie wesentlich förderte. Oder August Wilhelm Hofmann, der die ersten Anilinfarbstoffe synthetisierte und damit die Teerfarbenchemie begründete. Oder der Franzose Charles Adolphe Wurtz, der als Professor in Paris die bei Liebig aufgenommenen Erkenntnisse zu einer naturwissenschaftlichen Methodenlehre ausbaute. So nahm Liebig noch indirekt prägenden Einfluß auf die Form des Studiums selbst in Frankreich, wo die wissenschaftliche Chemie seit den Tagen Lavoisiers in hoher Blüte stand.

Justus Liebig blieb von den Diskussionen um die Malthusschen Thesen nicht unbeeindruckt. Nachdem er sich zunächst mit Fragen der organischen Chemie befaßt und einige neue Stoffe entdeckt hatte, zum Beispiel Chloroform, wandte er sich Ende der dreißiger Jahre der drängenden Frage zu, wie durch Anwendung der gewonnenen Erkenntnisse in der Landwirtschaft ein drohender Nahrungsmangel abgewendet werden könne. Das Ergebnis waren zwei fundamentale Lehrbücher: Sein 1840 veröffentlichtes Hauptwerk »Die organische Chemie in ihrer Anwendung auf Agrikulturchemie und Physiologie« und das zwei Jahre später erschienene Werk »Die Tierchemie oder die organische Chemie in ihrer Anwendung auf Physiologie und Pathologie«.

In beiden Büchern ging es um die chemischen Prozesse bei der Ernährung von Pflanzen und Tieren. Liebig entwikkelte das Gesetz des Minimums, eine der wichtigsten Grundregeln für jede erfolgreiche Düngung. Das Gesetz besagt, daß das Wachstum einer Pflanze durch denjenigen zu seiner Ernährung unentbehrlichen Faktor begrenzt wird, der in der geringsten Menge verfügbar ist. Die wichtigsten Faktoren für das Pflanzenwachstum sind Licht, Wasser und Dünger. Alle müssen ausreichend vorhanden sein; ist von einem zu wenig da, nützt es nichts, die anderen Faktoren vermehrt anzubieten. Das heißt: Wenn Regen fehlt, steigern übermäßige Düngergaben die Ernte nicht; sie sind Verschwendung. Und wo Sonnenlicht fehlt, kann dieser Mangel nicht mit zusätzlichem Wasser ausgeglichen werden. So begrenzen geographische Standortbedingungen die Anbaumöglichkeiten und Ernteerträge. An ihnen ist nichts zu ändern, es sei denn mit großem Aufwand, mit künstlicher Bewässerung oder in Gewächshäusern, wenn man Pflanzen unter künstlichem Licht schneller wachsen läßt.

Aber vor allem begrenzte während der gesamten Agrargeschichte der Mangel an Dünger die Ernten. Auch dort, wo die Natur Sonne und Wasser in ausreichender Menge bot, blieben die Erträge unter dem möglichen Maximum, weil das Gesetz vom Minimum es so befahl. Das änderte sich mit Liebigs Erkenntnissen zur Ernährungsweise der Pflanzen. Vor allem aber mit seiner energischen Propaganda zugunsten der Mineraldünger. Bevor es diese Kunstdünger gab, waren nur die sogenannten Wirtschaftsdünger gebräuchlich: Mist aus Ställen und Pferchen von Säugetieren oder Hühnern, Jauche, Stroh, Streu aus Wäldern, Gründünger und andere organische Stoffe. Deren Großmoleküle werden von Bodenbakterien und Kleintieren aufgebrochen und abgebaut. In der Sprache der Chemiker: Sie werden mineralisiert zu einfacheren kleinen anorganischen Molekülen von Stoffen, die schon seit Beginn der Erdgeschichte in der Erdrinde als Mineralien vorkommen. Diese sind in Wasser leicht löslich und bilden das Material, aus denen die Pflanzen mit Hilfe der Sonnenenergie ihre Substanz aufbauen.

Liebigs Empfehlung lautete: Überwindet den Mangel an organischem Wirtschaftsdünger und die daraus folgende ständige Armut der Böden an pflanzennutzbaren anorganischen Mineralien! Streut Mineraldünger auf die Felder! Damit werden die herkömmlichen Methoden zur Auffrischung der Bodenfruchtbarkeit überflüssig. Fruchtwechsel und Brache sind nicht mehr nötig, alljährliche große Ernten werden möglich. Und diesen fertigen Mineraldünger gibt es. Es sind die Salze des Ammoniak, Ammoniumsulfat und Ammonsalpeter. Und die Salze der Salpetersäure, das Kaliumnitrat, das Calciumnitrat, das als Kalksalpeter aus feuchten Mauern ausblüht, oder das Natriumnitrat, der bekannte Chilesalpeter, der in der Atacamawüste im Norden Chiles abgebaut wird. Auch Phosphate, die Salze der Orthophosphorsäure, gibt es in großen Lagerstätten in den Vereinigten Staaten, Nordrußland, Nordafrika und Ozeanien.

Anorganische Verbindungen von Stickstoff, Kalium und Phosphor sind die wichtigsten Mineraldünger; andere Elemente wie Magnesium werden nur als Spurenstoffe von den Pflanzen aufgenommen, sind aber für deren Wachstum unentbehrlich. Sie werden heute allen gängigen sogenannten Volldüngern beigefügt; in diesen sind Stickstoff, Kali und Phosphat als Hauptkomponenten gemischt, und die Mischung ist auf verschiedene Bodentypen und Pflanzenbedürfnisse abgestellt, so daß der Landwirt oder Gärtner optimal und einfach düngen kann. Liebigs Erkenntnisse waren anfangs nicht leicht im großen Stil zu nutzen, weil die Lagerstätten erst erkundet und erschlossen werden mußten. Doch die Dringlichkeit einer Ertragssteigerung der Landwirtschaft war zwischen 1846 und 1849 auf dramatische Weise sichtbar geworden. Europa erlitt wieder eine verheerende Hungersnot, dieses Mal allerdings ausgelöst durch eine Kartoffelkrankheit, die drei Jahre lang die Ernten vernichtete. Die Kartoffel hatte zu Beginn des 19. Jahrhunderts das Getreide als Grundnahrungsmittel vor allem der rasch wachsenden Industriebevölkerung abgelöst. Besonders schlimm wurde Irland getroffen. Etwa 800 000 Menschen starben den Hungertod, und es begann die große irische Auswanderung nach Nordamerika. Doch die anderen europäischen Länder hungerten ebenso, was die revolutionären demokratischen Bewegungen von 1848/49 anfachte.

Weniger dramatisch, aber weit bedeutsamer für das Ernährungsproblem als die vorübergehende Hungersnot war ein stetiger Anstieg des durchschnittlichen Lebensalters der europäischen Bevölkerung. Durch medizinischen Fortschritt, zumal durch erfolgreiche Seuchenbekämpfung, wurde die Kindersterblichkeit vermindert, so daß die der Sterberate ohnehin überlegene Geburtenrate sich immer stärker auswirken konnte.

Nun schien Malthus recht zu behalten, aber Justus von Liebig – er war 1845 geadelt worden – hatte die Abhilfe beschrieben. Durch die Nutzung seiner Erkenntnisse mußte es möglich sein, die Ernten zu steigern und eine wachsende Menschheit von der begrenzten landwirtschaftlichen Fläche satt zu machen. Es galt, den Handel mit Mineraldünger in Gang zu bringen, und so segelten bald Dreimaster und Viermaster aus allen europäischen Industrieländern um Kap Hoorn, um in den Häfen von Peru den Guano zu laden, den an Phosphaten und Stickstoff reichen Mist von Seevögeln, der sich im Laufe der Jahrtausende in Schichten bis zu 80 Meter Dicke angesammelt hatte. Oder sie nahmen in Antofagasta den aus Caliche, dem stickstoffhaltigen Schutt der Atacamawüste, gewonnenen Chilesalpeter an Bord.

Neunzig Prozent aller Stickstoffdünger kamen vor dem Ersten Weltkrieg aus Chile.

Das änderte sich erst, als der Karlsruher Chemiker Fritz Haber die Theorie der Ammoniaksynthese aus Luftstickstoff entwickelte und Carl Bosch, der leitende Chemiker der Badischen Anilin- und Sodafabrik in Ludwigshafen, 1913 die großtechnische Herstellung von Ammoniak begann. Liebigs Erkenntnisse konnten nun in der Landwirtschaft überall auf dem Globus in die Praxis umgesetzt werden, sofern die Bauern Geld hatten, den teuren Handelsdünger zu kaufen. Und es begann, auf der Basis von Liebigs Erkenntnissen, die ungeheure Ausweitung der Nahrungsproduktion.

Dennoch ist Liebigs Name für die meisten Menschen, zumal in Deutschland, mit seiner weniger bedeutenden Erfindung verbunden, mit Liebigs Fleischextrakt. Um das Fleisch südamerikanischer Rinder ohne Konservierungsprobleme und großen Transportaufwand für die Verbesserung der Ernährung in Europa nutzbar machen zu können, entwickelte er ein Verfahren zur Herstellung eines von Fett, Leim und Albumin freien Wasserauszugs. Dessen Nährstoffgehalt ist gering, aber als Aromaträger und zur Anregung des Stoffwechsels hat er sich bewährt.

Liebig starb am 18. April 1873 in München, wo er seit 1852 gelehrt und geschrieben hatte. Sein reformerischer Radikalismus, der ihn als einen typischen Vertreter des wissenschaftlichen Fortschrittsoptimismus im 19. Jahrhundert kennzeichnet, war vielleicht schon früher manchem Traditionalisten ärgerlich. Heute betrachten eher die Verfechter der biologischen und naturnahen Landwirtschaft seinen Rigorismus, der sich gegen Stallmist und Fruchtwechsel wandte, mit Skepsis.

Johann Philipp Reis

Von Klaus Beyrer

Immer wieder kommt es vor, daß die Menschheit ihre Sternstunden verschläft. Die Zahl verkannter Erfinder, denen oft nicht mehr vergönnt bleibt als postume Ehre, ist denn auch Legion. Das 19. Jahrhundert, das auf naturwissenschaftlich-technischem Sektor den Aufbruch in die Moderne markiert, diente hier mit genügend vielen Beispielen.

Auch die Erfindung des Telefons fällt unter die Rubrik der schweren Geburten. Übrigens war der erste Satz, der in einen Telefonapparat gesprochen wurde, blanker Unsinn. Dem historischen Augenblick wenig angemessen, lautete er: »Die Sonne ist von Kupfer.« Und dann: »Das Pferd frißt keinen Gurkensalat.«

Das Ereignis fand am 26. Oktober des Jahres 1861 statt. Ort der Veranstaltung war die Lehranstalt des Bürgermeisters Garnier im nahe Frankfurt gelegenen Friedrichsdorf. Für die Worte, die im Beisein eines erlauchten Gremiums Frankfurter Honoratioren in den Apparat gesprochen wurden, zeichnete ein gewisser Philipp Schmidt verantwortlich. Am anderen Ende der rund 300 Fuß entfernten Leitung, die zwei benachbarte Gebäude verband, saß Johann Philipp Reis, Lehrer der Mathematik und Physik und Initiator der Demonstration.

Bis auf den heutigen Tag lassen Historiker sich zu der Spekulation hinreißen, Reis habe bei der Konstruktion seines Telefons gleich von Anbeginn einen Sprechapparat beabsichtigt. Dies wäre freilich einem Griff nach den Sternen gleichgekommen, wozu – wie ein Blick auf die damaligen Kommunikationsverhältnisse lehrt – im Grunde wenig Veranlassung bestand. An der Wende zur zweiten Hälfte des 19. Jahrhunderts war Kommunikation längst nicht mehr eine Angelegenheit nur der laufenden Boten, der Postkutschen und Brieftauben. Parallel zur Erfindung der

Eisenbahn, die durch Deutschland seit 1835 dampfte, war die elektrische Telegrafie aufgekommen. Sie zeichnete ursächlich für den Aufbruch ins Zeitalter der modernen Nachrichtenübermittlung verantwortlich. Unternehmer vom Schlage eines Werner Siemens und seines Kompagnons Johann Georg Halske betrieben zur Jahrhundertmitte bereits einen schwunghaften Handel mit elektrischen Zeigertelegrafen. Der Amerikaner Samuel Morse erfand einen aus Punkten und Strichen bestehenden Telegrafencode. Morse sorgte damit für ein ungewöhnlich ökonomisches System, das der raschen Nachrichtenübermittlung diente.

Insofern bestand kein Grund, am Maß der damaligen Kommunikationsmedien zu rütteln. Was Reis durch den Kopf spukte, war denn auch ein völlig anderes Thema. Anders als der Tele-graph – einer, wie der Begriff besagt, Einrichtung zur Übertragung von Schrift –, sollte sein Tele-*phon* die Übertragung von Klängen und Tönen leisten. Und zwar in erster Linie von musikalischen Tönen. Ein Vortrag im Frankfurter Senckenberg-Museum vor den Mitgliedern des Physikalischen Vereins, der der Friedrichsdorfer Demonstration am Abend folgte, trug den bezeichnenden Titel: »Über Fortpflanzung musikalischer Töne auf beliebiger Entfernung durch Vermittlung des galvanischen Stromes«. Gemeint war, was uns heute als Radio geläufig ist.

Nicht der Draht hatte es Reis angetan, über den die Nachrichten mehr und weniger rasch übertragen wurden, sondern jenes Organ, das sie letztendlich empfängt – und das bei ihm quasi als Sender dienen mußte: nämlich das Ohr. Später erinnerte sich Reis:

»Durch meinen physikalischen Unterricht dazu veranlaßt, griff ich im Jahre 1860 eine schon früher begonnene Arbeit über die Gehörwerkzeuge wieder auf und hatte bald die Freude, meine Mühe durch Erfolg belohnt zu sehen, indem es mir gelang, einen Apparat zu erfinden, durch welchen es möglich wird, die Funktionen der Gehörwerkzeuge klar und anschaulich zu machen, mit welchem man aber auch Töne aller Art durch den galvanischen Strom in beliebiger Entfernung reproduzieren kann. – Ich nannte das Instrument ›Telephon‹.«

Es ist kein Zufall, daß die ersten Telefonleitungen in Opernhäuser und Konzertsäle gelegt wurden. Lange bevor die Geschäftsleute und Unternehmer den kurzen Draht zu ihrer Kundschaft entdeckten, diente das Telefon der Fernübertragung musikalischer Darbietungen. Die telefonische Verständigung durch Sprache war hingegen eine Angelegenheit, deren gesellschaftliche Notwendigkeit erst noch dazuerfunden werden mußte.

Und so bestand auch jener denkwürdige 26. Oktober des Jahres 1861 in Friedrichsdorf fürs erste aus einer musikalischen Darbietung. Schmidt und ein Mitstreiter, der Musiklehrer Heinrich Friedrich Peter, teilten sich Gesang und Englischhorn. Im Hörsaal des Garnierschen Instituts lauschte das Gremium dem musikalischen Vortrag aus dem 300 Fuß entfernten Bürgerhospital.

Doch weshalb nicht auch ein Sprechversuch? Das Mißtrauen, es könne sich um einen abgesprochenen Text handeln, wird durch spontan erfundenen Unsinn entkräftet. Reis versteht »Die Sonne ist von Zucker« statt »Die Sonne ist von Kupfer« und »Das Pferd frißt« statt »Das Pferd frißt keinen Gurkensalat«.

Geboren worden war Reis am 7. Januar 1834 als Sohn eines Bäckermeisters in Gelnhausen, im damaligen Kurfürstentum Hessen-Cassel. Der Junge besuchte die dortige Volksschule, im Alter von zehn Jahren, nach dem frühen Tod der Eltern, schickte ihn die Großmutter an das Institut von Garnier in Friedrichsdorf, wo er sich bald durch vielseitige Begabung auszeichnete. Mit 14 Jahren wechselte er an das Hasselsche Institut in Frankfurt am Main, lernte neben Französisch und Englisch nun auch Italienisch und Latein und stürzte sich mit großem Eifer auf die Naturwissenschaften und die Mathematik.

Gebremst wurde sein Wissensdurst durch die Entscheidung seines Vormunds, den 16jährigen Philipp in das Frankfurter Farbwarengeschäft von Johann Friedrich Beyerbach in eine Kaufmannslehre zu geben. Doch verfolgte Reis seine Ziele unbeirrt, nahm in der freien Zeit Privatunterricht in den Fächern Mathematik und Physik und besuchte Vorlesungen über Mechanik. Bereits im Jahre 1851, im Alter von 17 Jahren, trat er dem Physikalischen Verein in Frankfurt bei.

Auf die Lehrzeit folgte eine Ausbildung zum Lehrer an der Frankfurter Polytechnischen Schule des Dr. Poppe – unterbrochen durch die Militärdienstzeit, die er 1855 in Kassel ableistete. Im Jahre 1858 schließlich berief ihn Garnier an das Friedrichsdorfer Institut, das Reis bereits aus seiner Schulzeit kannte.

Reis war als Lehrer beliebt. Er soll seinen Schülern einen höchst abwechslungsreichen, aufgelockerten Unterricht geboten haben. Zu den pädagogischen Hilfsmitteln zählte das kunstvoll geschnitzte Eichenholzmodell einer Ohrmuschel, woran es die Funktionsweise der menschlichen Gehörwerkzeuge zu erläutern galt. Dieses Modell steht auch am Beginn der Reisschen Telefonversuche.

Nach dem Vorbild des menschlichen Ohrs konstruierte Reis einen sogenannten »Geber«, der an eine galvanische Batterie angeschlossen war. Eine dünne Schweinsdarm-Membrane mit aufgekittetem Platinkontakt, die sich über die Ausgangsöffnung der Ohrmuschel spannte, setzte die akustischen Schwingungen in elektrische um. Dabei funktionierte der Platinstift praktisch wie das Gehörknöchelchen. Sprach man in das Ohr hinein, wurde die Membran durch den Druck des Schalls in Schwingungen versetzt und brachte den Platinkontakt zum Schließen. Veränderungen der Schallschwingungen schlugen sich auf diese Weise im Stromkreis unmittelbar in Widerstandsänderungen nieder.

Als Empfänger diente Reis eine Stromspule, in der eine Stricknadel steckte. Die schwingende Stricknadel brachte die Töne hervor. Diese Anordnung war auf einer hölzernen

Kiste angebracht, die wie ein Resonanzkörper wirkte. Um die Töne zu verstärken, griff Reis anfangs schlicht auf die Geige des Musiklehrers Peter zurück. Die Erkenntnis, daß man mit Hilfe von Elektrizität – das heißt durch Unterbrechung des Stromkreises – Töne, und wenn auch nur ein schnarrendes Geräusch, erzeugen kann, war damals keineswegs neu. Bei seinem Empfänger bediente der Friedrichsdorfer Erfinder sich einer bereits aus den 30er Jahren des 19. Jahrhunderts bekannten Anordnung.

In den folgenden Jahren konstruierte Reis mehr als zehn verschiedene Formen des Gebers. An eine kommerzielle Verwertung der Erfindung war allerdings noch nicht zu denken. In einer Notiz vom Dezember 1861 hieß es einschränkend:

»Zur praktischen Verwendung des Telephons dürfte vielleicht noch sehr viel zu thun übrig bleiben. Für die Physik hat es aber wohl schon dadurch hinreichend Interesse, daß es ein neues Arbeitsfeld eröffnet.«

Weitere öffentliche Vorführungen seiner Erfindung verhalfen Reis indes zu einer gewissen Bekanntheit. Auf die Veranstaltung der Physikalischen Gesellschaft von 1861 folgte am 11. Mai 1862 ein Vortrag im Freien Deutschen Hochstift zu Frankfurt am Main, und am 4. Juli 1863 trug er seine Erkenntnisse abermals vor den Wissenschaftlern der Physikalischen Gesellschaft vor. Schließlich erläuterte Reis das Prinzip seines Telefons anhand einer mittlerweile verbesserten Ausführung am 21. September des darauffolgenden Jahres bei der Jahrestagung Deutscher Naturforscher und Ärzte in Gießen. Sogar dem österreichischen Kaiser wurde der Apparat vorgeführt: Am 6. September 1863 hielt Kaiser Franz Josef sich in Begleitung des Bayernkönigs Max in Frankfurt auf. Der Gründungsvorsitzende des Freien Deutschen Hochstifts, Otto Volger, hatte die verantwortungsvolle Aufgabe übernommen, die Durchlauchten mit der neuen Technik bekannt zu machen.

Eine größere Zahl an Apparaten wurde jetzt zu Schulungszwecken hergestellt und in alle Welt verschickt – nach Wien, London, Dublin, Manchester und Tiflis im Kaukasus. Der Zusammenbau der Demonstrationsobjekte erfolgte in der Werkstatt des Frankfurter Mechanikers Albert in der Neuen Mainzer Straße. Je nach Ausstattung betrug der Preis zwischen 8 und 12 Taler.

Aller Anerkennung zum Trotz, die Reis zuteil wurde, schien das Gros der physikalischen Laboratorien, der Fachkollegen und Interessenten die Erfindung mehr als ein Kuriosum denn als ernstzunehmende Bereicherung auf dem Sektor der Kommunikation eingestuft zu haben. In den folgenden Jahren wurde es jedenfalls um die Person des Erfinders erstaunlich ruhig. Obwohl er das kaufmännische Handwerk erlernt hatte, zog Reis der Vermarktung seines Telefons ein reiches Arsenal weiterer technischer Spielereien vor. Ein Velociped soll er noch gebaut haben und Rollschuhe, ein Gerät zur Beobachtung und Aufzeichnung des Wetters und eine per Luftdruck betriebene »Maschine zum Umblättern von Notentexten auf dem Klavier«, zahlreiches Spielzeug soll er gebastelt haben, und eine Hand-Tiegelpresse, auf der er von ihm selbst verfaßte Märchen für Kinder druckte. Sein Beitrag zur Versammlung der Deutschen Naturforscher und Ärzte im Jahre 1872 schließlich sollte, wie es hieß, aus einer »neuen, genial erdachten Schwerkraft-Maschine« bestehen. Doch kam es dazu nicht mehr. Eine zunehmende Schwächung seiner Gesundheit ließ ihn von öffentlichen Auftritten mehr und mehr absehen. Am 14. Januar 1874 starb Reis im Alter von 40 Jahren an Tuberkulose.

Das erste, praktisch verwertbare Telefon entstammt der Werkstatt des Wahlamerikaners Alexander Graham Bell. Am 14. Februar 1876 meldete Bell seine von ihm so bezeichnete Erfindung »zur Verbesserung der Telegraphie« zum Patent an. 1877 brachte er das erste betriebsfähige Telefon auf den Markt und gründete noch im selben Jahr gemeinsam mit Freunden die »Bell Telephone Company«, aus der

1895 die »American Telephone and Telegraph Company« (AT&T) hervorgehen sollte.

Mit der kommerziellen Verwertung des Telefons wurde auch das zeitweilig erlahmte Interesse an Reis wiederbelebt. Bereits im Jahre 1878 enthüllte der Physikalische Verein ein Denkmal zu Ehren seines früh verstorbenen Mitglieds. Zwischen den Anhängern von Reis und der Gefolgschaft Bells entbrannte ein freilich müßiger Streit um Rang und Ansehen ihres Protagonisten im Stammbuch der Erfindungen und Entdeckungen. Die Frage nach der Qualität der Sprechversuche bei den mittlerweile rund 20 Jahre zurückliegenden Demonstrationen des verstorbenen Reis wurde zum vermeintlich alles entscheidenden Kriterium stilisiert. Daß die rund zehn verschiedenen Ausführungen seines Telefons die postume Beweisführung erheblich erschwerten, hinderte die Anhänger von Reis nicht daran, zahlreiche Zeitzeugen aufzuspüren, denen die Erinnerung an geglückte Sprechversuche buchstäblich in den Mund gelegt wurde. Über den Erfolg entschied so letztendlich das Pferd, von dem die Nachwelt erfuhr, daß es keinen Gurkensalat frißt.

Die Eiseskälte, mit der man dem Wahlamerikaner Bell in Deutschland begegnete, führte indes noch zu einer ganz anderen Konsequenz. Der damalige Reichskanzler von Bismarck kam einem Konzessionsantrag der Bell Telephone Company im Jahre 1881 zuvor, indem er das Telefon dem staatlichen Monopol der Reichspost- und Telegrafenverwaltung unterordnete. Ob und inwieweit die Telefonversuche von Johann Philipp Reis diese Entscheidung begünstigt haben, sei dahingestellt – das Telefon-Monopol der Post jedenfalls sollte mehr als ein Jahrhundert überdauern, bevor die Postreform von 1989 den Blick in eine völlig neue Richtung lenkte.

Heinrich von Gagern
Von Hans-Otto Schembs

An einem schwülen Julinachmittag des Jahres 1872 ging auf einem Bahnsteig des Bahnhofs von Kirchheim-Bolanden einsam ein hochgewachsener alter Herr auf und ab. Von den anderen, die wie er von der Enthüllung eines Denkmals für die Gefallenen des deutsch-französischen Krieges kamen und nun auf den Zug warteten, erkannte ihn nur eine kleine Gruppe von Demokraten, und ein Flüstern ging unter ihnen von Mund zu Mund: Heinrich von Gagern! Einer aus dieser Gruppe schrieb später diese Begebenheit auf. Traurig stellte er fest, daß damals Tausende der Gefallenen gedacht hätten, aber keiner dieses einsamen Mannes: »Ob wohl aber nur ein einziger des Lebenden gedenkt, der dort schreitet, den das Geschick dereinst mit einer Mission betraut hatte, wie sie ehrenvoller nicht gedacht werden kann?«

Die Gründung des Deutschen Reichs durch Bismarck 1871 hatte Heinrich von Gagerns Bestrebungen, dasselbe Ziel auf einem anderen Weg zu erreichen, verschüttet. Gagern hatte im Vormärz die Einheits- und Freiheitsbestrebungen verfochten und war der erste Präsident des ersten gewählten gesamtdeutschen Parlaments, der Nationalversammlung in der Frankfurter Paulskirche, gewesen. Doch mit dem Scheitern der Paulskirchenversammlung gingen auch Heinrich von Gagerns Ideale unter, so daß er am Ende seines Lebens fast vergessen war.

An den Stätten seines Lebens und Wirkens – so in Weilburg, Darmstadt, Kelkheim-Hornau und Frankfurt – erinnern Gedenktafeln, Medaillen, Straßen und Schulen an Heinrich von Gagern. Aber es ist bezeichnend, daß er erst nach 1945, nach der Katastrophe von Krieg und Zusammenbruch, recht gewürdigt wurde. Nun erst erhielt in Frankfurt eine Schule seinen Namen (das vormalige Kaiser-

Friedrich-Gymnasium), ja erst 1989 wurde, initiiert und gestiftet von der Deutschen Burschenschaft, an der Westseite der Paulskirche eine Gedenktafel enthüllt!

Heinrich von Gagern stammte aus einer Pfälzer Reichsritterfamilie, deren Ursprung sich bis ins 13. Jahrhundert auf die Insel Rügen zurückverfolgen läßt. Er wurde am 20. August 1799 in der Neuen Eremitage bei Bayreuth als viertes von insgesamt zehn Kindern des Hans Christoph Freiherr von Gagern und dessen Ehefrau Caroline (gen. Charlotte) von Gaugreben geboren. Der Vater stand seit 1787 als hoher Beamter im Dienst des Fürstentums Nassau-Weilburg und war vor Napoleon ins preußische Bayreuth geflüchtet. Er kehrte 1801 nach Weilburg zurück, wandte sich aber 1812 vom rheinbundhörigen Fürsten ab. So wuchs Heinrich von Gagern zunächst in Weilburg auf und besuchte anschließend die Münchener Kadettenschule. Im nassauischen Freiwilligenheer nahm er zusammen mit seinem ältesten Bruder Friedrich am deutschen Befreiungskampf gegen Napoleon teil. In der Schlacht von Waterloo wurde er als Unterleutnant im Alter von 15 Jahren leicht verwundet. Sein Bruder richtete ihn wieder auf, und sie schworen sich, künftig für die Freiheit, die Einheit und Größe Deutschlands zu sterben. Dies bezeugt ein Gedicht des Bruders von 1839, in dem es heißt: »Nur eine deutsche Fahne sollte wehen / Vom Ostseestrand bis zu der Alpen Höhen; / und unsere Losung war: Ein Deutschland sei, / Ein Vaterland – groß, mächtig, einig frei.«

So überrascht es nicht, daß Heinrich von Gagern zu den Mitgründern und führenden Köpfen der Deutschen Burschenschaft gehörte, als er in Heidelberg, Göttingen und Jena Rechtswissenschaften studierte. In den Burschenschaften sammelte sich die Jugend, die enttäuscht war, daß der Freiheitskampf von 1813/15 in der Restauration verpuffte. Nach dem Abschluß seiner Studien in Genf ging Heinrich von Gagern in den großherzoglich-hessen-darmstädtischen Justizdienst: ans Hofgericht Darmstadt, ans

Landgericht Lorsch und als Assessor und Regierungsrat ins großherzogliche Ministerium.

Schufen das Erlebnis von 1815 und die Burschenschaft die Basis für Heinrich von Gagerns politische Ideale, so wurden sie vor allem in den Gesprächen im Kreis der Familie und Freunde auf dem Gagernschen Gut in Hornau (Kelkheim) geformt. Dieses Gut hatte der Vater, der im Dienst der Niederlande Gesandter beim Wiener Kongreß und anschließend Bevollmächtigter von Luxemburg und der Niederlande beim Bundestag in Frankfurt gewesen war, nach seiner Entlassung 1818 aus dem Staatsdienst erworben, um weiterhin mit Frankfurt, dem politischen Zentrum, verbunden zu bleiben. Großen Einfluß auf Heinrich von Gagern übte sein äußerst scharfblickender und weitschauender Bruder Friedrich aus, der als niederländischer Hauptmann der Bundesmilitärkommission den Winter 1823/24 in Darmstadt verbrachte. Später schrieb Heinrich von Gagern eine dreibändige Biographie seines Bruders, der am 20. April 1848 als Kommandant der deutschen Bundestruppen von einem Aufständischen getötet wurde. Schließlich waren auch die Begegnungen mit den südwestdeutschen Altliberalen entscheidend für Heinrich von Gagern. In einem Brief an seinen Vater vom 7. November 1825 faßte er seine Ideale zusammen: »Der Raum in meiner Brust ist fast ganz von einem Gefühl erfüllt: von Vaterlandsliebe und von dem mächtigen Drang, seine Wohlfahrt zu fördern, jedes Opfer ihm zu bringen.«

Nach dem Tod seiner ersten Frau und der Entlassung aus dem Staatsdienst, weil er eine Schrift gegen Finanzbeschlüsse der Regierung verfaßt hatte, schlug Heinrich von Gagern 1832 die politische Laufbahn ein. Als Abgeordneter der Stadt Lorsch wurde er in die Zweite Kammer der Ständeversammlung in Darmstadt gewählt. Ihr hatte schon sein Vater angehört, ehe dieser 1829 auf Lebenszeit Mitglied der Ersten Kammer geworden war. Die politische Laufbahn Heinrich von Gagerns endete allerdings vorerst schon 1836 mehr oder weniger erzwungen. Gagern zog sich als Landwirt und Winzer nach Monsheim bei Worms zurück, wo die Familie seit 1780 ein Gut besaß. 1839 heiratete er Barbara Tillmann, mit der er fünf Söhne und zwei Töchter hatte. Als Präsident des Landwirtschaftlichen Vereins für Rheinhessen konnte er in die Politik eingreifen, vor allem aber verlor er sein politisches Ziel nie aus den Augen. In Wort und Schrift versuchte er einerseits die extremen Revolutionsforderungen zurückzudrängen und andererseits doch immer wieder die »Berufung einer in allen deutschen Landen nach der Volkszahl gewählten Nationalversammlung sowohl zur Beseitigung der nächsten inneren und äußeren Gefahren wie zur Entwicklung von Kraft und Blüte deutschen Nationallebens« zu fordern. 1845 wurde er schließlich erneut Mitglied der Zweiten Kammer in Darmstadt, jetzt als Abgeordneter von Worms. Parlamentarische Redekunst zeichnete ihn aus, seine oppositionelle Haltung machte ihn zum Kopf der Liberalen. Anfang März 1848 konnte sich die hessen-darmstädtische Regierung du Thil, ganz in der Zeit Metternichs verhaftet, nicht halten. Gerade als Heinrich von Gagern auf dem Weg nach Heidelberg war, wo ein Ausschuß zwecks Vorbereitung eines Parlaments tagte, holte ihn ein Eilbote nach Darmstadt zurück: Er war zum Ministerpräsidenten ernannt worden. Sofort schrieb er die entscheidenden Erlasse hinsichtlich Volksbewaffnung, Pressefreiheit, öffentliche Geschworenengerichte, Religionsfreiheit und eines gesamtdeutschen Parlaments. Durch seine Autorität und Überzeugungskraft konnte er die hessische Volksbewegung im Zaum halten und für die Einberufung eines solchen Parlaments wirken.

Heinrich von Gagern gehörte dem Vorparlament in Frankfurt an, in dem er mit knapper Mehrheit seine Konzeption eines konstitutionell-monarchischen Bundesstaates durchsetzen konnte. Am 18. Mai 1848 zog er als Abgeordneter für Zwingenberg (Bergstraße) in die Frankfurter Paulskirche ein. Am folgenden Tag, in der zweiten Sitzung der Nationalversammlung, wurde er mit 305 von 393 abgegebenen Stimmen zum »provisorischen« Präsidenten der Nationalversammlung gewählt. Bei der Auszählung der Stimmen ergab sich eine Diskussion, da manche Abgeordnete auf ihren Wahlzettel nur »Gagern« geschrieben hatten, somit unklar war, ob sich diese nicht vielleicht auf Heinrich von Gagerns Bruder Max bezögen, der ebenfalls Abgeordneter war. Am 31. Mai 1848 wählte die Paulskirchenversammlung Heinrich von Gagern zum Präsidenten, von 518 abgegebenen Stimmen entfielen 499 auf ihn. Frankfurt brachte ihm an diesem Abend einen Fackelzug dar.

Schon unmittelbar nachdem Heinrich von Gagern den Präsidentenstuhl eingenommen hatte, zeigte sich, daß er ein gewandter Leiter des Parlaments war und er Maßstäbe für die Ausfüllung eines solchen Amtes setzen werde. Was ihn dazu befähigte, waren, wie es Levin Schücking in seiner Gagern-Biographie von 1849 schrieb, sittliche Reinheit, heiße Vaterlandsliebe, heller politischer Scharfblick, das stolze Rechtsbewußtsein eines Ritters, die klare Einsicht eines Staatsmannes und der begeisterte Patriotismus eines Dichters. Hinzu kam, daß er von beeindruckendem Äußeren war. Veit Valentin schildert ihn: »Er war von imponierender männlicher Schönheit. Seine Gestalt war hoch und stolz, das mächtige Haupt trug er gerade und aufrecht, die starken gebogenen Augenbrauen unter der hohen Stirn gaben dem Ausdruck seines Gesichtes Majestät, dem Blick seiner weithin strahlenden Augen Schärfe, Ernst und Würde.«

Heinrich von Gagern wollte das Parlament als den Repräsentanten der Volkssouveränität zum bestimmenden Faktor in der Politik erheben. Er versuchte in und mit der Nationalversammlung an dem eigentlichen Revolutionsziel festzuhalten: politische Freiheit und die politische Einheit für das deutsche Volk. In seinem Dank nach der Wahl am 19. Mai hatte er gesagt: »Ich gelobe hier feierlich vor dem ganzen deutschen Volke, daß seine Interessen mir über Alles geh'n, daß sie die Richtschnur meines Betragens werden, so lange ein Blutstropfen in meinen Adern rinnt; ich gelobe hier feierlich, als das von Ihnen gewählte Organ Ihrer Versammlung, die höchste Unparteilichkeit. Wir haben die größte Aufgabe zu erfüllen. Wir sollen schaffen eine Verfassung für Deutschland, für das gesamte Reich. Der Beruf und die Vollmacht zu dieser Schaffung, sie liegen in der Souveränität der Nation ...«

In der schwierigen Frage der Reichsexekutive ergriff Heinrich von Gagern die Initiative und rief in seiner berühmt gewordenen Rede vom 24. Juni 1848 den Abgeordneten zu: »Ich tue einen kühnen Griff, und ich sage Ihnen: wir müssen die provisorische Zentralgewalt selbst schaffen!« Gagern, obwohl er damals die kleindeutsche Lösung anstrebte, befürwortete doch die Wahl Erzherzog Johanns von Österreich zum Reichsverweser.

Gelegentlich habe ihm, so urteilte Robert Heller, die Ruhe gefehlt, verfälschende, tückische und gemeine Äußerungen zurückzuweisen und mit der formellen Gelassenheit seines Amtes zu bewältigen. Es steige ihm dann »die persönliche Entrüstung in Wangen, Ton und Blick, und keine Formel seines besonnenen Verstandes kann mild genug sein, um das Urtheil zu mäßigen, welches auf seinen Lippen unabwendbar eine Verurtheilung wird. Der Zorn, der dann sein Gesicht mit der kühn vorgebauten Stirn, den buschigen Brauen und mit dem entschlossenen Munde wunderbar verschönert, ist freilich von unwiderstehlicher Wucht.« So stellt ihn eine Karikatur als »Jupiter tonans« dar, und vor allem nahm ihn die Linke zur Zielscheibe ihres Spottes.

Das von Heinrich von Gagern geführte rechte Zentrum, die »Erbkaiserlichen«, traf sich im Casino, später im Hotel Weidenbusch. Ruhepunkte für Gagern waren das elterliche Gut in Kelkheim-Hornau, aber auch der Salon der Bankiersgattin Clotilde Koch-Gontard in Frankfurt, die die Politiker des Gagernkreises um sich sammelte. Im September 1848, als die Radikalen deutliche Zeichen setzten, äußerte sie sich (9. 9. 1848): »Gagern sieht bei allem so übel aus, daß es einen beängstigen muß.« Der Versuch der radikalen Linken, die Nationalversammlung zu sprengen, also die Ereignisse vom 18. September 1848, entmutigten Gagern sehr. Ende 1848 schrieb Clotilde an Gagern: »Gehen Sie sparsam mit sich um, und seien Sie es sich recht bewußt, daß das Vaterland, besonders das arme Volk, nur Sie hat, der zwischen den Extremen stehend, es vor eigener Torheit und vor der Willkür seiner Fürsten schützt.«

Mitte Dezember 1848 wurde Heinrich von Gagern zum Ministerpräsidenten der provisorischen Reichsregierung berufen. Von der Paulskirche wechselte er nun ins Palais Thurn und Taxis. Am 27. Dezember 1848 unterschrieb er die Grundrechte des deutschen Volkes. Doch König Friedrich Wilhelm IV. von Preußen lehnte die ihm angebotene deutsche Kaiserkrone ab. Somit war die Verfassung gescheitert, mit ihr auch Heinrich von Gagerns Werk. Am 17. Mai 1849, kurz vor Auflösung der Nationalversammlung, trat Gagern als Ministerpräsident zurück. Er nahm zunächst in Hornau Zuflucht, beteiligte sich an den Kongressen in Gotha und Erfurt und nahm 1850 am Krieg in Holstein teil. 1852 verkaufte er das Monsheimer Gut und siedelte sich in Heidelberg an. Für manche überraschend, wandte er sich wieder Österreich und 1862 dem proösterreichischen »Deutschen Reformverein« zu. 1863 erreichte ihn die Berufung zum großherzoglichen Gesandten in Wien. Ein Mandat im deutschen Reichstag blieb ihm versagt. 1872 trat er aus dem Staatsdienst aus und übersiedelte nach Darmstadt als Alterssitz. »Gebrochen an Körper und Geist«, so heißt es im Nachruf im »Frankfurter Journal« (24. 5. 1880, Abendblatt), »kehrte er 1872 mit Pension von Wien zurück, um den Rest seiner Tage unbemerkt in Darmstadt zu verleben, wo er dereinst seine größten Triumphe gefeiert hatte.«

Heinrich von Gagern starb am 22. Mai 1880 in Darmstadt, wo er auch seine letzte Ruhe fand. Der »Fränkische

Courier« schloß seinen Nachruf auf Gagern mit den Worten: »Ja, wer sprach in letzter Zeit, in den letzten 10 Jahren, denn noch von Gagern? Er war ein sehr alter Mann geworden, der sich in den Lauf der Dinge, der von seinen Bahnen gewaltig abwich, nicht mehr zu schicken wußte, und die Welt hatte ihn vergessen. Angesichts seines Todes aber wird man sich dieses Vergessens beschämt inne, und unsere rasch lebende Zeit besinnt sich auf die einstige Größe und den Ruhm Gagerns.«

Heinrich Hoffmann

Von Ruth Fühner

Wenn ich so berühmt geworden wäre, daß man mir Gedenktafeln an meinen einstigen früheren Wohnorten wollte anbringen lassen, so wäre das eine kostspielige und viel Marmor verbrauchende Arbeit. Ich gratuliere der Stadt, daß sie solcher Ausgaben überhoben ist.«

Bescheiden? Oder doch eher kokett? Als Heinrich Hoffmann mit 80 Jahren begann, seine »Lebenserinnerungen« zu schreiben, wußte er sehr genau, wie weit sein Ruhm – als Vater des »Struwwelpeter« – über die Heimatstadt hinausgedrungen war. »Ja, ich kann mit Befriedigung sagen, der Schlingel hat sich die Welt erobert, ganz friedlich, ohne Blutvergießen, und die bösen Buben sind weiter auf der Erde herumgekommen als ich; in ganz Europa sind sie heimisch geworden, ich habe gehört, daß man ihnen in Nord- und Südamerika, am Kap der Guten Hoffnung, in Indien und Australien begegnet ist.«

Aber auch Sarkasmus klingt in der Gratulation an die Stadt mit. Heinrich Hoffmann war mit einem beneidenswert heiteren Gemüt gesegnet, aber eins hat er schwer verwunden: daß sein eigentliches Lebenswerk, nämlich sein Einsatz für die psychisch Kranken, lange im Schatten seines eher zufälligen Ruhms als Kinderbuchautor stand.

Heute kann davon keine Rede mehr sein. Hier geht es nicht bloß um mehr oder weniger kostspielige Gedenktafeln – postum hat Heinrich Hoffmann erreicht, was nicht einmal Goethe in Frankfurt gelang: Gleich zwei Museen auf einmal halten sein Andenken hoch. Das Struwwelpetermuseum bezeugt den Siegeszug eines Kinderbuchklassikers, und an seine Leistungen auf dem Gebiet der Psychiatrie erinnert das Heinrich-Hoffmann-Museum.

Heinrich Hoffmann wurde am 13. Juni 1809 in eine Familie hineingeboren, die mit Selbstbewußtsein, Leistungsstreben und Bürgerstolz reicher gesegnet war als mit materiellen Gütern. Die Mutter entstammte der angesehenen Frankfurter Kaufmannsfamilie Lausberg, in der man nichts dabei fand, den damals schon berühmten Dichter und Geheimen Rath Goethe von der Schwelle zu weisen, als der kam, um sich ihre zum Verkauf stehende Gemäldesammlung anzuschauen (worüber sich Hoffmann noch ein Dreivierteljahrhundert später aufregen konnte). Der Vater, aus engeren Verhältnissen stammend, hatte sich zum städtischen Inspektor des Wasser-, Wege- und Brückenbaues hinaufgearbeitet, einer Position, die zwar angesehen, aber schlecht bezahlt war. Nur mit Müh und Not und vielen Privataufträgen konnte der Baumeister seinem Sohn Heinrich das Medizinstudium finanzieren.

Der eröffnete 1835, mit 26 Jahren, seine erste eigene Praxis als Arzt – in den Nebenräumen eines Sachsenhäuser Gasthofs. Doch für sich Werbung zu machen, wie er es gemußt hätte, lag ihm nicht. Er sehnte sich nach einer festen Stelle, einem geregelten Einkommen. Seine erste Anstellung war da kaum ein Fortschritt. Doch inhaltlich reizte ihn die Überwachung des neuen Sachsenhäuser Leichenhauses sehr, wie auch die Begeisterung zeigt, mit der er neun Jahre später sein – nur unwesentlich besser bezahltes – Amt als Lehrer der Anatomie am Dr. Senckenbergischen Institut antrat.

Dennoch – so enthusiastisch Hoffmann in der Senckenbergischen Anatomie zugange war, die Arbeit am Toten war eine Verschwendung seines Talents, mit den Lebenden umzugehen, das er erst als Neuerer der Frankfurter Psychiatrie so richtig entfalten sollte. Vorerst arbeitete er nebenbei weiter als praktischer Arzt. Und zwar nicht nur mit eigenen Patienten, sondern auch für die kurz zuvor gegründete und durch Spenden finanzierte Frankfurter Armenklinik. Die war ein für ihre Zeit geradezu revolutionäres Modell. Nicht nur setzte sie sich über bisher geltende religiöse und gesellschaftliche Schranken bei der Krankenaufnahme hinweg – die beteiligten Ärzte hatten sich auch eine kollegial-demokratische Verfassung gegeben.

Bei seinen Krankenbesuchen mußte Hoffmann feststellen, daß sein Berufsstand nicht immer gern gesehen war. Schließlich waren gebräuchliche Therapien wie Blutegelkur und Brechmittel nicht selten mit einer Steigerung von Schmerz und Unwohlsein verbunden; und so malten denn viele Eltern ihren unfolgsamen Sprößlingen den Doktor als Schwarzen Mann und Angstgespenst an die Wand. Wenn die Kinder krank wurden, hatte das natürlich Folgen: »Sowie der Doktor an das Bett des kleinen Patienten tritt – weint, schreit, brüllt dieser mörderlich. Wie soll man da die Temperatur prüfen, wie den Puls fühlen, wie den Leib betasten!« berichtete Hoffmann später in seinen »Lebenserinnerungen«. Da kam es ihm zugute, daß er ein begabter Zeichner war. Er erzählte den Kindern Geschichten, warf dazu ein paar Figuren aufs Blatt – und schon waren sie beruhigt. Er hatte dabei eine Lieblingsfigur: einen Schlingel, der sich »nicht die Haare, nicht die Nägel schneiden läßt; die Haar wachsen, die Nägel werden länger, aber immer läßt er sich dieselben nicht schneiden, und immer länger zeichne ich Haare und Nägel, bis zuletzt von der ganzen Figur nichts mehr zu sehen ist als Haarsträhne und Nägelklauen«.

Inzwischen hatte Hoffmann die neun Jahre jüngere Therese Donner geheiratet und war Vater geworden. Weihnachten 1843 suchte er die Buchhandlungen Frankfurts nach einem Geschenk für den dreijährigen Sohn Carl Philipp ab. Renner auf dem Kinderbuchmarkt waren zu jener Zeit pseudoromantische und süßliche Stubenpredigten wie Johann Baptist Strobls »Unglücksgeschichten zur Warnung für die unerfahrene Jugend, in rührenden Beispielen, erläuternden Kupfern und Vignetten« oder verkleinerte, aber deshalb noch lang nicht kindgerechte Darstellungen der Erwachsenenwelt. Hoffmann war entsetzt. »Ich hatte in den Buchläden allerlei Zeug gesehen, trefflich gezeichnet, glänzend bemalt, Märchen, Geschichten, Indianer- und Räuberszenen; als ich nun gar einen Folioband entdeckte mit den Abbildungen von Pferden, Hunden, Vögeln, von Tischen, Bänken, da hatte ich genug. Was soll damit ein Kind, dem man einen Tisch und einen Stuhl abbildet?«

Die folgende Szene ist immer und immer wieder erzählt worden: Wie der Arzt Heinrich Hoffmann mit einem leeren Schreibheft nach Hause kommt, damit herumwedelt und sagt, dies sei das Weihnachtsgeschenk für Carl Philipp – er werde höchstpersönlich ein Buch daraus machen.

Der heute titelgebende »Struwwelpeter«, dessen Wirkung im Umgang mit so vielen Kindern ausprobiert worden war, stand im Original noch ganz hinten im Buch und sollte eigentlich »Haar- und Nagelkind« heißen. Den so viel einprägsameren endgültigen Namen hat übrigens nicht Hoffmann, sondern der Frankfurter Volksmund erfunden.

Auch andere Geschichten aus dem »Struwwelpeter« gehen zurück auf Hoffmanns Erfahrungen als Arzt, etwa die vom Paulinchen, das lichterloh in Flammen aufgeht. Das Streichholz war erst kurz zuvor erfunden worden und Brandunfälle hatten in ungeahntem Ausmaß zugenommen. Auch Hoffmann ist sicher ans Bett vieler Kinder gerufen worden, die das neue Feuerzeug mit einem Spielzeug verwechselt hatten.

Was Ludwig, Kaspar und Wilhelm angeht, die den Mohr verspotten und dafür vom Nikolaus ins Tintenfaß getaucht werden, damit sie noch schwärzer werden als der Schwarze – da schlägt Hoffmanns aufklärerische Ader durch, die auch wirksam wurde, als er aus der Freimaurerloge austrat, weil sie keine Juden als Brüder aufnehmen wollte.

Die Überzeugung, mit der Heinrich Hoffmann das Kinderbuch revolutionierte, lautete: »Das Kind lernt einfach nur durch das Auge ... Mit moralischen Vorschriften zumal weiß es gar nichts anzufangen ... Aber das Abbild des Schmutzfinken, des brennenden Kleides, des verunglückenden Unvorsichtigen, das Anschauen allein erklärt sich selbst und belehrt.«

Der »Struwwelpeter« zieht seither einen ganzen Rattenschwanz an Sekundärliteratur nach sich; er hat sich als wunderbar wandelbares Grundmodell für Satiren auf alle möglichen Umstände erwiesen – und es ist viel über ihn gestritten worden. Konservative Zeitgenossen Hoffmanns fanden es falsch, Kindern unartiges Verhalten auch nur zu zeigen – es könnte ja ansteckend wirken! Liberale Pädagogen von später sahen das ganz anders. In Frankfurt wollten sie 1985 die Aufstellung eines Struwwelpeter-Brunnens auf der Hauptwache verhindern – mit der Begründung, Hoffmann habe sadistisches Gedankengut verbreitet. Dabei haben die antiautoritären Kritiker des »Struwwelpeter« eins geflissentlich übersehen: Hoffmanns Helden mögen ihre Strafe für böse Taten erfahren – aber ihre Opfer triumphieren. Der »Struwwelpeter« ist nicht bloß Abschreckungspädagogik, humoristisch verbrämt. Nicht umsonst wird Hoffmanns Einfühlungskraft in die Mechanismen der kindlichen Seele so gerühmt – sein größtes Kunststück ist es vielleicht, daß er dem kindlichen Leser die Möglichkeit bietet, die Perspektive vom bestraften Übeltäter weg zu wechseln und sich mit dem Mohr und Paulinchens Katzen, mit Hase und Häschen und mit den drei stummen Fischen des Hans-Guck-In-Die-Luft über das eigene Überleben zu freuen.

Der Frankfurter Verleger Friedrich Carl Loening, der wie

Hoffmann der skurrilen »Tutti-Frutti«-Gesellschaft angehörte, schlug ihm die Veröffentlichung des Büchleins vor. Hoffmann sagte zu, verlangte aber eine billige Ausgabe, aus einem für ihn sehr typischen Grund: »Kinderbücher, sagte ich, müssen solid aussehen, aber nicht sein, sie sind nicht allein zum Betrachten und Lesen, sondern auch zum Zerreißen bestimmt.« Binnen vier Wochen war die erste Auflage von 1500 verkauft, die 175. sollte Hoffmann noch erleben. Anfangs fürchtete er übrigens um seine Seriosität und legte sich ein Pseudonym zu: »Reimerich Kinderlieb«. Erst mit der 5. Auflage von 1847, als auch der Struwwelpeter von hinten ganz nach vorne rutschte, bekannte sich »Dr. Heinrich Hoffmann« zu seinem Gelegenheitswerk. Er ließ dem »Struwwelpeter« dann noch einige andere Kinderbücher folgen, die aber nicht mehr so erfolgreich wurden.

Zunächst aber rückte die Politik in den Vordergrund. Der umtriebige Hoffmann hatte schon 1838 im Komitee des ersten Deutschen Sängerfestes gesessen, das die nationale Einigung Deutschlands romantisch-kulturell vorwärtstreiben wollte. 1848 wurde er ins Vorparlament zur Paulskirchenversammlung gewählt. Doch als sein Studienfreund, der revolutionäre badische Abgeordnete Friedrich Hecker, ihn aufforderte: »Stürzen wir uns mutig in die Wogen der Revolution!«, konterte Hoffmann nüchtern: »Und ersaufen wir darin!«

So wie er im »Struwwelpeter« aufs abstrakte Moralisieren verzichtete, wie er eine unüberwindliche Abneigung gegen alle abstrakte philosophische Systematik hatte (wovon seine gegen Hegel gerichtete Satire »Die Mondzügler« zeugt), wie er auch als Psychiater Empiriker war und abstrakte Begriffe ablehnte – so ging es ihm auch in der Politik. Er wollte etwas bewegen, aber ohne die ständigen, ermüdenden Grundsatzdiskussionen, die unvermeidlichen Kinderkrankheiten einer entstehenden Demokratie. Im Vorparlament jedenfalls meldete sich Hoffmann kein einziges Mal zu Wort. Und das Paulskirchenparlament später, so kam es ihm vor, verbrauchte »die beste Zeit mit doktrinären Debatten über die Volksrechte; es wurde leeres Stroh gedroschen.« Hoffmann war ein konservativer Liberaler. Er dachte durchaus demokratisch – das hatte er in der Armenklinikverwaltung ebenso wie als Städel-Administrator unter Beweis gestellt; auch im neugegründeten »Bürgerverein« stritt er gegen Zugangsbeschränkungen und »Geldclub«-Mentalität. Aber die Einheit der Nation war ihm wichtiger als die Republik; später verehrte er Kaiser Wilhelm I. als sein politisches Idol.

Am liebsten war es Hoffmann, wenn er in Konflikten vermittelnd eingreifen konnte. Deshalb ist aus ihm auch kein politischer Satiriker geworden, selbst wenn er 1848 als »Peter Struwwel« ein gegen die Linke gerichtetes »Handbüchlein für Wühler oder kurzgefaßte Anleitung, in wenigen Tagen ein Volksmann zu werden« verfaßte. Als er erfuhr, wie gut diese Attacke bei den Reaktionären ankam, verfaßte er flugs das Gegenstück dazu, »Der Heulerspiegel. Mitteilungen aus dem Tagebuch des Herrn Heulalius von Heulenberg«.

Doch zu seiner eigentlichen Aufgabe sollte Hoffmann erst noch finden. »Das Jahr 1851 war das Bedeutungsvollste in dieser Zeit meines Lebens für mich und brachte mich endlich auf den Weg, den ich in einer 37jährigen pflichtgetreuen Ausdauer verfolgen sollte. Die Stelle des Arztes an der Irrenanstalt wurde definitiv frei und sollte neu besetzt werden.«

Schon lange hatte Hoffmann auf dieses Amt hingearbeitet. Sicher auch aus der Hoffnung heraus, für die inzwischen fünfköpfige Familie endlich eine finanzielle Absicherung zu schaffen. Sein eigentlicher Beweggrund aber war, daß er das Elend, das er in der Frankfurter Psychiatrie gesehen hatte, nicht ertragen konnte. »Wenn nun das Mitleid mit dem Grade der Not steigen soll, dann gibt es unter den zahlreichen Arten menschlichen Elends keines, welches lauter zum Herzen schreit, als der Jammer des Irrenhauses.

Wahrlich! die Schmerzen des Körpers können zur Verzweiflung treiben; aber gräßlicher, entsetzlicher sind die Schmerzen, unter denen sich die Seele des Geisteskranken windet!«

Das war nicht nur dahingesprochen. Die Zustände in der Frankfurter »Anstalt für Irre und Epileptische« in der Innenstadt waren damals, wie ein Gutachter urteilte, »unter aller Würde schlecht. Männer und Frauen, Irre und Epileptische, Tolle und Melancholische, alles läuft bunt durcheinander herum in schmutzigen unangenehmen Anzügen. Die Gemächer für Tolle ähneln mehr Schweineställen als Gemächern für unglückliche Kranke; die Luft ist verpestet. Um die Kranken in ihrem Wahnsinn vor Verletzungen zu sichern, ist gar keine Anstalt getroffen; die einzige Sorgen scheint gewesen zu sein, sie möglichst fest einzusperren.«

Hoffmann war entschlossen, diese Zustände zu ändern. Und wie immer tat er das mit Enthusiasmus und unter Einsatz aller Kräfte. Doch es dauerte fünf Jahre, bis sich in der Stadt etwas bewegte.

Auf Reisen von Wien nach Paris, von Antwerpen nach London informierte sich Hoffmann über die modernsten Behandlungsmethoden und deren räumliche Erfordernisse. Dann bearbeitete er die Frankfurter Öffentlichkeit mit allen Tricks eines gewieften Public Relations Managers einschließlich einer vierzehn Tage andauernden Zeitungskampagne. Doch bei den Behörden rührte sich nichts. Unter anderem kritisierten sie, die Pläne, die Hoffmann ausgearbeitet habe, seien übertrieben, das geplante Haus verschwenderisch groß, die halbe Stadt passe da ja hinein. Hoffmann, schlagfertig, aber doch vom Hinhalten der Behörden frustriert: »Ich mein', meine Herrn, ein Haus, wo halb Frankfurt hineingehört, könnt' gar net groß genug werden.«

Vier Jahre nachdem er seine Kampagne gestartet hatte, gelang ihm ein entscheidender Coup. Durch einen befreundeten Anwalt erfuhr er, daß ein Ludwig Freiherr von Wiesenhütten dem geplanten »Irrenhause« eine große Summe vererben wolle. Hoffmann bewegte ihn dazu, sein Testament öffentlich zu machen und mit einer Klausel zu versehen: Wenn die Stadt mit dem Bau der Klinik nicht innerhalb eines Jahres beginne, solle das Geld verfallen. So setzte er die Behörden unter Druck – und die Rechnung ging auf. 1859 begann der Bau, 1864 war er abgeschlossen. Damals lag das Anstaltsgelände, auf dem heute das IG-Farben-Haus steht, vor den Toren der Stadt. Hoffmann hatte diesen Ort nicht allein gewählt, um die Städter vor dem Anblick der Irren und Tobsüchtigen zu schützen, sondern vor allem, weil er der Ansicht war, daß »die Stille des Landes, die Entfernung vom Lärm der Gewerbe und vom Treiben und Drängen der Straßen« lindernd auf die Leiden der Kranken wirken würden.

1863 war das Verwaltungsgebäude fertig, und Hoffmann zog mit seiner Familie hinein – ein Schock für die Zeitgenossen, für die – nicht anders als für die meisten heute – die psychisch Kranken etwas waren, wovor man sich so gut wie möglich schützen mußte. Hoffmanns Auffassung, seelisch und geistig Kranke seien nicht bloß ruhigzustellendes »Material«, sondern seinesgleichen und auch entsprechend zu behandeln, war alles andere als weit verbreitet.

»Unsere Therapie bestand in Ordnung, Arbeit, Teilnahme, Liebe, Freundlichkeit und Ernst, je nach Bedürfnis.« Manchmal hatten Hoffmanns Methoden etwas von der »Wenn-Dann«-Pädagogik des »Struwwelpeters« – etwa, wenn er einem Patienten, der partout nicht essen wollte, ein Klistier, das zur künstlichen Ernährung diente, neben den Teller legte.

Konkret sah der Therapieplan, darin ganz zeitgemäß, u. a. die Verabreichung von Haschisch, Morphium oder Opium, Wasserkuren, Sturzbäder und Eisumschläge und Beschäftigung im Freien vor; mit seinem Verzicht auf unmittelbare Zwangsanwendung bei Tobsuchtsanfällen hingegen war Hoffmann wiederum ein Vorbild an liberaler Behandlung. Und sicher auch darin, daß er ein Billard und eine Kegelbahn ins Haus holte und ab und zu für musikalische Abendunterhaltung sorgte.

37 Jahre lang leitete Heinrich Hoffmann die Frankfurter »Anstalt für Irre und Epileptische«. Endlich im Ruhestand, verfaßte er seine Lebenserinnerungen und lebte in dem beneidenswerten Bewußtsein, daß es zwar »bergab, aber bequem« gehe. Zu seinem 80. Geburtstag verlieh ihm Kaiser Wilhelm II. den Roten Adlerorden III. Klasse; zur Goldenen Hochzeit fand sich tout Francfort ein, und am 20. September 1894 starb er, das schwächliche Siebenmonatskind, auf dessen Überleben der Großvater nicht einmal sechs silberne Löffel hatte wetten wollen, in seinem 85. Lebensjahr.

Adam Opel

Von Wolfram Heitzenröder

Zu den wenigen hessischen Unternehmern des 19. Jahrhunderts, deren Namen heute noch als Markenzeichen für ein allseits bekanntes Produkt stehen, zählt sicher Adam Opel aus Rüsselsheim. Mit dem Namen Opel verbindet man Automobile, der Firmengründer jedoch erlebte die Aufnahme der Automobilproduktion in seinem Betrieb selbst nicht mehr. Adam Opel schuf aber durch den Aufbau eines sehr erfolgreichen Unternehmens, die Einführung von innovativen und marktgerechten Produkten und die Anwendung von Fertigungsmethoden, die denen der Automobilindustrie vergleichbar waren, die Grundlagen, auf denen seine Nachfolger aufbauen konnten.

Nach dem Tod Adam Opels wurde die Firma von seiner Frau und seinen fünf Söhnen bis zu den 30er Jahren unseres Jahrhunderts als reines Familienunternehmen weitergeführt. Dann erfolgte der Verkauf des Betriebs an General Motors in Detroit; seitdem ist er Bestandteil eines internationalen Konzerns der Automobilindustrie.

Dem Gründer war dieser Erfolg nicht in die Wiege gelegt worden. Seine Karriere begann unter eher ungünstigen Voraussetzungen, doch im weiteren Verlauf seines Lebens wurde Adam Opel für diese frühen Widrigkeiten durch glückliche Umstände vielfach entschädigt. Seine Vorfahren waren gering besoldete Dorfschullehrer im Großherzogtum Hessen gewesen, die ihre Familien mehr schlecht als recht ernähren konnten. Der Vater Adam Opels, der ebenfalls zu diesem Beruf bestimmt worden war, richtete sich jedoch in anderen Verhältnissen ein und ergriff einen handwerklichen Beruf. Wilhelm Opel wurde Schlosser, machte als Geselle eine ausgedehnte Wanderschaft ins Ausland und ließ sich schließlich in Rüsselsheim nieder, wo er es mit seiner Schlosserwerkstatt zu einigem Wohlstand brachte. Selbstverständlich war für ihn, daß auch seine Söhne den Beruf des Schlossers erlernen mußten, um im väterlichen Betrieb mitzuhelfen. Hier herrschte jedoch ein ausgesprochen rüder Ton, und so kann man es verstehen, daß der am 9. Mai 1837 geborene Adam Opel bald nach der absolvierten Lehre die väterliche Werkstatt verließ. Zwanzigjährig, ohne jegliche Sprachkenntnisse und nur mit einer unterdurchschnittlichen Schulbildung ausgestattet, ging er 1858 über Lüttich nach Paris. Die französische Hauptstadt war zu dieser Zeit voll aufgeregter Hast: Auf Geheiß Louis Napoleons baute der Präfekt Baron Hausmann die Millionenmetropole im großen Stil um. Elendsquartiere wurden beseitigt, breite Boulevards entstanden, auf den Champs-Elysées hatte man einige Jahre zuvor einen großen Palast der Industrie für die Weltausstellung des Jahres 1855 errichtet. Überall entfaltete sich ein trügerischer Glanz, an dem sich das Bürgertum berauschen konnte, der aber durch seine äußere Prachtentfaltung die gesellschaftliche Wirklichkeit verschleierte. Denn noch lebten die Unterschichten in Paris in desolaten wirtschaftlichen Umständen, und besonders die fremden Handwerksburschen gehörten zur niedrigsten sozialen Kategorie.

Adam Opel hatte ohne Zweifel große Anpassungsschwierigkeiten an die ungewohnten Verhältnisse dieser großen Stadt. Wohl deshalb ließ er sich auch von der Gesandtschaft seines Heimatlandes eine Ausreiseerlaubnis in die Schweiz ausstellen, entschied sich dann aber doch zum Bleiben. Zum Glück, müßte man heute sagen, denn Adam Opel hätte in der damals wirtschaftlich wenig entwickelten Schweiz kaum das System der modernen Industrie kennengelernt. Möglicherweise wäre er nach seinem dortigen Aufenthalt wieder in die Heimat zurückgekehrt, um doch einmal die väterliche Werkstatt zu übernehmen; die wirtschaftliche Entwicklung des Rhein-Main-Gebiets hätte dann einen völlig anderen Verlauf genommen.

Doch dazu kam es nicht, denn Adam Opel akklimatisierte sich in Paris und fand nach einer vorübergehenden Tätigkeit in verschiedenen kleinen Handwerksbetrieben im Jahr 1859 eine Anstellung in der Nähmaschinenfabrik von Journaux et Leblond. Zum ersten Mal kam er nun mit der industriellen Produktionsweise im allgemeinen und dem Herstellungsprozeß von Nähmaschinen im besonderen in Kontakt. In diesem Unternehmen war er aber kein Handwerker mehr, sondern nur ein gering geachteter Arbeiter, der sich den frühindustriell-fabrikmäßigen Bedingungen anzupassen hatte. Doch diese Erfahrung muß ihn nicht bedrückt, sondern eher motiviert haben: Es scheint, daß Adam Opel nun von der Idee besessen war, selbst Nähmaschinen herzustellen.

Im Juni 1862 ging er wieder zurück nach Rüsselsheim, mit vielen Plänen für die Zukunft im Gepäck. Er kam an einen Ort, der sich gerade von einem bäuerlich-handwerklich geprägten Dorf zu einer industrialisierten Landgemeinde wandelte. Rüsselsheim hatte zu dieser Zeit etwa 2000 Einwohner, die Fabrikarbeiterschaft machte aber schon 20% der erwerbstätigen Bevölkerung aus. Ein für den Bedarf Adam Opels vorgebildetes Potential von Arbeitskräften existierte aber nicht.

Ungeachtet dieser wenig günstigen Voraussetzungen (und auch wohl gegen den Widerstand des Vaters), ging er nun daran, Nähmaschinen herzustellen. Dazu bedurfte es der Hilfe seines Bruders Georg, der (wie vordem Adam) noch in einer Pariser Nähmaschinenfabrik beschäftigt war. Georg mußte nicht nur eine komplette Nähmaschine, sondern auch Einzelteile wie Schiffchen und Nadeln von der französischen Hauptstadt nach Rüsselsheim senden und über bestimmte Fertigungsdetails berichten. Er erfüllte diese Aufträge, obwohl sie sich als kostspielig herausstellten und Georg schließlich keinen Sous für ein neues Hemd mehr übrig hatte. Dafür waren eine Nähmaschine und Zubehör auf dem Weg nach Rüsselsheim, wo sie sehnlichst erwartet wurden. Georg Opel konnte zu diesem Zeitpunkt noch nicht ahnen, daß seine Entbehrungen sich später einmal millionenfach rentieren sollten, denn schon 15 Jahre nach dem Beginn der Nähmaschinenfabrikation durch seinen Bruder Adam wurde dieser bereits auf ein Vermögen von über 500 000 Mark geschätzt. Dies entsprach damals dem Lohn, den 1000 Arbeiter im Jahr verdienten. Am Anfang dieser bemerkenswerten Unternehmerkarriere stand aber ein Plagiat.

»Wie anmutig gleitet, leicht von der Hand gelenkt, die Arbeit weiter, das Rädchen bewegt sich so lustig als jemals ein Spinnrad sich drehte.« Dieses blumige Lob auf die Nähmaschine wurde 1863 von der in Frankfurt herausgegebenen liberalen Zeitschrift »Der Arbeitgeber« veröffentlicht. Und wenig später urteilte dieses Blatt: »Die kleine Nähmaschine macht alles fertig und beseitigt alle Noth.« Weniger poetisch urteilte Karl Marx über die Ausbreitung der Nähmaschinennäherei in London, die er in direkten Zusammenhang mit dem grauenvollen Anwachsen von Hungertod und Elend in dieser Stadt stellte.

In der Tat bedeutete die vor allem von Elias Howe in den USA kurz vor der Mitte des 19. Jahrhunderts zur Serienreife entwickelte Nähmaschine einen ungeheuren Rationalisierungsschub für die Bekleidungsindustrie. Eine einzige Maschine ersetzte etwa 20 mit der Nadel arbeitende Näherinnen. Das machte viele der im Schneidergewerbe Beschäftigten brotlos; andererseits erhöhte sich der Bedarf an Kleidung durch das Bevölkerungswachstum und die Kriege von 1866 und 1870/71, welche die Uniformschneiderei auf eine ungeahnte Höhe trieb. Außerdem entwickelte sich die Nähmaschine zu einem schichtenübergreifenden Produkt, das sowohl im proletarischen wie auch im bürgerlichen Haushalt Eingang fand. So wurde die Nähmaschine bald zu einem Verkaufsschlager, und Adam Opel hatte die richtige Entscheidung getroffen, als er mit ihrer Herstellung begann.

Die Produktion fand anfangs in sehr bescheidenem Rahmen statt. Die Werkstatt war in einem niedrigen und engen Stallgebäude untergebracht, unter primitivsten Bedingungen – ohne den Einsatz von Energie oder leistungsfähigen Werkzeugmaschinen – wurden in der Rüsselsheimer Ochsengasse nun in langwieriger Arbeit nach dem Pariser Vorbild Nähmaschinen gefertigt. Große Mühe bereitete dabei vor allem die Beschaffung geeigneten Rohmaterials, doch sukzessive und mit energischem Willen überwand Adam Opel alle Anfangsschwierigkeiten. In seiner ersten Geschäftsannonce aus dem Jahr 1863 bezeichnete er sich als Mechaniker, der dem Publikum selbstgefertigte Nähmaschinen neuster Konstruktion zu festen und billigen Preisen offerierte. Schon bald konnte er es wagen, weitere Hilfskräfte und Lehrlinge in seinem Betrieb zu beschäftigen, das Geschäft begann zu expandieren, und Adam Opel verließ den angestammten handwerklichen Rahmen. Er wurde Unternehmer.

Ein großer Vorteil für diese Entwicklung war die Heirat mit Sophie Scheller, einer aus Dornholzhausen im Taunus gebürtigen Tochter eines Hoteliers, die neben Ehrgeiz, Tatkraft und kaufmännischem Verstand auch die beachtliche Mitgift von 10 000 Talern in die Ehe brachte. Dieses Vermögen bildete einen bedeutenden Zuschuß für den 1869 vollendeten Fabrikbau, der in der unmittelbaren Nähe der wenige Jahre zuvor eröffneten Bahnlinie Frankfurt-Mainz gelegen war. Der Betrieb war mit einer gebrauchten Dampfmaschine ausgerüstet und beschäftigte nun schon über ein Dutzend Arbeiter.

Die Nachfrage nach Nähmaschinen aus der Opelschen Fabrik (seit 1873 wurden auch solche für Schuster hergestellt) stieg ständig, so daß seit den 1870er Jahren mit dem Aufbau eines eigenen Vertreternetzes begonnen wurde. 1878 hatte der Betrieb schon über 60 Mitarbeiter, ein Jahr später konnte die 20 000. Nähmaschine ausgeliefert werden. Um auf dem Markt wettbewerbsfähig zu bleiben, bedurfte es jedoch der Umstellung auf das System amerikanischer Nähmaschinen nach dem Vorbild der Firma Singer, die 1881 auch vollzogen wurde. Die damit verbundene Produktionsausweitung fand ihren Niederschlag in einem bedeutenden Ausbau der Fabrikanlagen und dem Anwerben eines größeren Arbeiterstammes. 1882 beschäftigte das Unternehmen bereits 208 Arbeitskräfte, darunter schon 42 Pendler.

Ähnliche Risikobereitschaft wie mit dem Beginn der Nähmaschinenproduktion bewies Adam Opel auch mit der Herstellung von Fahrrädern, von der sich keineswegs voraussehen ließ, daß sie sich zu einem lukrativen Geschäft entwickeln sollte. Erste Anfänge der industriellen Fabrikation von Fahrrädern in Frankreich waren nämlich gescheitert, nur die Briten machten bedeutende Fortschritte in der Entwicklung des Fahrrads und stellten es schließlich serienmäßig her. Aus England bezog Adam Opel dann auch eine Lieferung von Fahrrädern, die Ende 1885 in Rüsselsheim eintraf. Auch dieses Produkt wurde anfangs lediglich kopiert; 1886 verließ bereits das erste Hochrad die Opelsche Fabrik, die Anlagen waren dazu bedeutend erweitert worden. Schritt für Schritt arbeitete man nun an der Verbesserung dieses neuartigen Fortbewegungsmittels, seit 1888 wurden schon Niederräder mit Kettenantrieb in Rüsselsheim hergestellt. Die Zahl der Beschäftigten vermehrte sich sprunghaft, auch Frauen wurden jetzt eingestellt.

Großen Anteil am Verkaufserfolg des Fahrrads hatten – neben der unbestrittenen Qualität des Produkts – vor allem die fünf Söhne Adam Opels, die sich alle dem Rennsport widmeten, von Sieg zu Sieg fuhren und damit der Marke eine ungeheure Popularität verschafften. Eine eigens angelegte Rennbahn sowie eine Übungshalle in Rüsselsheim, in der z. B. auch die Enkelin von Fürst Bismarck das Radfahren erlernte, trugen ebenfalls zur Verbreitung des Opel-Fahrrads bei. So stiegen die Verkaufszahlen in immer neue Höhen, und Opel entwickelte sich vor der Jahrhundertwende zu einem der führenden deutschen Fahrradproduzenten.

Als Adam Opel am 8. September 1895 an Typhus starb, war sein aus handwerklichen Anfängen hervorgegangener Betrieb für damalige Maßstäbe zu einem Großunternehmen emporgestiegen. Fast 600 Beschäftigte zählte die Firma in diesem Jahr, die Fabrikanlagen hatten sich kontinuierlich ausgedehnt, und wenig später stand eine weitere Expansion durch die Aufnahme der Automobilproduktion bevor.

Von seinem Werdegang her war Adam Opel ein typischer Vertreter des Handwerkerindustriellen des 19. Jahrhunderts. Als innovativer Unternehmer ist er nicht hervorgetreten; nur ein einziges Patent meldete die Firma zu seinen Lebzeiten an. Seine Stärke war das Erkennen von Trends und die kontinuierliche Verbesserung von schon auf dem Markt eingeführten Produkten, die er in einem ständig modernisierten Betrieb auf hoher Qualitätsstufe herzustellen versuchte. Immer hielt er Ausschau nach technologischen Fortschritten im Werkzeugmaschinenbau und kaufte stets die neuesten Errungenschaften aus dieser Branche an.

Als Chef seiner Firma verkörperte er den patriarchalischen Unternehmer des 19. Jahrhundert. So konnte er einerseits seine Arbeiter persönlich aus einer sozialdemokratischen Versammlung herausholen und andererseits bereits elf Jahre vor der gesetzlichen Einführung der Krankenversicherung eine eigene Betriebskrankenkasse gründen. Adam Opel besaß aber vor allem den Wagemut des gründerzeitlichen Industriellen, immer bereit, sich neuen Anforderungen zu stellen; diese Leistung zeichnet ihn als Unternehmer seiner Zeit aus.

Wilhelm Liebknecht

Von Iring Fetscher

Als ich unlängst einem jüngeren Kollegen sagte, ich müsse über den bedeutenden Hessen Wilhelm Liebknecht einen Beitrag verfassen, meinte er – Liebknecht sei doch wohl Jude gewesen. Daß in diesem Fall ein bürgerlicher Anhänger der Arbeiterpartei nicht Jude war, schien ihm ebenso unbekannt zu sein wie die Tatsache, daß er keinen anderen als den eher antisemitischen Martin Luther stolz zu seinen Vorfahren zählte. Das Bild Wilhelm Liebknechts ist in der marxistischen Geschichtsschreibung neben der Märtyrerrolle seines Sohnes Karl und der bedeutenden Rolle seines »Schülers« August Bebel etwas blaß geraten. Hinzu kommt, daß ihm sowohl Marx als auch Engels wiederholt »Abweichungen« oder mangelnde Prinzipientreue vorgeworfen haben, so daß er zwar als ein bedeutender, aber auch als ein nicht immer zuverlässiger marxistischer Sozialist angesehen wurde.

Wilhelm Liebknecht kam auf einem Umweg zur Arbeiterbewegung. Am 26. März 1826 in Gießen als Sohn eines höheren Beamten geboren, sollte er, dem Wunsch der Familie gemäß, ebenfalls in beamteten Staatsdienst treten; aber die Ideen und das Schicksal seines Großonkels Friedrich Ludwig Weidig, der als Pfarrer in Butzbach zusammen mit Georg Büchner die revolutionäre Schrift »Der Hessische Landbote« verfaßt hatte, machten ihm den Staat und das bestehende politische System so verhaßt, daß er allenfalls als Dozent an einer der »kleineren, freiheitlicheren Universitäten« glaubte, eine Lebensstellung finden zu können. Weidig, der sich nicht wie Büchner rechtzeitig in Sicherheit bringen konnte, wurde 1835 eingekerkert und nahm sich zwei Jahre später, verzweifelt über das Schicksal der demokratischen Entwicklung, das Leben. Seine Ziele – »Auferstehung Deutschlands als Freistaat«, soziale Emanzipation, Sturz der Monarchien und Abschaffung des Adels – wurden vom jungen Wilhelm Liebknecht übernommen. Nach intensivem Studium der Philologie, Theologie und Philosophie in Gießen, Berlin und Marburg gab Liebknecht schließlich auch noch die Hoffnung auf einen Lehrstuhl im vormärzlichen Deutschland auf und bereitete sich auf die Auswanderung nach Amerika vor. Um als Mitglied einer ländlichen Genossenschaft brauchbar zu sein, erlernte er das Tischler- und das Schlosserhandwerk und war schon auf der Reise zur Einschiffung, als er einem jungen Schweizer begegnete, der ihn zur Umkehr überredete und ihm riet, in Zürich auf die bevorstehende deutsche Revolution zu warten. Dort war er kurze Zeit Lehrer an der von Julius Fröbel begründeten Musterschule. Als jedoch die Nachricht von der Märzrevolution 1848 in Paris eintraf, reiste er unverzüglich dorthin, um an den Kämpfen teilzunehmen. In Paris waren die Entscheidungen schon gefallen. Begeistert schloß er sich Georg Herweghs »deutscher Legion« an, die nach Deutschland ziehen und dort der Revolution zum Siege verhelfen wollte. Krankheit hinderte ihn jedoch an der Verwirklichung seines Vorhabens. Erst im September konnte er als Freischärler an Gustav von Struves badischer Erhebung endlich aktiv in das Geschehen eingreifen. Nur durch den glücklichen Umstand eines vorübergehenden Sieges der Aufständischen entging Liebknecht der Hinrichtung wegen »Hochverrats«. Der verängstigte Staatsanwalt zog die Anklage im letzten Moment zurück, und Liebknecht war wieder frei. In der Untersuchungshaft hatte er die Tochter des Gefängnisdirektors Ernestine Landolt kennengelernt, die er Jahre später – im Londoner Exil – heiratete. Während der »Reichsverfassungskampagne« in Johann Philipp Beckers Division entging er durch Flucht der abermaligen Verhaftung. Auf Druck der preußischen Regierung wurde er 1850 aus Genf, wohin er sich zurückgezogen hatte, ausgewiesen und traf schließlich in London ein, wo er zwölf Jahre lang bis zur Amnestie der 48er bleiben sollte.

Dort, in London, entwickelte er sich unter dem belehrenden Einfluß von Marx zum entschiedenen Sozialisten. Bis dahin hatte er sich als linken Demokraten verstanden, allerdings schon früh die Mobilisierung der Handwerker und Arbeiter als Voraussetzung für den Sieg der Demokraten als notwendig erkannt. Im Rückblick schilderte er seine erste Begegnung mit dem gelehrten revolutionären Theoretiker: »Die Freundschaft mit Marx's zwei ältesten Töchtern begann wenige Tage, nachdem ich im September 1850 aus der Schweiz, und zwar aus einem Gefängnis der ›freien Schweiz‹, mit Zwangspaß durch Frankreich befördert, nach London gekommen war. Ich traf die Familie Marx bei einem Sommerfest des Kommunistischen Arbeiterbildungsvereins irgendwo in der Nähe von London. ›Père Marx‹, den ich zum ersten Mal sah, nahm sofort ein strenges Examen mit mir vor, sah mir scharf in die Augen und besichtigte meinen Kopf ziemlich genau – eine Operation, an die ich von Freund Gustav Struve gewöhnt war, der mich, weil er an meinem ›sittlichen Halt‹ hartnäckig zweifelte, mit besonderer Vorliebe zum Opfer seiner phrenologischen Studien gemacht hatte. Indeß das Examen ging glücklich vorüber.« Schon am nächsten Tag wurde Liebknecht zu einer ernsteren Unterredung in ein Arbeiterlokal geladen, dessen Wirtin mit den deutschen Flüchtlingen befreundet war. »Ich merkte bald, daß meine Examinatoren sich schon nach mir erkundigt hatten. Ein größerer Aufsatz über die Junischlacht, den ich im Sommer 1848, unter dem frischen Eindruck der Tragödie, die eine geschichtliche Weltwende war, für den ›Volksfreund‹ von Hecker in Muttenz geschrieben hatte, war von Marx und Engels gelesen worden und hatte sie auf mich aufmerksam gemacht. Ich war bei meinen beiden Examinatoren im Verdacht kleinbürgerlicher ›Demokratie‹ und ›süddeutschen Gefühlsdusels‹. Und manches Urteil, das ich über Menschen und Dinge fällte, stieß auf ihre scharfe Kritik.« Die Erzählung von Liebknechts Schicksal in Baden, wo er nur mit knapper Not der Hinrichtung durch eine bürgerlich-demokratische Instanz entgangen war, und Liebknechts Verteidigungsrede versöhnten dann die beiden Examinatoren. »Im ganzen verlief das Examen nicht ungünstig.«

Das Leben im englischen Exil war für Liebknecht und seine bald gegründete Familie äußerst entbehrungsreich. Mit journalistischen Arbeiten für deutsche Zeitungen, mit Privatunterricht und sonstigen Gelegenheitsarbeiten konnte er sich nur notdürftig über Wasser halten. Die Familie Marx half ihm, wo immer sie konnte, moralisch und materiell hätte er ohne sie – so sein Bericht – kaum überlebt.

Als anläßlich des Thronwechsels 1861 eine Amnestie erlassen wurde, ging Liebknecht nach Berlin, wo er als Redakteur an der ›Norddeutschen Allgemeinen Zeitung‹ ein Auskommen fand. Als er jedoch erkannte, daß der Chefredakteur dieser Zeitung sich der Politik Bismarcks angeschlossen hatte, brach er mit ihm, obgleich ihm – in seinem Ressort – weitgehende Unabhängigkeit zugesichert worden war. Inzwischen war er Lassalles »Allgemeinem Deutschen Arbeiterverein« beigetreten und arbeitete journalistisch an dessen »Sozialdemokrat« mit. Schließlich wurde ihm aber auch die Linie dieses Blattes verdächtig. Liebknecht blieb gegenüber den Lassalleanern ein entschiedener Gegner der preußischen Führungsrolle in Deutschland und trat kompromißlos für eine deutsche Einigung allein auf demokratischer Grundlage ein. Er geriet deshalb – auch bei Marx und Engels – wiederholt in Verdacht, proösterreichisch und ›föderalistisch‹ gesinnt zu sein. Der Verdacht wurde bestärkt, als er – nach der Ausweisung aus Preußen – 1866 im preußisch-österreichischen Krieg die »Mitteldeutsche Volkszeitung« in Leipzig redigierte, die von den siegreichen Preußen unterdrückt wurde.

In Leipzig lernte Liebknecht August Bebel kennen, der zu seinem lebenslangen Mitstreiter wurde. Bebel, vierzehn Jahre jünger als sein Freund, war Drechsler und entwickelte sich sowohl zu einem erfolgreichen Kleinunternehmer als auch zu einem ausgezeichneten Organisator der Partei. Beide traten als Kandidaten der demokratischen »Sächsischen Volkspartei« an und wurden in den neu gegründeten Reichstag des Norddeutschen Bundes gewählt. Sie suchten in dieser Partei deren radikaldemokratisch-proletarischen Flügel zu stärken und das Programm in Richtung auf den Sozialismus zu erweitern. 1869 lösten sie sich – zusammen mit einer Anzahl der Mitglieder – von dieser Partei und gründeten in Eisenach die »Sozialdemokratische Arbeiterpartei Deutschlands«. Diese Partei opponierte mit ihrem antipreußischen, gesamtdeutschen sozialistischen Programm gegen den von Lassalles Nachfolger von Schweitzer geleiteten »Allgemeinen Deutschen Arbeiterverein«. Liebknecht verurteilte zwar den von Bismarck ausgelösten Krieg gegen Frankreich und hat Jahre später auch eine aufklärende Schrift über die Fälschung der »Emser Depesche« verfaßt, aber Marx und Engels setzten schließlich die These durch, daß die Einheit Deutschlands, auch wenn sie mit undemokratischen Mitteln durch eine »Revolution von oben« zustande gebracht worden war, einen historischen Fortschritt bedeute. Als sich jedoch der Verteidigungskrieg nach der Abdankung Napoleons III. in einen Eroberungskrieg gegen das republikanische Frankreich verwandelte, bekämpften Liebknecht und Bebel wie auch Marx diese Politik und prophezeiten, daß sie künftig zu einem verhängnisvollen Krieg führen werde. Im Dezember 1870 verhaftet, wurde den beiden Sozialisten 1872 in Leipzig ein Prozeß wegen angeblichen Hochverrats gemacht, der zwar mit der Verurteilung von Liebknecht und Bebel zu je zwei Jahren Festungshaft endete, ihnen aber die Gelegenheit bot, ihre politische Überzeugung wirkungsvoll zum Ausdruck zu bringen. Das umfangreiche Protokoll dieses Prozesses, in dem auch das »Kommunistische Manifest«, die »Inauguraladresse der Internationale« sowie die von Marx verfaßte Würdigung des Pariser Kommuneaufstands enthalten war, konnte später erfolgreich zur Werbung für die Partei benutzt werden.

Um die für den Erfolg des Sozialismus schädliche Spaltung der Arbeiterparteien zu überwinden, brachte vor allem Liebknecht 1875 in Gotha deren Vereinigung zustande. In dem aus diesem Anlaß verabschiedeten Programm waren einige von Lassalles Anhängern hochgeschätzte Punkte – wie die Forderung nach Genossenschaften mit staatlicher Subvention – enthalten, die Marx aus Prinzip ablehnte. Liebknecht verteidigte jedoch stets diesen Kompromiß als eine taktisch notwendige Maßnahme. – Zwischen 1878 und 1890 mußte die vereinigte Partei unter Ausnahmegesetzen leben. Zahlreiche Mitglieder wurden verhaftet, Versammlungen verboten, Zeitschriften und Zeitungen unterdrückt, lediglich Wahlkämpfe zu den Reichstags- und Landtagswahlen blieben möglich. Liebknecht wurde wiederholt verhaftet und hatte am Ende seines Lebens fünf Jahre im Gefängnis verbracht, ohne sich von seinen Überzeugungen abbringen zu lassen. Ähnlich wie 1875 gegenüber den Lassalleanern war Liebknecht in den neunziger Jahren gegenüber den Reformisten in der Partei gelassener, als es der Überzeugung von Engels angemessen erschien. Selbstbewußt beharrte er aber auf seiner – durch die konkreten Umstände des politischen Kampfes in Deutschland – gerechtfertigten Haltung.

Im Herbst 1886 unternahm Liebknecht zusammen mit

der Tochter von Marx, Eleanor, und deren Lebensgefährten Dr. Edward Aveling eine Vortragsreise durch Amerika, die vor allem der Sammlung von Geldspenden für die deutsche Arbeiterbewegung dienen sollte. Während Aveling zugleich für seine Freidenkerbewegung tätig war, ging es Liebknecht in erster Linie um die Mobilisierung der deutschen Emigranten, die fast überall im Zentrum der noch ganz am Anfang stehenden sozialistischen Bewegung standen. Edward Aveling erregte dadurch bei den deutschamerikanischen Sozialisten Anstoß, daß er die Notwendigkeit einer angloamerikanischen Führung hervorhob und den Beitritt zu der Organisation der »Knights of Labor« verlangte. In dem kleinen Buch, das Liebknecht ein Jahr nach seiner Rückkehr unter dem Titel »Ein Blick in die neue Welt« veröffentlichte, ist von seiner Fundraising- und Agitationstätigkeit kaum die Rede, dafür finden sich zahlreiche begeisterte Schilderungen des privaten und öffentlichen Lebens in diesem »freisten Land der Welt«. Er pries das Land glücklich, das keine belastende Geschichte aufweise und auf die Befreiungskämpfe wie auf den Kampf gegen die Sklaverei voller Stolz zurückblicken könne. Einem Amerikaner, der die Europäer um ihre große Vergangenheit beneidete, sagte er: »Ich würde Ihnen gern unsere Vergangenheit für Ihre Gegenwart geben.« Besonders beeindruckt zeigte er sich vom amerikanischen Schulwesen. In einer öffentlichen Schule befragte die Lehrerin in seiner Gegenwart 12jährige Kinder: »Was für eine Regierung haben die Vereinigten Staaten? Antwort: die Vereinigten Staaten sind eine Republik. Frage: Was ist eine Republik? Antwort: ein freier Staat. Die nächste Frage war etwas schwieriger: Was ist ein freier Staat? Ein lebhaftes, aufgewecktes Kind antwortete rasch: Ein Land, wo das Gesetz herrscht. Lehrerin: Denke nach; ein Land, wo das Gesetz herrscht, ist nicht notwendig ein freies Land. Es gehört noch etwas mehr dazu. Dutzende von Finger reckten sich empor. Die Kleine sagte mit blitzenden Augen: Ein freier Staat ist ein Staat, in welchem das Gesetz herrscht und die Gesetze vom Volk gemacht werden. Es kamen mir bei diesem ernst-heiteren Zwischenfall so mancherlei Gedanken, und die breite Kluft, welche die Volksschule des freien Amerika von der unsrigen trennt, gähnte vor meinen ›geistigen Augen‹.« Auf den möglichen Einwand, das sei nur »Gedächtniskram«, erwiderte Liebknecht: »Oh nein, in der amerikanischen Schule ist weit weniger Gedächtniskram als in der deutschen, und die Anregung zu selbständigem Denken zieht sich wie ein roter Faden durch den ganzen Unterricht«.

Ebenso eindrucksvoll wie dieser Besuch in einer Schule erschien Liebknecht die Stellung der Frau in den USA: »Die Gleichheit ist in Amerika kein bloßer Name. Sie ist ein lebendiges Prinzip, und der höchste Triumph dieses Prinzips ist die soziale Gleichberechtigung der Frau. Bei uns gibt es noch ein ›schwächeres Geschlecht‹. In Amerika nicht. Beide Geschlechter stehen gleichberechtigt nebeneinander.«

Liebknecht war ein Vielredner und Vielschreiber. Er hatte Freude am Schreiben und Reden, und er war nicht nur belehrend, sondern stets auch unterhaltend. Sein umfassendes Wissen und seine Kenntnis der Literatur von der Antike bis zur Gegenwart ließen die Arbeiter stolz auf ihren gelehrten Vorkämpfer sein und beeindruckten auch andere. Als er am 7. August 1900 in Berlin starb, folgten 100 000 Menschen seinem Sarg, während 200 000 die Straßen säumten. Der Sozialismus war für ihn die konsequente Fortsetzung der Demokratie, für die er sich schon als Gymnasiast begeistert hatte. Wie für viele radikale Demokraten und Sozialisten seiner Generation war sein Leben nicht leicht, aber er konnte es am Ende als sinnvoll und erfüllt empfinden.

Wilhelm Dilthey

Von Matthias Jung

Zu großer Bekanntschaft oder gar öffentlichem Ruhm hat es Wilhelm Dilthey nie gebracht. Sein Leben verlief in den ruhigen Bahnen einer gründerzeitlichen Gelehrtenexistenz, deren äußere Ereignislosigkeit jeden Biographen zur Verzweiflung treiben könnte. Ein prominenter Hesse war Dilthey also beim besten Willen nicht, wohl aber ein ›großer‹: ein bedeutender Philosoph, ein kenntnisreicher Archäologe abendländischer Geistesgeschichte, ein feinsinniger Exeget dichterischer Werke. Dilthey hat die Begriffe entscheidend mitgeprägt, in denen wir heute über unsere Kultur und die Rolle der Wissenschaften in ihr diskutieren. Sein Denken stand im Zeichen kultureller Selbstverständigung: Wie können wir unsere moderne Lebenswelt verstehen? Welche Stellung hat das Individuum mit seiner persönlichen Perspektive in ihr? Wie verhalten sich Kunst, Religion und Wissenschaften zueinander? Diltheys Antworten auf diese Fragen sind erstaunlich aktuell und haben mit dem konservativen Geist seiner Epoche wenig gemein. Ist der wilhelminische Putz erst einmal abgekratzt, kommt ein ganz moderner Denker zum Vorschein, dem die traditionellen Weltbilder allesamt fraglich geworden sind.

Wilhelm Dilthey wurde am 19. November 1833 als Sohn eines Pfarrers in Biebrich bei Wiesbaden geboren. Von seinen Eltern zunächst zum Theologiestudium gedrängt, wechselte er bald zu den Fächern Geschichte und Philosophie. Diltheys beruflicher Werdegang vom Theologen zum freien Erforscher der europäischen Kulturgeschichte steht für eine geistige Erfahrung ein, die zu seiner Zeit viele Intellektuelle gemacht haben: den Verlust religiöser Gewißheiten. So fühlte sich auch der junge Dilthey in dem Lehrgebäude der protestantischen Tradition immer weniger zu Hause und mußte damit vorsichtig zu der Lebensform seines Vaters auf Distanz gehen. Sein Briefwechsel mit den Eltern aus der Zeit des Studiums ist ein bewegendes Zeugnis dieser Entwicklung. Statt sich nun aber ganz vom religiösen Denken loszusagen, entwickelte Dilthey im Lauf der Jahre eine neue Zugangsweise zu dem, was er die »christliche Weltanschauung« nannte: Religiöse Symbole, Praktiken und Dogmen deutete er als geschichtlich wandelbare Ausdrucksformen der menschlichen Kultur. In dieser Sicht der Dinge bestärkte ihn sein Studium in Berlin bei den Brüdern Grimm, bei Theodor Mommsen und Leopold Ranke, den großen Gründergestalten der Geschichtswissenschaft. Sie überzeugten Dilthey von der Bedeutung des geschichtlichen Bewußtseins für die menschliche Lebensorientierung. Schon 1866, mit 33 Jahren, wurde er dann als Professor nach Basel berufen, von wo er nach Kiel, Breslau und schließlich Berlin ging.

Als Dilthey 1911 starb, hinterließ er ein riesiges, aber unübersichtliches Werk, das damals nur zum kleineren Teil veröffentlicht vorlag. Es umfaßt geschichtliche Untersuchungen ebenso wie philosophische Systementwürfe, psychologische und pädagogische Studien oder Interpretationen von Dichtungen. Kaum ein kultureller Bereich also, zu dem Dilthey sich nicht irgendwie geäußert hätte. Neben seinen großen Buchprojekten hielt er Vorlesungen über Logik und Pädagogik, Psychologie und Ethik mit der gleichen Selbstverständlichkeit, machte sich Gedanken zur Schulreform und war sich nicht zu schade, für »Westermanns Monatshefte« Dutzende von Buchbesprechungen zu schreiben, deren Themenspektrum vom Handbuch der Bankpolitik bis zur populären Darstellung der Insektenkunde reicht. Angesichts dieser erdrückenden Fülle von Gelehrsamkeit fällt es manchem Leser schwer, den Wald vor lauter Bäumen nicht aus dem Auge zu verlieren. Auch Dilthey selbst hat sich nicht selten im Labyrinth seiner enzyklopädischen Bildung verirrt und darüber seine Grundideen aus den Augen verloren. Diese Ideen wollte er in einem einzigen großen Werk, der »Einleitung in die Geisteswissenschaften«, zusammenfassen, auf das alle seine Studien bezogen waren. Dilthey ist es nicht geglückt, sein Lebensprojekt zu vollenden. Dessen Umrisse und tragende Gedanken aber sind aus den hinterlassenen Schriften klar erkennbar.

Dilthey ging es, ganz modern, um ›Ganzheitlichkeit‹, oder, anders gesagt, um eine holistische Einstellung zum Leben. Er war der Überzeugung, daß die modernen Wissenschaften, aber auch die klassische Philosophie, mit künstlichen Isolierungen arbeiten, die sich im wirklichen Leben gar nicht vorfinden lassen. Vor allem gehe es nicht an, den Intellekt von Wille und Gefühl zu trennen und damit auch Theorie und Praxis voneinander zu isolieren. Vehement attackierte Dilthey die verbreitete Vorstellung, Erkenntnisse seien von Gefühlen und Bedürfnissen unabhängig. Es ist aber immer der ganze, konkrete Mensch, der etwas erkennt: ein Mensch mit Bedürfnissen, mit Wünschen und der Fähigkeit, durch Handlungen die Realität zu verändern. Dieser ganze Mensch, der alle seine Bezüge zur Welt auslebt, sei von der bisherigen Philosophie kaum beachtet worden. In einer berühmten Formulierung wird sie dafür von Dilthey kritisiert: »In den Adern des erkennenden Subjekts ... rinnt nicht wirkliches Blut, sondern der verdünnte Saft von Vernunft als bloßer Denktätigkeit.« Dilthey wollte das Leben in die Philosophie hineinbringen, den »ganzen Menschen ... in der Mannigfaltigkeit seiner Kräfte, dies wollend fühlend vorstellende Wesen«, an die Stelle irgendwelcher ausgedachter Konstruktionen setzen.

Sein Denken ist daher oft als »Lebensphilosophie« bezeichnet worden. Mit prominenten Zeitgenossen wie William James, dem amerikanischen Pragmatisten, oder Friedrich Nietzsche, dem selbsternannten Philosophen mit dem Hammer, teilte Dilthey die Abneigung gegenüber allen Versuchen, das Leben zu intellektualisieren. Dessen Unergründlichkeit für den objektivierenden Verstand, seine anschauliche Fülle und Buntheit sollten gewahrt und respektiert werden. Die Welt paßt nicht in den Kopf hinein, also muß der Kopf in die Welt – so könnte das Motto der Lebensphilosophen gelautet haben. Nicht mehr das Denken sollte bedacht werden, sondern das Leben. Allzu lebensprall darf man sich Diltheys philosophische Anschauungen nun aber auch wieder nicht vorstellen, denn so häufig bei ihm auch vom Leben die Rede ist, spielt sich dieses Leben doch in erster Linie am Schreibtisch ab. Dilthey wollte die Philosophie mit dem wirklichen Leben erfüllen, doch seine ganze Leidenschaft galt dem Verstehen geistiger Lebensäußerungen. So hat er zwar unentwegt betont, wie alles Geistige auf Gefühle und Bedürfnisse, letzten Endes also auf die Praxis des Lebens bezogen ist. »Wir sind im Kern ein Bündel von Trieben«, heißt es in einer prägnanten Formulierung sogar. Von dem Triebbündel Wilhelm Dilthey ist in seinen gelehrten Schriften freilich wenig zu spüren. Auch persönlich zog er wohl die klug bemessene Distanz des freundlich-aufmerksamen Zuschauers vor. Dabei zeichnete es ihn vor vielen Kollegen aus, daß er die Welt der Bücher nie mit dem gelebten Leben verwechselt hat.

In einem Brief an seinen Freund, den Grafen Yorck von Wartenburg, beklagte er sich einmal sogar darüber, nur von Büchern etwas zu verstehen. Ganz ernst kann diese Klage aber wohl nicht gemeint gewesen sein, denn Dilthey war ein Genie in der Kunst, die Ausdrucksgestalten des Lebens in Romanen, Gedichten, philosophischen Gedanken, Gemälden oder musikalischen Werken wieder lebendig zu machen. Wer zum Beispiel seine großen Abhandlungen zum Menschenbild der Reformationszeit liest, der spürt, wie sich die Gedankengebäude beleben, wie noch das trockenste und langweiligste System als Ausdruck einer menschlichen Sehnsucht, einer leidenschaftlichen Deutung der Wirklichkeit verständlich wird. Vor allem wollte Dilthey zeigen, daß die Gebäude der Philosophie keineswegs aus reinen Gedanken errichtet sind, daß es Gefühle, Bedürfnisse und Willensimpulse gibt, die an versteckter Stelle mithelfen, den Bau zu tragen. Sein großes Talent des Verstehens hat Dilthey aber auf der anderen Seite niemals darüber hinweggetäuscht, daß das verstandene Leben das gelebte Leben niemals ersetzen kann, und hinter der Oberfläche seiner ruhigen, bürgerlich gezähmten Lebensform wird deshalb manchmal eine bohrende Unruhe sichtbar, die ihn mit Nietzsche, dem großen Heimatlosen, verbindet.

Verstärkt wurde diese Unruhe durch Diltheys Wissen um die kulturellen Gefährdungen seiner Zeit – jener Epoche, in der sich unsere Gegenwart vorbereitete. Die letzten Jahrzehnte des 19. Jahrhunderts waren von einem gewaltigen Aufschwung in Wissenschaft und Technik geprägt. Es ist die Zeit großer Unternehmensgründungen, epochaler Erfindungen und bahnbrechender Fortschritte in den Naturwissenschaften. Diese Entwicklung führte dazu, daß auch im kulturellen Selbstverständnis der Industriestaaten die Beherrschung der inneren und äußeren Natur immer entschiedener alle anderen Perspektiven dominierte. Dilthey sah hierin eine große Gefahr. Die objektivierende Sprache der Naturbeherrschung, so wurde ihm zunehmend deutlicher, läßt uns völlig im Stich, wenn wir uns über unser menschliches Selbstverständnis, über Sinn und Zweck kultureller Aktivitäten klarwerden wollen.

Dilthey war wahrscheinlich der erste Philosoph, der mit aller Klarheit gesehen hat, daß die Lebensbedürfnisse der Individuen, die Vielfalt sozialer Beziehungen, die Sinndeutungen der Religionen nicht von außen, aus einer neutralen Beobachterperspektive, verstanden werden können. Deshalb investierte er seinen ganzen intellektuellen Ehrgeiz in die Suche nach einer Form des wissenschaftlichen Denkens, die dem Standpunkt eines Teilnehmers an der sozialen Lebenswelt gerecht werden könnte. Sinn und Bedeutung, so hatte Dilthey nämlich erkannt, kann etwas nur haben, solange es in der Perspektive dieser Lebenswelt gesehen und gedeutet wird. Sinn und Bedeutung kommen allein dadurch in die Welt, daß sich Menschen zur Realität nicht nur erkennend, sondern auch fühlend und wollend verhalten. Vom Fühlen und Wollen müssen die Naturwissenschaften auf der Suche nach den Gesetzen der Natur aber gerade absehen. Deswegen wollte Dilthey eine neue Gruppe von Wissenschaften mit eigenen Methoden etablieren: die Geisteswissenschaften, die im Dienst kultureller Selbstverständigung stehen sollten.

Diese Geisteswissenschaften – heute spricht man meistens von Humanwissenschaften – standen im Mittelpunkt einer Hoffnung, die Diltheys Werk ebenso inspirierte wie seine Furcht vor menschlicher Entfremdung durch das Überhandnehmen der naturwissenschaftlichen Sichtweise: Dilthey glaubte nämlich, daß es das menschliche Selbstverständnis voranbringen könnte, sich die Kunstwerke, Gedanken, überhaupt alle Lebenszeugnisse vergangener und fremder Kulturen anzueignen. Er sprach in diesem Zusammenhang sogar von einer »Befreiungstat«, einem kulturellen Quantensprung, der durch die Fähigkeit herbeigeführt werden sollte, alle kulturellen Produkte als Ausdrucksformen des Menschlichen zu verstehen und sich von ihnen bereichern zu lassen. An dieser Stelle ist Diltheys Aktualität vielleicht am deutlichsten zu erkennen: er wendet sich nämlich keineswegs pauschal gegen Naturwissenschaft und Technik, sondern bestreitet lediglich ihr Recht auf Alleinherrschaft. Auf dem Feld der kulturellen Auseinandersetzung über Sinn und Gestalt menschlichen Lebens sind sie nicht kompetent, und menschliche Selbstentfremdung ist das unvermeidliche Resultat, wenn sie absolut gesetzt werden.

Noch wichtiger ist aber ein anderer Punkt: Dilthey hat immer wieder betont, daß es auch einer bestimmten Distanz zu den kulturellen Realitäten bedarf, um sie unbefangen als Ausdruck des Menschlichen würdigen zu können. Wer beispielsweise seine eigene Religion als alleinige Wahrheit ansehe, der werde geneigt sein, andere Religionen und Weltanschauungen abzuwerten. Heutzutage spricht man in solchen Fällen von Fundamentalismus und meint damit eine geistige Einstellung, die fatale soziale Konsequenzen bis hin zu Unterdrückung und Mord haben kann. Diltheys Lehre vom Leben und seiner Verständlichkeit in den kulturellen Ausdrucksformen ist durch und durch antifundamentalistisch. Er glaubte nämlich, daß wir uns von der Meinung freimachen müßten, ein einziger Glaube oder eine einzige Lebensform könnte das Wahre sein. Dilthey lebte und schrieb aus der Überzeugung heraus, daß alle Ausdrucksweisen des Menschlichen von Bedeutung sind und daß sich in jeder einzelnen eine wichtige Weise verkörpert, die Wirklichkeit zu verstehen.

Ein Traditionalist, der nostalgischen Träumen von vergangenen Herrlichkeiten nachhängt, war er dabei keineswegs. Der Ausdrucksvielfalt der abendländischen Geschichte zugewandt, wollte er doch für seine Gegenwart die Gestalten des Menschlichen wieder lebendig machen. Er liebte die Traditionen seiner kulturellen Heimat, aber er liebte sie im Plural: kulturell zeitlebens polygam, wurde er nie zum Parteigänger einer bestimmten Tradition. Seine große Sehnsucht war es, das Leben zu verstehen, den Stempel des menschlichen Ausdrucks überall wiederzuerkennen. Diese tolerante Bereitschaft, alles gelten zu lassen, von allem etwas lernen zu wollen, hat Dilthey auch den Vorwurf eingetragen, er sei ein Relativist ohne eigene Maßstäbe. In der Tat war Dilthey der Überzeugung, wir müßten unsere eigene Weltanschauung relativieren, aus ihr sozusagen heraustreten, um die geistige Freiheit zu erreichen, die das Verstehen der kulturellen Formen ermöglicht. Seinen Lesern schlug er eine Art von intellektuellem Tauschhandel vor: sie sollten die Vorstellung aufgeben, mit ihren persönlichen Überzeugungen in der Mitte der menschlichen Welt zu stehen, und dafür die Möglichkeit erwerben, ihr Leben mit einem neuen Verständnis für andere Lebensformen zu bereichern. Genauso sollten sie aber auch den Gedanken fallen lassen, das Leben könne von außen erklärt werden. Nur von innen, im Verstehen, zeige es seinen Sinn.

Als Wissenschaftler hat Dilthey mit solchen Ideen einige Niederlagen einstecken müssen. Weil er der Ansicht war, daß wir mit unserem Verstand allein die Wirklichkeit nicht verstehen, sondern höchstens naturwissenschaftlich erklären können, galt er manchen als Irrationalist, als Gegner der Aufklärung und Dunkelmann. Ihm selbst ging es eher darum, unser Denken über seine Grenzen aufzuklären und es durch Einbeziehung von Gefühl und Wille zu erweitern. Was Dilthey eigentlich wollte, war für seine Zeitgenossen aber ohnedies kaum erkennbar, weil er seine wichtigsten Gedanken oft hinter langatmigen historischen Analysen versteckte. So blieb es seinen Schülern überlassen, das Licht des Meisters unter dem Scheffel hervorzuholen, unter den er es gestellt hatte. Bald nach Diltheys Tod am 1. Oktober 1911 in Seis begannen sie mit der Herausgabe seiner Schriften, und eine große Wirkung setzte ein. Der berühmteste Dilthey-Leser dieser Zeit war Martin Heidegger. Er führte Diltheys Einsichten in die Bedeutung des Geschichtlichen weiter und radikalisierte sie. Dilthey wurde zum Ahnherrn der Hermeneutik, einer großen philosophischen Strömung unseres Jahrhunderts, die das Verstehen als ein menschliches Grundphänomen betrachtet.

Karl Ferdinand Braun

Von Karl-Heinrich Wiederkehr

Im Dezember 1909 erhielt Karl Ferdinand Braun – sein Rufname war Ferdinand – gemeinsam mit Guglielmo Marconi den Nobelpreis für Physik. Sie wurden für ihre Pionierleistungen bei der Schaffung der drahtlosen Telegraphie ausgezeichnet. Ein halbes Jahrhundert vorher waren schon mit dem Transatlantikkabel die Alte und die Neue Welt näher zusammengerückt. Die drahtlose Telegraphie hatte nun auch ihre Reichweite bis zu einigen tausend Kilometern vergrößern können, und die Empfangsstationen konnten nun an beliebiger Stelle eingerichtet werden. Die elektromagnetischen Wellen folgten der Erdkrümmung. Wer war dieser Mann, dem die höchste wissenschaftliche Anerkennung zuteil wurde?

Ferdinand Braun wurde im kurhessischen Fulda am 6. Juni 1850 als sechstes Kind des Gerichtsobersekretärs Conrad Braun und seiner Ehefrau Franziska geboren. Ferdinand besuchte das Gymnasium und hatte schon früh eine Neigung für die Naturwissenschaften. In Marburg studierte er Mathematik, Physik und Chemie. Dem Vater schwebte für seinen Sohn die gesicherte Laufbahn eines Lehrers der Naturwissenschaften an einer höheren Schule vor; die Ausbildung sollte deshalb möglichst breit sein. Für den späteren Forscher erwies sich dies als recht vorteilhaft. Nach zwei Semestern wechselte Ferdinand Braun zur Universität in Berlin über. Schon vor der Gründung des Bismarckreiches war diese Stadt das wissenschaftliche Zentrum Deutschlands geworden. Hier besuchte Braun die Vorlesungen des Physikers Georg Quincke und wurde dessen Assistent. Als väterlicher Freund förderte später Quincke die Karriere des vielversprechenden jungen Kollegen. Mit einer Arbeit über Saitenschwingungen promovierte Braun 1872 bei Helmholtz in Berlin, ging dann aber zunächst als Lehrer an das Thomas-Gymnasium zu Leipzig. Er verstand es, seine Schüler für die Wissenschaft zu begeistern, und machte selbst in jenen Jahren eine weittragende Entdekkung: die Abhängigkeit des elektrischen Widerstandes bei einem Schwefelkieskristall und bei verwandten Mineralien von der Stromrichtung. Er hatte den Kristalldetektor, einen Gleichrichter, geschaffen; eine der beiden Elektroden am Kristall muß nur eine Spitze sein. Dieser Detektor sollte in der späteren Radiotechnik eine bedeutende Rolle spielen. Braun hatte damit, ohne daß er sich über den Leitungsmechanismus im klaren war, das Gebiet der Halbleiter- und Festkörperphysik eröffnet, das gerade in den letzten Jahrzehnten einen ungeheuren Aufschwung genommen hat.

Der Schritt zu einer Universitätslaufbahn war damit getan; in Marburg wurde Braun außerordentlicher Professor. Sowohl auf experimentellem als auch auf theoretischem Gebiet, hier insbesondere in der Physikalischen Chemie, fühlte sich Ferdinand Braun zu Hause. Eine theoretische Arbeit von ihm behandelte z. B. das Prinzip des kleinsten Zwanges; die Vorgänge in galvanischen Elementen konnten damit erfaßt werden. Und der junge Wissenschaftler wagte es sogar, an Arbeiten von Autoritäten, wie William Thomson und Hermann Helmholtz, Kritik zu üben und sie z. T. zu berichtigen. 1880 holte man Braun nach Straßburg in das neueingegliederte Elsaß-Lothringen, wo August Kundt bereits ein modernes Institut aufgebaut hatte. Dann folgte ein Ruf an das Polytechnikum der späteren Technischen Hochschule Karlsruhe. Wenige Jahre später machte dort Heinrich Hertz seine epochalen Untersuchungen zur Erzeugung elektromagnetischer Wellen. Braun war ein geschickter Experimentator, der auch ein Gespür für Anwendung und technische Nutzung hatte. Man denke dabei nur an das von ihm konstruierte Elektrometer für Hochspannung oder an das elektrische Pyrometer, das mit seinen Thermoelementen zur Messung hoher Temperaturen geeignet war.

In der Karlsruher Zeit lernte Ferdinand Braun auch Amélie Bühler aus Lahr kennen, seine spätere Frau, mit der er zeitlebens eine glückliche Ehe führte. Eine weitere Station war Tübingen, wo er trotz der Belastung durch einen Institutsneubau die schönsten Jahre mit seiner jungen Frau verbrachte. Einer Berufung folgend, zog er 1895 wieder nach Straßburg um, nun aber mit Frau und den drei Kindern, und ein Hund gehörte auch zur Familie. Auch Jonathan Zenneck, ein später führender Hochfrequenztechniker, kam von Tübingen mit nach Straßburg und wurde Brauns Assistent. In der Grenzland-Universität herrschte ein fortschrittlich-liberaler Geist; sie galt als »Arbeitsuniversität« und wurde von vielen Ausländern besucht.

In Straßburg setzte sich Braun nun mit den Arbeiten von

Marconi auseinander, dessen erste Versuche Anfang der 90er Jahre die Geburt der drahtlosen Telegraphie darstellen. Heinrich Hertz hatte 1888 mit seinen Experimenten zur Erzeugung elektromagnetischer Wellen die Maxwellsche Theorie der Elektrodynamik endgültig bestätigt. Sie besagt: Die Lichtwellen sind wesensgleich mit den elektromagnetischen Wellen. Der Unterschied liegt einzig und allein in der Wellenlänge. Elektrische und magnetische Felder pflanzen sich im lufterfüllten und luftleeren Raum mit der Lichtgeschwindigkeit fort. Die Hertzschen Wellen hatten eine Länge von wenigen Dezimetern, die von Marconi von etwa 10 bis 100 m. Kleinere Funkenüberschläge zwischen zwei Metallkugeln in der Mitte eines Dipols hatten Hertz zur Anzeige gedient. Als Marconi diese Experimente sah, nahm er sich vor, elektromagnetische Wellen zur Signalübertragung auf längere Strecken nutzbar zu machen. Er nahm dazu eine senkrecht in die Luft ragende und einige Meter lange Antenne, die in ihrem unteren Teil eine Funkenstrecke besaß und mit der Erde verbunden war. Ein Induktor, der Hochspannungsstöße lieferte, war an die Kugelfunkenstrecke angeschlossen. Periodische Entladungen durch diese Luftstrecke waren die Folge. Durch die Funkenentladungen wurde die Antenne zu Eigenschwingungen angeregt, wobei die Länge der Antenne etwa ein Viertel der Länge der ausgestrahlten Welle entsprach. Aber Marconi wußte das noch nicht. Der Ingenieur war hier noch reiner Empiriker, der durch Herumprobieren Verbesserungen und Fortschritte suchte. In der Empfangsantenne lag an der Stelle der Kugelfunkenstrecke ein Kohärer oder Fritter, eine Erfindung des Franzosen Branly. Der Kohärer bestand aus einer Röhre, die mit Metallspänen gefüllt war. Durch die empfangenen elektromagnetischen Wellen wurden zwischen den Spänen bessere Übergänge für den elektrischen Strom geschaffen, und diese wieder durch Klopfen beseitigt. Mit Batterie und Relais konnten so Morsezeichen empfangen werden.

Ferdinand Braun ging mehr systematisch-wissenschaftlich vor und knüpfte an die Versuche und die Theorie von Feddersen (1858) und Hertz an. Braun trennte den primären Schwingkreis, bestehend aus Kondensator, Funkenstrecke und Induktionsspule, von der Antenne. Diese Anordnung war viel leistungsfähiger. Die Grundelemente des Braunschen Schwingkreises findet man noch heute in jedem Rundfunk- und Fernsehgerät. Als es Max Wien 1905 gelang, durch eine besondere Einrichtung die periodische Funkenentladung schnell zu löschen – man sprach hier von einem Löschfunkensender –, war die drahtlose Telegraphie noch leistungsfähiger geworden. Die Funkengruppen besaßen eine Frequenz, die einem musikalischen Ton entsprach, der im Kopfhörer wahrgenommen wurde. Es war der »tönende Funke«. Ferdinand Braun gründete zusammen mit Siemens eine Firma; aber auch die AEG war mit Slaby und Graf Arco auf dem Gebiet der drahtlosen Telegraphie nicht untätig geblieben. Auf Ersuchen des deutschen Kaisers wurden beide Firmen zusammengelegt, so entstand die Firma Telefunken. In den Empfangsgeräten fand dann auch der schon erwähnte Kristalldetektor Verwendung. Musik und Sprache konnten damals noch nicht übertragen werden. Dazu mußte erst die Elektronenröhre zur Erzeugung ungedämpfter Schwingungen Einzug halten. Und diese wurden dann wieder durch die Halbleiter verdrängt.

Die Firma Telefunken hatte in Sayville (USA) eine Empfangsstation errichtet. Es war die Gegenstation zur Großfunkstelle Nauen. Nach dem Ausbruch des Ersten Weltkrieges kappte England die Kabelverbindung nach Amerika und versuchte, mit Hilfe eines Patentprozesses der Marconi-Gesellschaft auch Sayville zu schließen. Braun wurde zusammen mit Zenneck nach Amerika geschickt, um dies zu verhindern. Der 64jährige nahm trotz angeschlagener Gesundheit im Winter 1914 die beschwerliche und riskante Seereise durch die englische Blockade auf sich. Sayville konnte noch einige Zeit deutsche Nachrichten empfangen.

Mit dem Eintritt Amerikas in den Krieg 1917 wurde dann die Station geschlossen.

Eine mindestens ebenso folgenreiche Erfindung Brauns wie der Schwingkreis war die Katodenstrahlröhre. Das Nobel-Komitee konnte dies noch nicht ahnen. Die Katodenstrahlen wurden 1869 von Johann Wilhelm Hittorf entdeckt; er nannte sie noch »Strahlen des Glimmens«. Die Strahlen entstehen in einer fast luftleer gepumpten Röhre. Sie treten aus einer Elektrode aus, die mit dem negativen Pol (Katode) einer Hochspannungsquelle verbunden ist. Wenn die Strahlen auf die Glaswand treffen, erzeugen sie einen leuchtenden Fleck. Spektakuläre Versuche mit den Katodenstrahlen machte 1879 William Crookes. So zeigte er z. B., daß Kristalle, die von den Strahlen getroffen werden, in verschiedenen Farben hell aufleuchten. Ob diese Strahlen Wellen- oder Teilchennatur besitzen, blieb lange im dunkeln. Erst Ende der 90er Jahre des vergangenen Jahrhunderts konnten die Physiker ihren Teilchencharakter erkennen: Es waren schnellfliegende Elektronen. Nach Röntgens Entdeckung der nach ihm benannten Strahlen 1895 – es sind sehr kurze elektromagnetische Wellen – experimentierten viele Physiker mit evakuierten Glasröhren. Auch Ferdinand Braun ließ sich eine Röhre nach eigenen Angaben anfertigen; ein Ende der Röhre war erweitert, und ein Fluoreszenzschirm war hineingestellt. Die Röhre hatte noch eine ungeheizte Katode; durch einen Schlitz wurde ein schmales Elektronenstrahlbündel ausgeblendet. Die Ablenkung des Strahls – er verhält sich ähnlich wie ein stromdurchflossener Leitungsdraht – erfolgte durch das Magnetfeld einer Spule. Dieser Elektronenstrahl hat die besondere Eigenschaft, einer Veränderung des Magnetfeldes trägheitslos folgen zu können. Sich schnell verändernde elektrische Ströme konnten so sichtbar gemacht werden. Der senkrecht sich auf- und abbewegende Strahl mußte nur in der horizontalen Richtung abgelenkt werden, und dies geschah bei Braun zunächst durch einen Drehspiegel. Als erstes wurde die Sinuskurve des Wechselstroms der Straßburger Zentrale so sichtbar gemacht.

Die nach Braun benannte Röhre wurde in vieler Hinsicht schnell verbessert. Sie bekam eine geheizte Oxidkatode, einen Wehnelt-Zylinder und einen gewölbten Schirm. Die Ablenkung geschah dann bald durch elektrische Felder kleiner Plattenkondensatoren im Inneren der Röhre. Das eine Plattenpaar dient der vertikalen, das andere Paar der horizontalen Ablenkung. An das letztere Plattenpaar wurde eine Kippschwingung angelegt. Die Braunsche Röhre ist heute als Meß- und Untersuchungsgerät aus der Hochfrequenztechnik nicht mehr wegzudenken. Man findet sie neben anderem auch beim Radar; dazu sei erwähnt, daß Braun auch die Rahmen- und Peilantenne erfunden hat. Als Fernsehbildröhre ist die Braunsche Erfindung in unseren Alltag eingegangen.

Dem Mann, dem die Zivilisation so viel verdankt, lag ein bonzenhaftes Gehabe fern. Er war bescheiden, humorvoll und bei Mitarbeitern und Studenten beliebt. Ferdinand Braun starb am 20. April 1918 als Internierter in Brooklyn. Von seinen Verletzungen, die er sich bei einem Sturz auf einer vereisten Stufe zugezogen hatte, war er nicht mehr genesen. Seine Urne wurde 1921 auf dem Elterngrab feierlich beigesetzt.

Friedrich Gundolf

Von Ralph-Rainer Wuthenow

Wer in Friedrich Gundolf nur einen einst renommierten Professor für deutsche Philologie in Heidelberg sehen will, urteilt nicht weniger unrichtig als der, welcher meint, dieser Literaturwissenschaftler und Repräsentant des George-Kreises habe durch seine Beschwörung vergangener Größe, erhabenen Schöpfertums und historischer Gestaltungskräfte der Vernunft sich in eben dem Maße entgegengestemmt, wie er dem geschichtemachenden Menschen, der Führer-Figur den Weg bereitet. Solche Vorwürfe sind erhoben worden, und für alle gibt es Belege, die jedoch belanglos werden, wenn wir den Zusammenhängen seines Wirkens und seiner Werke nachzuspüren versuchen. Gerade weil wir nach siebzig, achtzig Jahren, ernüchtert nach Verführungen und Zusammenbrüchen, der jüngeren Vergangenheit oft nur mit großer Mühe noch Gerechtigkeit widerfahren lassen, sind wir zu um so größerer Genauigkeit verpflichtet; ein vergessenfreudiges Geschlecht kann nur verwerfen, nicht gerecht sein.

Es ist freilich nicht eben einfach, einem Zeitalter der bequem gewordenen und gleichsam alles einebnenden Demokratie wie der postmodernen Beliebigkeit die Bedeutung geistiger Eliten zu vermitteln, den Gehalt historischer Bildung, den Anspruch also, der hinter den Arbeiten Gundolfs steht, und es ist dies um so schwieriger, als die Sprache Gundolfs und seiner Freunde, fast des ganzen George-Kreises, uns weitgehend fremd geworden ist.

Karl Wolfskehl berichtet, wie er dem Achtzehnjährigen (Gundolf wurde am 20. Juni 1880 in Darmstadt geboren) Verse aus dem »Jahr der Seele« vorlas und wie das Antlitz des schönen jungen Menschen aufzuleuchten begann. Wenig später machte er ihn mit Stefan George bekannt, dessen Lieblingsschüler oder Lieblingsjünger er bald werden sollte, früh schon mit Arbeiten im Zusammenhang der Georgeschen Publikationen betraut, später auch mit »Geschäften« des Kreises beauftragt als die dem Dichter am nächsten stehende Person, anfänglich als hoffnungsvoller junger Dichter, später aber als Deuter und Historiker, immer in geistiger, oft auch in räumlicher Nähe zum Meister, bis hin zu der für beide überaus schmerzlichen Ablösung, die Gundolf nicht lange überleben sollte.

Für George war er wie ein Sohn, »liebes Kind« spricht er ihn an, lobt ihn und weist ihn auch einmal zurecht, wie etwa 1914, als Gundolf in nationale Begeisterung und Franzosenhaß sich zu verlieren droht. George war für Gundolf der geistige Vater, der Meister, der Erwecker, das Richtmaß seines Tuns, der Kompaß seines Weges, obschon dieser nicht zu einer dichterischen, sondern zu einer akademischen Existenz führen sollte, freilich zu einer ungewöhnlichen, und auch zu frühem Ruhm, der durch seine Ausstrahlung und durch seine Schriften, zu denen auch Gedichte und Gespräche gehören, begründet wird: Der Dissertation über »Cäsar in der deutschen Literatur« (1903) folgt das bedeutende Buch »Shakespeare und der deutsche Geist« (1911), durch das eine neue Form der Geistesgeschichte als Wirkungsgeschichte begründet wird. Cäsar und Goethe, Shakespeare und George sind die Markierungspunkte Gundolfs. Die unbedeutendsten sind es eben nicht. Aber das Wort Markierungspunkt ist nicht ganz richtig, denn es sagt zu wenig im Hinblick auf die Ausrichtung Gundolfs, der durch den Meister sich der höchsten Maßstäbe zu versichern lernt.

In einem Brief an Ernst Robert Curtius findet sich das aufschlußreiche Geständnis, er spüre geradezu schmerzhaft, wie die eigenen Kräfte mit der Ausrichtung auf bestimmte Vorbilder hin – wie etwa Goethe – trotz aller Anstrengung nun einmal nicht harmonieren wollten: »Haß gegen Bücher (...) und Sehnsucht nach Lebendigen Anschauungen bei angewachsener Denkbrille quält mich: Es ist keine Freude wenn der höchste Wert, die höchste Wünschbarkeit für einen nicht in der Richtung der eigenen Kräfte liegt, und ich beginne an Goethes Wort irre zu werden, daß unsre Wünsche die Vorgefühle unsrer Fähigkeiten sind« (28. 4. 1913). Bis in seine Urteile, seine Vorlieben, vor allem aber seine Ablehnungen hinein wirkt die Prägung durch George unverkennbar nach, wobei er dann auch durchaus ungerecht, ja kleinlich werden kann (wie etwa gegenüber Hugo v. Hofmannsthal) – neben Stefan George kann es eben keine wahre Größe geben! Um so schwerer mußte ihn die mit seiner geplanten und vom Meister sozusagen nicht genehmigten Heirat zusammenhängende Trennung von George treffen, der ihm dabei auch eine kleine Unaufrichtigkeit nicht mehr verzeihen wollte. Gundolf hat aber bei allem Willen, sich als er selbst zu behaupten, in rührender Anhänglichkeit an George, der ihn verstoßen hatte, festgehalten, wie es noch die ergreifenden späten Verse bezeugen:

»Meine jugend war gelenkt
Dumpf, dann willig von dem Meister
Bis ein Stärkerer mich entschränkt:
Wahrer schreit ich, als verwaister,
Ohne stab, geleis und strang
Wissend nur noch Gott und Liebe
Durch das schütternde Geschiebe
Den vom Tod gewiesnen gang.«

Es ist auch kein Wunder, daß die Schriften über Stefan George in ihrer distanzlosen Bewunderung und konsequenten Überhöhung uns unter den Gundolfschen Arbeiten heute eher peinlich berühren; in ihnen wird jedoch auf extreme Weise deutlich, was für die meisten Arbeiten Gundolfs charakteristisch ist: die Bilder dürfen keine Schatten, die Gestalten keine Flecken aufweisen, die stets gehobene Diktion läßt zu Unrecht vermuten, daß eine kritische Auseinandersetzung überhaupt nicht stattgefunden habe und Emphase sofort an die Stelle der Kritik getreten sei.

Wäre dem wirklich so, dann ließen sich aus Gundolfs Schriften keine Einsichten mehr gewinnen, und das, woran Gundolf so viel gelegen war, die Vermittlung geistiger und, wie es hieß, ›gestalthafter‹ Größe wäre hinfällig. Aber er hat selbst in einer wenig bekannten späten Schrift die frühere Einseitigkeit vorsichtig mit den Worten korrigiert: »Die größten Männer sind nicht die am wenigsten irren, sondern die die größten Irrtümer ohne Einbuße an Wert begehen dürfen, ja müssen.« Aufgabe wie Folge aller Bildung war ihm, die Ehrfurcht wachzuhalten, »den Sinn für Würde und Größe des Menschen«. So feiert er Goethe als den »letzten universalen Seher des Menschtums«.

Klarer und entschiedener heißt es 1924 in der Einleitung zu dem Cäsar-Buch, in dem er die Geschichte von Cäsars Ruhm zu schreiben unternimmt, »um der Menschenwürde und der Scheu willen müssen die ewigen Gestalten wach bleiben, geschützt vor den Ansprüchen des dumpfen und gierigen Tages. Der Historiker, der Hüter der Bildung (. . .) kann nicht gute Politik machen, nicht die fruchtbaren Entschlüsse fassen im werdenden Schicksal von Stunde zu Stunde. Doch die Luft kann er regen helfen worin einsichtige Taten gedeihen und Geister werben für kommende Helden.«

Gundolfs Darstellungen und Deutungen sind immer wieder durchsetzt von Reflexionen auf geschichtliche Beschreibung, aber auch von willkürlich und assoziativ herbeigeholten Bildungselementen, die manchen Arbeiten etwas Überladenes verleihen; es fehlt hier die Ökonomie des essayistischen Schriftstellers, nicht aber fehlt es an Einsicht und Durchblick, am sicheren Sinn für Qualität und fortwirkende Bedeutung. Dennoch zeigt sich nicht selten etwas Angestrengtes und Gewaltsames in seinen Arbeiten, das Urteil ist oft apodiktisch, der Maßstab einseitig Georgesch. Das zeigt sich in seinen Arbeiten zur deutschen Romantik oder auch in einer Studie über Lichtenberg, für den im Georgeschen Kanon natürlich kein Platz sein konnte. »Er urteilt nach den Symptomen, und vom Schöpfertum selbst hatte er allerdings keinen Begriff. Überhaupt erriet er leichter Mängel als Kräfte, und wenn sein Fühler die regen und wachen Nerven seines zerrütteten Körpers waren, so blieb sein eigentliches Greiforgan doch der kombinierende und zerlegende Verstand, der seine Maße aus der Natur und seine Gegenstände aus dem Menschen holte.« Das ist so richtig gesehen, wie es einseitig und gönnerhaft und daher falsch akzentuiert wird.

Wer aber auf die Grenzen hinweist, sollte den Bezirk erkennbar werden lassen, in welchem die Bedeutung eines Menschen und Lehrers wie Gundolf gelegen, der das Niveau der »Fachvertreter« um ein Vielfaches überragte, durch die intuitive Sicherheit des Zugangs zu bedeutenden Erscheinungen, durch die Weite des Horizontes, durch die Selbstverständlichkeit des Umgangs mit ästhetischen Phänomenen und bedeutenden Gestalten, wodurch er aus dem herrschenden Provinzialismus wie aus der Engigkeit und Ängstlichkeit einer vorwiegend positivistisch ausgerichteten Philologie sichtbar herausragte.

Aber der Ton, der Gestus täuscht auch über manches hinweg, was als Angefochtenheit verschwiegen bleibt. Einmal wird es, mit dem Blick auf Goethes Kindheit, vernehmbar: »Wir alle, auch die Gläubigsten, auch die Behaglichsten, leben noch mit unsren Gewißheiten in Sturz und Schüttern, und das Wanken selbst ist der Grund, dem unsre Erkenntnisse entwachsen.«

Dies ist ein spätes Geständnis. Mit weniger angefochtener Sicherheit vermag er in seinem knappen Vorwort zu »Shakespeare und der deutsche Geist« noch auszusprechen, was gültig heißen kann, nämlich daß man Einzelheiten nicht als endgültige Tatsachen hinnehmen darf, statt die in ihnen wirksam gewordenen Kräfte sichtbar zu machen. »Sinnbildliche Deutung« ist aber sein Ziel. Am Beispiel Shakespeares wird die Geschichte seiner Einwirkung auf die deutsche geistige Entwicklung als ein »einheitliches Werden«, nicht als eine bloße Verkettung von Folgen dargestellt, so daß es ihm nach Absicht wie Methode um eine »neue Aufgabe« zu tun ist, »eine Geschichte lebendiger Wirkungen und Gegenwirkungen statt einer Chronik literarischer Fakten oder einer Psychologie von Autoren.« Das ist kein Freibrief, um über Tatsachen und Autoren leichtfertig hinwegzugehen; deren Kenntnis ist eine unerläßliche Voraussetzung, eben weil sie nicht als isoliert erscheinen sollen. Denn: »Nur wer alles prüft hat das Recht zur Auswahl, und auf der Auswahl beruht erst die Darstellung. Darstellung, nicht bloß Erkenntnis liegt uns ob, weniger die Zufuhr von neuem Stoff als die Gestaltung und geistige Durchdringung des alten. Auf das symbolisch Entscheidende kommt es überall an, auf die Ergreifung alles Wesentlichen.« Das Wesentliche aber ist auch das Lebendige, mit ihm hat es Geschichte zu tun. Diese Vorgehens- und Sehweise läßt sich nicht einfach erlernen und beliebig anwenden, gerade weil es nicht bloß darum geht, möglichst viel zu sammeln und zu katalogisieren. »Methode ist Erlebnisart, und keine Geschichte hat Wert die nicht erlebt ist« – in solchem Sinne handelt nach Gundolfs Worten sein Buch nicht einfach nur von vergangenen Dingen.

Das ist provozierend, war es damals, ist es auch heute, und wohl nur ein Gundolf darf dergleichen auszusprechen wagen, denn das Postulat ist Anmaßung, wenn es nicht durch entsprechende Leistung legitimiert wird.

Gundolf selbst scheint auf dieses Werk wie in ungläubigem Staunen zu blicken, wie er George zu verstehen gibt: »Nun es fertig vor mir liegt, sehe ich daß ich es als ein Besessner geschrieben habe und daß es das Produkt einer höheren Nötigung und eines über mein bißchen Wissen und Können weit hinausreichenden Willens ist: es ist das lebendige und allumfassende, obwohl streng an Maß, Thema, Grenzen gebunden, streng komponierte Kompendium der Geistigen Bewegung geworden, wie Deine Bücher deren Bibel sind. Keine Stelle darin ist tot, bloßes Wissen, bloßes Können – in allem der große Lebensatem den Du uns allen eingeblasen hast.« Die Genugtuung, die hier dem Selbstlob ziemlich nahe kommt, wird umgebogen in eine Huldigung an Stefan George. Was er kann, hat er in dessen Dienst gestellt.

Was in der privaten Korrespondenz noch hingehen mag, ist in den Publikationen eher unangenehm. George hat offenkundig nicht versucht, ihm die hagiographischen Momente auszutreiben. Sogar nach der Trennung heißt es (oder vielleicht gerade deshalb): »Als deutscher Dichter unserer Tage vergegenwärtigt George menschliche Urtriebe, ewige Seinsarten wie sie in solcher Reinheit vielleicht noch nie erschienen sind, seitdem Natur und Kultur sich getrennt haben . . .: er ist zugleich und mit der lautersten Wucht Künstler, Priester, Profet und Herrscher.« Durch die Vergleiche, die er dann wagt, rückt er den Dichter in die Nachbarschaft von David und Moses, Pythagoras und Platon, Gregor dem Großen und Dante. George hat solchem Treiben, scheint es, niemals Einhalt geboten, wie er ja auch das Buch von Friedrich Wolters, das Gundolf sogar außerordentlich verstörte, als offizielle Darstellung seines wie des Kreises Wirkens gebilligt hat. Die Antinomien lassen sich nicht auflösen: Gundolf wäre ohne die strenge Zucht und das Vorbild Georges wohl der nicht geworden, der er schließlich wurde – und wäre doch ohne ihn zu größerer Freiheit gelangt. Doch eben den Bruch, der ihm dies zu ermöglichen schien, vermochte er nicht zu überleben. Ernst Gundolf teilt dem Meister am 12. Juli 1931 den Tod seines Bruders in Heidelberg mit. Von einer Antwort Georges ist nichts bekannt.

Philipp Scheidemann

Von Peter-Christian Witt

Als Phlipp Scheidemann am frühen Nachmittag des 9. November 1918 vom Balkon des Reichstags mit dem Ruf »Es lebe die deutsche Republik!« symbolisch das Ende des Deutschen Kaiserreiches besiegelte, stand der dreiundfünfzigjährige Sozialdemokrat im Zenit seines Ruhmes. Es gab wohl kaum einen Deutschen, der diesen wortgewaltigen Volkstribun nicht kannte, dessen Name zum Symbol der Friedenssehnsucht der Massen geworden war. Der »Scheidemann«-Friede war für Anhänger wie Gegner Synonym für einen Verständigungsfrieden geworden. Der Begriff stand für eine Politik, die den Weltkrieg, das sinnlose Morden, die materielle und immaterielle Not der Menschen endlich durch einen auf Ausgleich und Versöhnung zielenden Frieden beenden wollte.

Als Philipp Scheidemann am 29. November 1939 nach langer, schwerer Krankheit im Kopenhagener Exil verstarb, erfuhren seine deutschen Landsleute davon nur, wenn sie – verbotenerweise – Nachrichten der »Feind«sender hörten. Aber auch ohne das Totschweigen des offiziellen Deutschlands war Scheidemann bei seinen deutschen Landsleuten längst vergessen, mochten sich vielleicht auch einstige politische Weggefährten wehmütig des Mannes erinnern und angesichts des inzwischen von Deutschland entfesselten Zweiten Weltkriegs daran zurückdenken, was Scheidemann in seinen Reden vor 1933 immer eindringlicher warnend und mahnend prophezeit hatte, daß Adolf Hitler die Welt in einen neuerlichen Krieg stürzen werde. Die meisten Deutschen, die 1918 Scheidemann als Repräsentanten des Friedens umjubelt hatten, jubelten nun dem scheinbar unwiderstehlich siegreichen Diktator zu. Kein gnädiges Geschick hatte es Scheidemann erspart, den Ausbruch des zweiten von Deutschland entfesselten Weltkriegs erleben zu müssen. In ihrem durchaus von Sympathie geprägten Nachruf schrieb die angesehene »Washington Post« am 2. Dezember 1939: »Die letzte der großen Gestalten des deutschen Vorkriegssozialismus (gemeint war natürlich der Erste Weltkrieg) ist gestorben. Er war einer der Männer, die stark von der Tradition des 19. Jahrhunderts, von Toleranz und Humanität, geprägt waren. Jede Schlacht hat er verloren, außer derjenigen um seine persönliche Integrität.«

In einer Zeit, in der so viele Menschen in Deutschland, bald aber auch in den von Deutschland besetzten Ländern, entweder durch äußeren Zwang oder durch Anpassung oder gar durch Selbstpreisgabe ihre persönliche Integrität verloren oder um angeblich höherer »nationaler« Ziele willen opferten, war das, was die »Washington Post« an Scheidemann zu rühmen hatte, die Gradlinigkeit, mit der er bis zu seinem Tode für die Werte und Ziele einer Toleranz und Humanität verpflichteten sozialdemokratischen Politik unter größten persönlichen Opfern eingetreten war, sicherlich des rühmenden Wortes wert, aber zugleich legte die »Washington Post« auch den problematischen Kern der politischen Existenz des Philipp Scheidemann offen. »Jede Schlacht hat er verloren«, so lautete das dann doch vernichtende Urteil. Wenn als Ergebnis und Summe eines mehr als vierzig Jahre dauernden Daseins als Berufspolitiker nur von »verlorenen Schlachten« gesprochen wird, dann ist dies bedenkenswert.

Trifft dieses Urteil zu, und wenn ja, woran mag es gelegen haben, daß ein Mann, der so viele Jahre unzweifelhaft eine der herausragenden Gestalten der Sozialdemokratischen Partei Deutschlands gewesen war, am Ende seines Lebens von außenstehenden Beobachtern als »Verlierer« auf ganzer Linie angesehen werden konnte?

Bis zu jenem Märztag 1933, als er vor der drohenden Verhaftung durch die Nazis geflohen war, hatte er auf eine äußerlich glanzvolle Karriere zurückblicken können. Obwohl der am 16. Juli 1865 in Kassel geborene Scheidemann durch den frühen Tod seines Vaters gezwungen gewesen war, statt über Abitur und Studium seinen Weg zu machen, als 14jähriger mit einer Setzerlehre zu beginnen, um seine Mutter und die beiden Schwestern zu unterstützen, hat dies den ehrgeizigen, aber auch hochbegabten Scheidemann nicht aus der Bahn geworfen. Im Gegenteil, die früh am eigenen Leibe erfahrene Klassengesellschaft des Kaiserreichs führte ihn bereits in jungen Jahren in Gewerkschaft und Sozialdemokratische Partei, deren gesellschaftlicher Gegenentwurf – geprägt von der Forderung nach sozialer und ökonomischer Gerechtigkeit und politischer Gleichberechtigung – ihn wie viele andere junge Menschen begeisterte und mit Hoffnung auf eine bessere Zukunft erfüllte.

Nach Setzerlehre und Wanderschaft als Geselle und sechsjähriger Tätigkeit bei der Marburger »Akademischen Buchdruckerei« trat Scheidemann 1895 in den Dienst der Sozialdemokratischen Partei. Von 1895 bis 1900 arbeitete er als Redakteur bei der Gießener »Mitteldeutschen Sonntagszeitung«, dann nach einem kurzen Zwischenspiel an der »Fränkischen Tagespost« in Nürnberg bis 1905 als leitender Redakteur des »Abendblattes« in Offenbach. 1905 kehrte Scheidemann auf ausdrücklichen Wunsch des Parteikassierers Alwin Gerisch in seine Heimatstadt Kassel als leitender Redakteur des dortigen »Volksblattes« zurück, mit der Aufgabe, diese Zeitung journalistisch, aber auch finanziell endlich »hochzubringen«. In journalistischer Hinsicht gelang dies Scheidemann in erstaunlich kurzer Zeit; nur ein ökonomischer Erfolg wollte sich – trotz dauernder umfangreicher Subventionen durch den Parteivorstand – nicht so recht einstellen. An diesen Fragen hatte Scheidemann schlicht kein Interesse; noch in seinen Memoiren beklagte er sich bitter über die seiner Ansicht nach viel zu geringen Subventionen des Parteivorstandes, die kaum ausgereicht hätten, die Gehälter der Redakteure zu bezahlen.

Scheidemann, der seit 1903 als Abgeordneter des 3. Düsseldorfer Wahlkreises (Stadt- und Landkreis Solingen) dem Reichstag angehörte, entwickelte schon in diesen Jahren eine bemerkenswerte und von Freund wie Feind beachtete Wirksamkeit als Journalist und Redner. Schon seine Jungfernrede im Reichstag zeigte ihn als begnadeten und scharfzüngigen Rhetor. An sich ging es um einen recht langweiligen, in der damaligen Zeit wenig beachteten Gesetzentwurf zur Reinhaltung von Luft und Wasser. Scheidemann aber riß den dem Einschlafen nahen Reichstag zu »stürmischer Heiterkeit« hin, als er, die Verhältnisse in seinem Wahlkreis ansprechend, nur lakonisch feststellte: »Die Wupper ist unterhalb Solingens tatsächlich so schwarz vor Schmutz, daß, wenn Sie einen Nationalliberalen darin untertauchen, Sie ihn als Zentrumsmann wieder herausziehen können.« Freilich begnügte sich Scheidemann nicht mit dieser, inhaltlich ja eher harmlosen Form der Rhetorik, sondern er konnte auch bewußt verletzend, polarisierend, den Kern von Streitfragen offenlegend reden. Geradezu ingeniös war es – und natürlich nur unter dem Schutz der parlamentarischen Immunität möglich –, wenn Scheidemann 1911 dem Reichskanzler, der sich auf eine Zusage des Kaisers und Königs berufen hatte, kühl entgegenhielt, daß »Wortbruch sozusagen zu den erhabensten Traditionen des in Preußen regierenden Hauses gehört«. Solche Reden machten ihn innerhalb seiner Partei populär, verschafften ihm Resonanz, vielleicht sogar Bewunderung, ließen auch im Ausland viele Sozialisten bei dem Namen Scheidemann aufhorchen.

Und eine solche Begabung war unter den Bedingungen des Kaiserreichs für eine große Oppositionspartei von unschätzbarem Wert. Denn, von wirklicher Mitgestaltung ausgeschlossen, konnte die Sozialdemokratie nur über das Instrumentarium der politischen Propaganda nach außen wirken. Und dafür war Scheidemann hervorragend geeignet, so daß ihm die sozialdemokratische Reichstagsfraktion schon 1908 die wichtige Aufgabe anvertraute, bei den Etatverhandlungen zum Haushalt von Reichskanzler und Auswärtigem Amt zu sprechen und damit die Generalabrechnung über die Politik der kaiserlichen Regierung zu eröffnen. Für die Bereitschaft der Reichstagsfraktion, einem noch verhältnismäßig jungen Abgeordneten diese Profilierungsmöglichkeit zu eröffnen, hatte nicht nur die außerordentliche rednerische Begabung Scheidemanns gesprochen, sondern die vielleicht viel wichtigere Tatsache, daß bei Scheidemann inhaltliche Überraschungen ausgeschlossen waren, da er sich stets an die durch Parteitagsbeschlüsse gedeckte Mehrheitsmeinung der Partei hielt. Scheidemann beherrschte nahezu perfekt die Kunst, rhetorisch eine Grundsatzopposition zu den bestehenden sozialen, ökonomischen und politischen Verhältnissen zu formulieren (und damit die eigene Anhängerschaft zu begeistern), ohne dabei die von der Parteimehrheit auch gewollte praktische Arbeit, die eben bisweilen auch Zusammenarbeit mit bürgerlichen Parteien oder gar der Regierung erforderte, wirklich zu behindern.

Die Zuwahl in den Parteivorstand als besoldeter Sekretär 1911, die Aufstellung als Kandidat für das Amt des Reichstagsvizepräsidenten 1912 und die immer wieder erfolgende Beauftragung mit Reden zu den wichtigsten Gesetzesvorlagen waren der Lohn für diese Fähigkeiten Philipp Scheidemanns. Freilich, auch das ist schon vor dem Ersten Weltkrieg ganz deutlich geworden und fand seinen Ausdruck in der eigentlich demütigenden, erst im dritten Anlauf erfolgenden Wahl Scheidemanns zum gleichberechtigten Fraktionsvorsitzenden im Dezember 1913, innerhalb der Führungsgremien der Sozialdemokratie gab es auch erhebliche Vorbehalte gegen Scheidemann: Seine offene Mißachtung der »kleinen« Akten, sprich der eigentlichen politischen Kärrnerarbeit, bei der es eben um eine nur durch arbeitsame Askese erwerbbare Sachkompetenz ging, wurde mit großer Skepsis gesehen. Und Eduard David, einst ein Förderer Scheidemanns, brachte dies in seinem Kriegstagebuch auf den Punkt, wenn er sich selber zweifelnd fragte, für welche politischen Inhalte eigentlich Scheidemann stehe, und ob dieser Vorstellungen darüber habe, wie sie sich unter den sich wandelnden Bedingungen des Ersten Weltkrieges verwirklichen ließen. Oder war Scheidemann politisch nicht doch eher ein Leichtgewicht, ein schwankendes Schilfrohr, das sich immer dahin neigen würde, wohin der Mehrheitswind es blasen würde? In den bitteren innerparteilichen Auseinandersetzungen während des Weltkrieges um Formen und Ziele der auf Kooperation und nicht auf Konfrontation angelegten Politik der Parteimehrheit hat Scheidemann loyal den Kurs der Parteimehrheit um Friedrich Ebert gestützt und zugleich in überzeugender Weise die Friedenssehnsucht der Menschen formuliert und ihre Unterstützung für die Mehrheit der Partei sichern helfen. Das machte ihn in den innerparteilichen wie in den mit den Annexionisten ausgefochtenen Auseinandersetzungen zu einem unentbehrlichen Faktor. Es hat aber wohl auch dazu beigetragen, das bei Scheidemann ohnehin nicht gerade schwach entwickelte Selbstbewußtsein zu stärken. Scheidemann sah sich wohl selber als den eigentlichen Führer der Sozialdemokratie und wurde darin auch noch dadurch bestärkt, daß seine Partei ihn immer wieder für wichtige Aufgaben nominierte, so etwa im Juli 1918, als er zum Reichstagsvizepräsidenten gewählt und damit zum Symbol der Zusammenarbeit von Mehrheitssozialdemokratie, Zentrum und Liberalen wurde. Auch seine Ernennung zum Kaiserlichen Staatssekretär im Oktober 1918 bestärkte »Exzellenz« Scheidemann in diesem Glauben.

Die große Bewährungsprobe als aktiv gestaltender Politiker – die Monate zwischen November 1918 und Juni 1919, als er als Mitglied des Rats der Volksbeauftragten und Regierungschef der deutschen Republik im Zentrum der deutschen Politik gestanden hatte – hat Scheidemann aber nicht bestanden, sondern dabei auf der ganzen Linie versagt. Es ist außerordentlich schwer, überhaupt genauer zu bestimmen, welche Ziele er der von ihm geführten Regierung eigentlich gesetzt hat. Weder in der Innen- noch in der Außenpolitik hat Scheidemann geführt, sondern sich überall – mangels sachlicher Kompetenz und fehlenden Willens, sich eine solche zu erwerben – von seinen Ministern und Beamten die Inhalte diktieren lassen. Daß er dann auch noch seine emotionale Ablehnung der Deutschland von den Alliierten auferlegten Friedensbedingungen zum Rücktrittsgrund stilisierte und dabei jenes von den Gegnern der Republik stets genüßlich zitierte Wort von der Hand, die »verdorren müßte, die sich und uns in solche Fesseln legt«, prägte, ist ihm von Ebert, aber auch von der nachwachsenden Generation der sozialdemokratischen Führung nie vergeben worden.

Zwar beendete der 20. Juni 1919 noch nicht die Karriere Philipp Scheidemanns, denn, von seinen Kasseler Parteigenossen gerufen, er übernahm das Oberbürgermeisteramt seiner Vaterstadt, und bis zum März 1933 blieb er auch immer Listenführer der SPD in dem Wahlkreis Hessen-Nassau, hatte auch weiterhin viel beachtete Auftritte im Reichstag, so etwa, als er 1926 die geheime Zusammenarbeit von Reichswehr und Roter Armee anprangerte, aber er gehörte in seiner ganzen Art, rhetorische Glanzleistungen schon als Politik mißzuverstehen, zu einer anderen, nicht mehr in die Weimarer Republik passenden Generation von sozialdemokratischen Politikern. Wenn man Scheidemanns politische Karriere vorüberziehen läßt, wird man den »Erfolg« tatsächlich vermissen; denn sowohl als Reichskanzler wie auch als Kasseler Oberbürgermeister ist er an sich selber gescheitert. Er besaß wohl die Kraft, in glanzvoller Rhetorik Probleme aufzugreifen, auch die Sorgen und Nöte der Menschen zu formulieren, aber die Kraft, durch harte Arbeit an den kleinen und großen Akten gestaltend zu wirken, aus Worten praktikable, mehrheitsfähige Politik zu machen, diese Kraft besaß er nicht.

Wilhelm Leuschner

Von Eckhart G. Franz

Schulen und Straßen, die an Wilhelm Leuschner erinnern sollen, gibt es vielerorts in Hessen. Die höchste Auszeichnung des Landes trägt seinen Namen. Die »Wilhelm-Leuschner-Medaille« – gestiftet zur 20. Wiederkehr des Tages, an dem der vormalige Innenminister des Volksstaats Hessen 1944 im Hinrichtungsschuppen des Zuchthauses Berlin-Plötzensee starb – wird verliehen an Männer und Frauen, »die sich aus dem Geist Wilhelm Leuschners hervorragende Verdienste um die demokratische Gesellschaft und ihre Einrichtungen erworben haben«, »als ein Zeichen, daß wir das Erbe Leuschners, das politische Erbe, das uns die Opfer des 20. Juli hinterließen, ehren und mehren wollen«. So der am 29. September 1964 unterzeichnete Stiftungserlaß des hessischen Ministerpräsidenten Georg August Zinn.

Wilhelm Leuschner war kein gebürtiger Hesse. Am 17. Juni 1888 als Sohn eines Ofensetzermeisters im fränkischen Bayreuth geboren, machte er nach Volks- und Fortbildungsschule eine Schreinerlehre, ging dann zur Weiterbildung als Holzbildhauer nach Leipzig und kam 1908, eben 18jährig, ins hessische Darmstadt. Anreiz für den jungen Handwerker war wohl weniger die politisch wie künstlerisch fortschrittliche Atmosphäre der Haupt- und Residenzstadt Großherzog Ernst Ludwigs als die vom Jugendstil der Künstlerkolonie angeheizte Hochkonjunktur der Darmstädter Möbelindustrie, die mit den Ausstellungen auf der Mathildenhöhe binnen weniger Jahre internationales Ansehen erlangt hatte. Der junge Leuschner fand Arbeit bei der Hofmöbelfabrik Julius Glückert, deren Name im Glückert-Haus (heute Sitz der »Deutschen Akademie für Sprache und Dichtung«) weiterlebt. Die Sorge um die erkrankte Mutter rief ihn noch einmal nach Franken zurück, wo er im Winter 1909/10 die Nürnberger Akademie für bildende Künste besuchte, doch dann kam er endgültig nach Darmstadt. Bildhauerische Probearbeit und Anstellung bei der Möbelfabrik Ludwig Alter waren Grundlage für die frühe Familiengründung, die schon zuvor angebahnte Ehe mit der gebürtigen Mainzerin Elisabeth Batz, die in rascher Folge geborenen Kinder Wilhelm und Käthe.

Der junge Holzbildhauer war bereits 1907 in Leipzig der einschlägigen Fachgewerkschaft, dem »Zentralverein der Bildhauer Deutschlands«, beigetreten. Auch in Darmstadt war er rasch politisch engagiert, wurde im Frühjahr 1913 SPD-Mitglied, verhandelte als Bezirkssekretär des Holzarbeiterverbandes die ersten Tarifverträge mit den Darmstädter Möbelfabriken und entwickelte eigene Initiativen für die berufliche Fortbildung der Arbeiterschaft. Ohne Begeisterung zog der junge Familienvater im August 1914 als Artillerist in den Weltkrieg, in dem der Bruder fiel; er war in Rußland, dann in Frankreich eingesetzt, wo er im Mai 1917 in sein Tagebuch schrieb: »Jeder ist froh, wenn der Schwindel ein Ende hat, ganz gleich auf welche Art.« »Ein denkwürdiger Tag fürs ganze Leben«, heißt es zum Datum des Waffenstillstands im November 1918. Die Einheit wählte ihn zum Vorsitzenden ihres Soldatenrats.

Nach Darmstadt heimgekehrt, stellte sich Leuschner in den Dienst des von der Sozialdemokratie unter Führung des nunmehrigen Staatspräsidenten Carl Ulrich geleiteten politischen Neubeginns. Hauptamtlicher Arbeitersekretär, dann erster Vorsitzender des örtlichen Gewerkschaftskartells, wurde er bereits 1919 für die SPD ins Stadtparlament, im Folgejahr auch in den Provinzialausschuß für Starkenburg gewählt. Ein »neues Parteiprogramm« brauche die Sozialdemokratie, schrieb er im Sommer 1921 in einem Leitaufsatz des »Hessischen Volksfreunds«; das alte sei »zu langweilig und akademisch«, »entzündet zu wenig Feuer und Begeisterung«. Neben »Klassenkampf und Sozialismus« steht ganz betont die Forderung nach einem aktiven »Kulturprogramm«, das Bekenntnis zur gerade in der Kunststadt Darmstadt wichtigen Rolle der SPD als »Kulturpartei«. Eine der ersten Reden des neugewählten Landtagsabgeordneten diente 1925 denn auch der Verteidigung des von der bürgerlichen Rechten als zu fortschrittlich attackierten Landestheaters: »Wir sind der Auffassung, daß wir die Pflicht haben, als Volk und als Landtag, diese Leistungen [die Tradition des großherzoglichen Theaters] nicht nur fortzuführen, sondern weiterzuentwickeln.« »Ein Volk, das keine neuen Impulse mehr zu geben vermag in der Kultur, in der Kunst – und dazu gehört das Theater in erster Linie, das ist geistig tot.« Der Schriftsteller Karl Edschmid, die Theaterintendanten Gustav Hartung und Carl Ebert wurden persönliche Freunde.

Anfang 1928, als nach dem Ausscheiden der Gründergeneration des Volksstaats eine neue Landesregierung formiert wurde, übernahm Wilhelm Leuschner, schon vorher als einer der Schriftführer Mitglied des Landtagspräsidiums, das Amt des Innenministers. Engste Berater wurden der rheinhessische Jurist Ludwig Schwamb als Staatsrat und der junge Publizist Carlo Mierendorff, der sich in den ersten Nachkriegsjahren als Herausgeber der Avantgarde-Zeitschrift »Tribunal« profiliert hatte. Zukunftsweisende Pläne des auch für die Wirtschaft zuständigen Ministers galten der Organisation einer regionalen Energieversorgung, dem Bau der unter dem Kürzel »HAFRABA« (Hamburg-Frankfurt-Basel) geplanten Nord-Süd-Autobahn und der Errichtung eines Zentralflughafens Rhein-Main, der auf dem erst 1930 von der französischen Rheinlandbesetzung freigegebenen »Griesheimer Sand« am Westrand Darmstadts entstehen sollte. Aufsehen erregte Anfang 1929 ein Aufsatz des hessischen Innenministers in der »Frankfurter Zeitung«, der als Pilotprojekt für die steckengebliebene Reichsreform den politisch-administrativen Zusammenschluß des Großraums Rhein-Main, ein durch die Vereinigung des Volksstaats mit der preußischen Provinz Hessen-Nassau zu schaffendes »Reichsland Hessen« unter Darmstädter Führung propagierte, ein Modell, das Leuschner in der Gewerkschaft mit dem 1926 geschaffenen Großbezirk Hessen/Hessen-Nassau bereits verwirklicht hatte.

Mit der Weltwirtschaftskrise von 1929/30, die spätestens mit dem spektakulären Krach der DANAT, der »Darmstädter und Nationalbank«, auch Hessen erreichte, war allen Plänen zur erfolgreichen Weiterentwicklung der 1919 geschaffenen parlamentarischen Demokratie zur Sozial- und Wirtschaftsdemokratie, wie sie Leuschner noch in seinem Aufruf zum 10. Jahrestag der Weimarer Reichsverfassung propagiert hatte, der Boden entzogen. In der Landtagswahl von 1931 wurden die Nationalsozialisten zur stärksten Partei im Darmstädter Landtag. Die von der SPD geführte

Koalitionsregierung amtierte künftig ohne parlamentarische Mehrheit. Innenminister Leuschner, der die ihm unterstellte Landespolizei gegen den wachsenden Straßenterror der Rechts- und Linksradikalen durchgreifen, die NS-Hetzblätter und die Uniformen der braunen Schlägertrupps verbieten ließ, der selbst im Landtag wie in Kundgebungen der neubegründeten »Eisernen Front« – gemeinsam mit der Abgeordneten Lily Pringsheim und Carlo Mierendorff – zum »demokratischen Abwehrkampf« aufrief, wurde für die hessischen Nazis zum »Feind Nummer 1«.

Im Herbst 1932, als sich mit den Notstands-Regierungen Papen und Schleicher in Berlin der Machtwechsel anbahnte, folgte Leuschner dem Ruf in den Berliner Bundesvorstand der Gewerkschaften und übernahm die deutsche Vertretung beim Internationalen Arbeitsamt in Genf. Das angekündigte Ausscheiden aus dem Darmstädter Ministeramt zum 1. April 1933 wurde von der Regierungsübernahme der Nationalsozialisten überholt, die in Darmstadt erst nach der Reichstagswahl, am 6. März 1933, vollzogen wurde. Der illusionäre Versuch, der geeinten Gewerkschaftsbewegung eine Mitsprache im NS-Staat zu sichern, scheiterte mit der Besetzung der Gewerkschaftshäuser am 2. Mai, in der Nacht nach dem gemeinsam begangenen »Feiertag der Arbeit«. Der mit den Kollegen des Gewerkschaftsvorstands verhaftete Leuschner wurde nach wenigen Tagen freigelassen, um Robert Ley, dem Führer der NS-Arbeitsfront, in Genf zur Seite zu stehen. Daß er dort beharrlich schwieg, führte nach der Rückkehr wieder zur Verhaftung, der fast zwölf Monate »Schutzhaft«, zuerst im Landeszuchthaus Butzbach, dann in den Konzentrationslagern Börgermoor und Lichtenburg, folgten.

Der Existenzsicherung nach der Freilassung diente ein von Gewerkschaftsfreunden in Berlin aufgebauter Betrieb zur Herstellung von Armaturen, zunächst für Bierschankanlagen, dann auch für die Rüstungsindustrie. Wichtig war die damit gebotene Gelegenheit zum Reisen, zur Wahrung von Kontakten mit politischen Freunden. Zum engeren Kreis in Berlin gehörten Julius Leber und die Darmstädter Freunde Schwamb und Mierendorff, letzterer erst 1938 aus dem KZ entlassen. Aktiver Kampf gegen den drohenden Krieg schien zunächst aussichtslos: »Wir sind gänzlich unfähig, die Katastrophe zu verhindern. Wir sind Gefangene in einem großen Zuchthaus«, schrieb Leuschner im August 1939 an Freunde in England. Als er nach Kriegsbeginn erneut inhaftiert wurde, reklamierte ihn die Kriegsmarine für die Fabrik. In der mit Ausweitung des Krieges aufgebauten Widerstandsbewegung waren Leuschner und Leber die Führer des Arbeiterflügels. Als Verbindungsmann zum Kreisauer Kreis wirkte Mierendorff, der 1943 in Leipzig einem Bombenangriff zum Opfer fiel. In den Plänen für die Neuordnung nach dem geplanten Umsturz sollte Leuschner Vizekanzler oder sogar Reichspräsident werden. Schwamb war als Zivilkommissar für den Rhein-Main-Raum vorgesehen.

Nach dem Fehlschlag des Attentats vom 20. Juli 1944 anfangs unbehelligt geblieben, konnte sich Leuschner auch nach Ausweitung der Fahndung zunächst verborgen halten. Erst vier Wochen später wurde er aufgrund einer Denunziation verhaftet und stand bereits am 7. September zusammen mit Carl Goerdeler vor Freislers »Volksgerichtshof«. Die auch durch Folterverhöre nicht gebrochene »würdige und feste« Haltung, die Mithäftlinge bezeugten, konnte an der vorprogrammierten Verurteilung nichts ändern. »Ehrgeizzerfressene, ehrlose, feige Verräter sind Karl Goerdeler, Wilhelm Leuschner, Josef Wirmer und Ulrich von Hassell« hieß es in dem bereits am Folgetag verkündeten Todesurteil gegen »den Kern der zivilen Gruppe« der Umsturzbewegung. Drei Wochen später folgte die Hinrichtung in Plötzensee. »Lebt wohl. Haltet zusammen. Baut alles wieder auf«, schrieb Wilhelm Leuschner aus der Todeszelle an die Familie. »Schafft die Einheit« war ein letzter Appell an die Freunde.

Das »Baut alles wieder auf« galt dem zerstörten Land, vor allem aber der zerstörten Freiheit, der Erneuerung des 1933 gescheiterten Versuchs, einen demokratischen Volksstaat zu schaffen. Bei der beschworenen »Einheit« war sicher nicht der 1929 diskutierte Zusammenschluß »Groß-Hessens« gemeint, den die US-amerikanische Militärregierung 1945 verwirklicht hat, auch nicht die späte Wiedervereinigung Deutschlands, dessen Teilung damals kaum vorherzusehen war, eher schon die in Gesprächen mit dem Freund Jakob Kaiser geplante Einigung der Gewerkschaftsbewegung, letztendlich aber die für jede erfolgreiche Neuordnung notwendige Zusammenarbeit aller demokratischen Kräfte, die in der Stiftung der Medaille »aus dem Geist Wilhelm Leuschners« als »das politische Erbe« der Opfer des 20. Juli festgeschrieben ist.

Anne Frank

Von Ursula May

Anne Frank wäre heute zweifelsohne eine berühmte Autorin, selbst dann, wenn ihre Tagebücher das einzige geblieben wären, was sie je geschrieben hätte. Es fällt schwer, sich das junge Mädchen, dessen Foto man so gut kennt, als ältere Frau vorzustellen. Die am 12. Juni 1929 geborene Anne Frank verbrachte ihre ersten Lebensjahre in der Frankfurter Ganghoferstraße. Sie war vier Jahre alt, als sie mit ihrer Familie die Stadt verlassen mußte. Ihr Tagebuch hält keine eigenen Erinnerungen mehr an diese Zeit fest, nur das, was die Eltern ihr berichteten. Soviel ist bekannt: in der Nachbarschaft galten die Franks als reich, weniger weil der Vater, Otto Frank, einen Ruf als erfolgreicher Geschäftsmann hatte, sondern eher deshalb, weil es in diesem Haushalt oft Kuchen, Schokolade und Nachtisch gab. Die Franks lebten eher zurückgezogen und pflegten mehr den

Kontakt mit ihren Familienangehörigen als mit den Nachbarn. Anne wurde als die »muntere« der beiden Schwestern angesehen, während ihre vier Jahre ältere Schwester Margot als die »süße« galt.

Otto Frank war vorsichtig genug, um bereits 1933 nach der nationalsozialistischen Machtergreifung und den ersten Gesetzen, die Juden aus dem Staatsdienst ausschlossen, die Auswanderung nach Holland vorzubereiten. Er ging zunächst alleine nach Amsterdam, wurde Direktor eines kleinen Geschäfts und eröffnete schließlich eine Vertriebsstelle der Firma Opekta. Einige Monate später holte er seine Frau und die Töchter nach, die bei der Großmutter in Aachen geblieben waren. Als die deutsche Wehrmacht 1940 die Niederlande überfiel, war Holländisch die selbstverständliche Alltagssprache von Anne Frank geworden, Deutsch die Sprache der Barbaren. Sätze in ihrem Tagebuch wie »Erlaubt sind alle Kultursprachen, also kein Deutsch« hat allerdings die wohlmeinende Übersetzerin der ersten deutschen Übertragung in den 50er Jahren gestrichen, um nur ja die potentielle Leserschaft in Deutschland nicht zu verschrecken. Das Tagebuch beginnt an Anne Franks 13. Geburtstag, die liebe Kitty, die erdachte Freundin, an die sie ihre Briefe richtet, wird sofort zur Ansprechpartnerin und Vertrauensperson. Wie so viele Jugendliche in diesem Alter fühlt sich Anne Frank unverstanden, von ihren Eltern, aber auch von Klassenkameradinnen und Freunden. Noch leben die Franks in ihrem angestammten Zuhause, doch das Versteck über den Lagerräumen in der Prinsengracht ist bereits vorbereitet. Zu diesem Zeitpunkt war Juden schon so gut wie alles verboten. Anne Frank hält das fest – sie will erklären, warum der fiktive Dialog mit ihrer Freundin Kitty für sie so wichtig ist: Juden müssen den Judenstern tragen, die Fahrräder abgeben, dürfen kein Auto besitzen und sich zwischen 8 Uhr abends und 6 Uhr morgens nicht auf der Straße sehen lassen, müssen Theater, Kinos und Schwimmbäder meiden. Das ist der Rest an »Normalität«, der Anne

Frank noch vergönnt ist. Drei Wochen später erhält die ältere Schwester Margot eine Art Einberufungsbefehl, im Klartext bedeutete dies die Ankündigung der Deportation. Das ist das Signal für die Familie Frank, sofort das Versteck aufzusuchen. Mehr als zwei Jahre lang muß neben den Franks auch die Familie van Pels in dreieinhalb Zimmern über der Küche der Firma leben. Am Tag dürfen sie nicht einmal mit Socken den Dielenboden betreten, jemand könnte das Knarren hören. Das Verhältnis zwischen den Erwachsenen wird, angesichts der Lage, immer gespannter, die Atmosphäre ist vergiftet. Da ist kein Platz für ein aufgewecktes, sehr kritisches, aber spottlustiges junges Mädchen. Anne erlebt die Pubertät als Zeit voller Konflikte, vor allem mit der Mutter, aber ohne die Möglichkeit zur räumlichen Distanz. Das Tagebuch und die sich anbahnende Liebesgeschichte mit Peter, dem Sohn der Familie van Pels, werden zum Fluchtpunkt, das fiktive Gespräch mit Kitty ersetzt die Außenwelt. Anne Frank beobachtet ihre Mitmenschen genau und streng, mitunter scharf, analysiert aber auch ihre eigene Rolle in diesem beschützenden Gefängnis. Anne Frank will Schriftstellerin oder Journalistin werden. Wenn das ganze überstanden sein würde. Auch das ist ein Grund, dieses Tagebuch so genau zu führen, mehr noch: sie schreibt das Tagebuch um, arbeitet daran wie an einer Romanvorlage, ändert die Namen und Orte, strafft den Text und feilt an den Formulierungen. So existieren mehrere Fassungen des Tagebuchs. Erst fast 50 Jahre später wurden die verschiedenen Fassungen veröffentlicht und nebeneinander gestellt, der ursprüngliche Text, die eigene Überarbeitung sowie andere Adaptionen. Die Passagen über ihre Gefühle gegenüber Peter und die erwachende Sexualität, bissige Bemerkungen über ihre Mutter oder Frau van Pels, die Otto Frank, der einzige Überlebende der Familie, aus der ersten Veröffentlichung herausgestrichen hatte, sind nun nachzulesen. Doch der Vergleich der verschiedenen Fassungen macht es heutzutage nicht leichter, sich wirklich ein Bild von diesem intelligenten jungen Mädchen zu machen. Anne Frank selbst nur könnte den Mythos zurechtrücken, der durch die Rezeption ihrer Tagebücher entstanden ist. Das Problem geht über die Frage, welche Teile ihres Tagebuchs sie selbst hätte veröffentlicht haben wollen, weit hinaus. Denn ihre Aufzeichnungen sind noch immer das Dokument, das vor allem Jugendlichen von heute den Alltag, die konkrete Wirklichkeit des Nationalsozialismus nahebringt. Die Tagebücher wurden in 50 Sprachen übersetzt, in mehr als zwanzig Millionen Exemplaren verbreitet, fast drei Millionen Deutsche haben sie zumindest gekauft. Es gibt Theateradaptionen, Verfilmungen, und in Japan soll sogar eine Zeichentrickfassung existieren. Doch diese immense Resonanz, die ohne Frage positiv zu bewerten ist, hat auch eine Kehrseite. Es erscheint nämlich typisch für die Auseinandersetzung mit dem Nationalsozialismus vor allem in Deutschland, daß gerade ein Buch zum Dokument des Holocausts schlechthin werden sollte, in dem die Opferperspektive dominiert. Natürlich erscheint es leichter, sich mit dem Schicksal eines gleichaltrigen Kindes zu beschäftigen, als Statistiken zu studieren und Jahreszahlen auswendig zu lernen, sich also durch Identifikation mit der nationalsozialistischen Judenverfolgung auseinanderzusetzen. Aber: das Tagebuch zeigt die Täter nicht. Es bricht mit der Verhaftung ab. Die Odyssee über das Durchgangslager Westerbork bleibt dem Leser ebenso erspart wie der Transport nach Polen, die »Evakuierung« nach Bergen-Belsen, wo es zwar keine Gaskammern gab, dafür aber Kälte, Durchzug, Hunger und Typhus. Die beiden Schwestern Anne und Margot Frank, das weiß man heute, hatten den zugigsten Platz in der Baracke in Bergen-Belsen, und eine Mitgefangene erinnert sich an die täglich kläglicher werdenden »Tür zu«-Rufe der beiden Mädchen. Margot und Anne Frank sind Ende Februar oder Anfang März 1945 an Typhus gestorben. Die genauen Daten sind unbekannt. Von solchen Details werden die Leser des

Tagebuchs verschont. So gesehen ist die Geschichte der Rezeption der Tagebücher die fortgesetzte Tragödie der Anne Frank. Es besteht nämlich die Gefahr, daß über die Symphatie für das Mädchen Anne Frank der historische Kontext in den Hintergrund tritt. Der amerikanische Wissenschaftler Alex Sagan, der sich intensiv mit der Anne-Frank-Rezeption befaßte, hat vermutlich recht, wenn er schreibt: »Wenn wir uns mit Anne Frank identifizieren, weil wir sie so mögen und mit ihr soviel gemeinsam haben, machen wir nicht den nächsten, wichtigen Schritt, auch Menschen zu verstehen, mit denen wir nicht soviel gemeinsam haben – denn da kommen Probleme wie Haß und ethnische Konflikte her.«

Karl Wolfskehl

Von Ralph-Rainer Wuthenow

Es ist nicht einfach, heute von Karl Wolfskehl zu sprechen, der, am 17. September 1869 in Darmstadt geboren, am 30. Juni 1948 in Neuseeland starb. Er war also ein Dichter des Exils, aber so gründlich exiliert nach dem äußersten Ende der bekannten Welt, in die »Ultima Thule«, daß ihn heute fast niemand mehr kennt, am ehesten wohl noch, wer sich mit Stefan George und seinem »Kreis« beschäftigt, in dem Wolfskehl insofern eine ungewöhnliche Rolle spielte, als er im Unterschied zu den anderen, die dazu gehören durften, seine Selbständigkeit bis in den Ton seiner Gedichte zu wahren wußte und bei aller Bewunderung doch seine Unabhängigkeit bis in die Lebensführung wie in seine literarischen Urteile und Vorlieben hinein sich erhielt, so daß auch George ihn zu respektieren verstand, statt sich von ihm zu trennen. Im »Jahr der Seele« hat er den Abstand dementsprechend vermerkt: »Dein leben ehrend muss ich es vermeiden · / Dein lächeln und das glück (für dich das wahre) / Ich muß zurück auf meere dumpfer leiden · / In meine wunderbaren wehmutjahre.«

George, der nur wenig Ältere, hat klug darauf verzichtet, ihn wie andere, Jüngere, prägen zu wollen, was bei seinem exzentrischen und gleichsam ausschweifenden Naturell auch kaum hätte glücken können; er hat in ihm den Freund und Gefährten, auch Ratgeber, gesehen, dessen Mitwirkung bei den »Blättern für die Kunst« ihm wertvoll war, zumal als Hofmannsthal ausschied. Lächeln und Glück freilich sind kaum die wesentlichen Kennzeichen der Wolfskehlschen Verse, eher vernimmt man hier die Beängstigung vor drohendem Verstummen, die Ahnung eines nicht zu fernen Endes: »Noch halt ich mich am starken stab / Ich fühle noch kein wehe / Was lockest du geborstnes grab / Eh ich den mittag sehe?« Die Frage bleibt unbeantwortet, das media in vita in morte sumus dominiert: »Aus deinem wehn ein leiser chor / Wiegt mir die seele trunken / Nur noch das eine offne thor / Sonst alles weit versunken.«

Auch Grundsätze der künstlerischen Tätigkeit und Haltung hat Wolfskehl, ästhetizistisch, in den »Blättern für die Kunst« formuliert: »Die gesetze die im kunstwerk die worte töne farben zu gebild vereinen sind freilich keine andern als die wir in der natur wirkend erkennen. Aber nur im kunstwerk finden wir ihr reines ziel und erfolgreicheres gleichsam bewusstes walten. Also dass man eher das naturgeschehen durch die werke der kunst als diese mittels der sogenannten wirklichkeit zu begreifen vermöchte.«

Man sollte nicht von einer Prägung durch George, sondern von einer gern bestätigten Gemeinsamkeit mit dem Meister sprechen und wissen, daß Wolfskehl hierdurch noch keineswegs zu definieren ist.

Wolfskehl, der Dichter und Übersetzer, der Publizist und Sammler, der Kenner und gewissenhafte Prüfer des Worts, hat die großen Bücher, die seine Freunde von ihm erhofften, nicht geschrieben; er hat in kleinen Arbeiten in oft eigenwilliger Prosa viel von dem angedeutet und verlauten lassen, was er hätte geben können. Wir besitzen, von ihm selbst herausgegeben, nur die Gedichte, die Übersetzungen, die Aufsatzsammlung »Bild und Gesetz« (1930), schließlich aber, aus dem Nachlaß, ein Zeugnis eigener Art, die Fülle hochbedeutender Briefe aus dem Exil. Sie geben Kunde von einer unvergleichlichen Existenz, die, wie überliefert wird, gern im Gespräch ihren vollen geistigen Reichtum entfaltete. Es mag bei seiner publizistischen Zurückhaltung außer dem Mangel an Ehrgeiz, der Ungeduld und manchen fehlenden Anstößen auch die Verehrung für George eine nicht unwichtige Rolle gespielt haben, da er wohl meinte, was auszusprechen an der Zeit sei, habe dieser in gültiger Weise gesagt. Und bis zur Inflation war Wolfskehl, der Sohn eines Bankiers, recht vermögend, so daß auch der finanzielle Anreiz fehlte.

Was ihm George bedeutete, das hat er in einem Brief an Hofmannsthal festgehalten, indem er ihn das »ewige Grunderlebnis« nennt, »auf dem jeder einzelne Stein meines Lebensbaues ruht«; er weiß ihn »unverrückbar tief versenkt und mir selber wie am ersten Tage in jedem Atemzuge, jedem Handdrehen, jeder Hingabe und jeder Abkehr vernehmlich« (5. Juli 1929).

Mag er auch weniger hinterlassen haben als er zu geben in der Lage gewesen wäre (wer will darüber zu entscheiden wagen?), so sind doch die »kleinen Arbeiten« von eigenem Gewicht, auch wenn der Untertitel »Gesammelte Abhandlungen« uns in eine falsche Richtung weist. Wolfskehl selbst wandte sich gegen die Anzeige des Verlags und schlug diesem eine minder großsprecherische, nämlich die folgende Fassung vor: »Karl Wolfskehl, dem Kreise Stefan Georges zugehörig, gibt in diesem seinem ersten Prosabuch Kunde von seiner Stellung zur Gegenwart, ihren treibenden Kräften, den Mächten, die sie bedingen, und zugleich von den ewigen Gesetzen und Vorbildern europäischen Menschentums. Aus vielen, stets von dem einen Grundgefühl der Verantwortung eingegeben, im einzelnen höchst aufschlußreichen und interessanten Einzelbetrachtungen formt sich hier ein wundersames Bild des Lebens in Tat und Schau.«

Wenn in Wolfskehls Gedichten immer wieder die rhythmische Stärke beeindruckt, in seinen Übersetzungen überdies auch die Genauigkeit, so ist es in den Prosaarbeiten die souveräne Behandlung der verschiedenartigen Gegenstände, wobei er freilich zuweilen einen Standpunkt einnimmt, der dem Leser den Zugang nicht eben erleichtert, so daß man sich zuweilen fragen muß, an wen sich der Autor eigentlich mit vielen feierlichen und gutgläubigen Worten hat wenden wollen: »Nicht Sätze und Formeln gehen aus von George, sondern Gebilde, gedrungene Taten im gehaltenen Wort.« Er setzt, im Georgeschen Sinne, Wort und Bedeutung, und man vermißt zuweilen das kritische Salz, den gemessenen Abstand. So heißt es von Friedrich Gundolf: »Denn in unserer Zeit vollkommenen Bildungszerfalles steht Gundolf vor uns als das auf lange hinaus letzte Beispiel des seit den Renaissancejahrhunderten bis an die Schwelle unserer Tage lebendigen schönen Menschentums, das Kultur schuf, indem es Kultur erhielt.«

Hier wird der Grundton der Wolfskehlschen Aufsätze vernehmbar: die ernste Mahnung, wach zu werden, sich zu verwahren gegen das mächtig herandrängende Element des Barbarischen, dem er die Ökumene der europäischen Kulturüberlieferung ausgeliefert sieht. Geschichte als Folge der Erschaffung von Sinnbildern und Gestalten scheint in Frage gestellt zu sein, eine Überlieferung, die sich nicht allein in Kunstwerken und herausragenden Gestalten, schöpferischen Menschen manifestiert, sondern auch in Kulturräumen, Staaten, Städten und Gesellschaftsformen. Als den »Erdenleib menschlicher Geistesverwirklichung« bezeichnet Wolfskehl die Weltgeschichte, eine Formel, die uns fremd anmutet (nicht, was damit gemeint ist). Aber die »Künder des Geistes«, das weiß er, sprechen von etwas, das nicht mehr da ist, sie sind zu Totenwächtern geworden. Es ist, als ob die Geschichte noch einmal beginnen sollte: »Das

Kontinuum währt nicht mehr, die Schleusen sind herabgelassen, das Leben wird von keinem Gestern gespeist und in Richtung erhalten. Dem Gewesenen stehen wir gegenüber, Befreite und Einsame. Abkehr oder Eroberung, kein Drittes ist erlaubt.«

Für Wolfskehl gibt es in dieser Lage nur eine Aufgabe, einen Auftrag, den er gleichzeitig mit dem Stichwort der »konservativen Revolution« Hofmannsthals und Borchardts als die »Forderung nach Wiedergewinnung der Vergangenheit« bezeichnet, die freilich mehr meint als eine historische Konstruktion, Edition, Sammlung und Deutung.

Dieser Forderung hat er zu genügen getrachtet, wohl wissend, welch ungeheuren Schwierigkeiten er gegenüberstand. Er hegte keine Illusionen über den Weltzustand im ersten Drittel des an gewaltigen Verwerfungen überreichen Jahrhunderts. Eines ist ihm sicher: »Der geistige Mensch scheint augenblicks kaum vonnöten. Dafür zeugen nicht bloß, ja am wenigsten, die Schwierigkeiten seiner Selbstbehauptung, der vielberufene Daseinskampf. Erschreckender, weil unentrinnbarer als Faktum und in den Folgen scheint die Vermorschung, Abschnürung, ja völlige Ertötung seines Äußerungsmittels, ja seines eigentlichen Innenreichs, der einzigen Stätte, wo er ganz zuständig war und Herr. Wir erleben ein Schauspiel ohne jedes Vorbild.« Der untrennbar scheinende menschliche Zusammenhang von Erkenntnis und Sprache, von Begriff und Sprache, ja von Erlebnis und Sprache, hebt sich selber auf.

Kein Zweifel, daß wir heute noch in diesem Zersetzungsprozeß stehen, der sich verstärkt hat und um so wirksamer ist, als er, fast schon Gewohnheit geworden, in seinen Gefahren kaum noch wahrgenommen wird. Was einzig noch erlaubt und möglich ist, meint Wolfskehl, ist nicht eben viel: »Das Aussprechen der Gewißheit und das Bezeugen der Aufgabe, selbst dies müßte zögernd geschehen, widerwillig fast. Denn heute, da der Entwertung des Wortes die

Entglutung des Glaubens und die Entrechtung der Tat nachzufolgen drohen, ist jede Wirklichkeit durch ihre scheinhaften Gegenbilder abgeblendet oder verschüttet.« Die Quellen des Menschentums haben zu versiegen begonnen, und der gewaltige wie gewaltsame technische Fortschritt, dessen heutige Errungenschaften und Gefahren sich damals noch gar nicht abzeichnen konnten, markiert für Wolfskehl einen Substanzverlust des Menschen: »Je mehr wir Kinder unseres eigenen Geistes werden, uns selber übertönen, überleuchten, überfliegen, verstummt uns das All, wird bildlos, ja entgleitet. Der Schleier zerreißt, die Maske fällt.« Zufall und wirkendes Geheimnis sind ausgeschaltet, technische Ordnung dominiert, alles ist berechnet, eingegliedert, in Relation und Abhängigkeit gebracht, Funktion und Folge geworden: »Höchstgehalt der ›Leistung‹, Tiefstand des Erlebens, Golf- und Hockeyplätze ersetzen nicht, nein, zerstören, in solche Ordnung eingerenkt, den wahren Spielraum.«

Was in der zweiten Jahrhunderthälfte nicht ganz zulänglich als Dialektik der Aufklärung, mythisierend als Seinsvergessenheit, sarkastisch und genau als die Antiquiertheit des Menschen bestimmt wurde, ist Wolfskehl bereits, wohl auch unter Einwirkung Nietzschescher wie Georgescher Unheilsverkündungen, gegenwärtig. Schon sieht er die Menschen sich zum Vorstoß in die siderische Welt bereiten, dabei sich selbst zurücklassend und willig, der «Lüge des Ich« den Schein sittlicher Berechtigung zu verleihen, wie er spöttisch anmerkt. Die ursprünglichen Bedingtheiten werden abgeschüttelt, zu welchem Zweck? »Ist es Zwang oder eigenste Übergewalt, ist es Trieb oder Willkür, Absicht, trübe Not, die uns, die sich weiter treibt?« Sind wir denn, fragt er beunruhigt weiter, »noch die Gestalter, die Träger dessen, was sich begibt? Seine Herren, die denkenden, grenzenden, bestimmenden Walter unserer Verwirklichungen sind wir ohnedem nicht mehr. Das Rad rollt jetzt faktisch aus sich selber.«

Vor diesem Hintergrund muß man die Prosaarbeiten über George und Hofmannsthal, Jean Paul, Hoffmann und Brentano, Lessing, Heine, Fallmerayer, sogar über Heinrich Mann wie andere Autoren lesen, für die im streng abgegrenzten Kanon Georges kein Platz war. Hier findet sich dann auch schon einmal ein kritisches Wort, so in der Charakterisierung Fallmerayers, des Verfassers der herrlichen »Fragmente aus dem Orient«, als Wolfskehl darauf hinweist, was an ihm zeitgebunden und zufällig heißen muß, so daß er das Überdauern seiner Arbeiten »fast unbegreiflich« nennen kann. Aber der Einwand dient dem Kontrast, denn es gilt: »Dieser Okzidentale und Vorkämpfer des zerfallensten Jahrhunderts hat uns das Bild des Orients für immer aufgerichtet, so wie er ihm sich erschloß, und vor allem wird der Deutsche Art und Würde des von Fallmerayer über alles geliebten Türkenvolks je und je mit seinen Augen sehen.«

Die Eigenart der künstlerischen Produktion führt Wolfskehl zu grundsätzlichen Bestimmungen, wie er sie etwa bei Gelegenheit von Molière formuliert: »Denn darin liegt das Geheimnis des geborenen Darstellers, daß er nicht etwa an das Publikum, an die Aufnahme denkt, sondern in jedem Augenblick zugleich Publikum ist, seine eigene Resonanz, sich selber erlebt und anguckt: dies, diese Selbstschau, die ihm Beifall und Kritik spendet und empfängt, ist die tiefste Quelle des Humors bei Molière.«

In seiner Erinnerung an den Einfluß, den Ibsen auf seine Jugend ausübte, wird erwähnt, daß Nietzsche damals noch nicht in den Gesichtskreis dieser Generation getreten war; wenig später aber geschieht dies, und resümierend bemerkt Wolfskehl: »Die von Nietzsche der Festung des Absoluten geschlagene Bresche ließ frische Tagesluft ein, erleichterte den Verkehr, enthüllte, befreite, verstattete die dunklen, die gärenden wie die göttlichen Antriebe, befruchtete manchmal, mischte öfter zur Unzeit Leben und Denken, Anschauung und Tat.«

Doch es sind nicht allein Gestalten und ihre geistige Physiognomie, die Wolfskehl beschäftigen, auch zu Problemen wie dem der dichterischen Übersetzung hat er sich aufgrund seiner Erfahrung kompetent ausgesprochen; man spürt dabei, daß die Einsicht auf eigene Mühen, eigenes Denken sich gründet. »Aufs wunderbarste befähigt ist unsere Sprache (...), alle Abstufungen des Gefühls, die Formen der Leidenschaft und jede Art von Pathos, selbst das an Zeit und Volkstum fremdartigste, auszudrücken. Ebenso Herrin ist sie im ganzen weiten Reich der Laune, der Tollheit, des Übermaßes, des befreienden, aber auch des bösen Lachens, der Welt des Thersites und Falstaff, der Gargantua und des Don Quichotte.«

Wer übersetzt hat, der weiß auch, wessen das Deutsche fähig sein kann; es gestattet neue Worte und Wortverbindungen, Klangwirkungen durch Alliteration und durch Konsonantenhäufung, durch Freiheit in der Wortstellung wie der Satzgliederung eignet ihm Beweglichkeit und Abwechslung, kurz, einen Reichtum von Ausdrucksmöglichkeiten, der zugleich eine Gefahr darstellt, die Wolfskehl wie folgt bestimmt: »Man kann darauf verfallen, manchmal sogar unbewußt, mehr zu machen, als das Original wirklich hergibt.« Gewiß, diese Art von Verführung gibt es. Freilich gilt auch: »Der Begriff der Treue ist auf dieser Höhe des Übersetzens ein rein innerliches Moment, damit natürlich nur wuchtender, fordernder.« Hier geht Wolfskehl auch einmal sehr ins Detail, aber wiederholt gewinnt man den Eindruck, daß er weniger sagt, als er weiß. Seine Prosaarbeiten sind ein Abschlag auf das, was er als Zeitkritik, literarische Deutung, Einsicht, ja Weisheit zu geben in der Lage war.

Das zeigt sich in seinen Briefen aus dem Exil.

Man kann von Wolfskehl nicht sprechen, ohne ihrer Erwähnung zu tun, weil sie gewissermaßen für ein Spätwerk stehen und in ihrem Reichtum, ihrer Klarheit, ihrer entschiedenen Moralität wie ihrer Menschlichkeit zu den eindrucksvollsten Zeugnissen deutscher Briefkultur gehören. Er hat wohl früh schon die drohende Barbarei geahnt, aber er hat ihre realen Erscheinungsformen nicht voraussehen können und nicht geahnt, welchem Ausmaß von Irrtum, Schwäche, Opportunismus, Feigheit und Niedertracht er begegnen würde; den Irrtum konnte er, je nach dem geistigen Range dessen, der ihn beging, vielleicht noch hinnehmen, nicht aber den Verrat. So schreibt er an den einst engen Freund Emil Preetorius, um auf einen Brief zu antworten, in welchem dieser, keineswegs ein engagierter Nazi, nicht einmal nur Mitläufer, von seinen bitteren Erfahrungen während der vergangenen Jahre berichtet, ohne mit einem Wort das bittere Geschick Wolfskehls, der 1933 emigriert war und seit 1938 in Neuseeland lebte, auch nur zu streifen und ohne einen Anflug von Beschämung über eigene Schwäche; dagegen sagt er, wie es ihn wundere, daß nun, 1946, der geliebte Freund sich noch nicht wieder vernehmen lasse.

Wolfskehl erhebt keine Vorwürfe, er fällt kein Urteil, er ruft dem einst so vertrauten Menschen nur einige Vorfälle ins Gedächtnis, Momente, in denen der Freund den Freund vergaß, und fährt dann fort: »Hier geht es vielleicht um mehr als um eine Stilfrage, freilich nicht um so viel, daß meine Teilnahme an Deinem Erleiden dadurch gemindert wäre. Nur das kann mich nicht sehr ins Mitschwingen versetzen, daß Du ›nahezu‹ alles verloren hast, denn mir scheint, Du meinst hier irdischen, wenn auch köstlichen Besitz. Das läßt mich auch in Deinem Fall kühler, nicht etwa weil ich selbst, wie Dir ja bekannt ist, mit einem Handkoffer über die Grenze bin und, wie ich Dir jetzt sage, aber Du konntest Dir's wohl denken, auch heute noch nicht mehr Hab und Gut mein Eigen nenne – sondern, hör zu, Du, weil ich alles verloren habe. Ich habe nämlich die Heimat verloren. Weißt Du, was das heißt für einen Dichter? (...) Ich habe die Stätte verloren, wo ich gewirkt habe ein langes Menschenalter durch, die Stätte der Arbeit, der

Freundschaft, der Liebe, des Überschwangs. Ich habe mir selber Welt werden müssen, Geistraum, Wiege des Wortes. Weißt Du, was all das bedeutet in Ja und Nein?

Dort völlig vergessen, hier völlig vereinsamt. Das ist mein Dasein im neunten Jahr.« Er will sich nicht sperren gegen die erneute Zuwendung des einst geliebten Freundes, wenn dieser herauszutreten vermag aus seiner Hülle von Besserwissen und dem Stolze dessen, der sich gekränkt wähnt oder unverstanden: »Das mache ab mit Dir selbst, am Ende mit Deinem echten Selbst.«

Man weiß, daß Preetorius auf diesen Brief geantwortet und manches richtig gestellt, manches aber auch beschämt hingenommen hat; es geht uns dies nichts weiter an. Nur daß ein solcher Brief geschrieben wurde, das ist wichtig; er sollte in seiner ganzen Länge in den Lesebüchern stehen, ein Dokument der Würde, der Wahrhaftigkeit.

Peter Suhrkamp

Von Siegfried Unseld

Peter Suhrkamp erhielt als einer der ersten Verleger am 17. Oktober 1945 eine Lizenz von der britischen Militärregierung für die Veröffentlichung von Büchern unter der Firma Suhrkamp Verlag vormals S. Fischer Berlin. Am 4. Oktober 1946 erteilte ihm die amerikanische Militärregierung in Wiesbaden auch die Verlagslizenz für die amerikanische Zone. Danach gründete Suhrkamp ein Büro in Frankfurt, pendelte zwischen Berlin und Frankfurt, um sich dann nach der Trennung von S. Fischer mit dem Verlag in Frankfurt niederzulassen und in Königstein im Taunus zu wohnen. Es gibt eine Schallplatte, auf der ein Interview aufgezeichnet ist, das Joachim Kaiser im Jahre 1950 mit Peter Suhrkamp führte. Kaiser wollte wissen: »Herr Suhrkamp, wie wird man Verleger?« Und Suhrkamp sprach daraufhin eigentlich nur eher abwertend von seinem Beruf. Es habe sich alles zufällig ereignet, er sei »hineingenötigt« worden. »Als Verleger«, so stellte er später fest, »bin ich zu sehr Einzelgänger, um als Vertreter des Berufsstandes in Betracht zu kommen.« So sah sich Peter Suhrkamp, dieser große, mit Samuel Fischer vielleicht der größte Vertreter dieses Berufsstandes in diesem Jahrhundert. Einer, der ihn kannte und mit ihm arbeitete, der Kritiker Walter Boehlich, schrieb aus Anlaß des 100. Geburtstags: »Einer dieser Heiligen des Verlagsgewerbes ist Peter Suhrkamp.«

Was machte Peter Suhrkamps Persönlichkeit aus? Zwei Dinge nahm Suhrkamp grundsätzlich. Das erste: Bücher als Ort der Begegnung freier Geister, und Bücher machen uns stark. Das zweite: In einem Brief aus dem Jahre 1919 schrieb er: »Ich interessiere mich selbst nicht. Ich habe nur eine Bewußtheit: meine Arbeit. Devise: Sei – Wirke!«

Es ist ihm nicht an seiner Wiege gesungen worden, daß er ein Verleger, ein so großer Verleger werden sollte, aber in der Geschichte der Verlage war es immer so: Als Verleger wird man nicht geboren; viele wollen es werden, wenige bleiben es.

Der am 28. März 1891 im Oldenburgischen Dorf Kirchhatten geborene Johann Heinrich, genannt Peter, Suhrkamp sollte nach dem Wunsch seines Vaters Bauer werden, aber sein »Bedürfnis nach Unabhängigkeit« war stärker, und als es streitend zur Alternative kam, Bauer des elterlichen Hofes zu sein oder ihn zu verlassen, wählte Suhrkamp, ohne zu zögern, mitten in der Nacht die zweite. Vorangegangen war eine geheime Aufnahmeprüfung in ein pädagogisches Seminar. 1911 wurde er Volksschullehrer in der Nähe seines Heimatdorfes. 1914 holte er als Externer das Abitur nach. Im Herbst 1914 wollte er an der Universität in Berlin das Studium der Germanistik beginnen, aber der Erste Weltkrieg brach aus; er meldete sich freiwillig, erlebte die Schlachten des Weltkriegs an vorderster Front, bis er verwundet wurde; drei Tage lang lag er unter Gas, hatte heftige Vergiftungen. Eine Freundin, die ihn nach dem Krieg im Sanatorium in Königstein bei Frankfurt besuchte, beschrieb ihn als »Wrack«.

In einem Dokument des Jahres 1920 hat sich Suhrkamp als »Schriftsteller« bezeichnet; der Verlag Kaemmerer in Dresden sprach von einem »neuen Dramenautor« und kündigte zwei Stücke Suhrkamps an: »Löwenzahn. Ein Spiel vom armen Menschen« und »Die Mutter. Gleichnis in sechs Bildern«. Die Stücke wurden nicht aufgeführt. In Zeitungen und Zeitschriften hatte Suhrkamp verschiedene kleinere Arbeiten veröffentlicht, aber es entstand kein Buch. In der Frankfurter Zeitung wurde der Roman »Verlorene Tage« in Fortsetzungen gedruckt, aber auch hier kam es nicht zur Buchpublikation.

Von März 1918 bis Mai 1919 war Suhrkamp Lehrer an der Odenwaldschule, 1920 an der Freien Schulgemeinde Wickersdorf, später, von 1925 bis 1929, ihr pädagogischer Leiter. Vier Jahre lang, von 1921 bis 1925, war Suhrkamp Dramaturg und Regisseur am Landestheater Darmstadt. Hier hat er Brecht kennengelernt; der regte ihn an, den Lehrerberuf aufzugeben und nach Berlin überzusiedeln. Er wurde, auf Brechts Empfehlung, Redakteur des humoristischen Magazins »Uhu«. Hier »entdeckte« ihn Samuel Fischer, der damals schon legendäre Verleger des S. Fischer Verlages, mit den großen deutschsprachigen Autoren des Jahrhunderts: Thomas Mann, Gerhart Hauptmann, Hugo von Hofmannsthal, Hermann Hesse und vielen anderen. Der hochgewachsene Deutsche mit dem konservativen Gestus, der aufrechte Ehrenmann mußte dem jüdischen Menschen Samuel Fischer, der kommendes Unheil ahnte, gefallen. Suhrkamp war vom 1. Januar 1933 an Herausgeber der Zeitschrift »Die Neue Rundschau«; bis 1943 prägte er, auch in eigenen 45 Beiträgen, dieses Periodikum und versuchte geschickt – soweit als möglich – den Gesinnungsterror der Nazis zu unterlaufen. Schon im Herbst 1933 wurde er von Samuel Fischer im S. Fischer Verlag als Vorstandsmitglied bestellt.

Die zwölf Berliner Jahre, von 1933 bis 1944, umfassen Suhrkamps glücklichste, gleichwohl seine existentiell gefährdetste Zeit. Als großes Glück seines Berufes, »dieses schönen Verlegerberufes«, bezeichnete Peter Suhrkamp die Zusammenarbeit mit Samuel Fischer. In ihm sah er »*den* Verleger der Moderne«, dem er nachzustreben versuchte.

1936 mußten Tochter und Schwiegersohn von Samuel Fischer, Brigitte Fischer und Gottfried Bermann Fischer, ins Exil; sie erhielten von einer umgegründeten Verlagsgesellschaft den Kaufpreis in harten Devisen, die sie mitnehmen konnten, ferner Autorenrechte und Buchbestände, ein einmaliger Vorgang in dieser Zeit. Als Bermann Fischer Deutschland verließ, schrieb er am 25. April 1936 an Hermann Hesse: »In diesem Zusammenhang muß ich etwas über Suhrkamp sagen. Suhrkamp hat sich in meiner Angelegenheit und der der Familie sowie des Verlages über alle Maßen bewährt. Es gibt gar keine Worte dafür, mit welchem persönlichen Mut er sich für uns eingesetzt hat. Ich habe ihm zu verdanken, daß die Abwicklung dieser Loslösung von Deutschland in einer einigermaßen erträglichen Weise erfolgte. Er hat nun die schwere Aufgabe übernommen, den Verlag weiterzuführen ... Ich beneide ihn nicht darum.«

Er war nicht zu beneiden. Zunächst konnte er noch wie gewohnt arbeiten. Suhrkamp führte den Verlag, Lektor war Oskar Loerke und nach dessen Tod Hermann Kasack. 1942 mußte Suhrkamp den S. Fischer Verlag umfirmieren in »Suhrkamp Verlag vormals S. Fischer«. Suhrkamp wurde von der Gestapo überwacht, er leitete ja einen ehemals »jüdischen« Verlag, und es war leicht, ihm »Vergehen« nachzuweisen – gesetzeswidrige, verbotene Verbindungen zu jüdischen oder unerwünschten Autoren oder Übersetzern. 178 Neuerscheinungen wurden zwischen 1936 und 1944 in Berlin verlegt. Bücher von Oskar Loerke, Ernst Penzoldt, Wolf von Niebelschütz, Albrecht Goes, Lothar-Günter Buchheim, Luise Rinser, Hermann Kasack, Heinrich

Schirmbeck – unter den Verhältnissen eine ungewöhnliche Leistung.

Im Jahre 1940 veröffentlichte der Verlag ein seit langem vorbereitetes »Lesebuch aus zwei Jahrhunderten«. Das Werk wurde von vielen, so auch von Thomas Mann, als ein Buch des Widerstands gesehen, als eine »Bastion gegen den Gedanken der Versklavung«. Schließlich fiel Suhrkamp einem Agenten der Gestapo in die Hände. Er wurde verhaftet, wegen Landesverrat und Hochverrat unter Anklage gestellt, in den Gefängnissen geschlagen, gefoltert und zum Tode durch den Strang verurteilt. Josef Goebbels bezeichnete den Verlag als den »Verlag des 20. Juli«. Vom Gefängnis aus wurde Suhrkamp am 25. Januar 1945 ins Konzentrationslager Sachsenhausen eingeliefert und wegen schwerer Erkrankung kurz vor Kriegsende entlassen. Ihm blieb aber von der Folterung eine schwere Einschränkung der Herztätigkeit; als er 1959 starb, schrieb Theodor W. Adorno: »Er starb als einer der letzten Opfer.«

Das Kriegsende erlebte Suhrkamp in einem Potsdamer Krankenhaus. Später pflegten ihn Freunde. Suhrkamp nahm Verbindung zur Britischen Militärregierung auf und erhielt als Verfolgter des Naziregimes im Oktober die Verlagslizenz. So konnte er schreiben: »Immerhin arbeite ich jetzt wieder.« Er nahm Verbindung zu den Autoren auf, zu Hesse, Ernst Penzoldt, Rudolf Alexander Schröder. Er schrieb an Brecht, und Brecht antwortete mit einem für ihn so charakteristischen Brief: »Lieber Suhrkamp, Ihr Brief ist der erste, der mich aus D. erreicht, und Sie waren einer der letzten, die ich in D. sah – ging ich doch von Ihrer Wohnung an die Bahn am Tag nach dem Reichstagsbrand; ich habe Ihnen Ihre Hilfe für meine Flucht nicht vergessen. Fünf Jahre hielten wir uns in Dänemark auf, ein Jahr in Schweden, ein Jahr in Finnland, wartend auf Visa, und wir sind jetzt an die vier Jahre in USA, in Kalifornien. Natürlich schrieb ich eine Menge, und ich hoffe, wir können einiges davon zusammen durchnehmen (nebenbei: Sagen Sie, wo immer Sie das können, daß ich dringend bitte, keine größere Arbeit von mir, alt oder neu, aufzuführen, ohne daß ich dazu Stellung nehmen kann. Alles braucht Änderungen).«

Nach der Währungsreform von 1948 kamen Bermann Fischers nach Deutschland zurück. Man versuchte, sich zu arrangieren. Suhrkamp sollte für das Programm, Bermann Fischer für das Geschäftliche verantwortlich sein. Doch es zeigte sich, wie immer in der Verlagsgeschichte: Die verlegerische Verantwortung ist nicht teilbar. Dann kam Unzumutbares für Suhrkamp auf; ich möchte auf den Streit nicht mehr eingehen. Es kam zu einem außergerichtlichen Vergleich, zu einer Trennung Suhrkamps vom S. Fischer Verlag und zu einer von Hermann Hesse initiierten Gründung eines neuen Verlages am 1. Juli 1950 in Frankfurt. Von den 48 Autoren, die die Möglichkeit hatten zu votieren, entschieden sich 33 für Suhrkamp.

Körperlich schwer angeschlagen, konnte Peter Suhrkamp doch auf die Treue seiner Autoren bauen; jene, die für ihn votiert hatten, jene, die nicht votieren konnten. Und es meldeten sich Autoren, die in die Auseinandersetzung gar nicht einbezogen waren: Bernard Shaw, und dann Bertolt Brecht, der am 21. Mai 1950 ihm einen einzigen Satz schrieb, der für einen Verleger die Erfüllung eines Traums ist: »Lieber Suhrkamp, natürlich möchte ich unter allen Umständen in dem Verlag sein, den Sie leiten.« So konnte Suhrkamp realisieren, was er sich in den dreißiger Jahren von »diesem schönen Verlegerberuf« erhofft hatte.

Knapp neun Jahre waren Suhrkamp vergönnt – Jahre des Planens, Denkens, Realisierens, immer wieder vom Krankenlager und von Aufenthalten in Krankenhäusern und Sanatorien unterbrochen. Er wohnte in Königstein im Taunus. Ich arbeitete seit 1952 im Verlag und durfte ihn morgens in Königstein abholen, nach Frankfurt fahren und abends wieder nach Königstein zurückbringen.

In seiner Programmkonzeption dachte Suhrkamp als

Lehrer, er wollte sammeln, belehren, bilden. Ernst Penzoldt sprach von einem »Fernunterricht«, dies schlug sich auch nieder in den Gesamtausgaben von Hermann Hesse, Rudolf Alexander Schröder, Ernst Penzoldt, Oskar Loerke, T. S. Eliot, Brecht und in so gewagten Unternehmen wie den beiden Bänden »Schriften« von Walter Benjamin. Als Theaterverleger unterschied sich Suhrkamp von anderen; ihm war die Qualität der Aufführung wesentlich wichtiger als die Tatsache der Aufführung selbst und auch die Quantität der Aufführungen; und oft erschien es ihm geradezu als ein Auftrag des Autors, so bei Brecht, bei Eliot, gewünschte Aufführungen nicht zu fördern, sondern zu verhindern.

Von allem Anfang an legte Suhrkamp das Hauptgewicht auf das, was seinen Verlag kennzeichnete: auf die Bemühungen um zeitgenössische Literatur, auf den jungen Autor. Dabei hatte Suhrkamp eine spezifische Auffassung von der Beziehung zum Autor. Zu dem damaligen Lektor Friedrich Podszus und zu mir sagte er anläßlich der Besprechung eines ersten Manuskripts: »Merken Sie sich eines: jeder Autor, und sei er noch so jung, steht als schöpferische Persönlichkeit turmhoch über uns dreien.« Dies sagte Suhrkamp – und er meinte es so, und er war damals, 1952, immerhin 62 Jahre alt und erfahren im Umgang mit Autoren.

Suhrkamps Zuneigung gehörte den deutschsprachigen Autoren: Hermann Hesse, Bertolt Brecht, R. A. Schröder, Hans Erich Nossack, Ernst Penzoldt, Hermann Kasack, Günter Eich, Wilhelm Lehmann, Karl Krolow, und dann den jungen: Max Frisch, Martin Walser, Hans Magnus Enzensberger. Ausländische Autoren waren in der Minderzahl, aber sie zählten zu den großen: T. S. Eliot, Bernard Shaw, Marcel Proust, Samuel Beckett, Truman Capote, Monique Saint-Hélier.

Das große Verlagswerk, das Suhrkamp entfaltet hat, liegt für jeden offen und ist schon Geschichte. Er gab seinem Verlag Gesicht und Profil und gab ihm die Möglichkeit für eine Zukunft.

Ich durfte siebeneinhalb Jahre mit ihm arbeiten. Er selbst trat öffentlich immer weniger in Erscheinung, man sah ihn bei Premieren von Brecht und Frisch, er war ein-, zweimal bei Hermann Hesse in Montagnola und immer wieder in Sanatorien. Die Fotos von einem solcher Kur-Aufenthalte trugen die Unterschrift: »Voll Hoffnung und voller Pläne«. Dann trat, erwartet wie unerwartet, auf seine Weise schön und eigen, am 31. März 1959 in der Universitätsklinik in Frankfurt der Tod ein.

»Sei – Wirke.« Sein bäuerliches Herkommen, sein pädagogischer Eros, seine künstlerische Neigung drängten ihn zu konkreten, praktischen Gestaltungen. Er fand sie in seiner Arbeit, der wichtigen Umsetzung des Manuskripts zum Buch. »Diese Arbeit«, so betonte er in dem erwähnten Interview mit Joachim Kaiser, »war nichts ›Technisches‹ ... es sei durchaus ›Intuitives mit im Spiel‹.« Es war noch etwas anderes: Es war eine tiefe Verantwortung, die Suhrkamp empfand – im wahrsten Sinne des Wortes haftete er persönlich für das, was er in seinem Verlag unternahm. Dies hat für die Zukunft des Verlages ein tragfähiges Konzept geschaffen, auf dem aufzubauen war und das entwickelt werden konnte, das dem Verlag von George Steiner im *Times Literary Supplement* das Prädikat der »Suhrkamp Kultur« einbringen sollte.

In Frankfurt fand am 27. September 1959 eine Gedenkfeier für Peter Suhrkamp statt. Theodor W. Adorno, Rudolf Alexander Schröder, Hans W. Eppelsheimer, Hermann Kasack sprachen Worte des Gedenkens. Helene Brecht Weigel las Texte von Suhrkamp vor.

Einer der Redner erinnerte an das Wort von Horaz: »Extinctus amabitur.« Es lautet in der Übersetzung von Rudolf Alexander Schröder: »Erlosch er, wird man ihn lieben.«

Paul Hindemith
Von Heribert Klein

Man könnte meinen: eine bizarre Figur. Er stammte aus konservativen Verhältnissen, benutzte oft das Wort Ordnung (nicht nur im musikalischen Sinn) und schrieb ein Lehrbuch mit dem altväterlichen Titel »Unterweisung im Tonsatz« (1937/39). »Daß aber ein Funken des alten Geistes«, heißt es dort in der Einleitung, »auf unsere Anschauungen vom Tonmaterial und seiner Anwendung bei allen, die sich damit beschäftigen, zündend überspringe, möge mit dieser Arbeit erreicht werden.« Spätestens 1936 mit dem generellen Aufführungsverbot durch Goebbels galt seine Musik als entartet. Am 16. November 1895 in Hanau geboren, mußte Paul Hindemith, der viele Jahre in Frankfurt verbracht hatte, kein halbes Jahrhundert später über die Schweiz in die USA emigrieren, wo er von 1940 bis 1953 an der Yale University unterrichtete. Eine Tragödie, wenn man bedenkt, wie sehr er sich gerade mit deutscher Kultur auseinandergesetzt hatte.

Es gab wohl keinen Teil des öffentlichen Lebens, für den er sich nicht interessierte. Daß er deswegen zum Weltbürger wurde, läßt sich freilich nicht behaupten. »Er liebte«, schrieb einer seiner Zeitgenossen, »die Großstadt mit rasendem Verkehr, fühlte sich aber doch wohler in einem Abstand, wie in seiner Frankfurter Zeit in einem Turm am Main. Am liebsten ist ihm Waldesrand, jedoch nicht, um wie ein Romantiker im Halbdämmer zu träumen.«

Als wollte er das Leben auskosten, war er neugierig auf alles, was ihm begegnete. Um wenige Beispiele zu nennen: In Berlin, wo er nach seiner Frankfurter Zeit als Konzertmeister am Opernhaus und als Mitbegründer des Amar-Quartetts seit 1927 als Lehrer an der Musikhochschule unterrichtete, nahm er Box- und Schwimmunterricht, begeisterte sich für Theater, Oper, Film, Revue,

Kabarett, war ein begabter Zeichner, als Bratscher ein gefeierter Solist, später ein gefragter Dirigent, komponierte in sämtlichen denkbaren Formen von Musik und machte auch nicht vor dem scheinbar Trivialen Halt.

Also doch eine bizarre Figur, wie sie nur in der Kunst zu finden ist? Es gilt zu trennen, vom Bürger Hindemith, dessen bürgerlicher (nicht kleinbürgerlicher) Charakter sich nie änderte. Die gesammelten Briefe an seine Frau Gertrud, die vor kurzem in einer vollständigen Ausgabe erschienen sind, zeigen mehr vom wahren Gesicht des Paul Hindemith. Ob er sich in London, Wien oder Prag aufhält: Er bleibt sich stets treu in seiner Fähigkeit, Personen und Vorgänge genau zu beobachten. Und doch, der Satz »London ist wieder sehr schön. Aber ich bin doch froh, bald wieder heimzukommen« ist bezeichnend für ihn, den Konzertreisenden, der am Main groß wurde und dem New York, Detroit oder Boston nie eine Heimat werden konnten, auch nicht nach der Emigration.

Wie schrieb er doch am 11. März 1938: »Detroit scheint eine der lieblichsten Städte zu sein: So was von Ausdrucks- und Belanglosigkeit hat man kaum je gesehen, und man ist hier doch schon an mancherlei gewöhnt.«

Er konnte sich im Inneren nicht an die amerikanische Mentalität gewöhnen. Der Frankfurter Gruß »Guntach« verließ ihn auch in der Neuen Welt nicht, und »hinnedruff Schweinskotelett« – auch dies ein nicht gerade amerikanisierter Sprachgebrauch.

Ob dieser zu größter Sensibilität fähige Mann seiner Zeit den Stempel aufdrückte, wie Carl Orff meinte? Zweifel sind angebracht, denn daß die Zuhörer, wie er noch bei einem (leider verschollenen) Jugendwerk, dem Klavierquintett op. 7, hoffte, beim Hören von Raserei ergriffen würden und ihnen Gespenster, Drachen, Bergstürze, Kämpfe, Blut, Bäume, Wälder, Sonne und Sommer geradezu vor Augen und Ohren stünden – das blieb ein unerfüllter Wunsch. Adorno sprach gar vom Verhängnis, in das Hindemith dadurch geraten sei, daß seine Musikalität sich spezialistenhaft von der Kraft der Subjektivität abgespalten habe. »Diese verkümmerte. Ihrer bedarf aber jenes Ansichsein der Musik, in dem Subjektivität glücklich erlischt.«

Natürlich darf darüber gestritten werden, ob es nicht auch solche Werke gibt. Und seien es beispielsweise die Parodien des Christian Morgenstern, Charles Chaplin und Buster Keaton gleichermaßen zugewandten Tonsetzers Hindemith. Allein die Titel sind bezeichnend und, nebenbei gesagt, nicht gerade die Regel für Vertreter Neuerer Musik: »Einfuhrmesse in Timbuktu«, »Ouvertüre zum ›Fliegenden Holländer‹, wie sie eine schlechte Kurkapelle morgens um 7 am Brunnen vom Blatt spielt«, Filmmusiken zu »Felix der Kater im Zirkus« oder »Vormittagsspuk« – solches trägt die valentinesken Züge eines Hindemiths, der zum Beispiel den Auftritt eines Mandolinenorchesters mit gebotener Scharf- und Unnachsichtigkeit wie folgt beschrieb: »Erstens können sie nicht nach Dirigenten spielen, zweitens können sie nicht zusammenspielen, drittens können sie überhaupt kaum spielen und viertens konnte der Komponist nicht für Mandoline schreiben. Demzufolge klingt die Sache so, als wenn ein 70jähriger Herr langsam in einen Blechtopf pinkelt.«

Wer kennt schon seine acht Theaterstücke, die er bis zum Jahr 1920 schrieb? Die Dadaisten hätten ihren Spaß daran gehabt, denn an Grotesken sparte er wirklich nicht. »Abdul Rednils Träumereien« heißt jenes sonderliche Stück, in dem sich der Hauptdarsteller selbst am Kragen packt und aus dem Abteilfenster eines Zuges wirft. Und was soll man vom Stück »Der Bratschenfimmel« halten, wo einer einen Laden aufsucht, der originelle Todesarten feilbietet?

Übersteigerte Ausgelassenheit könnte man darin vermuten, doch Vorsicht: Hang zur Oberflächlichkeit kann man Hindemith nirgends nachsagen. Eher auch darin pädagogische Absichten, nämlich dem Hörer Absurditäten unmißverständlich vor Augen zu führen, ungeachtet der Experimentierfreude, die gleichfalls zu ihm gehörte.

So hat ihn der pädagogische Anspruch zeitlebens nicht verlassen. Er glaubte seine Gründe dafür zu haben. Technik, Handwerk müsse sich jeder erwerben, meinte er, so wie jedes Kind den Gebrauch seiner Gliedmaßen lernen müsse. Nachher freilich müsse alles wie selbstverständlich sein und das Handwerk als solches nicht mehr empfunden werden.

Ob dies bei seinen eigenen Werken so war, ist Ansichtssache. Die Sprödigkeit in der Ordnung des Klangmaterials, um mit Hindemith zu reden, hat ihn, vergröbert gesagt, nie so recht verlassen, die barocken Formstrukturen, die er gewiß perfekt beherrschte – man denke nur an seinen späten Vortrag »Johann Sebastian Bach. Ein verpflichtendes Erbe« (1950) –, aus denen er aber auch nicht herausfand. Harmonie war ihm ein wichtiger Begriff, nicht nur in der Sinfonie mit dem Titel »Die Harmonie der Welt« aus dem Jahre 1951. 1963, kurz vor seinem Tod, sprach er anläßlich der Entgegennahme des Balzan-Preises in Rom beinahe wehmütig davon, daß bei den Musikern vor seiner Zeit noch Einverständnis herrschte zwischen Komponist und Endverbraucher. Doch der Musikverbraucher als Partner und Beurteiler sei mehr und mehr zurückgedrängt worden, die Komponisten hätten bedingungslose Freiheit gesucht bei der Behandlung des »Tonmaterials« – auch dies ein bezeichnender Begriff für Hindemith. Das Geräusch drohe die Musik zu unterdrücken.

Nein, diese Neue Musik, wie sie wiederum seit den sechziger Jahren wegweisend wurde, war nicht mehr Hindemiths Musik. Solches war von »Mathis dem Maler«, seiner bekanntesten und einflußreichsten Oper, uraufgeführt 1938 in Zürich, meilenweit entfernt. Nicht daß sie schon damals ein Stück Hindemithscher Regression gewesen wäre. Ganz im Gegenteil, Modernität erklingt auf dem Hintergrund historischer Stoffe, die sich auch durch andere Stücke von ihm wie ein roter Faden hindurchziehen. Nein, als Freund der Zwölftontechnik konnte er nicht gelten, aber ein Bilderstürmer, der im Gewand des neunzehnten Jahrhunderts zurück zur romantischen deutschen Seele wollte, war er auch nicht.

Hindemith blieb ein Wanderer zwischen den Welten, der alten und der neuen. Das Schicksal des Krieges brachte es so mit sich. Lauthals geklagt hat er darüber nicht, er nahm es als etwas Unabänderliches hin. Ja, er gestand wenige Jahre vor Lebensende, er habe die Erfahrung, in zwei musikalischen Kulturen gelebt zu haben, nicht missen wollen.

Melancholie, steht oft zu lesen, sei kennzeichnend für den Herbst seines Lebens. Daran mag manches wahr sein. Aber selbst wenn es wahr wäre – könnte man es ihm verdenken, angesichts seines Emigrationsschicksals? Angesichts des Erlebens von »tödlich scheinenden Wunden des Musiklebens«, wie er einmal sagte, die durch den Krieg geschlagen worden waren?

Vorwürfe machte er keinem, er beließ es bei der Skepsis dessen, der scheinbar hinter der musikalischen Entwicklung hin zur Avantgarde der Nachkriegszeit zurückblieb. Der auf Tradition setzte, wo andere nach dem Fortschritt Ausschau hielten.

Das gehört zur Tragik Hindemiths, der (trotz aller Vorbehalte) Toleranz predigte. Der den Deutschen sagte, man könne von den Amerikanern lernen, wie sie singend und spielend immer mitmachten, offen für alles, selbst der ungewohntesten Musik gegenüber.

Er schrieb dies 1959 aus der Schweiz, wo er von 1951 bis 1957 an der Züricher Universität gelehrt hatte. Die europäisch-musikalische Tradition, die er von Kindheit an kannte, sah er dahinschwinden, bemängelte eine Sucht nach Sensationen, nach Überschätzung des Klanges und alles Technischen. Nein, dies alles versprach ihm nichts Gutes für die Zukunft.

Seine eigene Zukunft währte noch vier Jahre. Er starb am 28. Dezember 1963 nach mehreren Schlaganfällen dort, wo er im Grunde herkam, wo er aufgewachsen war, wo er wesentliche Stufen auf dem Weg, einer der wichtigsten Komponisten dieses Jahrhunderts in Deutschland zu werden, erklommen hatte: in Frankfurt.

Kasimir Edschmid
Von Ulrich Sonnenschein

Als Wilhelm Michels, der Schwager Kasimir Edschmids, einmal mit Arno Schmidt über die Verwechslungsträchtigkeit des Namens Schmidt sprach, kam es zu einer ersten Verstimmung zwischen beiden. Denn halb scherzhaft hatte Michels eingeworfen, daß ihm das Beispiel seines Schwagers nicht tauge, sonst hieße er nämlich Arschmidt. Was Arno Schmidt so erregte, das vulgäre Spiel mit dem Namen, war für Kasimir Edschmid eine bewußte Inszenierung.

Als Eduard Herrmann Wilhelm Schmid am 5. Oktober 1890 in Darmstadt geboren, hatte er seine ersten Gedichte 1911 unter dem Namen Ed Schmid veröffentlicht. Er verband dann beide Teile zu einem neuen Nachnamen, der 1946 auch amtlich bestätigt wurde, und fügte den Vornamen Kasimir hinzu. Sein Erstlingswerk »Verse, Hymnen, Gesänge«, heute von Kritik und Wissenschaft fast vergessen, zeigte bereits, woran es Edschmid gelegen war und was auch Arno Schmidt, dem ein »lyrisch Gedicht« immer zu kurz war, faszinierte. Im aufkommenden expressionistischen Grundgefühl verband Edschmid Worte zu rauschenden Kaskaden jugendlichen Ausdrucks, entwarf lyrische Projektionen, die erst in der Prosa ihre Vollendung finden sollten. Denn anders als Stramm, Schwitters oder Arp, die Klangbilder zelebrierten und Laute in eine absichtsvoll inhaltslose Reihung brachten, war Edschmid trotz der Absolutsetzung des schöpferischen Ichs stets ein Verfechter des Sinns. Gegen das Undeutliche wandte sich der bald zum bedeutendsten Theoretiker der neuen literarischen Bewegung avancierte Edschmid in einem Essay von 1917 »Über den dichterischen Expressionismus«, den er in seiner erfolgreichen Schriftenreihe »Tribüne der Kunst und Zeit« herausbrachte. Denn Inbrunst ohne Strenge, das führe zu einer literarischen Zügellosigkeit. Bei aller unerbittlichen Hingabe an das Formelle, war es für Edschmid stets ein universeller, überzeitlicher Ausdruck, der sich nun mit grandioser Wucht gegen erstarrte Formen wandte. Und die Weltkriegsjugend folgte ihm, nachdem sie seine Novellensammlung »Die sechs Mündungen« von 1915 gelesen hatte.

Wenige Tage vor Ausbruch des Ersten Weltkriegs, am 30. Juli 1914, hatte Edschmid, der wie sein Vater Lehrer werden sollte, sein Staatsexamen an der Ludwigs-Universität in Gießen bestanden, doch an die Schule trieb ihn nichts. Edschmid wollte schreiben, und daß man dies nicht vom Katheder aus tun kann, das hatte er bei seinen ausgedehnten Studien in München, Paris, Straßburg und Genf gelernt. Nichts zog ihn zu den Burschenschaften, zu den Waffen und Farbenträgern mit ihren überholten Traditionen und Ritualen, er suchte nach dem Neuen, dem Aufbruch der Bohème. In Paris hatte die Literatur viele Orte, Kneipen und Cafés. Die »Closerie des Lilas« und das »Café du Dome« waren die Zentren der jungen Literaten, zu denen sich Edschmid nun gesellte. Aber auch an ganz andere Orte trieb es ihn, wenn es darum ging, das Unbeschreibliche zu erfahren. »Es gab in der Rue Monsieur le Prince ein Lokal«, schrieb er später, »in dem man für einen halben Franc eine dicke schwarze Suppe bekam. Sie war gekocht aus den Überbleibseln vieler anderer Restaurants, die in der Nacht eifrig gesammelt worden waren.« Wie es wirklich gewesen ist, damals zur Zeit des von Edschmid 1961 noch einmal beschworenen lebendigen Expressionismus, das wird man kaum erfahren, es sei denn, man ist dabeigewesen. Die Hinterlassenschaft ist eine Literatur, die es erduldet, unter Epochen und Traditionskriterien analysiert zu werden, und der die Literatur seitdem immer wieder Anleihen entnimmt.

Kasimir Edschmid lebte auf in dem Umfeld der Metropolen und blieb doch immer der Provinzialist aus Darmstadt. Es dauerte vierzig Jahre, und es bedurfte der Erfahrung aus vielen Ländern, darunter Italien, Südamerika und Afrika, bis sich 1955, zur Gründung der neuen Künstlerkolonie auf der Darmstädter Rosenhöhe, die schmerzlich aggressive Abwehr des Provinziellen in ein pathetisches Lob gewandelt hatte: »Deutschland«, so sagte er, »ist von der Provinz aus gestaltet worden, und wolle Gott es möge so bleiben.« Dies ist das Pathos eines Mannes, der immer wohlgekleidet auftrat und den Eindruck hinterließ, daß er zwischen Motorradfahren, Segeln und Bergsteigen mal eben die Schreibmaschine auspacke. Er war ebenso der homme à bonnes fortunes wie der homme de lettres, der in den Jahren zwischen 1910 und 1924 seinen persönlichen Aufbruch spürte. Dabei fühlte er sich einer literarischen Elite zugehörig, die auf Individualität setzte und auf ein Zusammentreffen in Abgeschiedenheit. Der ästhetische Kreis, wie er sich um Stefan George gebildet hatte, faszinierte Edschmid. Nicht, daß er George als Person besonders schätzte, aber er liebte dessen Gedichte und sehnte sich nach immerwährenden ästhetischen Gesprächen. Der literarisch-künstlerische Kreis »Die Dachstube«, der sich 1915 in der Hoffmannstraße in Darmstadt um den Verleger Pepy Würth, um Carlo Mierendorff und Wilhelm Michels gebildet hatte und dessen Leitfigur Edschmid wurde, war ein Refugium innerhalb dieser Provinzialität, an das er sich zeitlebens gerne zurückerinnerte. »Die Dachstube« war mehr für ihn als nur das Flugblatt, das unter diesem Namen erschien. Sie war ein Programm der künstlerischen Ausnahmeexistenz und der individuellen Freiheit, sie war die gelebte Möglichkeit, wie sie Ernst Kreuder in seinem Roman »Die Gesellschaft vom Dachboden« beschrieb. Dieser Kreis, so Edschmid später, »sei der wohl tätigste, spirituellste und revolutionärste in der Literatur seit Georg Büchner« gewesen. Weit unpathetischer und realistischer blickte er auf die Darmstädter Sezession zurück, die 1919 auf seine und die Initiative des Malers Carl Gunschmann gegründet worden war und alle radikalen Kräfte Deutschlands verbinden wollte. Das mag zum Teil daran gelegen haben, daß dieser Bund weit erfolgreicher war als die »Dachstube«. Nicht nur bildende Künstler kamen hier zusammen, denn die Sezession stand allen geistig arbeitenden Menschen offen und trat schon bei ihrer Gründung dezidiert politisch auf. In der von Carlo Mierendorff herausgegebenen Zeitschrift »Tribunal – Hessische radikale Blätter« setzte sich Edschmid zu Beginn für kritische Haltung und politisches Engagement ein und sah die Zukunft nur innerhalb eines vereinten Europas. Die Erfahrungen des Ersten Weltkriegs, vor allem aber seine ausgedehnten Reisen nach Italien und Frankreich, prägten diese Sichtweise der Völkerverständigung und Aussöhnung.

Bei dieser Einstellung verwundert es nicht, daß 1933 für Kasimir Edschmid persönlich wie politisch eine Zäsur bedeutete. Auf die Bücherverbrennungen in München reagierte er erschreckt und verunsichert. Seine frühe expressionistische Prosa, von der er sich bereits 1920 mit den Worten »Nun kommt stille Arbeit. Ich bin für Leistung. Aber ich bin gegen Expressionismus, der heute Pfarrerstöchter und Fabrikantenfrauen zur Erbauung umkitzelt« losgesagt hatte, paßte nicht in die herrschende »Volkskultur«. Dennoch durfte Edschmid weiterhin seine Reisebücher veröffentlichen. Erst nachdem 1941 der fünfte und letzte Band seines großen Italienberichts erschienen war, erhielt er Schreibverbot. Edschmid, der sich immer auf der ganzen Welt zu Hause gefühlt hatte, ging in die innere Emigration. Er zog sich zurück und lebte mit seiner Familie in Tirol und später in Oberbayern. Erst nach dem Krieg, 1949, kehrte er nach Darmstadt zurück, und sein Interesse am literarischen Leben in Deutschland erwachte wieder. Er zählt zu den Mitbegründern des deutschen PEN und wurde mit dem Büchnerpreis geehrt. Es folgten zahlreiche weitere Auszeichnungen.

Am 31. August 1966 starb er überraschend in Vulpera in der Schweiz an einem Herzanfall. Der Tod hatte ihn im Urlaub überrascht. Doch die Trauerfeier und die Beisetzung fanden unter großer Anteilnahme der literarischen Welt in Darmstadt statt. Seine nachexpressionistischen Romane werden heute nur noch zur gehobenen Unterhaltungsliteratur gerechnet und sind trotz zahlreicher Neuauflagen fast vollständig vergessen. Was bleibt, ist der Theoretiker des frühen Expressionismus, der literarische Strömungen erkannte, bevor sie sich etablierten, und dann, als es soweit war, eigene Wege ging, sowie der Autor von historisch genauen Reisebüchern, die, mehrfach übersetzt, bis heute als Beispiel für die Verbindung von Dichtung und wissenschaftlicher Betrachtung gelten.

Otto Hahn

Von Heinrich Schiemann

Otto Hahn, diesem bedeutenden Mann, bin ich bei vielen Gelegenheiten begegnet, so mehrmals in seinem gemütlichen Büro in Göttingen, als er nach dem Zweiten Weltkrieg Präsident der Max-Planck-Gesellschaft war, dann während vieler der jährlichen Nobelpreisträgertagungen in Lindau am Bodensee und auch auf der Brüsseler Weltausstellung von 1958, deren Gelände bis heute von einem haushohen Modell eines Eisenatoms überragt wird. In einer der riesigen Stahlkugeln des Modells ist eine Nachbildung des Tischs zu sehen, an dem Hahn und dessen Mitarbeiter Fritz Straßmann 1938 die Entdeckung der Atomspaltung gelang. Für diese Leistung wurde Hahn 1945 mit dem Nobelpreis ausgezeichnet.

Hahn machte es Spaß, Journalisten aus seinem bewegten Leben zu berichten. Die Entdeckung der Atomspaltung war natürlich dessen Höhepunkt. Daß dieses Ergebnis reiner

Forschung zum Bau und Abwurf der ersten Atombombe geführt hatte, war nicht im geringsten seine Absicht gewesen. Aber Hahns Entdeckung hat das Atomzeitalter eröffnet, das inzwischen der Menschheit auch eine friedliche Nutzung der Atomenergie zur Erzeugung von elektrischem Strom beschert. Allerdings ist auch diese Nutzung – wie wir seit Tschernobyl wissen – problematisch.

Hahn war jedoch nicht nur einer der bedeutendsten Naturforscher dieses Jahrhunderts. Er war auch eine ungewöhnlich liebenswerte Persönlichkeit von einer »fast unzerstörbaren Fröhlichkeit und heiteren Gemütsart«, so Lise Meitner, seine langjährige, enge Mitarbeiterin. Er spielte gern seinen Ruhm herunter, indem er so tat, als wären seine Entdeckungen nur zufällig zustande gekommen. Unvergeßlich die Feier, die die Max-Planck-Gesellschaft anläßlich seines achtzigsten Geburtstages veranstaltete. Da hatte Hahn erzählt, daß er als ein einfacher Handwerksmeistersohn nur eine Oberrealschule besucht und daher kein Latein gelernt hätte. Von soviel Bescheidenheit gerührt, erhob sich der vor ihm sitzende damalige erste Bundespräsident Theodor Heuß, ging auf das Podium zu und drückte vor den Augen der zahlreichen Festgäste dem Jubiliar, der ihm entgegenkam, demonstrativ einen Kuß auf die Stirn, ein Bild, das dann durch alle Zeitungen ging.

In seinen Lebenserinnerungen erzählte Otto Hahn, der am 8. März 1879 in Frankfurt zur Welt gekommen war, nicht ohne Stolz, daß sein Vater in der Tönngesgasse ein gutgehendes Glasergeschäft betrieben hatte und so in der Lage gewesen war, zwei seiner vier Söhne auf die höhere Schule zu schicken und anschließend studieren zu lassen. Der älteste hieß Karl. Er selbst, Otto, war der jüngste. Aus der Schule stammte Hahns Grundeinstellung zur Religion. Weil seine Lehrer teils konservative, teils liberale Ansichten vertraten, fühlte sich der junge Schüler in seinen religiösen Gefühlen hin- und hergerissen und betete abends, um sich das Wohlwollen der überirdischen Macht, wie er sie nannte, zu sichern, das Vaterunser gleich mehrmals hintereinander. Später behielt Hahn sein Leben lang eine positive Grundeinstellung besonders zu den ethischen Aspekten der Religion. Zu einem Glauben an einen lebendigen Gott hatte sich Hahn allerdings nie durchringen können. Im Abiturzeugnis, dem drittbesten der Klasse, standen immerhin drei Einsen, aber nicht etwa in Chemie, Mathematik oder Französisch, sondern in Turnen, Singen und Religion.

Ohne sich viel Gedanken um seine berufliche Zukunft gemacht zu haben, beschloß Hahn schon in den letzten Schuljahren, Chemie zu studieren. Irgendwelche wissenschaftlichen Ambitionen hatte er hierbei nicht gehabt. Statt dessen knüpfte er, als er an der nächstgelegenen Universität Marburg mit dem Studium begann, Verbindungen zur Chemiefabrik Kalle in Wiesbaden. Als Hahn nach einem ruhig verlaufenen Studium und einem immerhin mit Magna cum laude bestandenen Doktorexamen soweit war, daß er hätte zu Kalle gehen können, wünschte die Firma, daß Hahn, damit er für spätere Auslandseinsätze sprachlich gerüstet sein würde, auf ein halbes Jahr nach London ginge. So kam er – auf Vermittlung seines Professors – zu dem berühmten Entdecker der Edelgase, Professor Sir William Ramsay, bei dem er sehr bald völlig überraschend ein neues Element entdeckte, das er Radiothorium nannte.

Dem offenbar begabten jungen Wissenschaftler riet Ramsay ab, in die Industrie zu gehen, und empfahl ihn dem im kanadischen Montreal forschenden, aus Neuseeland stammenden Ernest Rutherford. Dieser war durch die erstmalige Umwandlung eines Elements in ein anderes, nämlich Stickstoff in Sauerstoff, berühmt geworden. Später erhielt Rutherford den Nobelpreis und den Titel »Lord of Nelson«. Hahn beeindruckte die ungezwungene Atmosphäre, die in Rutherfords Institut herrschte, ganz im Gegensatz zu den steifen Umgangsformen, die zwischen den Professoren und deren Mitarbeitern im wilhelminischen Deutschland vor dem Ersten Weltkrieg üblich waren.

Ein Beispiel: Als Rutherford einmal für eine Zeitung fotografiert werden sollte, lieh ihm Hahn auf Wunsch des Fotografen zwei papierne Röllchen, zum Überziehen über die Hemdsärmel, »damit es besser aussähe«. In Montreal entdeckte Hahn dann noch das radioaktive Actinium, das Rutherfords Mitarbeiter übersehen hatten. Scherzhaft meinte Rutherford, Hahn habe wohl einen Riecher, einen »smell« für neue Elemente. Später verband die beiden großen Männer eine herzliche Freundschaft, die bis zu Rutherfords Tod anhielt. Übrigens hatte Rutherford ein Jahr vor seinem Tod erklärt, es würde wohl nie gelingen, die im Atom gefesselten Kräfte freizusetzen, was durch Hahns Entdeckung der Kernspaltung dann freilich widerlegt wurde.

Zurück in Deutschland, nahm ihn Geheimrat Fischer an seinem Chemischen Institut der Universität Berlin auf und ließ ihn dort seine radioaktiven Experimente fortsetzen. In Montreal hatte Rutherford diese noch als »seine und Hahns gemeinsame Verrücktheit« bezeichnet. Kaum hatte sich Hahn bei Fischer in einem provisorischen Labor, einer ehemaligen Holzwerkstatt, eingerichtet, entdeckte er eine im Periodischen System der Elemente zwischen dem Radiothor und dem Thorium liegende Substanz, die er Mesothorium nannte. Als Ersatz für das teure Radium gewann das Hahnsche Mesothorium für medizinische Zwecke bald große Bedeutung.

Zu einem großen Einschnitt in Hahns Leben wurde das Erscheinen der österreichischen Physikerin Lise Meitner, die bei Max Planck arbeiten wollte. Da sie schon radiochemisch gearbeitet hatte, fragte sie Hahn, ob sie zu ihm kommen könnte. Weil in Deutschland Frauen damals noch nicht an Universitäten zugelassen waren, durfte sie bei Hahn nur in der »Holzwerkstatt« arbeiten, aber nicht die Säle betreten, wo die Studenten arbeiteten. Das war der Beginn einer über dreißigjährigen Zusammenarbeit zwischen dem Chemiker und der Physikerin. Als höhere Tochter aus einer vornehmen jüdischen Familie hielt Lise Meitner, bei aller herzlichen Freundschaft, die sich mit der Zeit zwischen ihr und Hahn entwickelt hatte, ihr Leben lang auf Distanz. Als ich anläßlich des schon erwähnten achtzigsten Geburtstages von Hahn mit ihm, Lise Meitner und Fritz Straßmann, seinem früheren engsten Mitarbeiter, ein Fernsehgespräch führte, sagte Hahn: »Weißt du noch, Lise, eigentlich waren wir doch damals, in Dahlem, sehr fleißig. Häufig holten wir uns abends vor acht, bevor die Läden schlossen, noch etwas Aufschnitt und Käse.« Die beiden haben aber nie gemeinsam gegessen, sondern das Eingekaufte jeder für sich allein nach Hause genommen.

1912 wurde die Kaiser-Wilhelm-Gesellschaft gegründet und ein Jahr danach, als ihr erstes Institut, das für Chemie, in Anwesenheit des Kaisers feierlich eröffnet. Hierzu hatte Hahn dem Kaiser, der in Uniform erschienen war, ein im Dunklen leuchtendes radioaktives Präparat vorführen wollen. »Unmöglich«, sagte der Flügeladjudant, »wir können doch auf keinen Fall Majestät einen völlig verdunkelten Raum betreten lassen.« Also wurde eine schwache rote Lampe angebracht. Majestät war dann sehr freundlich und sagte auch zu der bescheiden im Hintergrund gebliebenen Lise Meitner ein paar nette Worte. Die Kaiser-Wilhelm-Institute überdauerten nach dem Kaiserreich auch noch die Weimarer Republik. Als Hitler 1933 zur Macht gekommen war, verloren die vielen jüdischen Wissenschaftler auch in den Kaiser-Wilhelm-Instituten ihre Stellungen, wogegen Planck und Hahn ergebnislos protestierten. Einer der Entlassenen war der Chemiker Fritz Haber, der für die Erfindung der Ammoniaksynthese den Nobelpreis erhalten hatte, ohne die Deutschland schon die ersten Monate des Ersten Weltkrieges nicht hätte durchstehen können, weil Ammoniak für die Produktion von Kunstdünger und Munition unentbehrlich gewesen war. Haber starb 1934. Als ein Jahr später Planck und Hahn zu einer Trauerfeier für Haber einluden, wurde allen Universitätsprofessoren eine

Teilnahme an der Feier verboten. Den Professoren der Kaiser-Wilhelm-Gesellschaft, die regierungsunabhängig war, konnte der NS-Kultusminister Rust eine Teilnahme nicht verbieten. Sie fand denn auch unter Plancks und Hahns Leitung und in Anwesenheit von Lise Meitner und vieler Frauen von verhinderten Professoren in würdiger Form statt.

Da Lise Meitner durch ihre österreichische Staatsangehörigkeit geschützt gewesen war, hatte sie auch zunächst bei Hahn bleiben können. Dies änderte sich schlagartig, als Österreich am 13. März 1938 dem Deutschen Reich einverleibt wurde. Ein vom Präsidenten der Kaiser-Wilhelm-Gesellschaft gestellter Antrag auf freie Ausreise wurde von Reichsinnenminister Frick und SS-Reichsführer Himmler abgelehnt. Die Begründung: Eine prominente jüdische Wissenschaftlerin würde im Ausland gegen Deutschland hetzen. Hahn beschloß, Lise Meitner so schnell wie möglich in Sicherheit zu bringen. Die niederländische Regierung erteilte ein Einreisevisum in die Niederlande, aber wie sollte die Ausreise angesichts ständiger Kontrollen aller Auslandszüge durch Polizei und SS gelingen? Soweit man den Ablauf der Flucht rekonstruieren konnte, brachte der mit Hahn befreundete holländische Chemiker Prof. Coster einen von der niederländischen Regierung ausgestellten Paß mit einem Foto von Lise Meitner nach Berlin, so daß sie bei der Ausreise, von Dr. Coster begleitet, die Grenze unbehelligt überqueren konnte.

Die letzten vier Jahre bis zu Lise Meitners Flucht hatte das aus ihr, der Physikerin, und den Chemikern Hahn und Straßmann gebildete Team versucht, durch einen Beschuß von Uran mit Neutronen, kleinen Atombausteinen, Elemente zu erzeugen, die schwerer als Uran sein würden und deshalb Transurane heißen sollten. Fünf Monate, nachdem Lise Meitner Dahlem verlassen hatte und nach Schweden gegangen war, passierte etwas, das damals weltweit sämtliche Physiker für ganz unmöglich gehalten hatten. Statt eines erwarteten Transurans fanden Hahn und Straßmann, die in ständigem treuen Briefkontakt mit Lise Meitner geblieben waren, Ende Dezember 1938 Barium. Das ist ein halb so schweres Element wie Uran, das eigentlich nur durch ein Zerplatzen von Uran, das physikalisch für unmöglich gehalten worden war, entstanden sein konnte. Die eingeweihte Lise Meitner begann umgehend die Sache mit einem bei ihr zu einem Weihnachtsbesuch weilenden Neffen, dem Physiker Otto Frisch, zu diskutieren. Da Hahn und Straßmann ausgezeichnete Experimentatoren waren, konnte an dem Ergebnis nicht gezweifelt werden. Noch auf einem Spaziergang kamen Tante und Neffe auf die physikalische Lösung des Rätsels: Offenbar waren durch den Neutronenbeschuß länglich gewordene Urankerne in Schwingungen geraten und mit, gemessen an ihrer Kleinheit, ungeheurer Energie in der Mitte auseinandergeflogen. Meitner und Frisch informierten unverzüglich den berühmten Physiker Nils Bohr in Kopenhagen, der gerade auf dem Weg in die USA war. Dort fand man heraus, daß beim Kernzerplatzen zusätzlich Neutronen zerplatzen würden und man nun mit der Möglichkeit einer lawinenartigen Kettenexplosion und der Konstruktion einer Bombe von ungeheurer Zerstörungskraft rechnen könnte.

Da nach der Einverleibung Österreichs ins Deutsche Reich die Bedrohung Europas durch Hitler ständig weiter zugenommen hatte, sah sich Einstein am 2. August 1939, das war vier Wochen vor Kriegsausbruch, veranlaßt, dem amerikanischen Präsidenten Roosevelt in einem geheimen Brief, um den Deutschen zuvorzukommen, den Bau einer amerikanischen Atombombe zu empfehlen. Da die amerikanische Bombe erst im Juli 1945, also zwei Monate nach der deutschen Kapitulation fertig und in der Wüste Neu-Mexikos erprobt wurde, blieb Deutschland von ihr verschont. Unmittelbar nach der Kapitulation Deutschlands waren dagegen Hahn und acht führende Physiker, darunter Heisenberg und von Laue, die beide den Nobelpreis erhalten hatten, verhaftet und für sechs Monate in einem komfortablen Landhaus in England interniert worden. Zwei Nachrichten erreichten dort die Internierten. Die eine über den Abwurf der Atombombe über Hiroshima am 6. August 1945, die andere über die Zuerkennung des Nobelpreises an Hahn für die Entdeckung der Kernspaltung. Die Nachricht über Hiroshima hatte Hahn so deprimiert, daß seine Kollegen fürchteten, er könne sich, weil er sich am Tod der zahllosen Opfer mitschuldig fühlte, etwas antun. Sie ließen ihn darum in der folgenden Nacht nicht aus den Augen, bis sie feststellten, daß er doch noch Schlaf fand. Mit der Rückkehr nach Deutschland begann Hahns letzter Lebensabschnitt. Als Präsident der neu gegründeten Max-Planck-Gesellschaft benutzte er das mit dieser Stellung verbundene Prestige immer wieder, um vor einem künftigen globalen Atomkrieg zu warnen. In seinem letzten Arbeitszimmer fiel mir ein Spruch auf, den Hahn, der stets zu Scherzen aufgelegt war, eingerahmt und seinem Schreibtisch gegenüber an die Wand gehängt hatte. Es war ein Ulkvers in der Form eines irischen Limerick und lautete:

To smash the atom all mankind
was intent
Now anyday the atom may
return the compliment.

Das Atom zu zertrümmern
War Absicht der ganzen Menschheit
Nun, jeden Tag, mag das Atom
das Kompliment erwidern.

Otto Hahn starb am 28. Juli 1968. Er wurde in Göttingen neben Planck und von Laue begraben.

Theodor W. Adorno

Von Rolf Wiggershaus

Dieser »große Hesse«, nach dem einer der renommiertesten Kulturpreise der Bundesrepublik Deutschland benannt ist, war ein eher kleiner rundlicher Mann mit spärlichem Haarkranz und dichten Brauen, dem man mit zunehmendem Alter immer deutlicher die südeuropäische Herkunft der Mutter ansah. Seine hinter Brillengläsern weit geöffneten Augen wanderten flink hin und her, als müsse er sich in jeder Sekunde dessen vergewissern, was um ihn herum vorging. Dabei sprach er, wie von hinter einer schützenden Glaswand her, in kunstvoll artikuliertem Deutsch, stets wohldurchdacht, in sachlich beschwörendem Ton. Ob bei Vorträgen, die er ablas; ob bei den Vorlesungen in den voll besetzten größten Hörsälen VI oder V der Frankfurter Universität, die er, gestützt auf einige wenige Seiten mit handschriftlichen Notizen, hielt; ob in den relativ intimen philosophischen Hauptseminaren – stets wurde man Zeuge einer pausenlosen Präsenz des Geistes in jedem Satz, jedem Wort, Zeuge eines libidinös besetzten, eines lustvoll unangestrengten Denkens.

Nur einmal war ich mit Adorno allein – im Frühjahr 1969 im Eckzimmer im Parterre des Instituts für Sozialforschung. An die vier Jahre hatte ich in Frankfurt am Main studiert. Nun wollte ich promovieren. Seit einigen Semestern hatte ich an den philosophischen Hauptseminaren Adornos teilgenommen. In ihnen wurde Hegel gegen Kant, Kant gegen Hegel und Marx gegen beide ausgespielt im Medium einer alle drei »aufhebenden« »Negativen Dialektik«. In der »Ergriffenheitsatmosphäre« (Herbert Schnädelbach) dieser Seminare hatte ich sowenig wie die meisten Studenten je eine längere Äußerung gewagt. Das blieb in der Regel Sache der Assistenten. Aber ich schrieb eine ganze Reihe von knappen Protokollen, die jeweils am Anfang der nächsten Sitzung vorgelesen wurden. Da auf den Scheinen, die es dafür gab, immer gute Noten standen, war ich offenbar nicht schlecht gewesen. Nun hatte ich die Sekretärin passiert, bei der ich mich für Adornos Sprechstunde angemeldet hatte, und stand im Zimmer des Direktors des Instituts für Sozialforschung, der er neben seiner Professur für Philosophie und Soziologie auch war. Mein Lieblingsdichter war seit langem Hölderlin. Das Originellste und als einziges wirklich Wichtige, was ich dazu kannte, war Adornos Aufsatz »Parataxis«. Das erwähnte ich. Es war aufrichtig, und er nahm es hin als aufrichtige Feststellung, ohne sich zu zieren oder mir Schmeichelei zu unterstellen. Er erwähnte, daß ich natürlich auch berücksichtigen müsse, was Bruno Liebrucks, ein Kollege am Frankfurter Philosophischen Seminar, über Hölderlin geschrieben habe. Dem konnte ich leicht zustimmen. Ich war ohne genaue Vorstellung gekommen. Nach drei, vier Minuten hatte Adorno den Titel für das gefunden, was mir vorschwebte: »Zum Verhältnis von Philosophie und poetischer Praxis bei Hölderlin«. Er verabschiedete mich so freundlich, wie er während all der Minuten gewesen war, und wie im Traum ging ich wieder hinaus mit einem Thema, bei dem die poetische Jugendliebe im philosophischen Dissertations-Thema aufgehoben war.

Wenige Monate später, am 6. August 1969, starb Adorno während des Urlaubs im Wallis in der Schweiz. Er erlag einem Herzinfarkt. Es war in diesem Jahr manches geschehen, was ihn betroffen gemacht hatte. Zum Beispiel war im April seine Philosophie-Vorlesung »Einleitung in dialektisches Denken« gesprengt worden. Im Juli hatte er vor Gericht aussagen müssen, nachdem Anfang des Jahres von den Leitern des Instituts für Sozialforschung die Polizei gerufen worden war, um das Institut von Studenten räumen zu lassen, denen wegen des Geschwindschritts, mit dem Adorno sie hatte um die Ecke kommen sehen, Besetzungsabsichten unterstellt worden waren, die sie bestritten. Zu diesen Studenten gehörte als Wortführer Adornos von ihm hochgeschätzter Schüler Hans Jürgen Krahl. Aber es waren nicht Erschrecken und Verbitterung über eine sich von ihm zunächst inspiriert fühlende und sich dann gegen ihn wendende Studenten- und Protestbewegung, die Adorno das Herz brachen. Eine enge Mitarbeiterin von ihm, Regina Becker-Schmidt, deren Erinnerungen zeigen, daß sie ihn in so vielfältigen Situationen erlebte wie wohl wenige sonst, erzählte überzeugende Beispiele dafür, daß Adorno auch im kritischen Jahr 1969 und in seinem Verhältnis zu den rebellierenden Studenten neben den professoral-direktoralen Zügen auch die anarchistischen behielt, die ihn stets von seinen Kollegen unterschieden. Die Fassaden des Instituts waren von oben bis unten mit Graffitis besprüht. »Adorno kam eines Morgens zu mir ins Zimmer ... und erkundigte sich sehr genau, wie man das macht ...: Was für Farben? Sprüht man das? Oder nimmt man Pinsel? ... Ich guckte ihn an – es war ein Schalk in seinen Augen – und fragte ihn: ›Sag mal, willst du etwa auch?‹ ›Ja‹, sagte er, ›ich möchte so gerne an die Wände schreiben: ›In diesem Krahl heulen die Wölfe!‹‹« (Becker-Schmidt in: J. Früchtl, M. Calloni, Hg., Geist gegen den Zeitgeist. Erinnern an Adorno, Ffm 1991, S. 10)

Als Adorno starb, war er noch nicht ganz 66 Jahre alt. Am 11. September 1903 war er in Frankfurt a. M. zur Welt gekommen. »Mein Vater«, so schrieb er in den 40er Jahren in einem Brief an Thomas Mann, der ihn um biographische Angaben für die Darstellung der Entstehung des »Doktor Faustus« gebeten hatte, »war deutscher Jude, meine Mutter, selbst Sängerin, ist die Tochter eines französischen Offiziers korsischer – ursprünglich genuesischer – Abstammung und einer deutschen Sängerin. Ich bin in einer ganz und gar von theoretischen (auch politischen) und künstlerischen, vor allem musikalischen Interessen beherrschten Atmosphäre aufgewachsen.« Oskar Wiesengrund hieß der Vater, ein Weingroßhändler mit Haus in Frankfurt und

Weingut im Rheingau; eine geborene Maria Calvelli-Adorno della Piana und katholisch war die Mutter. Dieser Konstellation entsprang ein Bildungsbürger im emphatischen Sinn.

Im Literaturarchiv in Marbach am Neckar erlebte ich eine Überraschung, als ich mir Anfang der 80er Jahre den Briefwechsel zwischen Adorno und seinem vierzehn Jahre älteren Freund und Mentor Siegfried Kracauer ansah, dessen Nachlaß sich dort befindet. Einem Brief aus den frühen 20er Jahren mit Adornos schwer leserlicher Handschrift lag ein Foto bei: ein schöner junger Mann mit Schnurrbart, schwarzen Brauen und sehnend am Betrachter vorbei in die Ferne blickenden Augen. Adorno achtzehnjährig. Mit Kracauer wollte Adorno nach Afrika reisen. Diese Reise, die, abgesehen von der ins US-amerikanische Exil, die einzige weite in seinem Leben gewesen wäre, kam nicht zustande.

Im Sommer 1924 hörte Adorno, neben dem Studium längst als Musikkritiker tätig, in Frankfurt am Main die Uraufführung von Alban Bergs »Wozzeck«. Nach dem Abschluß des Studiums ging er als Doktor der Philosophie Anfang 1925 zu Berg nach Wien mit dem Ziel, Komponist und Konzertpianist zu werden. »Eines Tages werden Sie sich, da Sie doch Einer sind, der nur auf's Ganze geht (Gott sei Dank!), für Kant oder Beethoven entscheiden müssen«, schrieb Berg Anfang 1926 seinem Schüler.

Adorno wurde zu etwas Drittem. Er wurde Komponist in sehr beschränktem Rahmen, Philosoph mit weitgespannten, weit ins Soziologische und Psychologische gespannten Interessen und, als Krönung von beidem, *der* Musikphilosoph des 20. Jahrhunderts, ja der Moderne. Gut die Hälfte der 20bändigen »Gesammelten Schriften« betrifft die Kunst, vor allem die Musik. Die »Gewalt der Rührung«, die Adorno auf so paradoxe, Hingerissenheit und Entsetzen amalgamierende Weise inspirierte, entsprang vor allem seiner musikalischen Erfahrung. Nicht weniger anrührend als Hölderlins Widmung des »Hyperion« für Susette Gontard

– »Wem sonst als Dir« – ist Adornos Widmung seines reichsten und poetischsten musikphilosophischen Buches – »Mahler. Eine musikalische Physiognomik« – an Gretel, seine Frau: das Faksimile einer Handschrift: »Für Gretel:« und dann ein dreitaktiges musikalisches Motiv mit der Anweisung »< (p) (zart)«.

1931 habilitierte Adorno sich bei dem Theologen und Philosophen Paul Tillich. Er wurde ein vielversprechender Privatdozent für Philosophie an der Frankfurter Universität. Zu seinen engsten Freunden gehörten Kracauer und Benjamin, zwei der bedeutendsten Intellektuellen der Weimarer Zeit, beide eigenwillig linke Meister der kleinen Form und des Essays. Adorno war ebenfalls mit Max Horkheimer befreundet, der Anfang der 30er Jahre die Leitung des 1923 gegründeten Frankfurter Instituts für Sozialforschung übernommen hatte. Mit der Machtentgegennahme der Nationalsozialisten verloren Kracauer und Benjamin ihre Existenzgrundlage als Literaturkritiker und Publizisten. Das Institut für Sozialforschung, als kommunistisch verfemt, mußte ins Ausland fliehen und übersiedelte zunächst in die Schweiz, dann in die USA. Adorno wurde 1933 die venia legendi entzogen. Er hoffte aufs Überwintern in einem faschistischen Regime, das er für kurzlebig hielt. Aber im Februar 1935 wurde ihm als »Nichtarier«, der sich nicht »aus der rassischen Gemeinschaft heraus seinem Volk verbunden und verpflichtet« fühle und deshalb für die »Verwaltung des deutschen Kulturgutes« nicht geeignet sei, von der Reichsschrifttumskammer die beantragte Aufnahme verweigert und die weitere Veröffentlichung schriftstellerischer Arbeiten verboten. Nach einigen Jahren als advanced student am Oxforder Merton College übersiedelte Adorno 1938 mit seiner Frau in die USA und wurde fester Mitarbeiter des von der New Yorker Columbia University freundlich aufgenommenen Instituts für Sozialforschung und wichtigster Mitarbeiter Horkheimers.

1941 folgte Adorno dem Institutsleiter und Freund an die

Westküste der USA. Bis 1949 lebte er in West Los Angeles, in einer Wohnung (mit einem Flügel als einzigem Luxus), nicht weit von Horkheimers Bungalow und zugleich nicht weit von Hollywood, dem Zentrum der Kulturindustrie. Das »Wiesengrund« verschwand aus seinem Doppelnamen, dem Image des Instituts zuliebe, das nicht als jüdische Institution in einem Land dastehen wollte, in dem es durchaus einen »sozialen Antisemitismus« gab, der Juden von manchen Hotels und Colleges ausschloß und einen jüdischen Präsidenten unvorstellbar machte. So kam die typisch US-amerikanische Namenskonstellation Theodor W. Adorno zustande.

Das US-amerikanische Exil wurde Adornos kreativste Zeit. So produktiv war er in seiner genialen Vielseitigkeit, daß Leo Löwenthal, Literatursoziologe und eine Art Generalsekretär des Instituts, Horkheimer gegenüber einmal gestand, die Intensität und Quantität von Adornos mündlicher und schriftlicher Produktion verursachte ihm Grauen. Und Friedrich Pollock, Ökonom, engster Freund Horkheimers seit Jugendzeiten und Kodirektor des Instituts, meinte, was nach den üblichen Maßstäben full time-Arbeit sei, nehme nur einen Bruchteil von Adornos Arbeitskapazität in Anspruch.

Zunächst war Adorno neben seiner Institutstätigkeit auch Mitarbeiter Paul Lazarsfelds, eines in den USA überaus erfolgreichen Sozialwissenschaftlers aus Wien. Lazarsfeld hatte sich Adorno mit seinen »europäischen Ideen« als Leiter des musikalischen Teils des Princeton Radio Research Project gewünscht, einer von der Rockefeller Foundation finanzierten großangelegten Untersuchung über die Rolle des Rundfunks für verschiedene Hörertypen. Nach zwei Jahren endete Adornos Mitarbeit bei diesem Projekt, weil die Geldgeber von diesem radikalen Kritiker des US-amerikanischen Rundfunksystems keine brauchbaren Reformvorschläge mehr erwarteten. Von 1942 bis 1944 arbeitete Adorno zusammen mit Horkheimer an jenem work in progress über materialistische Dialektik, das 1947 unter dem Titel »Dialektik der Aufklärung« im Amsterdamer Querido Verlag erschien und weltberühmt wurde. Vereinzelt entstanden in dieser Zeit auch noch Kompositionen, beispielsweise »Zwei Propagandagedichte von Brecht« für Singstimme und Klavier. Seit 1944 war Adorno auch an dem großen Antisemitismus-Projekt beteiligt, das vom Institut entworfen worden war und vom American Jewish Committee finanziert wurde. Das Resultat des von Adorno geleiteten Teilprojekts über Wesen und Ausmaß des Antisemitismus und die Möglichkeiten seiner Feststellung und Bekämpfung mit wissenschaftlichen Mitteln war »The Authoritarian Personality« als wichtigster Band der »Studies in Prejudice«. Daneben entstand eine Max Horkheimer gewidmete Aphorismensammlung, die »Minima Moralia«: »Reflexionen aus dem beschädigten Leben«, deren Spektrum vom Entlarvenden und bis zur Kälte Scharfen bis zu privaten Anspielungen spielerischer und schwärmerischer Natur reichte. Zusammen mit dem Schönberg-Schüler und Brecht-Freund Hanns Eisler schrieb Adorno außerdem ein Buch über »Komposition für den Film«. Ferner war er musikalischer Berater Thomas Manns bei dessen Roman »Doktor Faustus«. Schließlich schloß er im Sommer 1948 das Manuskript eines Buches über die »Philosophie der neuen Musik« ab, das, wie so vieles in der Emigration Entstandene, erst später, in der Bundesrepublik, veröffentlicht wurde.

Adorno wurde sowenig wie die meisten vom nationalsozialistischen Deutschland Vertriebenen oder davor Geflohenen zurückgebeten. Er kehrte zurück zunächst als Stellvertreter des bereits wieder in sein Amt eingesetzten Horkheimer. Keiner der drei aus dem Horkheimer-Kreis, die nach Europa, nach Deutschland zurückkamen, zeigte sich so ergriffen wie Adorno. »Die Rückkunft nach Europa«, schrieb er im Oktober 1949 an Horkheimer, »hat mit einer Gewalt mich ergriffen, die zu beschreiben mir die

Worte fehlen ... Was hier noch ist, mag historisch verurteilt sein und trägt die Spur davon deutlich genug, aber daß es noch ist, das Ungleichzeitige selber, gehört auch zum geschichtlichen Bild und birgt die schwache Hoffnung, daß etwas vom Menschlichen, trotz allem, überlebt.«

Als Adorno im Herbst 1949 in Frankfurt am Main eintraf, war er 46 Jahre alt. Erst 1957 wurde er hier ordentlicher öffentlicher Professor. Das brauchte kein Grund zur Klage zu sein. Es gab genug Emigranten, die es schwerer hatten und denen es schlechter ging. Aber man muß dabei die Relationen insgesamt im Auge behalten, und dazu gehört, daß im Mai 1951 ein auch von der SPD gebilligtes Gesetz zu Artikel 131 Grundgesetz verabschiedet wurde, das für die Wiederanerkennung der Versorgungsansprüche bisher »belasteter« Personen sorgte, die am Ende des Dritten Reichs im öffentlichen Dienst tätig gewesen waren. Anhand einer vom Bundesinnenministerium zusammengestellten Liste mußte gar bei jeder Berufung geprüft werden, ob nicht jemand aus dem Kreis der 131er-Hochschullehrer fachlich geeignet sei. Der mußte dann vorgezogen werden. Für solche Verhältnisse hat Adorno es dann doch noch weit gebracht.

Der Fleiß des Genies war auch nach der Rückkehr unvermindert. Ohne Adorno wäre das Institut für Sozialforschung schwerlich überlebensfähig gewesen. Immer mehr prägte Adorno daneben das intellektuelle Klima in der Bundesrepublik im Sinne einer progressiven Kulturkritik. Seine Vorträge und Essays, seine Rundfunk- und Zeitschriftenbeiträge, seine in den 60er Jahren entstandenen großen Bücher – die »Negative Dialektik« und die »Ästhetische Theorie« – waren geprägt von einem aufklärerischen Geist, der seinen romantischen Impulsen treu blieb.

»Der böse Kamerad« hatte Adorno zunächst als anspielungsreichen Titel für die »Minima Moralia« vorgesehen. Der so überschriebene Aphorismus stellt die Verbindung her zwischen den Erfahrungen eines frühreifen und behüteten Kindes aus bildungsbürgerlichem Hause mit seinen Schulkameraden und dem kaum auf Widerstand stoßenden staatlich sanktionierten Terror des Dritten Reichs. Die Utopie, die Adorno unter dem nüchternen Titel »Melange« im 66. Aphorismus der »Minima Moralia« als Frucht eigener Erfahrungen formulierte, war: Der bessere Zustand sei der, »in dem man ohne Angst verschieden sein kann«. Eine eigentlich bescheidene, aber doch eine sehr romantische Utopie.

Georg-August Zinn

Von Gerhard Beier

In der Reihe der hessischen Staats- und Ministerpräsidenten von Carl Ulrich bis Walter Wallmann ist Georg-August Zinn als der erfolgreichste anzusehen. In ihm verband sich die Leidenschaft des Arbeiterführers mit der Sachkunde eines Staatsrechtslehrers und dem Durchsetzungswillen eines strategischen Kopfes. Seine Leistung ist schwerlich wiederholbar, denn die Jahre seiner größten Wirksamkeit waren Gründerjahre in Hessen wie im Bund. Durch zwanzig Regierungsjahre – von 1950 bis 1969 – stand Zinn an der Spitze eines sozialdemokratisch geführten Flächenstaates in Mitteleuropa, der sich mehr und mehr als Gegenmodell zur Adenauerschen Kanzlerdemokratie darstellte. Früh war Zinn als Kanzlerkandidat der SPD im Gespräch. Spät kam die Frage der Kandidatur zum Bundespräsidenten auf ihn zu. Aber Zinn und Hessen, Hessen und Zinn, das waren zwei Seiten der gleichen Medaille: vorne sein scharfes Profil, hinten der gestreifte hessische Löwe. Seine Identifikation mit dem hessischen Staat und den Leuten im Lande erlaubte keinen Wechsel in die Bundeshauptstadt.

Dabei war Zinn nicht nur hessisch gesinnt, sondern gesamtdeutsch, um nicht zu sagen »national« wie seine Freunde Kurt Schumacher und Herbert Wehner. Zinn sah die nationale Frage nicht im Gegensatz zur sozialen, sondern im spannungsvollen Einklang mit ihr. Dazu zitierte er immer wieder ein Wort des großen französischen Sozialisten Jean Jaurès, daß »alle Vaterländer« wie »schwingende Saiten an der Lyra der Menschheit« wirken sollten. Für Zinn war das kein bloßes Bekenntnis. Unmittelbar nach 1945 hatte er zusammen mit Adolf Arndt und Karl Geiler die Lehre vom Fortbestand der deutschen Nation in einem Staat begründet. Als hessischer Justizminister setzte er sich mit dieser kühnen These auf den wichtigsten Juristentagen durch. Die Lehre vom Fortbestand des deutschen Nationalstaates ging nicht zuletzt durch das Wirken Zinns 1949 unmittelbar in die Präambel des Grundgesetzes ein, die vierzig Jahre später ihre Gültigkeit deutlicher bewies, als lange Jahre geglaubt worden war.

Zinn kam am 27. Oktober 1901 in Sachsenhausen zur Welt, war also gebürtiger Frankfurter, doch galt er als Mann aus Kassel, der nordhessischen Metropole. Er redete mit einem ganz eigenen, vermischten Tonfall, einer regionalen Färbung, die sich gleichwohl weder auf Frankfurter, noch Wetterauer, noch Kasseler Mundart festlegen ließ. Zinn pflegte einen großhessischen Akzent. In seiner hochgewachsenen Gestalt mit dem langen Schädel, den blonden Haaren und dem steifen Gang wirkte er wie ein nach Süden verschlagener Niedersachse. Tatsächlich kam seine Familie aus der Göttinger Gegend und aus dem nordhessischen Knüllgebiet. Zinns Vater arbeitete zuletzt als Oberingenieur bei der Firma Henschel in Kassel und tendierte zur nationalliberalen Politik des Kasseler Oberbürgermeisters Erich Koch-Weser.

Der frühe Tod des Vaters mitten in Nachkriegselend und Inflation stürzte die Familie in tiefe Not. Der junge Zinn mußte für seine hilflose Mutter, die ältere Schwester und zwei jüngere Brüder sorgen. Zugleich waren die Grundlagen für das eigene Studium der Rechtswissenschaften zu legen. Er schaffte das mit außerordentlichem Fleiß und Geschick als Nachhilfelehrer und junger Verwaltungsbeamter. Dabei halfen ihm Freunde aus der Arbeiterjugend, insbesondere einige Söhne aus der Familie Wittrock, die seinen politischen Weg in der Sozialdemokratie von 1919 bis an das Lebensende begleiteten.

Nach der 1. juristischen Staatsprüfung, die er 1927 in Berlin ablegte, begann Zinn 1928 als Gerichtsreferendar in Kassel. Er entfaltete eine lebhafte Vortragstätigkeit und nahm von 1929 bis 1933 als Stadtverordneter in Kassel sein erstes politisches Mandat wahr. Dabei kam es zu Konfrontationen mit Roland Freisler, dem späteren Blutrichter am sogenannten Volksgerichtshof, der im Kasseler Stadtparlament erste Proben seiner tobsüchtigen Auftritte lieferte.

Während des aufkommenden NS-Terrors im Frühjahr 1933 nutzte Zinn mutig seine Möglichkeiten als Anwalt, um die Opfer zu schützen und das Unrecht öffentlich erkennbar zu machen. Er arbeitete dabei mit seinem Bruder Karl Zinn (1906-1943) in der Widerstandsorganisation des »Roten Stoßtrupp« zusammen. Während die Mutter in Sippenhaft genommen und der Bruder zu mehreren Jahren Haft verurteilt wurde, gelang es Zinn, sich selbst und die weitere Familie der Strafverfolgung zu entziehen. Er schlug sich als Rechtsanwalt durch, wurde 1940 eingezogen, 1941 in Frankreich stationiert und meldete sich 1942 an die Ostfront, um dem Zugriff der politischen Polizei zu entgehen. Trotz seiner Verbindungen zu Verschwörern des 20. Juli (Adolf Reichwein und Ernst von Harnack) blieb Zinn bis Kriegsende in der Truppe, geriet im Mai 1945 in amerikanische Kriegsgefangenschaft und wurde im Juni nach Kassel entlassen, wo er als Landgerichtsdirektor in den Justizdienst ging.

Am 28. Oktober 1945 wurde Zinn durch Ministerpräsident Karl Geiler zum Justizminister von Groß-Hessen ernannt. In dem Allparteienkabinett des parteilosen Geiler profilierte sich Zinn rasch als stärkste politische Potenz der hessischen Sozialdemokratie. Er kümmerte sich um zahlreiche Gesetzgebungsvorhaben und besonders um die Landesverfassung, die im Dezember 1946 in einer Volksabstimmung mit großer Mehrheit einschließlich des Sozialisierungsartikels 41 beschlossen wurde. Zinn ließ sich durch Adolf Arndt in den wichtigsten Rechts- und Verfassungsfragen beraten, erwies sich aber zugleich selber als wissenschaftlich versierter und durchsetzungsfähiger Rechtspolitiker weit über die Landesgrenzen hinaus. Parteienstaat, Sozialstaat und Kulturstaat – das alles wurde durch Zinn in einem sehr frühen Stadium des verfassungsrechtlichen Wiederaufbaus auf die Reihe gebracht, wobei er auch so moderne Fragen wie die öffentlich-rechtliche Medienverfassung nicht außer acht ließ. Der SPD-Parteivorstand in Hannover unter Kurt Schumacher erkannte vieles als modellhaft und vorbildlich, was unter Zinn in Hessen vorbereitet und durchgesetzt worden war.

Als Mitglied des Parlamentarischen Rates in Bonn erlangte Zinn 1948/49 eine Schlüsselfunktion, weil er den Vorsitz im Rechts- und Redaktionsausschuß innehatte und zusammen mit Thomas Dehler (FDP) und Heinrich von Brentano (CDU) die Fassung letzter Hand bestimmte. Obwohl die Sozialdemokratie durch die Krankheit Schumachers in dieser Phase geschwächt war, gelang durch Zinn die finanzpolitische Stärkung des Bundes gegenüber den Ländern, so daß separatistische Vorstellungen, die insbesondere von der bayerischen CSU und von der französischen Besatzungsmacht favorisiert wurden, am entschlossenen Vorgehen der Sozialdemokraten im Parlamentarischen Rat scheiterten.

Es gehört zur Ironie der Gründungsgeschichte der Bundesrepublik, daß die erste Regierung Adenauer in den Genuß der Früchte dieses sozialdemokratischen Kraftaktes gelangte. Die traditionell einheitsstaatlich orientierte Sozialdemokratie gewöhnte sich nur langsam an die Spielregeln des kooperativen Föderalismus, wobei Zinn in der

Funktion des Hessischen Ministerpräsidenten von 1950 bis 1969 wiederum eine Schlüsselrolle zukam, denn er verband die intime Kenntnis der Landes- und Bundesverfassung mit der Führung des einzigen langfristig sozialdemokratisch regierten Flächenstaates im Konzert der Bundesländer.

Mit seiner ersten großen Regierungserklärung vom 10. Januar 1951 formulierte Zinn die gültige Alternative zur Politik der Bundesregierung unter Konrad Adenauer. Dabei setzte er nicht auf Konfrontation, sondern auf Kooperation mit Kräften aus der CDU, die bis Ende 1950 an der Landesregierung in Wiesbaden beteiligt gewesen waren.

Ein zentraler Begriff in der Politik Zinns lautete »Integration«, ohne daß er diese Begrifflichkeit philosophisch weiter ausführte. Der »Kleine Hessenplan« des ersten Kabinetts Zinn diente vor allem der Integration der vielen Flüchtlinge, die dieses traditionell arme Bundesland hatte aufnehmen müssen. Der »Große Hessenplan« zielte auf eine allgemeinere gesellschaftliche Integration, auf Angleichung von Lebensverhältnissen in Stadt und Land, auf sozialen Ausgleich und auf ein integriertes Bildungswesen, wenn man so will: auf einen konstruktiven Sozialismus der produktiven Arbeit und der infrastrukturellen Unterstützung wirtschaftlicher und gesellschaftlicher Innovationen. Durch eine Politik der wirtschaftlichen und sozialen Integration wandelte die Demokratie sich von einer aufgesetzten Staatsform idealtypisch in eine Selbstregierung des Gemeinwesens von Betrieb und Gemeinde über das Land bis zum Bund und darüber hinaus. »Die Demokratie ist nicht nur eine Staatsform, in der eine bestimmte institutionelle Gliederung die Handhabung der staatlichen Macht regeln oder vor ihrem Mißbrauch schützen soll. Sie ist vor allem eine Lebensform.«

Zinn diente dieser Politik, indem er eine Vielzahl öffentlicher Ämter miteinander verband und intensiv nutzte: Ministerpräsident und gleichzeitig Justizminister; Ministerpräsident und gleichzeitig Präsident des Bundesrates;

Ministerpräsident und gleichzeitig Vorsitzender des Vermittlungsausschusses; Ministerpräsident und gleichzeitig Landesvorsitzender der SPD, Bezirksvorsitzender der SPD, Mitglied des Bundesvorstandes der SPD; Ministerpräsident und Aufsichtsratsvorsitzender der Flughafen AG; Ministerpräsident und Vorsitzender des Verwaltungsrates der Helaba und vieles andere mehr. Wenn man ihn fragte, ob es ihm nicht zuviel werde, pflegte er zu verneinen. Als typische Redewendung Zinns in solchen Lagen wurde ein Wort in hessischer Mundart überliefert: »Mer nemm' es uff uns!«

Die freiheitlich demokratische Grundordnung war für Zinn keine starre Formel, sondern eine erkämpfte Lebensform, die es zu verteidigen galt, und zwar bis in die kritischen Auseinandersetzungen der 68er Bewegung. Seine letzten Sorgen und Pläne galten der Verbindung von Bildung, Kultur und Demokratie. Er konnte sein Lebenswerk nicht vollenden, weil ein Schlaganfall ihn im April 1969 mitten aus seinem Schaffen riß. Zinn starb im 75. Lebensjahr am 27. März 1976 in Wiesbaden. Er liegt dort auf dem Südfriedhof begraben.

Sein letzter Schlachtruf im politischen Kampf war dem Liedgut der Arbeiterbewegung entlehnt: »Das Banner steht, wenn der Mann auch fällt.«

Eugen Kogon

Von Alfred Grosser

April 1949, die Nummer 1 der Zeitschrift »Allemagne« erscheint. Ich habe sie im Auftrag des »Comité français d'échanges avec l'Allemagne nouvelle« herausgegeben, das von französischen Widerstandskämpfern aller Richtungen geschaffen worden ist. In dieser ersten Nummer finden sich u. a. ein Aufsatz von Walter Dirks (»Der Standpunkt eines Deutschen«) und die Ankündigung eines Vortrags von Eugen Kogon, »co-directeur des *Frankfurter Hefte*, auteur de *Der SS-Staat, L'enfer organisé*« (so der Titel der französischen Ausgabe des Buches über das System der deutschen Konzentrationslager, das Kogon 1946 veröffentlicht hatte). Kogon soll am 9. Mai (kein Zufall!) an der Sorbonne zum Thema »Deutschland heute« (»L'Allemagne d'aujourd'hui«) sprechen.

So lernte ich Kogon kennen, durch diese Einladung und dann durch das große Lachen, als ich versuchte, seinen mitgebrachten Text zu übersetzen. Er schrieb furchtbar lange Sätze, und ich meinte zu ihm: »Das kann doch kein Mensch so sagen.« Aber er sagte es doch, und es klang sehr überzeugend. Ich veröffentlichte seinen Vortrag über »Die Mitverantwortung der Franzosen bei der Zukunft Deutschlands« dann in der folgenden Nummer von »Allemagne«. Denn was Kogon sagte, war etwas sehr Wesentliches.

Es war übrigens nicht der erste Kontakt, den Kogon mit Frankreich hatte. Ich glaube, bereits im August 1947 hatte er zu den Teilnehmern eines deutsch-französischen Schriftstellertreffens in Lahr gehört, das von dem Jesuitenpater Jean du Rivau, dem Begründer der deutsch-französischen Beziehungen nach dem Krieg, organisiert worden war. Aber der Vortrag an der Sorbonne war Kogons erster Auftritt in Frankreich.

Kogon ist oft zu sehr als Katholik dargestellt worden. Er selbst bekannte sich auch zu seinem Glauben, und der Gründer unseres Komitees, Emmanuel Mounier, war ebenfalls Katholik. Aber was die »Frankfurter Hefte« mit Mouniers Zeitschrift »Esprit« verband, war weniger das Katholische als das Linkssein. Das gilt auch für Europa schlechthin. Wenn danach gefragt wird, wer Europa eigentlich geistig-moralisch gegründet habe, dann antworte ich immer: Es waren ein Franzose, ein Deutscher und ein Italiener: nicht Schuman, Adenauer und De Gasperi, sondern Henri Frenay, Eugen Kogon und Altiero Spinelli. Henri Frenay war Chef unserer größten Widerstandsbewegung

»Combat« gewesen. Kogon hatte die Jahre 1939 bis 1945 im KZ Buchenwald verbracht, und Spinelli kam aus Mussolinis Gefängnissen.

Die drei zusammen gründeten die erste europäische Bewegung nach dem Krieg. Das wird heute völlig vergessen – auch in Deutschland. Europa ist nicht aus wirtschaftlichen Gründen entstanden, sondern aus einer transnationalen Mitverantwortung für die Zukunft.

Randbemerkung: Wenn der deutsche Verteidigungsminister Volker Rühe zum 40jährigen Bestehen der Bundeswehr im Oktober 1995 sagte, die jungen Soldaten »übernehmen Mitverantwortung für Freiheit und Menschenwürde anderer«, dann liegt das ebenso auf dieser Linie wie die französische Verfassung von 1946, die mit dem prägnanten Satz begann: »Wir haben gesiegt über Regime, die versucht hatten, die Menschen (la personne humaine) zu versklaven und zu entwürdigen.« Dieser Gedanke war das Positivste an Kogon und seinen Aktivitäten. Seine spätere politische Tätigkeit (u. a. als Publizist, als Herausgeber der »Frankfurter Hefte«, zusammen mit Walter Dirks von 1946 bis 1984, und als Moderator des Fernsehmagazins »Panorama«) konnte ich nicht immer ganz billigen. Er und Dirks, meine beiden Freunde, haben die Bundesrepublik manchmal zu schwarz gesehen und sind dann für Dinge auf die Barrikaden gegangen, die es in meinen Augen nicht verdienten, wie zum Beispiel der Kampf gegen die Notstandsgesetze 1967/68. Denn die Notstandsgesetze waren nur deshalb da, weil sie die Alliierten gefordert hatten, um Deutschland wieder Souveränität geben zu können. Mehr war es nicht.

Kogon verhielt sich auch manchmal zu nett zur Sowjetunion, etwa 1964, als er mit Ossip Flechtheim nach Moskau fuhr. Das war eine gewisse Mode damals. Aber in seinen Grundsätzen ist er sich immer völlig treu geblieben. Wir hatten auch dieselbe Meinung, als er zugleich gegen die Berufsverbote und gegen das berüchtigte Russell-Tribunal über Deutschland war, da, wo gesagt wurde, der Bundesrepublik müsse der Prozeß gemacht werden, weil sie mit den Berufsverboten illiberal sei, und wo kein Wort über die DDR fiel. Als hätte man den Wahn in der Bundesrepublik gegen die »bösen Linken« verstehen können, ohne die Existenz der DDR zu sehen. Denn unter denen, die am meisten für die Berufsverbote eintraten, waren auch Sozialdemokraten, die direkt nach dem Krieg unter der totalen Intoleranz im Osten gelitten hatten.

Vielleicht war der schönste Moment der Bekanntschaft mit Kogon (den ich nicht so oft wie Dirks sah, weil ich mehr in die Freiburger Gegend kam als nach Darmstadt) die Feier am 2. Februar 1978 zu seinem 75. Geburtstag in der TH Darmstadt, wo er von 1951 bis 1978 als Professor für Politische Wissenschaften gelehrt hatte. Hans Mayer und ich sprachen über die Rolle des politischen Schriftstellers, über Eugen Kogon und über das, was in Deutschland bei den folgenden Generationen der sogenannten Politologen so schlecht angeschrieben ist. Man kann, so unsere Meinung, Politik wissenschaftlich untersuchen und dabei sowohl Journalist als auch im politischen Leben präsent sein – und dazu noch ein verständliches Deutsch schreiben. Ein Mann wie Kogon ist, wie Dolf Sternberger und teilweise auch Theodor Eschenburg, von der Generation der theorieversessenen Politologen, die nur abstrakt sprechen, beiseite geschoben worden. Er hatte ja nichts »Besonderes« zu sagen. Und das finde ich ungerecht. Ich gehöre nämlich auch zu denen, die versuchen, zugleich zu analysieren und Engagement zu zeigen – und das in der gleichen Sprache.

Wenn Sie Kogon lesen, verstehen Sie, was er geschrieben hat. Wenn Sie Kogon hören, verstehen Sie, was er gesagt hat. In diesem Sinn war er ein Mann der Überlegungen, ein Mann des Engagements. Ich bin mir nicht ganz sicher, ob Joachim Kaisers Urteil von 1983, Kogon hätte eine »temperamentvolle Ruhe« gehabt, ganz richtig ist. Ich finde aber den Ausdruck »temperamentvolle Ruhe« sehr schön, auch wenn Kogon vielleicht doch mehr Temperament als Ruhe hatte, denn Ausgeglichenheit war nicht immer seine Sache. Er kämpfte, aber er war immer freundlich. Ich jedenfalls habe ihn nur in freundlichen Momenten erlebt. Er war aufgeschlossen für andere, wohlwollend, und vielleicht ist das der Grund, daß er, genau wie sein brüderlicher Freund Dirks, bis ins hohe Alter für Jugendliche ansprechbar blieb und von Jugendlichen angesprochen wurde. Beides gehört nicht unbedingt zusammen. Aber bei Kogon war sowohl die Ansprechbarkeit da wie die Suche, mit Jugendlichen Kontakt zu bekommen.

War er nun, wie Walter Jens ihn 1980 anläßlich der Verleihung der Buber-Rosenzweig-Medaille charakterisierte, ein »christlicher Nathan«? Das weiß ich nicht. Ich muß gestehen, mit Dirks oft über dessen Glauben gesprochen zu haben. Ich bin aber nie dazu gekommen, das gleiche mit Kogon zu tun. Mein Eindruck ist, aber das kann eigentlich niemand von außen sagen: Kogon war weniger katholisch als Dirks, aber er war mehr engagiert in der Zeit. Was seine Quellen waren, aus denen er lebte, weiß ich weniger als bei Dirks, aber mit Sicherheit war Buchenwald seine Hauptquelle, das »Nie wieder«. Allerdings nicht im Sinne dieses dummen »Nie wieder«, was 1994/95 soviel gesagt worden ist, während in Tschetschenien, Ruanda und Bosnien eben das gerade wieder geschah. Nein, sein »Nie wieder« hieß, nie wieder nichts zu tun gegen etwas, das aussieht wie Intoleranz und gegen die Freiheit des Geistes gerichtet ist. Das heißt, die Freiheit des Geistes immer und überall zu respektieren und kämpferisch zu verteidigen. Und hier ist Nathan ein Name, den ich gern habe. Ich fühle mich auch als Sohn Nathans des Weisen, aber unter einer Bedingung, die auch für Kogon und Dirks galt, nämlich daß das Wort »Toleranz« in Klammern gesetzt wird. Denn heute hat Toleranz leider eine andere Bedeutung gewonnen: Mir ist egal, was du tust, vorausgesetzt, dir ist egal, was ich tue. Das ist nicht die engagierte Toleranz des Eugen Kogon, das »Ich möchte dich mit meinen Gedanken beeinflussen, bin aber auch für deinen Einfluß offen«.

Kogon hat versucht, die Welt zu verändern. Auf europäischem Gebiet war er dabei sehr erfolgreich. In Deutschland ist in den letzten Jahren, glaube ich, seine Wirkung etwas verblaßt. Immer ist er anderen gegenüber offen gewesen, damit etwas erreicht werde, denn auch der andere sollte Einfluß auf die Gesellschaft und natürlich auch auf sich selber ausüben, um aufgeschlossen für die Welt zu bleiben.

Ich war nicht eng mit Eugen Kogon befreundet, aber er hat mich von 1949 an mitbestimmt. Wenn es Männer wie Kogon gibt, dann lohnt es sich, in Frankreich für Deutschland zu streiten und Deutschland voranzubringen, indem man mitwirkt.

Die Autoren

Gerhard Beier, Dr.; Publizist, Kronberg
Klaus Beyrer, Dr.; Kommissarischer Leiter des Museums für Post und Kommunikation Frankfurt
Henning Boetius, Dr.; Schriftsteller, Fulda
Eva Demski; Schriftstellerin, Frankfurt
Georg Denzler, Dr.; Professor für Kirchengeschichte an der Universität Bamberg
Fritz Ebner, Dr.; Arzt und wissenschaftlicher Leiter der Darmstädter/Weimarer Merck-Ausstellung (1991)
Klaus Eiler, Dr.; Hessisches Hauptstaatsarchiv Wiesbaden
Alfred Estermann, Dr.; Stadt- und Universitätsbibliothek Frankfurt, wissenschaftlicher Leiter der Frankfurter Börne-Ausstellung (1986)
Hadwiga Fertsch-Röver; Journalistin, Frankfurt
Iring Fetscher, Dr.; em. Professor für Politikwissenschaft an der Universität Frankfurt
Josef Fleckenstein, Dr.; em. Professor für ältere Geschichte an der Universität Göttingen
Eckhart G. Franz, Dr.; Honorarprofessor der TH-Darmstadt, Leiter des Hessischen Staatsarchivs Darmstadt
Ruth Führer, Dr.; Journalistin, Frankfurt
Franz Josef Görtz, Dr.; Redakteur Frankfurter Allgemeine Zeitung
Alfred Grosser, Dr.; em. Professor am Institut d'Etudes Politiques der Universität Paris
Klaus Günzel; Publizist, Zittau
Jan-Christoph Hauschild, Dr.; Publizist, Heinrich-Heine-Institut, Düsseldorf
Herbert Heckmann, Prof., Dr.; Schriftsteller, Präsident der Deutschen Akademie für Sprache und Dichtung, Darmstadt
Barbara M. Henke, Dr.; Journalistin, Frankfurt
Dieter Hildebrandt, Dr.; Schriftsteller, Jossgrund
Wolfram Heitzenröder, Dr.; Museum Rüsselsheim

Herfried Homburg, Dr.; Leiter der Louis-Spohr-Gesellschaft, Kassel

Matthias Jung, Dr.; Dozent an der philosophischen Fakultät der Universität Frankfurt

Matthias Kamann, Dr.; Redakteur Frankfurter Allgemeine Zeitung

Heribert Klein, Dr.; Redakteur Frankfurter Allgemeine Zeitung

Eva Ludwig; Journalistin, Offenbach

Karl Robert Mandelkow, Dr.; Professor für Literaturwissenschaft an der Universität Hamburg

Ursula May; Journalistin, Frankfurt

Peter Moraw, Dr.; Professor für mittelalterliche Geschichte an der Universität Gießen

Renate Netter-Reinsel; wissenschaftliche Konzeption (zusammen mit Peter Laub) der Hutten-Gedenkausstellung (1988)

Wolfgang Promies, Dr.; Professor für Literaturwissenschaft an der TH-Darmstadt

Hans Sarkowicz; Hessischer Rundfunk, Leiter Programmbereich Kultur und Wissenschaft

Hans Otto Schembs; Publizist, Frankfurt

Heinrich Schiemann; Journalist, Taunusstein

Christian Schütze, Dr.; Publizist, Wolfratshausen

Ulrich Sonnenschein, Dr.; Publizist, Frankfurt

Birgit Spielmann; Journalistin, Frankfurt

Ruthard Stäblein; Publizist, Frankfurt

Siegfried Unseld, Dr. Dr. h. c., Honorarprofessor der Universität Heidelberg; Verleger, Suhrkamp und Insel Verlage, Frankfurt

Otto Weber; Museumsleiter, Ober-Ramstadt

Uwe Wesel, Dr.; Professor für Rechtsgeschichte an der Humboldt Universität, Berlin

Karl-Heinrich Wiederkehr, Dr.; Privatdozent für Geschichte der Naturwissenschaften, Hamburg

Rolf Wiggershaus, Dr.; Publizist, Kronberg

Peter-Christian Witt, Dr.; Professor für Sozial- und Wirtschaftsgeschichte an der Gesamthochschule Kassel

Jürgen Rainer Wolf, Dr.; Hessisches Staatsarchiv Darmstadt

Ralph-Rainer Wuthenow, Dr.; Professor für Literaturwissenschaft an der Universität Frankfurt

Zu dieser Ausgabe

Die großen Hessen
Herausgegeben von Hans Sarkowicz
und Ulrich Sonnenschein
Insel Verlag

Die Beiträge der vorliegenden Ausgabe beruhen auf einer Sendereihe des *Hessischen Rundfunks* (Redaktion Kultur aktuell), die in der Zeit vom 16. Oktober bis zum 27. Dezember 1995 in der Sendung »Das Radioskop« in hr 2 ausgestrahlt wurde. Die Beiträge wurden für die Buchausgabe erweitert und überarbeitet.